室町幕府管領施行システムの研究

亀田俊和　著

思文閣出版

序　章　室町幕府訴訟制度史研究の現状と課題
――南北朝期～室町期を中心として――
はじめに……3
第一節　室町幕府訴訟制度に関する研究史……3
第二節　本書の研究課題……8
おわりに――本書の構成――……11

第一部　鎌倉幕府・建武政権の施行システム

第一章　鎌倉幕府下文・下知状施行状の基礎的研究
はじめに……21
第一節　六波羅施行状の基礎的分析……23
第二節　大宰府守護所施行状の基礎的分析……28
第三節　鎮西施行状・守護施行状の基礎的分析……31
第四節　鎌倉幕府下文・下知状施行状の特質……34

おわりに……40
第二章　鎮西探題下知状執行命令の形成と展開
はじめに……68
第一節　鎮西下知状執行命令の実証的分析……68
第二節　鎮西下知状執行命令の特質……79
おわりに……85
第三章　建武政権雑訴決断所施行牒の研究――綸旨施行命令を中心として――
はじめに……98
第一節　雑訴決断所施行牒の歴史的前提……100
第二節　雑訴決断所施行牒の展開……105
第三節　雑訴決断所施行牒の歴史的意義……113
おわりに……121
第四章　陸奥将軍府恩賞充行制度の研究
はじめに……134
第一節　陸奥国司北畠顕家恩賞充行文書の分析……135
第二節　陸奥国司北畠顕家充行袖判下文施行国宣の分析……140

第三節　陸奥将軍府恩賞充行制度の意義……143
第四節　北畠顕家戦死後の陸奥将軍府恩賞充行制度……146
おわりに……149

第二部　室町幕府管領施行システムの形成

第一章　室町幕府執事施行状の形成――下文施行命令を中心として――
はじめに……161
第一節　執事施行状の機能……163
第二節　執事施行状の発給手続……170
第三節　執事施行状出現の歴史的意義……178
おわりに……181

第二章　観応の擾乱以降の下文施行状の展開
はじめに……200
第一節　観応の擾乱以降の将軍足利尊氏下文の施行状……200
第二節　足利義詮下文の施行状……209
第三節　足利義満下文の施行状……217
おわりに……221

第三章　南北朝期室町幕府仁政方の研究
はじめに……244
第一節　執事(管領)施行状の発給機関・仁政方……246
第二節　執事(管領)奉書の発給機関・仁政方……253
第三節　室町幕府追加法第七条――下文施行政策をめぐる直義と師直の対立――……261
おわりに……267

第三部　室町幕府地方統治機関の施行システム

第一章　鎌倉府施行状の形成と展開
はじめに……285
第一節　初期室町幕府の東国施行体制……288
第二節　鎌倉公方基氏・氏満期における鎌倉府施行状の形成……291
第三節　鎌倉公方満兼・持氏期における鎌倉府施行状の展開……301
第四節　鎌倉府施行状の特質……306
おわりに……308

第二章　南北朝前期九州地方の恩賞充行―施行体制の研究
はじめに……328
第一節　九州探題恩賞充行―施行体制の分析……329

第二節　九州探題恩賞充行―施行体制の特質……335
第三節　足利直冬寄進状施行状の分析……338
第四節　足利直冬発給文書施行状の特質……341
おわりに……345

第三章　南北朝期奥州探題の恩賞充行制度の研究
はじめに……358
第一節　観応の擾乱以前の奥州探題恩賞充行制度……359
第二節　観応の擾乱期の奥州探題吉良貞家恩賞充行制度……365
第三節　観応の擾乱以降の奥州探題恩賞充行制度……371
おわりに……374

第四部　室町幕府管領施行システムの展開

第一章　室町幕府安堵施行状の形成と展開
はじめに……395
第一節　直義期の安堵下文施行状……397
第二節　室町期の安堵施行状……400
第三節　安堵施行状の意義……407
おわりに……412

第二章　寄進状施行状の施行文言の分化に関する一考察
はじめに……436
第一節　寄進状の管領施行状の分析(1)
——施行文言「任御寄進状(之旨)」「任御寄附(之旨)」——……438
第二節　寄進状の管領施行状の分析(2)——施行文言「任安堵(之旨)」——……440
第三節　寄進状の管領施行状の消滅……448
第四節　管領施行状の施行文言分化の意義……451
おわりに……457
第三章　室町幕府管領施行状の展開——段銭免除・守護使不入化命令を中心として——
はじめに……468
第一節　室町幕府の段銭免除システム……469
第二節　免除・不入の管領施行状の基礎的分析……473
第三節　免除・不入の管領施行状の歴史的意義……476
第四節　免除・不入の管領施行状の展開……481
おわりに……485
終　章　本書の研究成果の概要

はじめに……507
第一節　鎌倉幕府・建武政権の施行システム……507
第二節　室町幕府管領施行システムの形成……508
第三節　室町幕府地方統治機関の施行システム……512
第四節　室町幕府管領施行システムの展開……513
おわりに……515

成稿一覧
あとがき
索　　引

〔掲載表一覧〕

第一部

〔第一章〕
表1　六波羅施行状一覧……46
表2　太宰府守護所施行状一覧……60
表3　鎮西施行状一覧……64
表4　守護施行状一覧……64

〔第二章〕
鎮西下知状執行命令一覧……90

〔第三章〕
綸旨施行雑訴決断所牒一覧……130

〔第四章〕
表1　北畠顕家恩賞充行文書一覧……153
表2　北畠顕家下文施行陸奥国宣一覧……156
表3　北畠顕家戦死後恩賞充行文書一覧……157

第二部

〔第一章〕
尊氏下文施行状一覧(観応の擾乱以前)……190

〔第二章〕
表1　尊氏下文施行状一覧(観応の擾乱以降)……230
表2　義詮下文施行状一覧……234
表3　義満下文施行状一覧……240

〔第三章〕
表1　仁政方関連史料一覧……278
表2　将軍尊氏袖判下文を執行する引付(内談)頭人奉書一覧……278

第三部

〔第一章〕
表1　基氏期の鎌倉府施行状一覧……318
表2　氏満期の鎌倉府施行状一覧……320
表3　氏満・満兼期所務関連命令の発給件数(管領憲方再任以降)　永徳三年~応永一六年……300
表4　満兼期の鎌倉府施行状一覧……324
表5　持氏期の鎌倉府施行状一覧……324
表6　持氏期所務関連命令の発給件数　応永一六年~永享八年……304

〔第二章〕
表1　九州探題一色道猷施行状一覧……354
表2　直冬発給文書施行状一覧……356

〔第三章〕

表1　奥州探題充行文書一覧(含預置)……380
表2　奥州探題安堵文書一覧(含裁許・免除)…384
表3　奥州探題発給文書施行状一覧……388
表4　吉良貞家・畠山国氏推挙状一覧……392
第四部
〔第一章〕
表1　直義下文施行状一覧……420
表2　室町幕府安堵施行状一覧……420
表3　室町幕府還補等施行状一覧(幕府追加法第一七七条制定以降)……432
〔第二章〕
表1　義満期における、施行文言「任御寄進状」「任御寄附」を持つ寄進状の管領施行状一覧(康暦の政変以降)……464
表2　義満期における、施行文言「任安堵」を持つ寄進状の管領施行状一覧(康暦の政変以降)……466
表3　将軍発給文書と施行状の施行文言対応図……452
〔第三章〕
表1　「惣免除」の管領奉書一覧……492
表2　室町幕府免除・不入の管領施行状一覧…492
表3　免除・不入の管領施行状の発給割合一覧…482

〔凡　例〕

一　『大日本史料』（東京大学史料編纂所）は『大』と略記し、該史料が収録されている年月日条を記した。

一　次の書籍所収の文書はそれぞれ略記のうえ文書番号を示した。

竹内理三編『鎌倉遺文　古文書編』（東京堂出版）→『鎌』

松岡久人編『南北朝遺文　中国・四国編』（東京堂出版）→『中四』

瀬野精一郎編『南北朝遺文　九州編』（東京堂出版）→『九』

佐藤和彦・山田邦明・伊東和彦・角田朋彦・清水亮編『南北朝遺文　関東編』（東京堂出版）→『東』

大石直正・七海雅人編『南北朝遺文　東北編』（東京堂出版）→『北』

『兵庫県史　史料編　中世八』→『兵』

『神奈川県史　資料編3　古代・中世（3上）』→『神』

『静岡県史　資料編6　中世二』→『静』

『新編埼玉県史　中世1』→『埼』

『相生市史　第八巻下』→『相』

『大日本古文書　家分け文書第四　石清水文書之六（菊大路家文書及拾遺）』（東京大学史料編纂所）→『菊』

『大日本古文書　家分け文書第十九　醍醐寺文書』（同）→『醍』

『史料纂集（古文書編）28　北野神社文書　筑波大学所蔵文書（上）』（続群書類従完成会）→『北野』

熊本大学文学部附属永青文庫研究センター編『永青文庫叢書　細川家文書　中世編』（吉川弘文館）→『細』

原田正俊編『天龍寺文書の研究』（思文閣出版）→『天』

一　佐藤進一・池内義資編『中世法制史料集　第二巻　室町幕府法』（岩波書店）は『法』と略記した。
一　次の記録史料の引用にあたり使用したテキストは次のとおりである。
『花営三代記』→塙保己一編『群書類従』（続群書類従完成会）
『延徳二年将軍宣下記』→塙保己一編・太田藤四郎補『続群書類従』（続群書類従完成会）
『蔭涼軒日録』→竹内理三編『増補續史料大成』（臨川書店）
『祇園社家記録』→同右
『祇園社記』→同右
『園太暦』→『史料纂集』（続群書類従完成会）
『師守記』→同右
『後愚昧記』→東京大学史料編纂所編『大日本古記録』（岩波書店）
『康富記』→増補史料大成刊行会編『増補史料大成』（臨川書店）
『長興宿禰記』→近藤瓶城編『改定史籍集覧　第廿四冊』（近藤活版所）
『空華日用工夫略集』→蔭木英雄『訓注空華日用工夫略集』（思文閣出版）
『喜連川判鑑』→近藤瓶城編『續史籍集覧　第四冊』（近藤出版部）
『観応二年日次記』→『大』
一　史料名は必ずしも刊本史料集のとおりでなく、私意により改めた箇所がある。
一　参考文献の副題は、原則として省略した。

室町幕府管領施行システムの研究

序章　室町幕府訴訟制度史研究の現状と課題——南北朝期〜室町期を中心として——

はじめに

本書は、室町幕府草創期に執事施行状として発足し、応仁の乱にいたるまで幕府の根幹の制度として存続した管領施行システムを分析・考察することを目的とする。

本書の研究目的や意義を明確にするために、本章では、筆者の興味関心に即して、主に過去四〇年ほどにわたる所領・所職に関する室町幕府の訴訟制度史を整理してその成果を確認し、併せて筆者が抱く研究課題を提示したい。検討する時期は、室町幕府において執事（管領）制度が実質的に存在した幕府発足当初から応仁・文明の乱までとする。

第一節　室町幕府訴訟制度に関する研究史

戦後における室町幕府研究は、通史も含めて一九六〇年代に佐藤進一氏が基本的な枠組みを作ったといっても過言ではない(1)。佐藤氏の所論は、幕府と北朝との政治的関係、守護、将軍直轄軍（奉公衆）、京都の施政権や京都を中心とする経済史、幕府直轄領（御料所）、六代将軍足利義教期の政治史など非常に多くの分野にわたって展開されている。以降、後進の研究者たちによって、佐藤氏の研究視角に基づいてそれぞれの分野で研究が進められてきた。本節では、本書の研究対象と密接に関連すると思われる室町幕府の土地に関する訴訟、いわゆる所務沙汰についての研究史とその成果を中心に、南北朝期と室町期（応仁・文明の乱にいたるまで）に分けて整理してみたい。

（一）南北朝期

南北朝期室町幕府訴訟組織・制度史研究における佐藤氏の最大の成果は、観応の擾乱以前の初期幕府が初代将軍足利尊氏と弟直義の二頭政治であり、尊氏が恩賞充行（主従制的支配権）、直義が所領安堵と所務相論の裁許（統治権的支配権）と権限を分割した事実を解明したことであろう。(2) 加えて、擾乱以降は将軍権力の一元化が進行し、二代将軍足利義詮による親裁権強化を経て、三代将軍足利義満の時期に将軍の補佐役である執事が引付頭人の権限を吸収し、管領となった事実が指摘されている。

以降、佐藤氏の提示した基本的枠組みを継承・発展させる形で研究は進展した。

一九六〇年代から七〇年代にかけては、羽下徳彦氏が、侍所、軍勢催促状と感状を発給する権限、直義の発給した所務沙汰裁許の下知状について実証的に分析を加えた。(3) 羽下氏の研究は足利直義の権力を高く評価し、併せて寺社本所勢力の権益を擁護する彼の政治姿勢を強調するところに特色があると考えられる。また、尊氏・義詮父子が日本東西を分割統治した観応の擾乱直後における両者の権限分担を中心に、将軍権力一元化の具体的な過程を丹念に実証した小要博氏による七六年の研究も看過できない。(4)

八五年には山家浩樹氏が統治権的支配権の象徴である所務沙汰を中心に検討し、足利義詮期の将軍親裁機関・御前沙汰の分析などを通じて、将軍親裁機関の確立過程を追った。九二年には家永遵嗣氏が義詮時代の申次を中心に検討した。(5) 家永氏の結論は、将軍が提訴受理に直接介入することによって親裁権を強化したと要約されよう。

八〇年代から九〇年代にかけては、岩元修一氏が直義管下の幕府諸機関に対して精密な検討を行った(6)。氏の研究は、直義管轄下の中核的な所務沙汰機関である評定・引付方についてはもとより、朝廷と幕府の関係、訴訟手続、禅律方、訴訟受理機関である「賦」、庭中方、安堵方、直義裁許状の再検討など多岐にわたる。特に、禅律方および安堵方の基礎的研究がその重要な成果であると考えられる。また、筆者の興味関心に即してみれば、引付方や庭中方を介した直義の恩賞充行への関与を解明した点も大きい。

その他、近年では新田一郎氏が統治権的支配権を理論的に考察し、山田徹氏が南北朝後期における所務沙汰の変質を論じている(7)。また、所領安堵に関しても膨大な研究の蓄積があるが、ここでは直近の論者として松園潤一朗氏をあげたい(8)。このように、従来は直義・義詮の所務沙汰以下の統治権的支配権および両者の親裁権強化の研究が中心であったといえる。

対して、尊氏が行使した主従制的支配権に関する研究は、統治権的支配権の研究と比較すると、これを主題にして取り扱った論考は意外に少ない。前述の羽下氏の侍所に関する研究のほかに、笠松宏至氏による闕所地給与に関する論考、漆原徹氏の軍忠状と開幕以前の足利氏の軍事体制に関する研究、そして半済令に関する一連の研究が管見に入る(9)。

特に恩賞充行制度に関しては、ときおり間接的な形で言及される以外には、これを主題としてまとめて論じた研究は非常に少ない。田代誠氏の軍陣御下文に関する分析が存在する程度である(10)。ようやく近年、田中誠氏が幕府の恩賞充行機関・恩賞方の組織・権限に関する実証的な研究を開始したばかりである(11)。

一方、六〇～七〇年代にかけて小川信氏が古文書を網羅的に収集・分析し、室町期に管領を務めた三守護家である細川・斯波・畠山氏の南北朝期における治績を解明した実証的な研究も重要な成果である(12)。氏の主な業績は、本書の研究視角に沿った部分では、所務関係に関して将軍・執事（管領）の権限とその変遷を実証的に解明し、将軍御判御教書→管領施行状→守護遵行状→守護代遵行状……という命令の下達系統の確立過程を分析したこと、および引付方の衰退過程を明らかにしたことである。

執事（管領）に関する研究としては、小川氏のほかにも、村尾元忠・森茂暁・楞野一裕各氏の論考が見える。[13]これらの研究は、大枠では管領を執事と政務の長官をあわせた地位であるとする佐藤氏の学説を継承している。

さらに、上島有氏による古文書学上の一連の業績も重要である。[14]また、外岡慎一郎氏・永井英治氏・松井輝昭氏らによる鎌倉後期から南北朝期にいたる所務沙汰遵行システムの一連の研究も貴重な成果である。[15]

ところで、理非糺明的な要素が後退して特別訴訟手続（一方的裁許）が進展する方向に鎌倉末期〜南北朝期の幕府訴訟制度が変革された事実を、従来の定説的見解は理不尽な裁許として否定的にとらえるのが普通であった。[16]これに対し、新田一郎氏は、定説とは正反対に特別訴訟手続を積極的に評価した。同氏はかかる変革を法制手続の整備による有効な「切り札」の形成とし、あわせて室町幕府において将軍親裁が成立した条件として「由緒」の相対性をその都度一回的に整序した手続である「施行」の持つ形式性に注目し、室町幕府の施行システムに意義を見いだした。[17]これらの新田氏の研究は、筆者の研究視角から見ても重要な成果である。

(二)　室町期

三代将軍足利義満期に関しては、研究史上、義満の王朝権力の接収が主要な検討対象であった。[18]これに対し、幕府自体の組織・体制や土地に関する訴訟制度史については、義満の王権接収論と関連して朝廷が有していた段銭徴収・免除権を幕府が吸収して行使したとする指摘が目立つ程度で、[19]意外に未開拓の分野である。ようやく近年、松園潤一朗・水野智之両氏が義満期を含む室町期訴訟制度の全般的な研究を開始した。[20]これは基本的に、義満期の訴訟制度が南北朝後期の体制を継承したにすぎないとする暗黙の前提が存在したためと考えられる。四代将軍足利義持期においては義満期以上に研究の蓄積に乏しい。しかし、近年は義持近臣の動向などを分析することを通じて、のちの義教期と同様に将軍専制化の志向が見られるとする見解が存在する。(21)

六代将軍足利義教期においては、佐藤進一氏以来、笠松宏至氏が論じた「意見」制の成立などを論拠に、将軍権力が専制化し、管領を排除する方向で幕政運営が進められたとする見解が主流であった。(22)しかしその後、桑山浩然氏によって義教期の訴訟をただちに将軍専制と結びつけることに対する疑義が呈され、その視点に沿った形で鳥居和之・設楽薫両氏によって当該期における訴訟制度の再検討が進められた。(23)そして、義教期には管領を排除したのではなく、新たに再編成した訴訟体制に管領を組み込んでいたと結論づけられ、管領の役割の再評価が進められている。また、川岡勉氏によって佐藤氏以来の当該期における「重臣会議」の定説的評価が再検討された。(24)

近年は、吉田賢司氏による一連の精力的な研究によってこの分野の研究はさらに進展している。吉田氏は、義持・義教期における戦功褒賞・軍勢催促や義教期の管領奉書を検討し、当該期の管領の管轄事項を解明した。さらに、南北朝期以来の幕府の所領安堵の手続とその変化を丹念に分析し、室町中期の幕府―守護体制の変質と関連づけて論じた論考も貴重な業績である。(25)

八代将軍足利義政期の訴訟制度史に関しては、まず嘉吉の乱以降を分析・検討した鳥居氏の論考が管見に入る。(26)応仁・文明の乱にいたるまでの義政期全体を通じては、五味文彦氏の論考や百瀬今朝雄氏による通史を土台として、(27)管領制や有力守護による重臣会議が衰退し、奉行人や将軍との個人的関係で結ばれた伊勢貞親等の側近衆が政治的勢力として台頭した事実が指摘されている。(28)近年では、幕府直轄領である御料所に分析・検討を加えた田中淳子氏の研究や、当該期の幕府を財政の側面から分析・考察を加え、義政親政初期を積極的に再評価した早島大祐氏の論考、長禄二年（一四五八）前後の義政政権による不知行地還付政策や所務直務命令について考察した太田順三氏の論文、そして吉田氏による軍事親裁制度の研究も管見に入る。[29]

そして、応仁・文明の乱にいたって、将軍御判御教書・管領施行状が消滅して管領が儀礼職化し、守護在京原則も崩壊して幕府―守護体制が変質した事実が指摘されている。[30]こうした義政期の政治動向の原因については、従来は怠惰で無能であったとされる義政の個人的資質に帰せられることが多かったきらいがある。[31]

なお、室町期の幕府組織・制度史に関しては、幕府奉行人奉書を網羅的に収集するなどして室町幕府の衰退過程を研究した今谷明氏による一連の基礎的研究や、青山由樹氏による幕府奉行人の基礎的研究、川岡氏による幕府―守護体制の研究なども存在する。[32]

第二節　本書の研究課題

以上、発足から応仁の乱にいたるまでの室町幕府の組織・制度に関する研究史を概観した。前述したように先行研究の最大の問題点は、研究動向が統治権的支配権の範疇に属する所務沙汰等に集中し、主従制的支配権、特に南北朝期の恩賞充行制度の実証的研究が意外に進んでいないことである。その理由としては次の二点があげられる。

まず、前代鎌倉幕府における所務沙汰の研究が非常に進展しており、特に南北朝期の幕府研究がその成果を継承・発展する形で行われた背景が存在すると考えられる。後期鎌倉幕府研究の視角を継承する形で直義・義詮の親裁権強化の問題に関心が向けられてきたといえる。

次に、所務沙汰関係の史料が申状、裁許状、寺社・公家の日記など比較的豊富な史料にめぐまれ、分析・検討が容易であるのに対し、恩賞充行関係の史料は下文・施行状等の判決文書はきわめて多く残存しているものの、それらの文書の発給過程を裏づける史料に非常に乏しい点があげられる。この理由としては、殊に武家にとっては、将軍・執事・守護による判決文書が訴訟が発生した場合に幕府に提出するべき証拠文書として最重要であったために意図的に後世に残されたのに対し、申状等の手続文書は軽視されて破棄される場合が多かった事情を反映していると考えられる。

このように、従来の研究者の研究視角と史料的制約の問題が恩賞充行の解明を大きく阻んできたと推察できるのである。

しかしながら、将軍の掌握する恩賞充行・寄進権も所務沙汰に劣らず、それ以上に重要であると筆者は考える。なぜなら、恩賞充行は将軍の主従制の根幹をなす権限であるのみならず、特に南北朝期のような内乱期においては、幕府に貢献した武士や寺社に権益を与えることによって彼らの幕府に対する支持を継続させ、幕府の勢力を拡大するのに有効であるため、初期室町幕府のような発足したばかりで基盤が不安定であった政権にとっては最高に重要な政策課題であったに違いないからである。

したがって、所務沙汰の研究のみでは不充分で恩賞充行についても研究を深化させる必要があるのではないだろうか。たとえば、幕府の寺社本所勢力擁護的性格は従来から指摘されており、妥当な見解である(33)。しかし、幕府が同時に恩賞充行を広範に行っている事実を踏まえると、幕府にそうした側面しか見出さないとすれば一面的理解に陥る危険性を孕む。従来の将軍親裁権強化に関する議論についても、むしろ尊氏・義詮の恩賞充行を基軸として研究を進めた方が実りある成果を期待できると考える。さらに、直義と執事高師直の対立・抗争から観応の擾乱にいたる室町幕府政治史に関する佐藤氏以来の定説的見解も、かかる視点に立てば再検討の必要が生じるであろう。

加えて、近年の南北朝期研究においては、戦争の視点から政治史等を再検討する、いわゆる「戦争論」が流行している[34]。武士が戦争であげた軍忠や寺社が行った戦勝祈願に応じて給付された充行や寄進は、この議論とも密接に関連する。その意味においても恩賞制度は重要な研究テーマであると考える。

また従来、公武関係を除いては組織・制度史に関して比較的蓄積の薄い義満・義持期の幕府体制についても、こうした研究視角から知見を加える必要がある。そして義教・義政期以降の幕府の衰退も、前述したように従来の研究は専制的な義教、怠惰で無能な義政といった将軍の個人的資質のみに帰する傾向があった。しかし、これも南北朝期から応仁・文明の乱にいたる将軍権力の変遷を俯瞰的に検討することによって、社会状況の変化とそれにともなう幕府権力の構造的変質が根底に存在したことがあきらかにされると考える。

先に指摘した当該期における幕府の恩賞充行研究に付随する史料的制約を克服して、恩賞充行、さらには将軍の主従制的支配権を解明する手段として、本書では執事（管領）施行《しぎょう》状の分析・検討を進めたい。

執事（管領）施行状とは、将軍の補佐役である執事（管領）が、袖判下文・袖判御教書といった将軍発給文書の執行を主に守護に対して命じる文書である。執事（管領）の文書として典型的なものであり、残存数も非常に多い。南北朝期に成立した庶民用の著名な初等教科書『庭訓往来』にも「将軍家の御教書、執事の施行、侍所の奉書は、規模也」と列挙されるほど[35]、当時の人間にとって基礎知識として覚えておくべき文書であった。

また、日本中世の百科事典『塵添壒嚢鈔』巻第一一収録の「施行」項は、「施行ノ事付遵行事、管領始ノ事、義将事、氏頼遁世ノ事、」と題されている。本文は、本来の意味である仏教用語としての施行（せぎょう）、室町幕府の命令としての施行（しぎょう）、管領施行状、守護遵行状、守護代打渡状の語義を順番に説明したのちに管領制度の起源について解説する構成をとっている[36]。制度の起原に関する説明は、現代の研究水準からすれば不正確である。だが、それはともかくこの構成は、室町時代の人々にとって施行状が管領と密接に関連する事項と認識されていたことを如実に示しているのではないだろうか。

にもかかわらず、「由緒」と「施行」の分離に着目した前述の新田論考を例外として、執事（管領）施行状は、従来は古文書学関連の文献でとりあげられるほかは単なる手続文書と見なされてきたにすぎない。

しかしながら、室町幕府に先駆けて存在した武家政権・鎌倉幕府には、執事（管領）施行状と同等の機能を有する施行状は原則として存在しなかった。執事（管領）施行状は、南北朝動乱期に突如出現した室町幕府独自の発給文書である。当然、出現した理由が問題とされるべきであろう。何より施行状は、特に初期には将軍の恩賞充行を執行する事例が大半であった。したがって、これを分析して考察を加える作業は、内乱期の恩賞充行の実態を解明する上で必要不可欠の作業であると考える。

加えて、執事（管領）施行状の検討と分析は、将軍の主従制的支配権を補強する存在として、特に応仁・文明の乱にいたるまでの室町幕府政治において重要な役割を果たした執事（管領）制度の研究にも非常に有効な手段であると筆者は考える。前述の『塵添壒囊鈔』からもそれがうかがえるし、施行状は執事（管領）発給文書として最も多く残存し、その中核を占める文書であったと推定できるからである。

また、これも従来看過されてきた事実であるが、施行状に先行する将軍発給文書は、恩賞充行袖判下文・所領寄進状→所領安堵御判御教書→段銭等諸役免除・守護使不入化を命じる御判御教書と時期的に変遷していく。そして、施行状の命令内容も併せて変化していくのである。このような変化にも注意を払い、分析を加えることによって、将軍─管領権力の変質や守護との権力関係、ひいては応仁・文明の乱にいたるまでの室町幕府盛衰のメカニズムなども構造的に一層明確になると考えている。

おわりに──本書の構成──

以上、従来の研究史を概観し、併せて問題点や課題を提示した。もう一点問題点を指摘すると、従来の室町幕府研究は、南北朝期と室町期に時期的に大きく区分され、その上に各将軍ごとに個別的に研究が行われるなど時期的な細分化が進行するあまり、幕府全体を俯瞰的に見て、総合的に評価する研究が進展していないように見受けられる。その点からも、両時代をまたいで約一世紀にわたって存続した管領施行システムの研究は有益であると筆者は確信する。

また、執事（管領）という役職が存在しない鎌倉幕府や建武政権でも、施行状自体は発給されていた。さらには、鎌倉府・九州探題・奥州探題といった室町幕府の地方統治機関にも施行システムは存在し、それぞれ独自に多様な展開を遂げた。京都の室町幕府だけではなく、時代と地域を広く見通して施行システムを俯瞰的に分析して体系的にとらえ、その上で管領施行システムを歴史的に位置づける視点が必要不可欠であると考える。

そうした課題も踏まえて本書では、鎌倉幕府・建武政権および応仁・文明の乱にいたるまでの施行システムの形成と展開を原則として時代順に並べて検討する構成を採った。また、鎌倉幕府・建武政権・室町幕府の各地方統治機関の施行システムの研究も加えた。最後に、かかる本書の構成と各章ごとの簡単な要約を提示したい。

【第一部　鎌倉幕府・建武政権の施行システム】

室町幕府の管領施行システム形成の前提として、鎌倉幕府と建武政権の施行システムを実証的に検討し、室町幕府の施行システムとの連続面や断続面を解明する。加えて、鎌倉幕府の九州地方統治機関・鎮西探題の鎮西下知状執行システムや、建武政権の東北地方統治機関・陸奥将軍府の恩賞充行制度も検討し、鎌倉末期～南北朝初期の日本の政治・社会の特質を探る。

【第二部　室町幕府管領施行システムの形成】

まず、管領施行状の前提となった、下文施行状に代表される執事施行状を分析し、執事施行状が出現した理由を室町幕府の恩賞充行政策を貫徹させる必要性にあったことに求める。次いで、観応の擾乱以降の下文施行システムを実証的に検討し、室町幕府管領施行システムの形成過程を解明する。そして、執事施行状の発給機関が仁政方である事実を論証する。併せて、直義と執事高師直が対立した原因の一つが下文施行政策の是非をめぐる政策路線の対立であったと推定し、師直の路線が観応の擾乱以降の室町幕府に継承された事実を指摘する。

【第三部　室町幕府地方統治機関の施行システム】

室町幕府の関東地方統治機関・鎌倉府、九州地方統治機関・九州探題、東北地方統治機関・奥州探題の施行システムを検討し、施行システムが南北朝期の政治・社会に適合した有益な政策であったことを論証する。また、足利尊氏に敵対した尊氏庶子・直冬の勢力にも施行システムが存在したことを指摘し、その意義も論じる。

【第四部　室町幕府管領施行システムの展開】

第二部で指摘した、恩賞充行を遂行するために出現し、完成した管領施行システムが、政治情勢や社会状況の変化にともなって変質していく過程を論証する。まず、南北朝期には存在しなかった所領安堵の管領施行状が義満・義持期に広範に見られた事実を指摘し、その歴史的意義を考察する。また、所領寄進状を執行する管領施行状の施行文言の分化にも注目して分析する。そして、下文施行状・安堵施行状が衰退したのちに主流となった段銭等諸役免除・守護使不入化を命じる御判御教書を施行する管領施行状に検討を加え、政治・社会構造の面から室町幕府衰退のメカニズムを解明する。

本書の分析と考察によって室町幕府の恩賞制度や管領制度の実証的解明が進み、それらのシステムの重要性があきらかにされ、将軍の主従制的支配権を基軸として成立した室町幕府像を俯瞰的に浮かび上がらせることができれば、筆者の研究意図は達成されると考えている。

（1）　佐藤『南北朝の動乱』（中央公論社、一九七四年、初出一九六五年）、同『日本中世史論集』（岩波書店、一九九九〇年)。
(2) 佐藤「室町幕府開創期の官制体系」(註(1)所掲同氏『日本中世史論集』、初出一九六〇年)、同「室町幕府論」(同書、初出一九六三年)。
(3) 羽下「室町幕府侍所考」(小川信編『室町政権』有精堂、一九七五年)、同「足利直義の立場――その一――」(同『中世日本の政治と史料』吉川弘文館、一九九五年、初出一九七三年)、同「同――その二――」(同書、初出一九七三年)など。
(4) 小要「発給文書よりみたる足利義詮の地位と権限」(『日本古文書学論集7 中世Ⅲ』吉川弘文館、一九八六年、初出一九七六年)。
(5) 山家「室町幕府訴訟機関の将軍親裁化」(『史学雑誌』九四―一二、一九八五年)、家永「足利義詮における将軍親裁の基盤」(同『室町幕府将軍権力の研究』東京大学日本史学研究室、一九九五年、初出一九九二年)。
(6) 岩元「所務相論を通してみたる南北朝期の朝幕関係について」(註(4)所掲論集、初出一九八一年)、同「開創期の室町幕府政治史についての一考察」(『古文書研究』二〇、一九八三年)、同「室町幕府禅律方について」(川添昭二先生還暦記念会編『日本中世史論攷』文献出版、一九八七年)、同「南北朝前期室町幕府の安堵について」(『九州史学』九五、一九八九年)、同『初期室町幕府訴訟制度の研究』(吉川弘文館、二〇〇七年)など。
(7) 新田「統治権的支配」(『日本歴史』七〇〇、二〇〇六年)、山田「室町幕府所務沙汰とその変質」(『法制史研究』五七、二〇〇七年)。
(8) 松園「室町幕府の安堵と施行」(『法制史研究』六一、二〇一一年)。所領安堵の研究史整理は、同論文五一～五三頁を参照されたい。
(9) 笠松「中世闕所地給与に関する一考察」(同『日本中世法史論』東京大学出版会、一九七九年、初出一九六〇年)、漆原『中世軍忠状とその世界』(吉川弘文館、一九九八年)など。半済令に関する近年の研究としては、村井章介「徳政としての応安半済令」(安田元久先生退任記念論集刊行委員会編『中世日本の諸相　下巻』吉川弘文館、一九八九年)、田端泰子「室町前期の半済」(『日本歴史』六二四、二〇〇〇年)、桑山浩然「南北朝期における半済」(同『室町幕府の政治と経済』吉川弘文館、二〇〇六年、初出二〇〇三年)、井原今朝男「室町期東国本所領荘園の成立過程」（『国立歴史民俗博物館研究報告』一〇四、二〇〇三年）二五〜三八頁、松永和浩「軍事政策としての半済令」（『待兼山論叢』四一、二〇〇七年）などを参照されたい。
(10) 田代「軍陣御下文について」（『国史談話会雑誌』二八、一九八七年）。
(11) 田中「初期室町幕府における恩賞方」（『古文書研究』七二、二〇一一年）。
(12) 小川『足利一門守護発展史の研究』（吉川弘文館、一九八〇年）。
(13) 村尾「室町幕府管領制度について」（『学習院史学』七、一九七〇年）、森「高一族と室町幕府」（『史淵』一一三、一九七六年）、同「室町幕府執事制度に就いて」（『史淵』一一四、一九七七年）、楞野「室町幕府執事仁木頼章の活動と権限」（横田健一先生古稀記念会編『文化史論叢　下』創元社、一九八七年）、同「室町幕府開創期における執事と管領」（津田秀夫先生古稀記念会編『封建社会と近代』同朋舎、一九八九年）。
(14) 上島「南北朝時代の申状について」（註(4)所掲論集、初出一九七六年）、同「室町幕府草創期の権力のあり方について」（『古文書研究』一一、一九七七年）、同「室町幕府文書」（赤松俊秀他編『日本古文書学講座4　中世編Ⅰ』雄山閣出版、一九八〇年）、同『中世花押の謎を解く』（山川出版社、二〇〇四年）など。
(15) 外岡「使節遵行と在地社会」（佐藤和彦他編『南北朝内乱』東京堂出版、二〇〇〇年、初出一九九六年）、永井「南北朝内乱初期の裁判における幕府・朝廷関係」（『年報中世史研究』二二、一九九七年）、同「南北朝〜室町期の権力と紛争解決」（『歴史学研究』八四六、二〇〇八年）、松井輝昭「「国上使」・「国使節」についての覚書」（『広島県史研究』五、一九八〇年）など。
(16) このような否定的な見方は、笠松宏至「入門」（註(9)所掲同氏著書）以来、中世史研究者に少なからず見受けられる（新田一郎「「由緒」と「施行」」（勝俣鎭夫編『中世人の生活世界』山川出版社、一九九六年）二三頁）。
(17) 新田「中世「裁判」の「理念」をめぐって」（同『日本中世の社会と法』東京大学出版会、一九九五年）、註(16)所掲同氏論文。
(18) 伊藤喜良「応永初期における王朝勢力の動向」（同『日本中世の王権と権威』思文閣出版、一九九三年、初出一九七三年）、小川信「伝奏の活動と義満政権」（註(12)所掲同氏著書、初出一九七九年）、富田正弘「室町殿と天皇」（『日本史研究』三一九、一九八九年）、家永遵嗣「足利義満と伝奏との関係の再検討」（『古文書研究』四一・四二、一九九五年）、水野智之「室町将軍による公家衆への家門安堵」（同『室町時代公武関係の研究』吉川弘文館、二〇〇五年、初出一九九七年）など。

（19）百瀬今朝雄「段銭考」（寶月圭吾先生還暦記念会編『日本社会経済史研究　中世編』吉川弘文館、一九六七年）、高橋（旧姓市原）陽子「室町時代の段銭について（Ⅰ）」（『歴史学研究』四〇四、一九七四年）、同「同（Ⅱ）」（同四〇五、同年）、小林保夫「室町幕府における段銭制度の確立」（『日本史研究』一六七、一九七六年）、松永和浩「室町期における公事用途調達方式の成立過程」（『日本史研究』五二七、二〇〇六年）など。

（20）松園「室町幕府「論人奉行」制の形成」（『日本歴史』七二六、二〇〇八年）、同「室町幕府法における「安堵」」（池享編『室町戦国期の社会構造』吉川弘文館、二〇一〇年）、水野「室町時代の裁判と訴陳」（『日本歴史』七五六、二〇一一年）など。

（21）森茂暁「赤松持貞小考」（『福岡大学人文論叢』三三―二、二〇〇一年）、小林保夫「室町幕府将軍専制化の契機について」（上横手雅敬編『中世公武権力の構造と展開』吉川弘文館、二〇〇一年）。

（22）笠松「室町幕府訴訟制度「意見」の考察」（註（9）所掲同氏著書、初出一九六〇年）、註（2）所掲佐藤「室町幕府論」一三八頁、同「足利義教嗣立期の幕府政治」（註（1）所掲同氏『日本中世史論集』、初出一九六八年）二五〇頁、今谷明『戦国期の室町幕府』（講談社、二〇〇六年、初出一九七五年）七二～七三頁、五味文彦「管領制と大名制」（『神戸大学文学部紀要』四、一九七四年）など。

（23）桑山「足利義教と御前沙汰」（註（9）所掲同氏著書、初出一九七七年）二八頁、鳥居「室町幕府の訴状の受理方法」（『日本史研究』三一一、一九八八年）六～一〇頁、設楽「将軍足利義教の「御前沙汰」体制と管領」（『年報中世史研究』一八、一九九三年）。

（24）川岡「室町幕府―守護体制の権力構造」（同『室町幕府と守護権力』吉川弘文館、二〇〇二年、初出二〇〇〇年）、同「室町幕府―守護体制の変質と地域権力」（同書、初出二〇〇一年）。

（25）以上、吉田『室町幕府軍制の構造と展開』（吉川弘文館、二〇一〇年）。

（26）鳥居「嘉吉の乱後の管領政治」（『年報中世史研究』五、一九八〇年）、同「将軍家御判御教書・御内書の発給手続」（『年報中世史研究』七、一九八二年）、註（23）所掲同氏「訴状の受理方法」。

(27)　註(22)所掲五味論文、百瀬「応仁・文明の乱」(岩波講座『日本歴史7　中世3』、一九七六年)。

(28)　註(26)所掲鳥居「管領政治」、青山英夫「「文正の政変」に関する覚書」(『上智史学』三一、一九八六年)、註(23)所掲鳥居「訴状の受理方法」一〇～一五頁、家永遵嗣「「三魔」」(『日本歴史』六一六、一九九九年)など。

(29)　田中淳子「室町幕府御料所の構造とその展開」(大山喬平教授退官記念会編『日本国家の史的特質』思文閣出版、一九九七年)、早島「足利義政親政期の財政再建」(同『首都の経済と室町幕府』吉川弘文館、二〇〇六年、初出一九九九年)、太田「長禄期の「当知行」・「不知行」」(中野栄夫編『日本中世の政治と社会』吉川弘文館、二〇〇三年)、吉田「足利義政期の軍事決裁制度」(註(25)所掲同氏著書、初出二〇〇六年)。

(30)　今谷明「管領代奉書の成立」(『古文書研究』七・八、一九七五年)四四～四六頁、同「室町幕府の評定と重臣会議」(同『室町幕府解体過程の研究』岩波書店、一九八五年、初出一九八四年)八六頁。桜井英治『室町人の精神』(講談社、二〇〇九年、初出二〇〇一年)三三〇～三三三頁、伊藤俊一「室町幕府と荘園制」(『年報中世史研究』二八、二〇〇三年)六八～六九頁など。

(31)　註(29)所掲早島論文一六二頁においても同様の指摘がなされている。

(32)　註(30)所掲今谷『解体過程』、青山「室町幕府「別奉行」についての基礎的考察」(『史報』創刊号、一九七九年)、同「室町幕府の「別奉行」について」(『東洋大学大学院紀要　文学研究科』一七、一九八〇年)、註(24)所掲川岡両論文など。

(33)　室町幕府の寺社本所擁護的性格を重視する傾向はこの分野の研究者に少なからず見られる。たとえば、註(3)所掲羽下「直義の立場――その二――」はその典型的な例であるといえよう。

(34)　小林一岳『日本中世の一揆と戦争』(校倉書房、二〇〇一年)、註(19)所掲松永論文、呉座勇一「南北朝～室町期の戦争と在地領主」(『歴史学研究』八九八、二〇一二年)など。

(35)　山田俊雄他校注『新日本古典文学大系52』(岩波書店、一九九六年)四九頁。ただし、『庭訓往来』に現れる執事施行状は文脈的には軍勢催促状を意味し、充行・安堵等の執行文書とは厳密に言えば異なる。しかし、本文で述べたように、執事施行状が南北朝期の人間にメジャーな文書と認識されていたのは少なくとも確かであろう。

(36)　鈴木学術財団編『大日本佛教全書　第九三巻』(講談社、一九七二年)一一七頁。

第一部

鎌倉幕府・建武政権の施行システム

第一章　鎌倉幕府下文・下知状施行状の基礎的研究

はじめに

室町幕府において管領制度が成立し、将軍御判御教書→管領施行状→守護遵行状→守護代遵行状……という命令の上意下達系統が確立した事実はよく知られている。(1) 室町幕府発足当初から、将軍の恩賞充行の下文や寄進状には執事施行状に代表される下文施行状が大量に発給され、守護や両使宛に下文・寄進状の沙汰付が命じられた。執事（管領）施行状は将軍の主従制的支配権の象徴である恩賞充行や所領寄進の実現に威力を発揮し、下文・寄進状拝領者の幕府への求心力を高め、幕府の政権基盤を強化することに貢献したと考えられる。(2)

それでは、室町幕府に先駆けて存在した武家政権である鎌倉幕府には室町幕府の執事（管領）施行状のようなシステムは存在したのであろうか。鎌倉幕府においては将軍が政所下文・袖判下文、執権・連署が関東下知状を発給し、室町幕府と同様に充行・安堵・裁許や守護使入部停止命令などを行っていた。(3) 鎌倉幕府にこれらの文書を実現するシステムは存在したか否か、存在したとすれば室町幕府の施行システムとの共通点や相違点が当然問題として想起されるであろうし、その特質を考察することは鎌倉幕府の政治史や組織・制度史を解明する上でも重要な作業であると考える。

しかし、鎌倉幕府の施行状について実証的に検討した論考は少ない。六波羅探題が発給した六波羅施行状や守護が発給した守護施行状に関しては古澤直人氏が若干言及しているが、(4)部分的な言及にとどまり、所務沙汰の使節遵行システムとの関係などの面において不分明な部分も残しているように見受けられる。六波羅施行状の文書様式に関しては熊谷隆之氏の論考が存在するが、(5)様式面の分析にとどまっており、その機能や特質、歴史的意義まで踏み込んだ考察はほとんどなされていない。少弐氏が発給した大宰府守護所施行状も通史でごく簡単に言及されている程度である。(6)まして、右に述べた筆者の研究視角から、六波羅探題のみならず鎌倉幕府全体の施行システムを俯瞰して論証した研究となるとまったく存在しないといってよい。

一方、鎌倉後期に所務沙汰において、悪党蜂起や下知違背に対処するために発達した、押領停止や下地沙汰付を命じる使節遵行についてはは豊富な研究が存在する。(7)しかし、結論を先に述べれば、鎌倉幕府の遵行命令は基本的に鎌倉幕府の施行状とはまったく別個の存在だった。したがって、使節遵行制度とはまた別に鎌倉幕府の施行システム全体を検討する必要性を痛感するのである。

鎌倉幕府の施行システムについて実証的に基礎的な事実を調査し、その全体像を提示し、それを室町幕府の執事（管領）施行状と比較し、その相違について考察することが本章の目的である。施行状の形態も多種多様であるが、室町幕府においては将軍の補佐役である管領が施行した、充行・安堵・裁許・守護使入部停止の下文・下知状の施行状（熊谷氏がいうところの「下文様の施行状」）を主要な検討対象とする。鎌倉・室町幕府において、将軍や執権の主従制的支配権や統治権的支配権の象徴たる恩賞充行や所領安堵、所務沙汰裁許が最重要の権限であったことは間違いない事実であろう。(8)右で述べた筆者の興味関心と研究視角からも、ひとまずは鎌倉幕府におけるこれらの施行状に論点を絞って検討することは十分に意義のあることと考えられる。検討地域は日本全国で、検討時期も無論鎌倉幕府が存在した全期間である。

第一節　六波羅施行状の基礎的分析

鎌倉幕府には、関東の将軍、執権・連署のほかに、京都の六波羅探題、九州の大宰府守護所（後期には鎮西探題）等の地方統治機関が存在した。そして、それらの機関も関東と同様に訴訟を行ったり軍事警察権を行使し、下文や下知状などを発給していた。このうち、関東管轄地域である東国に出された関東下文・関東下知状は鎌倉全期を通じておよそ三七〇件前後の発給事例が管見に入る。しかし、原則として施行状はつかなかった。(9) また、六波羅下知状・鎮西下知状にも施行状は発給されない原則であった。(10)

原則として、西国に出された関東下文・関東下知状にのみ施行状が付されたのである。本節では、西国を統治した機関である六波羅探題が施行した文書について検討したい。

承久三年（一二二一）、承久の乱の後、北条泰時・時房がそれぞれ六波羅北方探題・南方探題に就任し、六波羅探題が発足した。その直後から六波羅施行状が出現している。一例を掲げよう。

〔史料一〕弘安八年（一二八五）七月一六日付六波羅探題南方北条兼時・北方北条時村施行状（表1-53）

可レ令ニ早越智通有領知一肥前国神崎庄内小崎郷事、

右、任ニ今年六月廿五日関東御下文一、可レ令レ致ニ沙汰一之状如レ件、

弘安八年七月十六日

修理亮平朝臣《（北条兼時）》（花押）

武蔵守平朝臣《（北条時村）》（花押）

弘安八年六月二五日、将軍惟康親王家政所が政所下文を発給し、(11) 越智通有に筑前国弥富郷の替地として肥前国神崎荘内小崎郷を充行った。同所領は西国に所在したので、六波羅探題によって〔史料一〕のような施行状が出

されたのである。

章末の表1は、そうした六波羅施行状を収集した表である。鎌倉幕府最末期の元徳二年（一三三〇）まで九四件残存しており、将軍家の政所下文や袖判下文、あるいは執権・連署の下知状や外題による充行・安堵・裁許や守護使入部停止など幅広い内容の命令を施行した。このように、西国の訴訟や検断だけではなく、関東が西国に宛てて発給した下文や下知状を施行することも探題の重要な業務であったと考えられる。

六波羅施行状の様式面に関しては、「はじめに」で述べたようにすでに熊谷隆之氏による研究が存在する。そこで、氏の研究成果に学びながら筆者が新たに発見した点を付け加えたい。

【施行状の文書形式】

六波羅施行状の文書形式は、書止文言が「状如レ件」で、奥下署判で宛所を持たない。これはすでに熊谷氏が指摘し、下文様の六波羅書下（甲）と分類した文書形式であるが[12]、六波羅施行状だけではなく、ほぼすべての鎌倉幕府の施行状に共通する文書形式である。この点は、室町幕府の執事（管領）施行状の書止が「依レ仰執達如レ件」と執事（管領）が将軍の仰せを奉じて出す形式で、鎌倉幕府では執権・連署が発給した書札様の御教書（奉書）形式である関東御教書に準じていた[13]のとは大きく異なる。

【施行状の事書】

初期の六波羅施行状は事書を持たないものが多いが、時代が下るにつれ事書を持つようになることがすでに指摘されている[14]。鎌倉幕府の施行状の事書の種類は、およそ次にあげる四種類に分けることができる。

まず、「出雲国神魂社領大庭・田尻保地頭職事」（表1-43）のように、「○○国（所領名）事」と所領が所在する国名と拝領者に保障する所領名・権益名のみが書かれているタイプの事書が存在する。表の「事書／項目」欄に「A」と記したものが、そのタイプの事書を持つ施行状である。

また、〔史料一〕（表1-53）のように「可レ令二早（拝領者）領知一〇〇国（所領名）事」と拝領者の名も記して、その拝領者に該所領を保障するように命じるタイプもある。同様に「B」と記したものがそれである。B型は、鎌倉幕府裁許状の事書を検討した近藤成一氏が「可令早」型と名づけて論じた事書である。(15) 施行状にもこのタイプの事書を持つものが存在するのである。

関東下文・下知状の事書とそれを執行する六波羅施行状の事書は、特に前期には必ずしも対応しなかった。たとえば、文永二年（一二六五）八月二二日付執権北条政村・連署北条時宗関東下知状(16)の事書はB型である。しかし、それを施行した翌文永三年（一二六六）五月二四日付六波羅南方探題北条時輔・北方北条時茂施行状（表1-43）の事書はA型である。また、下文・施行状ともにB型であっても表1-50のように文体が異なっている事例もある。

六波羅施行状の場合、A型とB型の事書はほとんどが充行や安堵を命じる関東下文・下知状を施行するものに限られる。その中で、初期はA型の事書を持つものしか存在しないが、建治三年（一二七七）に南方北条時国・北方北条時村がともに探題に就任して以降はほとんどすべてB型となる。そして、様式上必然的に事書を持たない外題安堵の施行状を除いて、先行する関東下文・下知状の事書と原則対応するようになる。後述するように、これはこの時期に六波羅施行状の様式が確立したことを反映していると考えられる。

一方、「最勝光院領備前国長田庄雑掌与二当庄内建部郷地頭式部（伊賀）八郎右衛門入道妙光女子藤原氏代兼広一相論所務条々」（後掲〔史料二〕（表1-54））のように、「（〇〇領）〇〇国（所領名）（訴人）与二（論人）一相論所務条々」といった文体をとることも多い。これは、訴人と論人が訴陳を番《つが》えて所務沙汰相論を行って発給された関東裁許下知状の施行状に見られる事書であり、近藤氏が「甲与乙相論」型と名づけたものである。「事書／項目」欄に「C」と記したものがそうである。C型の施行状は、確認できた限りですべて先行する関東下知状の事書と一致している。よって、これに倣っていると見てよいだろう。

また、訴訟の一方当事者の提訴のみによって判決が下された関東下知状の施行状の事書は、「紀伊国粉河寺住僧弁徳大寺前内大臣家雑掌申当国栗栖庄事」（表1-76）のように「（拝領者）申○○国（所領名）事」という事書で始まることがある。「事書／項目」欄に、「D」と記したものである。六波羅施行状の場合、C型と同様、これも先行する関東下知状の事書に対応していると考えられる。

なお、初期の六波羅施行状は、事書の有無や様式だけではなく、本文も「任㆑状、早可㆑令㆓施行㆒」（表1-7）のように〔史料一〕の完成期の施行状と比較すると若干異なっているものが多い。

【探題署判の変化】

六波羅施行状は、署判の形式によって、若干の重複もあるが次の五つの時期に分けることができる（表1「署判」欄参照）。Ⅰ期は北方泰時・南方時房初期である。この時期の署判は「官途（花押）」であった。Ⅱ期は貞応二年以降の泰時・時房、南方時氏・北方時盛→重時期である。この時期は「官途・平（花押）」という形式であった。以下、Ⅲ期は北方重時単独期で「官途・平朝臣（花押）」、Ⅳ期は北方長時単独、南方時輔・北方時茂、南方時輔単独、北方義宗単独期でⅡ期の「官途・平（花押）」に戻り、Ⅴ期の南方時国・北方時村期以降、Ⅲ期の「官途・平朝臣（花押）」に回帰して定着した。

建治三年（一二七七）、六波羅探題の制度改革が行われ、両探題制が確立し、独自の訴訟裁断機関として完成した[17]。Ⅴ期はこの建治三年以降に合致し、前述した充行・安堵系六波羅施行状の事書のA型からB型への変化と併せて、六波羅施行状の様式面においても探題の体制が確立した事実を裏づけることができるのである。なお、〔史料一〕は六波羅施行状の様式が確立したⅤ期に発給されたものである。

【被施行文書の呼称】

表1の「下文・下知状発給者／命令内容」欄と「施行文言／備考」欄にあきらかなように、六波羅施行状は、施行する先行文書を、所職・所領の充行・安堵を命じる将軍袖判下文・政所下文および執権・連署の関東下知状は「関東御下文」、所務沙汰相論の裁許などを命令する執権・連署の関東下知状は「関東御下知」と呼ぶ。このように、六波羅施行状では、被施行文書を文書形式ではなくその機能によって区別しているのである。(18)

【項目列挙型施行状】

所務沙汰相論や和与裁許の関東裁許下知状の中には、訴訟の争点が多岐にわたる場合、争点ごとに項目を立てて判決を列挙するタイプのものがある。そして、そうした関東下知状を施行する施行状の中には、下知状の項目のみを列挙して表示するものが存在する。一例をあげよう。

〔史料一二〕弘安一〇年（一二八七）六月二八日付六波羅探題南方北条兼時・北方北条村施行状（表1-54）

最勝光院領備前国長田庄雑掌与㆓当庄内建部郷地頭式部（伊賀）八郎右衛門入道妙光女子藤原氏代兼広㆒相論所務条々、
一　庄官職公文・案主・惣追捕使・押領使・諸社神主事
一　検断事
一　狩猟事
一　以㆓本田㆒混㆓合新田畠㆒由事
一　信濃村事
右、任㆓今年四月十九日関東御下知㆒、可㆑令㆑致㆓沙汰㆒之状如㆑件、
弘安十年六月廿八日
修理亮平朝臣（北条兼時）（花押）
武蔵守平朝臣（北条時村）（花押）

〔史料二〕は、弘安一〇年四月一九日付執権北条貞時・連署北条業時関東下知状[19]を執行した施行状である。本例に見るように、先行する関東下知状が立てた判決の項目をそのまま列挙して記すタイプの施行状も存在するのである。

こうしたタイプの六波羅施行状を「項目列挙型」の施行状と名づけたい。表の「事書／項目」欄に「★」と記したのが、このタイプの施行状である。項目列挙型施行状は、六波羅施行状ではC型の事書を持つものに限って見られ、正応元年（一二八八）一一月五日付のもの（表1-59）を最後に消滅する。その後は、永仁三年（一二九五）五月七日付関東下知状[20]は項目を立てて判決を記しているが、それを施行した同年八月一〇日付六波羅施行状（表1-66）は項目列挙型ではない。もう一例あげれば、正安二年（一三〇〇）三月二三日付関東下知状[21]を施行した同年七月一二日付六波羅施行状（表1-79）も項目列挙型ではない。おそらく、一二八八〜九五年の間に、項目列挙型の関東下知状の施行状であっても他の施行状と同様の様式に改める改革が行われたと考えられる。細かいことであるが実証的事実として指摘しておきたい。

第二節　大宰府守護所施行状の基礎的分析

本節では、九州に宛てて出された関東下文・下知状につけられた、大宰府守護所が発給した施行状について分析を加えたい。

文治元年（一一八五）、天野遠景が鎮西奉行として九州に派遣された[22]。鎮西奉行遠景は筑後国と肥前国に源頼朝下文の施行状を下文形式で発給しており、六通残存している（章末表2-1〜6）。

遠景は建久四年（一一九三）から同六年の間に鎮西奉行を解任されて関東へ帰還した[23]。その後、鎮西奉行の権限は中原親能と武藤資頼の両名に継承され、やがて建久末年の九州各国守護の設置にともなって分化していったと考えられている。一方で、建久六年（一一九五）、大宰府守護所が資頼によって全九州の統轄機関として組織され、それが九州各国守護設置後も武藤（少弐）氏の守護管国統治機関として存続したとされる(24)。

　この少弐氏が、大宰府守護所の牒形式あるいは下文形式で関東下文・下知状の施行状を自身の分国内に発給した例が比較的多数残存している。その一例をあげよう。

〔史料三〕延応元年（一二三九）九月二〇日付大宰府守護所施行状（表2－17）

（少弐資能）
（花押）

守護所下　山代三郎固後家尼

可下早任二鎌倉殿御下文旨一、停三止源氏固女子濫訴一、尼一期知行後、令中源広固猶子伝領上所領事、

右、今年五月廿五日御下文今日到来偁、（中略）者、早任二御下文之旨一、停三止源氏濫訴一、後家尼一期知行之後、可レ令三広相伝二之状如レ件、

延応元年九月廿日

大監大中臣朝臣

（署判者六名省略）

監代中原朝臣（花押）

延応元年五月二五日、関東で執権北条泰時・連署北条時房裁許下知状(25)が発給され、山代固の遺領をめぐる訴訟について、固の娘の濫訴を退け、固の後家尼に一期知行させた後に固子息の山代広に相続させるように命じる判決が下された。この下知状が、九月二〇日に大宰府守護所に到来し、即日施行状〔史料三〕が発給されたのである。

　章末の表2は、このような大宰府守護所が発給した関東下文・下知状の施行状を収録した表である。本章では、

大宰府守護所が発給した施行状を「大宰府守護所施行状」と呼んで検討を加えたい。なお便宜上、初期の鎮西奉行天野遠景が発給した下文形式の施行状も収録している（表2-1～6）。

大宰府守護所施行状は現在二三通残存している。そのうち大半の一九通が肥前国、残り三通が豊前国、一通が筑前国の所領・権益にそれぞれ出されている。少弐氏は、最盛期には筑前・豊前・肥前三か国と壱岐・対馬二島の守護を兼ねていた(26)。つまり、大宰府守護所施行状は、実質的にこれらの国々の守護少弐氏の施行状だったのである。現存文書を見る限り、発給地域は圧倒的に肥前国に集中している。

大宰府守護所施行状の文書形式は、前述したように守護所牒形式と守護所下文形式の二種類が存在した。武雄社・宇佐宮といった神社の社衙宛の施行状が牒で出される傾向がある。牒形式の施行状は原則として当事者宛とはならない（表2「宛所」欄参照）。また、初期には少弐氏の袖判がない文書が多かったが、のちには袖判文書が一般的となる。事書の様式はすべて前節で分類したところのB型である。ただし、大宰府施行状の事書には必ず「任〃鎌倉殿御下文旨〃」のような施行文言が入るため、下文・下知状の事書のB型とは文体が異なっている。

〔史料三〕の中略部分のように、施行する対象である下文・下知状の事書や本文を文中にそのまますべて引用する点が、ほかの施行状にはほとんど見られない大宰府守護所施行状独自の様式上の一大特徴である。項目列挙型の施行状も、項目ごとに関東下知状の本文を引用している。また、大宰府守護所施行状は、将軍家政所下文を施行する場合はそれを初期には「鎌倉殿政所御下文」、やがて「将軍家政所御下文」と呼び、その他の将軍下文や関東下知状はほぼすべて「鎌倉殿御下文」と称している(27)。この点、六波羅施行状が被施行文書を命令内容によって「関東御下文」「関東御下知」と呼び分けたのとは異なる。

六波羅探題が設置されてからは、六波羅施行状も併せて出される例が多くなる。日付を見ると、六波羅施行状が発給されてからおよそ一か月弱で大宰府守護所施行状が発給されている例が多い。つまり、九州地方に権益を有する人間が、鎌倉でその権益を保障する関東下文や下知状を拝領したのち、まず京都に立ち寄り六波羅探題に申請して施行状を獲得し、さらに九州に戻って大宰府守護所からも施行状を獲得する構図がうかがえるのである。

しかし、後で発給された大宰府守護所施行状に六波羅施行状に関する記述が見えない事実を勘案すると、六波羅施行状と大宰府守護所施行状は位置的に関東下文・施行状に対して並立の関係にあり、室町幕府の管領施行状→守護遵行状といった上意下達の関係にはなかったと考えられる。

第三節　鎮西施行状・守護施行状の基礎的分析

大宰府守護所施行状は、文永一一年（一二七四）の文永の役以降はほとんど発給されなくなる。そして永仁四年（一二九六）、金沢実政が鎮西探題に任じられ(28)、九州に下向して以降は完全に消滅し、九州全域に下された関東下文・下知状を鎮西探題が施行する体制となる。そうした鎮西施行状の一例をあげよう。

〔史料四〕元亨四年（一三二四）七月五日付鎮西探題赤橋英時施行状（表3－4）

建部氏字又、今者死去、子息禰寝弥次郎清種申、大隅国禰寝院南俣内田伍段郡本馬門東依、・畠弐町壱段・在家肆宇南入道園事、

右、任二去年十二月七日関東御下文一、可レ令二氏女跡領掌一之状如レ件、

元亨四年七月五日

修理亮(赤橋英時)平朝臣（花押）

元亨三年（一三二三）一二月七日、執権北条高時・連署金沢貞顕下知状が発給され(29)、宮原頼重の遺領である大隅国禰寝院南俣内の田畑や家屋が彼の子孫たちへ配分安堵された。そのうち、頼重の娘である建部又へ与えられた知行分を、彼女の死後、子息の禰寝清種へ施行したのが〔史料四〕である。鎮西施行状の様式は、大宰府守護

所施行状ではなく六波羅施行状とほぼ同一である。ただし、六波羅施行状に多く見られるB型の事書を持つ鎮西施行状は、管見の限りで一通も存在しない。

表3（章末）には、鎮西施行状を収録した。大宰府守護所施行状とは異なり、鎮西施行状は一応九州の探題管轄国全域に発給されたと考えられるが、わずか六通しか残存していない。鎮西探題は鎮西下知状や鎮西御教書などの文書を大量に発給しているが、施行状はこのようにごくわずかしか残っていないのである。この少なさは決して偶然によるものではなく、末期鎌倉幕府の体制を考察する上で重要な事実であると考えるが、詳しくは第四節で述べたい。

なお、鎮西施行状には六波羅施行状と同時に出された例は存在しない。六波羅とは別個に独自に裁許下知状を発給するなどした鎮西探題は、大宰府守護所よりも一層独立した組織になったことが施行状の面からもうかがえるのである。

鎌倉幕府では、六波羅探題や大宰府守護所・鎮西探題のほかに西国の一部の守護も施行状を発給している。一例を提示しよう。

〔史料五〕建長二年（一二五〇）一一月三日付筑後守護名越時章施行状（表4-6）

可レ令三早深堀左衛門尉能仲、（領知脱カ）筑後国甘木村東西・深浦村地頭職事、

右人、任二今年十月廿三日御下文之□（旨）一、為二承久勲功之替一、守二先例一、可レ令レ致二其沙汰一之状如レ件、

建長二年十一月三日

前尾張守平（名越時章）（花押）

〔史料五〕は、建長二年一〇月二三日に発給された将軍九条頼嗣袖判下文[30]を筑後守護名越時章が施行した文書である。深堀能仲に、同氏が承久の乱であげた勲功による恩賞の替地として筑後国甘木村東西と深浦村地頭職を

充行う内容である。この後、一一月二一日に六波羅北方探題北条長時施行状も出された（表1-35）。

表4（章末）には、こうした守護施行状を収録した。筑後・大隅・豊後・肥後・出雲・周防といった九州・中国地方の諸国で確認できる。初期には、多くは守護所下文形式で発給されていた。しかし、中期以降は六波羅施行状の様式に準じて、守護の書下形式が発給されるようになった（表4「差出／文書形式」欄）。

表4-1・3・5の守護施行状を発給している筑後・豊後守護大友氏は、初代能直に源頼朝御落胤説があるほどで、頼朝の創業を助け、代々鎮西奉行を務め、豊後国を中心に一族が繁栄し、南北朝期以降も発展して戦国大名として栄えた家である。(31) 表4-2の発給者である大隅守護兼二代執権北条義時の幕閣における権勢については説明するまでもないであろう。表4-6（〔史料五〕）・7・8の発給者筑後・肥後・大隅守護名越氏は、義時の次男朝時を祖とし、北条一門の中でも格が高く、執権・連署に次ぐ地位にあり、得宗家とたびたび対立していた家である。名越時章は、その強大な権勢ゆえに文永九年（一二七二）の二月騒動において八代執権北条時宗によって討たれた。(32) 表4-9を発給した出雲守護佐々木泰清も、源氏累代の家人で近江守護等幕府の要職を歴任した佐々木氏の庶流隠岐氏の祖で、六波羅評定衆も務めた人物である。(33) 表4-11の筑後守護宇都宮氏も、下野の名族宇都宮氏の分流で、鎮西探題の三番引付に名を連ね、南北朝前期には将軍足利尊氏や足利直冬に従って筑後守護として活躍した。(34) 最後に、表4-10・12の周防守護北条時仲は長門守護も兼任しており、曾祖父は七代執権北条政村、兄は一二代執権北条熙時であり、(35) 有力守護であることは間違いない。また、長門・周防守護は基本的に関東の一番引付頭人が兼任し、「探題」と呼ばれることもあり、一般的な守護よりも大きな権限を持っていたと推定されている。(36) こうして見ると、守護施行状は有力武将が守護を務める西国で出される傾向があったと考えられるのである。

守護施行状も大宰府守護所施行状と同様に、六波羅施行状も発給されている事例が存在する（表4-6・9）。

しかし、日付を見ると、大宰府守護所施行状とは逆にいずれも守護施行状の方が六波羅施行状よりも先に発給されている。おそらく、拝領者が鎌倉で関東下文・下知状を拝領した後、鎌倉・京都に在住する守護から施行状を獲得し(37)、その後六波羅施行状を受給したと考えられる。このように、文書を獲得する順番は反対であるが、大宰府守護所施行状と同様、基本的に守護施行状と六波羅施行状は並立しており、相関関係はないと思われる。

第四節　鎌倉幕府下文・下知状施行状の特質

以上三節にわたって鎌倉幕府の施行システムの全体像について基礎的な分析を行った。

鎌倉幕府においては、東国に出された関東下文・関東下知状には最後まで施行状がつかなかった。東国は下文・下知状単独で機能する体制であったと推定される。

九州地方において、初期には鎮西奉行が関東下文・下知状の施行状を発給し、その後少弐氏が自身の守護分国に大宰府守護所施行状を出した。鎮西探題が成立してからは、探題が九州全域に施行状を発給した。ほかに西国の一部の有力守護も施行状を出した。

六波羅探題が成立すると、西国全域に出された関東下文・下知状に六波羅施行状が発給されるようになった。また、九州においては大宰府守護所施行状と六波羅施行状、西国の一部では守護施行状と六波羅施行状が並列的に出される場合もあった。鎌倉幕府では、このように西国の統治機構が施行状を発給したのである。以上の結論を図示すれば次頁の図のようになる。

鎌倉幕府の施行システムはこのように基本的に西高東低であり、西に行くほど施行状が付される傾向があった。まずはこの点で、全国平等に将軍御判御教書を中央の管領が一元的に施行し、守護が遵行した完成期の室町幕府施行システムとは大きく異なっている(38)。

関東下文・関東下知状→東国：施行状は存在せず
→西国：六波羅施行状
→九州：前期—鎮西奉行施行状
中期—大宰府守護所施行状（＋六波羅施行状）
※少弐氏守護分国に限定
後期—鎮西施行状
→一部西国：守護施行状（＋六波羅施行状）

鎌倉幕府施行機構図

鎌倉幕府の施行状と室町幕府の施行状の相違点は、こうした地域による偏りの他にも三点ほどあげることができる。

第一に、第一節でも述べたように、室町幕府の執事（管領）施行状が将軍の仰せを奉じる書札様の御教書（奉書）形式であるのに対して、鎌倉幕府施行状はすべて下文様の書下形式であることである。この相違は、鎌倉幕府型施行状と室町幕府型施行状が本質的にまったく別系統の存在であり、後者が前者に由来・継続していないことをうかがわせる。

第二に、室町幕府の初期の施行状がほとんどすべて恩賞充行・所領寄進の実現を命じるものであり、不知行所領の沙汰付を命じる内容であったのに対し、鎌倉幕府の施行状は当初から充行・安堵・裁許・守護使入部停止と、当知行・不知行にかかわらず幅広い命令が施行されていることである。室町幕府においても南北朝末期から安堵や裁許にも施行状が出されるようになった。また、四代将軍足利義持中期には当知行安堵施行状が廃止され、以降は段銭以下諸役免除・守護使不入化を命じる御判御教書の施行が管領施行状の主流となる[39]。が、鎌倉幕府の施行状では、そのような被施行文書の時期的変遷はあまり見られない。

強いていえば、初期に守護使入部停止や地頭職停止、中期に訴人と論人が対決する所務沙汰相論、後期に和与裁許や外題安堵の施行状が目立つ程度である。また、東大寺大勧進文書集所収の六波羅施行状写は、官宣旨を施行する関東下知状を執行するなど内容的・様式的にやや特殊なものが散見する。(40)それと、室町幕府には広範に見られる寄進状の施行状が、鎌倉幕府では東福寺に出された表1-49・71・73以外には見られない点も注目するべきであろう。

そして第三に、両施行状の最大の相違点は、一点目と二点目とも関連することであるが、特に初期には守護・両使に宛てて命令の強制執行を命じる「沙汰付」型が主流であった室町幕府の施行状に対して、(41)鎌倉幕府の施行状は、基本的に宛所は持たないが内容的に単に上意を取り次いで当事者に宛てて出されるだけの当事者宛施行状であることである。したがって、下文・下知状や施行状に基づいて出される遵行状の類は鎌倉幕府ではほとんど見られない。(42)

ただし、鎌倉幕府においても沙汰付を命じた施行状はごくわずかながら残存している。

〔史料六〕正和四年（一三一五）四月三日付執権北条熙時施行状

安富左近大夫頼泰申、筑後国瀬高庄鷹尾別符多賀江八郎入道□（蓮カ）光跡事、任二御下文一、可レ被レ沙二汰-付頼泰一之状、依レ仰執
達如レ件、

正和四年四月三日　　相模守（北条熙時）（花押）

上総前司（金沢政顕）(43)殿

〔史料六〕は、同年三月二五日に出された関東下文を執権北条熙時が施行した文書である。鎮西探題金沢政顕に宛てて、下文に基づいて筑後国瀬高荘鷹尾別符を安富頼泰に沙汰付することを命じる内容である。この関東下文は現存していないので将軍下文であるか執権下知状であるかは不明であるが、拝領者の安富頼泰が別人の跡を拝領しているので内容はおそらく充行であったと考えられる。この施行状が発給された後、五月一二日に鎮西施行状が出されている（表3-2）。

熙時が発給した「沙汰付」型の下文施行状はもう一例見られる。正和二年（一三一三）九月二二日付の案文である。(44)六波羅北方探題兼伊勢守護金沢貞顕に宛てて、下文に基づいて伊勢国常光・天暦両寺領散在田畠地頭職を富樫家春に沙汰付するように伊勢守護代に命じることを求めている。この下文は同年九月六日付関東下文で、こちらも現存していないため下文の発給者や形式は不明であるが、施行状の本文から新補率法の地として富樫家春に充行われたことがわかる。本例も一一月二日に六波羅施行状が発給されている（表1-87）。

これらの施行状は後年代の室町幕府執事（管領）施行状とまったく同様の奉書形式であり、文言や様式も完全に同じである。しかしながら、わずかにこの二例しか残存していない。(45)また、この後にそれぞれ発給された鎮西施行状と六波羅施行状も、いずれも従来の下文様の書下で内容的に当事者宛のものである。したがって、これらの事例は例外と考えられる。鎌倉幕府においては、少なくとも施行に関しては室町幕府におけるような上意下達の遵行システムが確立していたとは到底いえないのである。

以上列挙した鎌倉幕府型施行状と室町幕府型施行状の相違点から判明することは、鎌倉幕府の施行状が基本的に強制執行力を持たないことなのではないだろうか。換言すれば、室町幕府型施行状と比較すれば、鎌倉幕府型施行状は下文や下知状の実現を促進させる意志が希薄であったと考えられるのである。

基本的に室町幕府の施行状が、本来は随時の連絡・通達に使用された書札様の奉書形式であったのとは異なって、鎌倉幕府の施行状が先行する関東下文・下知状と同じく、恩賞・安堵や裁許・諸役免除といった永続的効力が期待される「権利の付与」に用いられる下文様文書であった事実は、(46)施行状もまた下文・下知状と同様に受給者に権利を付与する文書であったことを示している。そして、発給者や受給者にとって下文等の命令を執行する命令であるとの意識は、少なくとも室町幕府の施行状と比較すれば相対的に希薄であったのではないだろうか。

また、東国に出された関東下文・下知状に施行状が存在しない事実は、下文・下知状の実現に必ずしも施行状が必要ではなかったことを示していると考えられる。当知行・不知行にかかわらず、充行・安堵・裁許といった幅広い命令に施行状が出されていることも、「不知行所領を沙汰付によって当知行化させる」室町幕府的な施行の原理とは別次元の論理で施行状が出されていることを現しているのではないだろうか。何より、鎌倉幕府施行状がほとんど内容的に当事者宛であり、守護・使節に対する沙汰付命令ではない事実は、強制執行の要素が希薄である決定的な証左であると考える。

鎌倉幕府型施行状が機能することが期待されたのは、具体的には主に訴訟の場においてであったと考えられる。出雲国大野荘内の名田畠に関する相論で下された元応二年（一三二〇）六月二五日付執権北条高時・連署金沢貞顕関東裁許下知状では、(47)訴訟の一方当事者である紀宮石女が「文永七年十二月十日安堵御下知状・同八年正月十三日六波羅施行幷手継証文」を幕府に提出して勝訴の判決を受けているように、六波羅施行状も判決の一根拠として利用されている。室町幕府の執事施行状も訴訟の場で証拠文書として提出される事例が散見する。(48)しかし、前述したように、鎌倉幕府の施行状が基本的に関東下文や下知状と同じ下文様の書下である事実も踏まえると、鎌倉幕府型施行状の方が相対的に室町幕府型施行状よりも権原を示す文書の性格が強く、そのため訴訟に果たす役割がより大きかったと考えられる。西国の関東下文・下知状の拝領者は、下文・下知状の遵行ではなく、将来的に訴訟が発生したときに証拠文書として備える目的で施行状の発給を希望したと推定できるのである。

鎌倉末期は、一方では「下知違背の咎」が恒常化して厳格に適用されたり、使節遵行システムが発達し、悪党追補や押領停止、そして下知状の実現を命じる沙汰付命令が六波羅御教書・鎮西御教書といった書札様の御教書形式の文書で多数発給されるようになった。(49)しかし、従来の下文様の鎌倉幕府型施行状は、書札様の遵行命令の系統とは決して融合せず、たがいに独立した存在であり続けた。換言すれば、書札様の沙汰付命令は、鎌倉期においては遂に「施行状化」はしなかったのである。

しかも、六波羅施行状は、末期の一三二〇年代以降は外題安堵を施行した表1-94のわずか一通しか管見に入らない。鎮西施行状も第二節で述べたようにわずか六通という少なさである。鎌倉幕府型施行状は、論人等の下知違背が恒常化した鎌倉末期においてむしろ減少し、衰退したのである。これは、根源的に強制執行の機能を持たなかった鎌倉幕府の施行システムが、鎌倉末期の下知違背や悪党蜂起などの新たな事態に有効に対処できなかった何よりの証左であると筆者は考える。

すでに先行研究において、基本的に鎌倉幕府の裁判には判決執行力は存在せず、幕府は調停者として訴訟に臨み、権力機構の未熟さゆえに逆に在地の「押領」まで含みこんだ自律的秩序を前提として、はじめて幕府の支配が成立する構造であった事実が指摘されている(50)。鎌倉幕府においては、まず実力で敵方所領を実効支配してから後で将軍に恩賞や安堵としてその所領の領有を認めさせるか(51)、あるいは御家人に列せられることによって、近隣の御家人相互の協調や援助によって、物理的強制をともなわず所領領有を維持するのが一般的であった(52)。いわば、守護・使節といった幕府の機関による強制執行ではなく、自力救済も含む当事者の自助努力や、物理的強制をともなわない周辺の援助によって恩賞・安堵や裁許を実現する体制であったと推定できるのである。

加えて、鎌倉幕府の安堵は法的効力をほとんど持たなかったと考えられている(53)。また、裁許も弘安以前においては越訴制の容認によっていつでも覆る可能性を有していたことも(54)、古くから指摘されてきたところである。

こうした体制下においては、室町幕府と比較して、鎌倉幕府の施行状の役割は限定的にならざるを得なかったのではないだろうか。鎌倉幕府型施行状は、室町幕府型施行状とは本質的に別個の存在であり、六波羅探題や大宰府守護所・鎮西探題、あるいは一部有力守護の物理的強制力ではなく、彼らの権威のみによって将軍や執権の命令の実現を促進する存在であったに過ぎないと筆者は考える。無論、室町幕府の施行状も執事（管領）等の権威に依存する側面は存在するが、強制執行力の有無の面で鎌倉幕府施行状と室町幕府のそれは決定的な相違があ

った と考えるのである。

おわりに

鎌倉幕府においては、関東下文・関東下知状の施行状は東国には存在しなかった。西国で六波羅探題が施行状を発給した。九州では、初期は鎮西奉行が全域に、やがて少弐氏が自身の守護分国に、最後に鎮西探題が九州全域に施行状を発給した。また、九州・中国地方の一部有力守護も施行状を発給する場合があり、六波羅施行状と大宰府守護所施行状あるいは六波羅施行状と守護施行状がともに出されることもあった。このように、鎌倉幕府の施行システムは西国の統治機構が施行状を発給する「西高東低」の体制だったのである。

鎌倉幕府の施行状は、内容的に原則当事者宛であり、基本的に訴訟の場における証拠文書としての役割しか果たさず、強制執行力も持たなかった。すなわち、六波羅探題や大宰府守護所・鎮西探題、一部有力守護の権威のみによって将軍や執権の命令の実現を促進する存在であったに過ぎなかった。そのため、「下知違背の咎」や悪党の跋扈が恒常化し、むしろ下文や下知状の効力が一層低下した鎌倉末期において、鎌倉幕府型施行状はこれらの新たな事態に適切に対応できず、衰退した。この点、守護・両使に沙汰付を命じて強制執行を期待する室町幕府型施行状とは本質的に別個の存在だったのである。

室町幕府型施行状の直接的起源は、本書第一部第三章で論じるように、建武政権における雑訴決断所牒による後醍醐天皇綸旨の施行であると考えられる。しかしそれでは、鎌倉幕府には室町幕府型施行状の萌芽はまったく見られないのであろうか。この問題について、現在筆者は、六波羅探題による悪党鎮圧命令など鎌倉後期に幕府によって遵行制度の整備が行われたことが、建武政権や室町幕府の施行システムの前提となったとの展望を抱いている。特に鎮西探題においては、正和の神領興行令を契機として鎮西下知状の執行命令が多数発給され、最末期には事実上の「沙汰付」型施行状が出現したほどであり、注目するべき現象であると考えている。そこで次章では、こうした鎮西下知状の執行システムについて詳しく検討しよう。

(1) 小川信『足利一門守護発展史の研究』(吉川弘文館、一九八〇年) 七六一頁など。
(2) 本書第二部第一章。
(3) 鎌倉幕府文書の概観については、高橋正彦「鎌倉幕府文書」(赤松俊秀他編『日本古文書学講座4　中世編Ⅰ』雄山閣出版、一九八〇年) などを参照されたい。
(4) 古澤直人「古典的段階における幕府法効力の本質＝限界」(同『鎌倉幕府と中世国家』校倉書房、一九九一年、初出一九八八年) 二〇四〜二〇五頁。
(5) 熊谷「六波羅探題発給文書に関する基礎的考察」(『日本史研究』四六〇、二〇〇〇年)、同「六波羅施行状について」(『鎌倉遺文研究』八、二〇〇一年) など。以下、それぞれ熊谷Ⓐ Ⓑ論文と称する。
(6) 本多美穂「鎌倉時代の大宰府」(『太宰府市史　通史編Ⅱ』二〇〇四年) 八四頁。
(7) 使節遵行に関する主な論考は、外岡慎一郎「六波羅探題と西国守護」(『日本史研究』二六八、一九八四年)、同「鎌倉末〜南北朝期の守護と国人」(『ヒストリア』一三三、一九九一年)、同「使節遵行と在地社会」(佐藤和彦他編『南北朝内乱』東京堂出版、二〇〇〇年、初出一九九六年)、古澤直人「鎌倉幕府法効力の変質」(註(4)所掲同氏著書、初出一九八八年)、熊谷隆之「六波羅・守護体制の構造と展開」(『日本史研究』四九一、二〇〇三年、以下、熊谷Ⓒ論文と称する) などを参照されたい。
(8) 主従制的支配権と統治権的支配権については、佐藤進一「室町幕府開創期の官制体系」(同『日本中世史論集』岩波書店、一九九〇年、初出一九六〇年) 二一七〜二二三頁、同「室町幕府論」(同書、初出一九六三年) 一一七〜一二〇頁を参照されたい。
(9) 鎌倉幕府の下文・下知状の検出には、『鎌倉遺文』や瀬野精一郎編『増訂　鎌倉幕府裁許状集　上・下』(吉川弘文館、一九九四年、初出一九八七年) を利用した。

(10) ただし、六波羅下知状を施行した章末表2-16・27の大宰府守護所施行状と、鎮西下知状を施行した章末表4-11の筑後守護施行状は例外的存在である。
(11) 正文、山城淀稲葉家文書（『鎌』一五六一二）。
(12) 註(5)所掲熊谷Ⓐ論文四八～五〇頁。
(13) 室町幕府の執事（管領）施行状の形式・様式については、上島有「室町幕府文書」（註(3)所掲古文書学解説書）五七～五八頁などを参照されたい。
(14) 註(5)所掲熊谷Ⓑ論文六五～六六頁。熊谷氏は六波羅施行状の正文に注目し、事書を持たない六波羅施行状は貞応元年（一二二二）から翌二年にかけて存在するとする。しかし、案文まで含めて見ると、六波羅施行状における事書出現の画期は寛喜二年（一二三〇）と見る方が適切であるように思われる。
(15) 鎌倉幕府裁許状の事書の種類やその変化、変化の意義については、近藤「鎌倉幕府裁許状の事書について」（皆川完一編『古代中世史料学研究　下巻』吉川弘文館、一九九八年）を参照されたい。
(16) 正文、出雲北島家文書（『鎌』九三三六）。
(17) 註(5)所掲熊谷Ⓐ論文五八頁、註(7)所掲同氏Ⓒ論文二六～二七頁など。
(18) 註(5)所掲熊谷Ⓑ論文六七～六九頁。
(19) 正文、神田孝平氏所蔵文書（『鎌』一六二四二）。
(20) 正文、東寺百合文書せ函武家御教書幷達四。
(21) 案文、温故古文抄（『鎌』二〇四〇九）。
(22) 石井進「大宰府機構の変質と鎮西奉行の成立」（『石井進著作集　第一巻』岩波書店、二〇〇四年、初出一九五九年）九四～九五頁。
(23) 註(22)所掲石井論文九五頁。
(24) 以上、天野遠景関東帰還後の九州統治体制の沿革については、註(6)所掲本多論文八二頁を参照されたい。
(25) 正文、肥前山代文書（『鎌』五四三四）。
(26) 鎌倉時代の少弐氏の守護補任沿革については、川添昭二「鎌倉時代の筑前守護」（同『九州中世史の研究』吉川弘文館、一九八三年、初出一九七一年）などを参照されたい。
(27)　例外として表2-19・22・28があげられるが、22は案文である。また、六波羅下知状を施行した表2-16・27は「六波羅殿御下知（状）」と称している。
(28)　鎮西探題に関しては、村井章介「蒙古襲来と鎮西探題の成立」（同『アジアのなかの中世日本』校倉書房、一九八八年、初出一九七八年）などを参照されたい。
(29)　正文、大隅池端文書（『鎌』二八六〇九）。
(30)　正文、肥前深堀記録証文（『鎌』七二三七）。
(31)　大友氏については、外山幹夫『大名領国形成過程の研究』（雄山閣出版、一九八三年）を参照されたい。
(32)　名越氏については、川添昭二「北条一門名越（江馬）氏について」（同『日蓮とその時代』山喜房佛書林、一九九九年、初出一九八七年）、細川重男「北条氏の家格秩序」（同『鎌倉政権得宗専制論』吉川弘文館、二〇〇〇年）三〇～三二頁などを参照されたい。
(33)　佐々木氏については、細川重男「幕府職制を基準とする家格秩序の形成」（註(32)所掲同氏著書）五五～五七頁を参照されたい。
(34)　鎌倉～南北朝前期の筑後守護宇都宮氏については、川添昭二「鎌倉時代の筑後守護」（註(26)所掲同氏著書、初出一九七〇年）三三～三四頁、山口隼正「筑後国守護」（同『南北朝期九州守護の研究』文献出版、一九八九年、初出一九六九年）五六～六六頁などを参照されたい。
(35)　註(32)所掲細川著書所収「鎌倉政権要職就任者関係諸系図」三七三頁など。
(36)　秋山哲雄「長門国守護職をめぐって」（同『北条氏権力と都市鎌倉』吉川弘文館、二〇〇六年、初出二〇〇五年）。
(37)　ただし、本文で述べたとおり、筑後守護宇都宮氏は鎮西の三番引付に名を連ねているので、表4-11は九州で発給されたと思われる。また、建治年間（一二七五～七八）の守護一斉交替以来、西国では守護あるいはその名代が現地に直接赴くのが通例となっていたので（註(28)所掲村井論文一九五～一九六頁）、表4-10・12も現地で発給されたと考えられる。

(38) ただし、室町幕府の東国統治機関鎌倉府においては、鎌倉公方が発給した文書を関東管領が施行する体制であった（本書第三部第一章）。
(39) 以上、本書第四部第一章・第三章。
(40) 東大寺大勧進文書集については、吉川聡他「「東大寺大勧進文書集」の研究」（『南都仏教』九一、二〇〇八年）を参照されたい。
(41) 室町幕府においても、草創期に足利直義が出した院宣一見状、四代将軍足利義持期に出された当知行安堵の管領施行状のように当事者宛の施行状が出される場合があった。しかし、全体的に見れば主流であったとは言いがたい。院宣一見状と当事者宛管領施行状については、それぞれ上島有「室町幕府草創期の権力のあり方について」（『古文書研究』一一、一九七七年）六〜九頁、本書第四部第一章第二節を参照されたい。
(42) 建長五年（一二五三）九月九日付右衛門尉某遵行状正文、豊後詫摩文書（『鎌』七六一六、表4-7参照）、永仁五年（一二九七）正月二〇日付六波羅御教書案、大阪四天王寺所蔵如意宝珠御修法日記裏文書（『鎌』一九二五八、表1-72参照）などは数少ない例外といえるであろう。大阪四天王寺所蔵如意宝珠御修法日記裏文書については、杉橋隆夫「四天王寺所蔵「如意宝珠御修法日記」・「同」紙背（富樫氏関係）文書について」（『史林』五三―三、一九七〇年）を参照されたい。
(43) 正文、肥前深江文書（『鎌』二五四六七）。
(44) 大阪四天王寺所蔵如意宝珠御修法日記裏文書（『鎌』二五〇〇三）。
(45) なお、建長八年（一二五六）六月五日付関東御教書案、山城八坂神社文書（『鎌』八〇〇三）は、関東下知状の判決に従って下地中分のために傍示を打ち定めることを両使に命じる内容である。これも広義の「沙汰付」型施行状といえるかもしれないが、例外的存在であることは確かであろう。
(46) 下文様文書と書札様文書の機能については、佐藤進一「中世史料論」（註(8)所掲同氏著書、初出一九七六年）二九三〜三〇二頁を参照されたい。
(47) 正文、出雲小野文書（『鎌』二七五一五）。
(48) 暦応元年（一三三八）九月一一日付足利直義裁許下知状正文、長門熊谷家文書（『中四』七九四）など。本書第二部第一章第一節を参照されたい。
(49) 註(7)所掲古澤論文、同註所掲外岡「使節遵行と在地社会」三〇六〜三一〇頁など。
(50) 註(4)所掲古澤論文二〇八〜二一〇頁。
(51) 川合康「鎌倉幕府荘郷地頭職の展開に関する一考察」(『日本史研究』二七二、一九八五年)。
(52) 山本博也「頼朝と本領安堵」(石井進編『都と鄙の中世史』吉川弘文館、一九九二年)二一四〜二一八頁。
(53) 註(52)所掲山本論文二〇一頁。
(54) 註(4)所掲古澤論文一九七頁など。

V：「官途・平朝臣(花押)」(III)と同じ様式。

・「宛所」欄

表２・表４ではこの欄を設け、施行状の宛所を記す。表２・表４において、宛所と実際に拝領者が一致している、すなわち当事者宛である場合は、「●」を記す。

・「所領名／権益名」欄

施行状に記載されている所領名や権益名を記すが、割注を省略し、複数の所領が記載されている場合には最初に記載されている所領名のみ記して残りは省くなど、適宜省略した。

・「拝領者／訴論人」欄

施行状の拝領者を記す。事書Ｃ型の関東下知状施行状で、訴人・論人が判明する場合は、それらの名を記す。

・「下文・下知状発給者／命令内容」欄

施行状に先行して発給された関東下文・下知状の発給者・文書様式および命令内容を判明する限りで記す。

・「下文・下知状補足情報」欄

施行状に先行して発給された下文・下知状の発給年月日、事書の様式、項目列挙型であるか否かを判明する限りで記す。

「B′」：「補任地頭職事」型。近藤成一氏が、「可令早」型(Ｂ型)に准じるとした事書(本章註(15)所掲同氏論文319～320頁)。

「Ｅ」：外題安堵

「Ｆ」：Ａ～Ｅいずれの様式とも異なる事書。

・「施行文言／備考」欄

施行状において、被施行文書が称されている名称を記す。

関連文書が存在する場合、発給年月日と文書名を記す。他の機関が発給した施行状も存在する場合は、その表の番号を記す。

・「出典」欄：出典を記す。

下文・下知状発給者 命令内容	下文・下知状補足情報	施行文言 備考	出　典
？ 甲乙人濫妨停止ヵ		「関東御下文」 下知状形式	豊前益永家文書
執権北条義時下知状 守護使入部停止	承久３.８.24 無	「関東御下知状案如此」 宛所安保右馬允 承久３.９.14同人宛北条泰時書状	久我家文書
執権北条義時下知状 安堵	承久３.閏10.12 B	「関東御下文」	紀伊高野山又続宝簡集78
？ 安堵		「関東安堵御下文」	香宗我部家伝証文

○表の見方

・「番号」欄：本表における文書番号を記す。
・「発給年月日」欄：施行状が発給された年月日を記す。
・「状態」欄：施行状の現存状況を記す。「正」は正文、「案」は案文、「写」は写であることを表す。
・「事書／項目」欄：事書の有無と、項目列挙型であるか否かを記す。
　「無」：事書を持たない施行状。

　「A」：「○○国(所領名)事」や、これに類する事書。

　「B」：「可レ令二早(拝領者)領知一○○国(所領名)事」や、これに類する事書。

　「C」：「(拝領者)申○○国(所領名)事」という事書。

　「D」：「(○○領)○○国(所領名)(訴人)与(論人)相論所務条々」や、これに類する事書。

　「★」：項目列挙型。

　「●」：施行状に先行して発給された関東下文・下知状の事書と一致することが確認できるケース。

　「×」：施行状に先行して発給された関東下文・下知状の事書と異なることが確認できるケース。
・「差出」欄
　施行状発給者の役職と氏名を記す。表2・表4では「差出／文書形式」欄とし、施行状の文書形式も記し、袖判がある場合は「(袖判)」と記す。
・「署判」欄：表1ではこの欄を設け、施行状発給者の署判の様式を記す。
　Ⅰ：「官途(花押)」。
　Ⅱ：「官途・平(花押)」。
　Ⅲ：「官途・平朝臣(花押)」。
　Ⅳ：「官途・平(花押)」(Ⅱ)と同じ様式。

表1　六波羅施行状一覧

No.	発給年月日	状態	事書項目	差出	署判	所領名 権益名	拝領者 訴論人
1	承久3.8.21	案	無	北方北条泰時 南方北条時房	Ⅰ	豊前国宇佐宮領辛嶋郷恒松他	宇佐嗣輔
2	承久3.閏10.7	正	無	北方北条泰時	Ⅰ	播磨国這田庄・石作庄	久我家
3	承久3.11.6	案	A×	北方北条泰時 南方北条時房	Ⅰ	紀伊国阿弖河庄地頭職他	湯浅宗光
4	貞応2.7.16	正	無	北方北条泰時 南方北条時房	Ⅱ	土左国香宗我部郷地頭職他	中原秋道

下文・下知状発給者 命令内容	下文・下知状補足情報	施行文言 備考	出　典
執権北条義時下知状 恩賞充行	貞応２．８．17 B	「任状、可令施行」 時房花押なし	早稲田大学所蔵荻野研究室収集文書
執権北条義時下知状 新補公文職停止	貞応２．９．13 B	「関東御下知状」 「任状、可停止其職」	近衛家文書
執権北条義時下知状 譲与安堵	貞応３．４．14 B	「自関東所給安堵御下文也」 「任状、早可令施行」	大隅禰寝文書
執権北条泰時・連署北条時房下知状ヵ 裁許ヵ	寛喜元．６．24	「関東御下知状」 寛喜元．６．24安倍泰忠宛関東御教書案	土御門文書
将軍九条頼経下文 相伝安堵	寛喜元．９．５ B	「関東御下文」	新編伴姓肝属氏系譜
？ ？	寛喜２．12．１	「関東御下文」	肥前深堀記録証文
執権北条泰時・連署北条時房下知状 国務補任	寛喜３．11．26 B	「関東御下知状侢」 本文引用型	東大寺大勧進文書集
？ ？	貞永元．10（ママ）．27	「関東下知状」 差出欠	山城禅定寺文書
執権北条泰時・連署北条時房下知状 官宣旨施行・返付	貞永元．７．28	「関東御施行」 下知状前欠	東大寺大勧進文書集
執権北条泰時・連署北条時房下知状 北白河院領預置	貞永元．７．28 A	「関東御下知如此」	東大寺大勧進文書集
執権北条泰時・連署北条時房下知状 地頭職停止	貞永元．８．19 B	「関東御下知状」	山城賀茂神社文書
執権北条泰時・連署北条時房下知状 地頭職停止	天福元．７．９ B	「関東御下知状」	東大寺要録2
北条泰時・連署北条時房下知状 裁許	嘉禎元．10．25 A	「関東御下知状」 嘉禎元．10．25六波羅探題宛関東御教書	紀伊高野山宝簡集7
執権北条泰時・連署北条時房下知状 地頭職停止	嘉禎元．12．24 B	「関東御下知状」 嘉禎元．12．26関東請文 嘉禎２ヵ．１．16普成仏院宛摂政九条道家御教書	国立歴史民俗博物館所蔵醍醐寺文書
執権北条泰時・連署北条時房下知状 守護使入部停止	嘉禎２．２．19 B	「関東御下知状如此」	国立歴史民俗博物館所蔵醍醐寺文書

No.	発給年月日	状態	事書項目	差出	署判	所領名 権益名	拝領者 訴論人
5	貞応2.9.22	正	無×	北方北条泰時 南方北条時房	I	伊予国石井郷地頭職	河野通久
6	貞応2.10.4	案	無×	北方北条泰時 南方北条時房	I	丹波国宮田庄	近衛家実
7	貞応3.5.26	案	無×	北方北条泰時 南方北条時房	II	大隅国禰寝院南俣地頭職	建部清綱
8	寛喜元.7.19	案	無	北方北条時氏 南方北条時盛	II	近江国竜花庄下司職	安倍泰忠
9	寛喜元.10.6	案	無×	北方北条時氏 南方北条時盛	II	島津庄薩摩方内泉庄弁済使他	右兵衛尉保久
10	寛喜2.12.26	正	A	南方北条時盛 北方北条重時	II	摂津国吉井庄内末里法□跡地頭職	平仲光
11	寛喜3.12.19	写	A×	南方北条時盛 北方北条重時	II	周防国務	行勇律師
12	貞永元.8.17	写	A	南方北条時盛カ 北方北条重時カ	IIカ	山城国禅定寺地頭職	禅定寺カ
13	貞永元.9.24	写	A	南方北条時盛 北方北条重時	II	周防国富海他陸箇所	周防国衙
14	貞永元.9.24	写	A●	南方北条時盛 北方北条重時	II	周防国末武御領	行勇僧都
15	貞永元.10.27	正	A×	南方北条時盛 北方北条重時	II	出雲国福田庄地頭職	賀茂別雷社
16	天福元.8.23	案	A×	南方北条時盛 北方北条重時	II	周防国椹野庄地頭職	東大寺
17	嘉禎元.11.26	正	A●	南方北条時盛 北方北条重時	II	備後国大田庄	高野山大塔
18	嘉禎2.1.15	正	A×	南方北条時盛 北方北条重時	II	摂津国野鞍庄地頭職	普成仏院
19	嘉禎2.3.8	正	D×	南方北条時盛 北方北条重時	II	摂津国野鞍庄	普成仏院

下文・下知状発給者 命令内容	下文・下知状補足情報	施行文言 備考	出　典
将軍九条頼経家政所下文 恩賞充行	嘉禎２．７．28 B′	「将軍家政所御下文」	碩田叢史29平井氏古文書
将軍九条頼経家政所下文ヵ 地頭職補任	嘉禎２．５．22	「将軍家御下文」	筑前宗像神社文書
将軍九条頼経家政所下文ヵ 地頭職補任	嘉禎４．６．21	「御下文」	豊前久恒文書
将軍九条頼経家政所下文 譲与安堵	嘉禎２．12．15 B	「将軍家御下文」	武蔵飯島一郎氏所蔵文書
将軍九条頼経家政所下文 地頭職補任	延応元．９．26 B′	「関東御下文」 「任状、可被施行」	長門高洲家文書
執権北条泰時下知状 安堵	延応２．５．22 B	「関東御下知状」	薩摩和田文書
執権北条泰時下知状 相論裁許	仁治元．閏10．11 C・★	「関東今年閏十月十一日御下知」	長門小早川家文書
将軍九条頼経家政所下文 恩賞充行	仁治３．３．21 B	「関東御下文」 本文引用型	書上古文書２
執権北条経時下知状 国務補任	寛元元．５．12 D	「関東御下知状」 同日付北条重時宛所欠書状	東大寺大勧進文書集
執権北条経時下知状 相論裁許	寛元２．４．23 C	「関東御下知」 表２-20	肥前山代文書
執権北条経時下知状 相論裁許	寛元３．３．28 ★	「関東御下知状」 下知状前欠	安芸香川家文書
将軍九条頼嗣家袖判下文ヵ 譲与安堵ヵ	寛元４．11．３	「関東御下文」	周防吉川家文書
将軍九条頼嗣家袖判下文 相伝安堵	寛元４．11．７ B	「関東御下文」	信濃守矢文書
将軍九条頼嗣家袖判下文ヵ 譲与安堵	宝治元．９．15 B	「関東御下文」 表２-21	肥前高城寺文書
執権北条時頼・連署北条重時下知状 相論裁許	宝治2.5.16 ★	「関東御下知」 下知状一部欠	豊後柞原八幡宮文書
将軍九条頼嗣袖判下文 替地充行	建長２．10．23 B′	「関東御下文」 表４-６	肥前深堀記録証文
将軍九条頼嗣袖判下文 替地充行	建長２．10．23 B′	「関東御下文」 花押欠 35の再発給型	肥前深堀記録証文
将軍宗尊親王家政所下文 譲与安堵	建長４．８．15 B	「関東御下文」 表２-22	豊前到津文書
執権北条時頼・連署北条重時下知状 官宣旨施行・殺生禁断	建長５．７．６ D	「関東御下文」	東大寺大勧進文書集

No.	発給年月日	状態	事書項目	差出	署判	所領名 権益名	拝領者 訴論人
20	嘉禎２．８．12	写	A×	南方北条時盛 北方北条重時	II	豊後国毛井社地頭職	平林頼宗
21	嘉禎３．７．13	正	A	南方北条時盛 北方北条重時	II	肥前国晴気領地頭職	参河大夫
22	嘉禎４．６．23	正	A	南方北条時盛 北方北条重時	II	豊前国下毛郡大家郷内久恒名地頭職	藤原明綱
23	嘉禎４．10．11	正	A×	南方北条時盛 北方北条重時	II	石見国豊田郷内俣賀他地頭職	弥益丸
24	延応元．10．16	案	無×	南方北条時盛 北方北条重時	I	備後国高洲社地頭職	藤原遠忠
25	延応２．６．13	案	A×	北方北条重時	II	北憲清法師所職所領屋敷名田	河内国住人北憲清法師
26	仁治元．12．３	写	C● ★	南方北条時盛 北方北条重時	II	安芸国都宇・竹原両庄	領家定使康憲 地頭小早川茂平
27	仁治３．４．２	案	A×	南方北条時盛 北方北条重時	II	能勢蔵人跡地頭職	源頼仲
28	寛元元．９．４	写	D●	北方北条重時	III	周防国務	東大寺大勧進円琳法眼
29	寛元２．７．27	正	C●	北方北条重時	III	改嫁	肥前国御家人通広 山代固後家尼
30	寛元４．８．19	正	C ★	北方北条重時	III	安芸国八木村公文職他	地頭香河景信 八木村住人有家他
31	寛元４．11．21	正	A	北方北条重時	III	石見国永安別符・益田庄内地頭職	藤原乙法師丸
32	寛元４．12.9	正	A×	北方北条重時	III	信濃国筑摩郡白河郷地頭職	藤原惟家
33	宝治元．10．６	案	A×	北方北条長時	IV	肥前国佐嘉郡小千員内名田拾町他	高木勝丸
34	宝治２．７．27	案	C ★	北方北条長時	IV	豊後国賀来庄	地頭賀来維綱 妙念
35	建長２．11．21	正	A×	北方北条長時	IV	筑後国甘木村・深浦村地頭職	深堀能仲
36	建長３．２．23	正	A×	北方北条長時	IV	筑後国甘木村・深浦村地頭職	深堀能仲
37	建長４．９．13	正	A×	北方北条長時	IV	豊前国江嶋別符内小犬丸田畠他	宇佐嗣輔後家
38	建長５．９．１	写	D●	北方北条長時	IV	周防・肥前両国	東大寺勧進上人円審

下文・下知状発給者 命令内容	下文・下知状補足情報	施行文言 備考	出　典
将軍宗尊親王家政所下文 地頭職補任	建長 7 . 3 .28 B′	「将軍家政所御下文」 表2-24	肥前深堀記録証文
執権北条長時・連署北条政村 下知状 裁許	正嘉 2 . 3 .24 D	「関東御教書<副具書>如此」 宛所地頭・在庁	東大寺大勧進文書集
執権北条長時・連署北条政村 下知状 殺生禁断	弘長 2 .12.10 A	「関東御下知状」	尊経閣所蔵武家手鑑
執権北条政村・連署北条時宗 下知状ヵ 相論裁許ヵ	文永元.12. 2	「関東御下知状」	伊予三島家文書
執権北条政村・連署北条時宗 下知状 譲与安堵	文永 2 . 8 .22 B	「関東御下知」 表4-9	出雲北島家文書
執権北条時宗・連署北条政村 下知状ヵ 相論裁許ヵ	文永 8 . 5 . 4	「関東御下知」	山城東文書
執権北条時宗・連署北条政村 下知状ヵ 相論裁許ヵ	文永10. 3 .28	「関東御下知」	肥前深江文書
執権北条時宗・連署北条政村 下知状 和与裁許	文永 9 . 1 .20 C	「関東御下知状」	興山寺文書
将軍惟康親王家政所下文ヵ 譲与安堵	弘安 2 .10.28 B	「関東御下文」 表 2 -29	松平教忠氏所蔵文書
? ?	弘安 2 .10.28	「関東御下文」	筑前宗像神社文書
執権北条時宗下知状 寄進	弘安 3 . 9 . 5 A	「関東御下文」 弘安 3 . 9 . 5 聖一御房宛関東御教書	尊経閣所蔵武家手鑑
将軍惟康親王家政所下文 譲与安堵	弘安 3 .10.18 B	「関東安堵御下文」 同文の平仮名案文	丹波片山文書
執権北条時宗下知状 配分充行	弘安 4 . 6 . 2 B	「関東御下文」	大隅禰寝文書
執権北条時宗・連署北条業時 下知状 和与裁許	弘安 6 . 9 C	「関東御下知」	丹波片山文書
将軍惟康親王家政所下文 替地充行	弘安 8 . 6 .25 B	「関東御下文」	山城淀稲葉文書

No.	発給年月日	状態	事書項目	差出	署判	所領名 権益名	拝領者 訴論人
39	建長７．５．２	正	A×	北方北条長時	Ⅳ	肥前国戸八浦地頭職	深堀能仲
40	正嘉２．４．24	写	D●	北方北条時茂	Ⅳカ	周防国務	東大寺大勧進実相房円照
41	弘長２．12．24	正	A●	北方北条時茂	Ⅳ	紀伊国保田庄内星尾寺敷地	湯浅宗業
42	文永２．10．29	正	C	南方北条時輔 北方北条時茂	Ⅳ	狼藉実否	伊予国黒原親知 祝安俊
43	文永３．５．24	正	A×	南方北条時輔 北方北条時茂	Ⅳ	出雲国神魂社領大庭・田尻保地頭職	出雲泰孝
44	文永８．５．29	正	C ★	南方北条時輔	Ⅳ	丹波国雀部庄	松尾社雑掌 地頭飯田浄心
45	文永10．６．15	正	C ★	北方北条義宗	Ⅳ	肥前国高来東郷内深江村	安富行位 越中長員
46	文永11．７．25	案	C●	北方北条義宗	Ⅳ	備後国太田庄桑原方	高野山根本大塔 地頭宗有
47	弘安２．12．２	正	B×	南方北条時国 北方北条時村	Ⅴ	肥前国晴気保地頭職	宗像弥松丸
48	弘安２．12．２	正	B	南方北条時国 北方北条時村	Ⅴ	筑前国宗像社大宮司社務他	権大宮司長氏
49	弘安３．９．17	正	A●	南方北条時国 北方北条時村	Ⅴ	加賀国熊坂庄一方	東福寺
50	弘安４．４．18	案	B×	南方北条時国 北方北条時村	Ⅴ	丹波国和智庄地頭職	万歳丸
51	弘安４．７．３	案	B●	南方北条時国 北方北条時村	Ⅴ	大隅国佐汰村伍分参他	定親
52	弘安７．２．９	案	C●	南方北条時国 北方北条時村	Ⅴ	丹波国和智庄	仁和寺雑掌 地頭片山道縁後家他
53	弘安８．７．16	正	B●	南方北条兼時 北方北条時村	Ⅴ	肥前国神崎庄内小崎郷	越智通有

下文・下知状発給者 命令内容	下文・下知状補足情報	施行文言 備考	出　典
執権北条貞時・連署北条業時 下知状 相論裁許	弘安10．4．19 C・★	「関東御下知」	神田孝平氏所蔵文書
執権北条貞時・連署北条業時 下知状 相論裁許	弘安10．4．19 C・★	「関東御下知」	神田孝平氏所蔵文書
執権北条貞時・連署大仏宣時 下知状 相論裁許	弘安10．11．27 C・★	「関東御下知」	山城石清水文書
執権北条貞時・連署大仏宣時 下知状ヵ 相論裁許ヵ	弘安10．9．21	「関東御下知」	長門熊谷家文書
執権北条貞時・連署大仏宣時 下知状 相論裁許	正応元．6．2 C・★	「関東御下知」	伊予忽那家文書
執権北条貞時・連署大仏宣時 下知状 相論裁許	弘安11．4．12 C・★	「関東御下知」	安芸楽音寺文書
将軍惟康親王家政所下文 譲与安堵	正応元．9．27 B	「関東安堵御下文」	大隅禰寝文書
執権北条貞時・連署大仏宣時 下知状ヵ 相論裁許ヵ	正応2．3．12	「関東御下知状」	大隅禰寝文書
執権北条貞時・連署大仏宣時 下知状 譲与安堵	弘安10．12．7 B	「関東安堵御下文」	萩藩閥閲録巻121－4
将軍久明親王家政所下文 譲与安堵	正応4．10．16 B	「関東御下文」 拝領者欠	大隅池端文書
執権北条貞時・連署大仏宣時 下知状 棟別銭徴収命令	正応6．3．2 A	「関東御下知」	摂津多田神社文書
執権北条貞時・連署大仏宣時 下知状 裁許	永仁2．10．23 D	「関東御下知状」	東寺百合文書に函36-2
執権北条貞時・連署大仏宣時 下知状 和与裁許	永仁3．5．7 C・★	「関東御下知」	東寺百合文書ヒ函18
執権北条貞時・連署大仏宣時 下知状 充行ヵ	永仁4．3．19 B	「関東御下知」	山城大通寺文書

No.	発給年月日	状態	事書項目	差出	署判	所領名 権益名	拝領者 訴論人
54	弘安10．6．28	正	C● ★	南方北条兼時 北方北条時村	V	備前国長田庄信濃村他	最勝光院雑掌 伊賀妙光女子
55	弘安10．6．28	正	C● ★	南方北条兼時 北方北条時村	V	備前国長田庄賀茂郷他	最勝光院雑掌 伊賀頼泰他
56	正応元．5．17	正	C● ★	南方北条盛房 北方北条兼時	V	淡路国鳥飼別宮	八幡宮寺雑掌 佐野富綱
57	正応元．6．20	正	C★	南方北条盛房 北方北条兼時	V	安芸国佐東河手幷鵜船・倉敷	熊谷頼直 武田泰継
58	正応元．9．17	正	C● ★	南方北条盛房 北方北条兼時	V	伊予国忽那嶋西浦惣追捕使職他	左兵衛実重法師 重康子息遠重
59	正応元．11．5	案	C● ★	南方北条盛房 北方北条兼時	V	安芸国楽音寺田地十四町余他	雑掌実厳 小早川茂平女子
60	正応2．5．28	正	B●	南方北条盛房 北方北条兼時	V	大隅国禰寝南俣院地頭職	建部清親
61	正応2．5．28	正	C	南方北条盛房 北方北条兼時	V	大隅国山本・光松両名	山本清方他 禰寝清親
62	正応3．10．16	案	B●	南方北条盛房 北方北条兼時	V	石見国末元別符地頭職	藤原兼義
63	正応4．11．4	案	A×	南方北条盛房 北方北条兼時	V	大隅国禰寝院南俣内用松名他	？
64	正応6．6．2	正	A●	南方北条盛房 北方北条久時	V	摂津国多田院造営	忍性
65	永仁3．閏2．20	案	D●	南方北条盛房 北方北条久時	V	丹波国大山庄分田	東寺雑掌祐厳
66	永仁3．8．10	正	C●	南方北条盛房 北方北条久時	V	若狭国太良庄	東寺雑掌尚慶 地頭若狭忠兼
67	永仁4．4．1	案	B●	南方北条盛房 北方北条久時	V	伊予国三箇郷	西八条遍照心院

下文・下知状発給者 命令内容	下文・下知状補足情報	施行文言 備考	出　典
執権北条貞時・連署大仏宣時 下知状 和与裁許	永仁３．５．２ C	「関東御下知」	武蔵飯島一郎氏所蔵文書
執権北条貞時・連署大仏宣時 下知状ヵ 相論裁許ヵ	永仁４．３．12	「関東御下知」	山城泉涌寺文書
執権北条貞時・連署大仏宣時 下知状 相論裁許	永仁４．５．18 C・★	「関東御下知」	東寺百合文書せ函武家御教書并達5
執権北条貞時・連署大仏宣時 下知状 寄進	永仁４．９．13 B	「関東御下文」	尊経閣文庫所蔵東福寺文書
執権北条貞時・連署大仏宣時 下知状 恩賞充行	永仁４．10.26 B	「関東御下文」 永仁５．１．20六波羅執行命令案	大阪四天王寺所蔵如意宝珠御修法日記裏文書
執権北条貞時・連署大仏宣時 下知状 寄進	永仁４．12.30 B	「関東御下文」	宮内庁書陵部所蔵九条家文書
執権北条貞時・連署大仏宣時 下知状 譲与安堵	永仁５．10.27 B	「関東安堵御下文」	山城大徳寺文書
執権北条貞時・連署大仏宣時 下知状ヵ 濫悪禁断	永仁６．８．10	「関東御下知」 同文の案文他3通	大和西大寺文書
執権北条貞時・連署大仏宣時 下知状 裁許	永仁６．８．10 D	「関東御下知」	紀伊池坊文書
執権北条貞時・連署大仏宣時 下知状 和与裁許	永仁６．６．12 C	「関東御下知」	東大寺文書
執権北条貞時・連署大仏宣時 下知状 配分安堵	永仁６．12.20 B	「関東安堵御下文」	安芸厳島神社御判物帖
執権北条貞時・連署大仏宣時 下知状 堺相論裁許	正安２．３．23 ★	「関東御下知」 下知状前欠	尊経閣文庫所蔵加茂社文書
執権北条貞時・連署大仏宣時 下知状 和与裁許	永仁５．１．12 C	「関東御下知」	出雲鰐淵寺文書

No.	発給年月日	状態	事書項目	差出	署判	所領名 権益名	拝領者 訴論人
68	永仁４．４．16	正	C●	南方北条盛房 北方北条久時	V	石見国長野庄豊田郷内俣賀	内田致直 舎兄蓮念
69	永仁４．６．１	正	C	南方北条盛房 北方北条久時	V	摂津国湖江新免内田参町余	泉湧寺雑掌 瓦林観法他
70	永仁４．８．13	正	C●	南方北条盛房 北方北条久時	V	伊予国弓削嶋	東寺雑掌教念 地頭小宮頼行
71	永仁４．11．７	正	B●	南方北条盛房 北方北条久時	V	淡路国都志郷地頭職他	東福寺
72	永仁４．12．23	案	B●	南方北条盛房 北方北条久時	V	紀伊国三毛入道心浄他跡	富樫家春
73	永仁５．３．29	案	B●	南方北条盛房 北方北条久時	V	淡路国都志郷地頭職他	東福寺
74	永仁５．閏10．27	案	B●	南方大仏宗宣 北方北条宗方	V	伊予国恒弘名田畠	越智資在
75	永仁６．９．９	案	B	南方大仏宗宣 北方北条宗方	V	西大寺以下諸寺	西大寺以下諸寺
76	永仁６．９．24	案	D●	南方大仏宗宣 北方北条宗方	V	紀伊国栗栖庄	紀伊国粉河寺住僧幷 徳大寺前内大臣家
77	永仁７．１．21	正	C●	南方大仏宗宣 北方北条宗方	V	美濃国茜部庄年貢絹綿色代他	東大寺雑掌慶舜 地頭長井静瑜
78	正安２．４．27	正	B●	南方大仏宗宣 北方北条宗方	V	安芸国厳嶋神社神主職地	掃部大夫親範
79	正安２．７．12	正	C	南方大仏宗宣 北方北条宗方	V	加賀国金津庄・北英田保堺	賀茂別雷社雑掌 北英田保地頭代
80	正安２．閏７．19	正	C●	南方大仏宗宣 北方北条宗方	V	出雲国漆治郷氏女知行分年貢	日吉社雑掌 平氏

下文・下知状発給者 命令内容	下文・下知状補足情報	施行文言 備考	出　典
執権北条師時・連署北条時村 下知状 和与裁許	乾元２．閏４．23 C	「関東御下知」	東寺文書六芸之部数11-4
執権北条師時・連署北条時村 下知状 裁許	嘉元元．11．27 D	「関東御下知」	長門熊谷家文書
執権北条師時・連署大仏宗宣 下知状 外題安堵	徳治３．６．20 E	「関東安堵御外題」 永仁６．４．24尼良円譲状	周防吉川家文書
執権北条師時・連署大仏宗宣 下知状ヵ 守護使他乱入狼藉停止	延慶元．10．20	「関東御下知」	播磨広峰神社文書
執権北条熙時下知状 恩賞充行	正和元．９．10 B	「関東御下文」	大阪四天王寺所蔵如意宝珠御修法日記裏文書
執権北条熙時下知状 相論裁許	正和２．７．20 C	「関東御下知」	冷泉家文書
？ 充行	正和２．９．６	「関東御下文」 正和２．９．22執権北条熙時施行状案	大阪四天王寺所蔵如意宝珠御修法日記裏文書
執権北条高時・連署金沢貞顕 下知状ヵ 相論裁許ヵ	正和５．12．２	「関東御下知」	大阪四天王寺所蔵如意宝珠御修法日記裏文書
執権北条高時・連署金沢貞顕 下知状ヵ 狼藉停止	文保2.6.20	「関東御下知」	和泉願泉寺文書
執権北条高時・連署金沢貞顕 下知状 年貢運送命令	文保３．３．10 A	「関東御下知」	紀伊高野山金剛三昧院文書
執権北条高時・連署金沢貞顕 下知状 殺生禁断	文保３．３．16 A	「関東御下知」	紀伊高野山金剛三昧院文書
執権北条高時・連署金沢貞顕 下知状 和与裁許	元応元．12．27 C	「関東御下知」	山城若王寺神社文書
執権北条高時・連署金沢貞顕 下知状ヵ 殺生禁断	元応２．７．16	「関東御下知」	相模覚園寺文書
執権赤橋守時・連署大仏惟貞 下知状 外題安堵	嘉暦２．６．22 E	「関東安堵御外題」 元亨４．７．３尼真妙譲状	伊予忽那家文書

No.	発給年月日	状態	事書項目	差出	署判	所領名 権益名	拝領者 訴論人
81	嘉元元．9．18	正	C●	南方金沢貞顕 北方北条基時	V	伊予国弓削嶋	東寺雑掌栄実 地頭
82	嘉元2．7．16	正	D●	南方金沢貞顕 北方北条時範	V	安芸国三入庄山木	地頭熊谷頼直後家尼妙法他
83	徳治3．10．8	正	B×	南方金沢貞顕	V	石見国永安別符并益田庄内小弥富他	藤原氏
84	延慶元．11．20	正	B	南方金沢貞顕	V	播磨国広峰社東西坂下鳥居縄手内	祇園本社播磨国広峰社
85	正和元．9．24	案	B●	南方北条時敦 北方金沢貞顕	V	伯耆国野津郷気徳村地頭職	富樫家春
86	正和2．8．9	正	C●	南方北条時敦 北方金沢貞顕	V	播磨国細河庄地頭職	冷泉為相 御子左為世
87	正和2．11．2	案	B	南方北条時敦 北方金沢貞顕	V	伊勢国常光・天暦両寺領散在田畠地頭職	富樫家春
88	文保元．7．5	案	C	南方大仏惟貞 北方北条時敦	V	伊勢国十五所塩浜地子幷浜二段・塩屋壱宇	富樫家春 雲出道蓮後家尼浄蓮
89	文保2．9．13	案	D	南方大仏惟貞 北方北条時敦	V	尊重護法寺幷寺領	尊重護法寺雑掌良勝
90	元応元．6．16	案	A●	南方大仏惟貞 北方北条時敦	V	播磨国在田上庄	高野山金剛三昧院
91	元応元．6．16	案	A●	南方大仏惟貞 北方北条時敦	V	播磨国在田上庄	高野山金剛三昧院
92	元応2．3．29	正	C●	南方大仏惟貞 北方北条時敦	V	淡路国由良庄	雑掌善阿 地頭木内道源他
93	元応2．10．7	正	A	南方大仏惟貞	V	伊予国新居西条庄	覚園寺
94	元徳2．4．16	正	B×	南方金沢貞将 北方常葉範貞	V	伊予国忽那嶋松吉内延成田畠	藤原如福

拝領者 訴論人	下文・下知状発給者 命令内容	下文・下知状補 足情報	施行文言 備考	出　典
藤原家宗	源頼朝袖判下文 地頭職補任	文治２．５．６	「鎌倉殿御下文」 下文前欠	福岡市博物館所蔵筑後上妻文書
藤原季家	源頼朝下文 地頭職補任	文治２．８．９ B	「鎌倉殿御下文」	肥前諫早家系事蹟集
平包貞	源頼朝袖判下文 地頭職補任	文治２．８．13 B′	「鎌倉殿御下文」 署判欠	外山幹夫氏所蔵福田文書
平通隆	源頼朝袖判下文 裁許	文治３．５．９ B	「鎌倉殿御下文」	豊後曽禰崎文書
藤原季永	源頼朝袖判下文ヵ 地頭職補任	文治３．９．16	「鎌倉殿御下文」	肥前国分寺文書
藤原家宗	将軍源頼朝家政所下文 地頭職補任	建久４．６．19 B	「将軍家政所御下文」	福岡市博物館所蔵筑後上妻文書
藤原家門	関東下知状ヵ 裁許	建永元．９．４ B	「鎌倉殿御下文」	肥前武雄神社文書
藤原家門	将軍源実朝家政所下文 裁許	建保３．10．２ F・★	「鎌倉殿政所御下文」	肥前武雄神社文書
豊前国住人田部太子	将軍源実朝家政所下文ヵ 裁許	建保４．10．22	「鎌倉殿政所御下文」	豊前末久文書
兵衛尉幸基	？ 地頭職補任		「鎌倉殿御下文」 本文・署判欠	肥前綾部家文書
宇佐宮官人代氏安	執権北条泰時・連署北条時房下知状 裁許	嘉禄元．11．23 D	「鎌倉殿御下文」	豊前高牟礼文書
大江通頼	執権北条泰時・連署北条時房下知状 当知行安堵	寛喜元．10．30 B	「鎌倉殿御下文」	肥前武雄鍋島家文書
藤原幸基	将軍九条頼経家政所下文 地頭職補任	貞永元．閏９．４ B	「将軍家政所御下文」 本文・署判欠	肥前綾部家文書
一王房隆顕	執権北条泰時・連署北条時房下知状ヵ 譲与安堵	天福元．７．23 B	「鎌倉殿御下文」	肥前河上神社文書
藤原能門	将軍九条頼経家政所下文 譲与安堵	嘉禎３．９．５ B	「将軍家政所御下文」	肥前武雄神社文書
山代固女子源氏 山代固後家尼	六波羅下知状 相論裁許	嘉禎４．10．27 C	「六波羅殿御下知状」	肥前山代文書

表2　太宰府守護所施行状一覧

No.	発給年月日	状態	事書項目	差出 文書形式	宛　所	所領名 権益名
1	文治2.6.27	案	B	鎮西奉行天野遠景 下文	藤原家宗●	筑後国上妻庄内今弘・光友他
2	文治2.9.27	案	B×	鎮西奉行天野遠景 下文	肥前国小津東郷内竜造寺村田畠住人	肥前国小津東郷内竜造寺村
3	文治2.10ヵ.19	写	B×	鎮西奉行天野遠景 下文	肥前国藺木庄内手隈野并老手村	肥前国藺木庄内手隈野他地頭職
4	文治3.6.17	案	B×	鎮西奉行天野遠景 下文	平通隆●	肥前国基肄郡内曽禰崎他
5	文治4.3.13	写	B	鎮西奉行天野遠景 下文	肥前国国分寺住人	肥前国国分寺地頭職
6	建久4.8.17	案	B×	鎮西奉行天野遠景 下文	筑後国上妻庄官	筑後国上妻庄内今弘・光友他
7	建永元.10.15	正	B×	肥前守護武藤資頼 大宰府守護所牒	武雄社衙	武雄社本司職
8	建保3.10.9	正	B× ★	肥前守護武藤資頼 大宰府守護所牒 (袖判)	肥前国武雄・黒髪両社衙	武雄社本司職他
9	建保5.1.22	案	B ★	豊前守護武藤資頼 大宰府守護所下文	豊前国住人田部太子●	豊前国吉富・貞富・多布村他
10	貞応元.7.9	写	B	肥前守護武藤資頼 大宰府守護所下文	藤木村住人	肥前国藤木村地頭職
11	嘉禄元.12.23	写	B×	豊前守護武藤資頼 大宰府守護所牒 (袖判)	宇佐宮衙	宇佐宮土器工長職他
12	寛喜3.4.16	写	B×	肥前守護少弐資能 大宰府守護所牒	宇野御厨衙	肥前国宇野御厨内保々木他地頭職他
13	貞永2.1.22	写	B×	肥前守護少弐資能 大宰府守護所牒	綾部庄	肥前国綾部庄地頭職
14	天福元.11.18	正	B×	肥前守護少弐資能 大宰府守護所下文 (袖判)	一王房隆顕●	肥前国三根西郷内他
15	嘉禎3.10.11	案	B×	肥前守護少弐資能 大宰府守護所下文 (袖判)	藤原能門●	肥前国武雄社大宮司職
16	嘉禎4.10.30	正	B×	肥前守護少弐資能 大宰府守護所下文 (袖判)	山代固後家尼●	山代固所領并所帯以下遺物

拝領者 訴論人	下文・下知状発給者 命令内容	下文・下知状補足情報	施行文言 備考	出　典
山代固後家尼	執権北条泰時・連署北条時房下知状 裁許	延応元．5．25 B	「鎌倉殿御下文」	肥前山代文書
大河幸則	執権北条泰時下知状 裁許	仁治2．5．2 D	「鎌倉殿御下文」	肥前大川文書
大河行元 伊福道行	執権北条泰時下知状 相論裁許	仁治2．8．22 C	「鎌倉殿御下知□」 後欠	肥前大川文書
肥前国御家人通広 山代固後家尼	執権北条経時下知状 相論裁許	寛元2．4．23 C	「鎌倉殿御下文」 表1-29	肥前山代文書
高木勝丸	将軍九条頼嗣袖判下文ヵ 譲与安堵	宝治元．9．15 B	「鎌倉殿御下文」 表1-33	肥前高城寺文書
宇佐嗣輔後家	将軍宗尊親王家政所下文 譲与安堵	建長4．8．15 B	「鎌倉殿御下文」 表1-37	益永家記録3
藤原資朝	将軍宗尊親王家政所下文 譲与安堵	建長5．8．17 B	「将軍家政所御下文」	肥前実相院文書
深堀能仲	将軍宗尊親王家政所下文 地頭職補任	建長7．3．28 B′	「将軍家政所御下文」 表1-39	肥前深堀記録証文
国分忠俊	将軍宗尊親王家政所下文ヵ 相伝安堵	康元元．12．4 B	「将軍家政所御下文」	肥前多久家文書
石志兼	将軍宗尊親王家政所下文 返付	正元2．3．29 B′	「将軍家政所御下文」	肥前石志文書
宗像宮	六波羅下知状 裁許	文永9．7．13 D	「六波羅殿御下知」	筑前宗像神社文書
大江通忠	執権北条時宗・連署北条政村下知状 譲与安堵	文永9．12．18 B	「鎌倉殿御下知」	北九州市自然史・歴史博物館所蔵文書
宗像弥松丸	将軍惟康親王家政所下文ヵ 譲与安堵	弘安2.10.28 B	「将軍家政所御下文」 表1-47	筑前宗像神社文書

No.	発給年月日	状態	事書項目	差出 文書形式	宛　所	所領名 権益名
17	延応元．9．20	正	B×	肥前守護少弐資能 大宰府守護所下文 (袖判)	山代固後家尼●	山代固所領
18	仁治2．10．15	案	B×	肥前守護少弐資能 大宰府守護所下文 (袖判)	大河幸則●	肥前国大河西郷
19	仁治2．11．12	正	B×	肥前守護少弐資能 大宰府守護所下文	伊福道行●	肥前国伊福・大河両村
20	寛元2．8．18	正	B×	肥前守護少弐資能 大宰府守護所下文 (袖判)	山代固後家尼●	改嫁
21	宝治元．11．5	案	B×	肥前守護少弐資能 大宰府守護所下文 (袖判)	高木勝丸●	肥前国佐嘉郡内小千員内名田拾町他
22	建長4．10．22	案	B×	豊前守護少弐資能 大宰府守護所下文	宇佐嗣輔後家●	豊前国江嶋別符内小犬丸田畠他
23	建長5．12．8	案	B×	肥前守護少弐資能 大宰府守護所下文 (袖判)	藤原資朝●	肥前国佐嘉郡内大蔵千員田畠他
24	建長7．5．23	正	B×	肥前守護少弐資能 大宰府守護所下文 (袖判)	肥前国戸八浦住人	肥前国戸八浦地頭職
25	康元2．2．11	写	B×	肥前守護少弐資能 大宰府守護所下文 (袖判)	国分忠俊●	肥前国杇井村他地頭職
26	文応元．6．17	案	B×	肥前守護少弐資能 大宰府守護所下文 (袖判)	肥前国松浦庄石志村住人	肥前国松浦庄石志村地頭職
27	文永9．11．29	正	B×	筑前守護少弐資能 大宰府守護所牒 (袖判)	宗像宮衙●	筑前国山田村
28	文永11．6．14	正	B×	肥前守護少弐資能 大宰府守護所下文 (袖判)	大江通忠●	肥前国宇野御厨内保々木他地頭職
29	弘安2．12．20	正	B×	肥前守護少弐経資 大宰府守護所下文 (袖判)	宗像弥松丸●	肥前国晴気保地頭職

下文・下知状発給者 命令内容	下文・下知状 補足情報	施行文言 備考	出　典
執権北条貞時・連署大仏宣時 下知状 相論裁許	正安元.12.20 C	「関東御下知」	肥後阿蘇家文書
？ 充行ヵ	正和４.３.25	「関東御下文」 〔史料６〕	肥前深江文書
執権北条熙時下知状ヵ 裁許ヵ	正和３.７.23	「関東御下知」	根津美術館所蔵文書
執権北条高時・連署金沢貞顕 下知状 配分安堵	元亨３.12.７ B	「関東御下文」	大隅池端文書
執権赤橋守時・連署大仏維貞 下知状ヵ 外題安堵	嘉暦２.２.８ Eヵ	「関東御外題」 差出「正二位修理亮」	筑前麻生文書
執権赤橋守時・連署大仏維貞 下知状ヵ 外題安堵	嘉暦２.８.６ Eヵ	「関東御外題」	小鹿島古文書

拝領者 訴論人	下文・下知状発給者 命令内容	下文・下知状 補足情報	施行文言 備考	出　典
上妻家宗	将軍源実朝家政所下文 地頭職補任	建暦２.12.13 F・★	「関東御下文」	福岡市博物館所蔵筑後上妻文書
禰寝清忠	将軍源実朝家政所下文 地頭職補任	建保５.８.22 B′	「政所御下文」 建保５.10大隅国司庁宣 建保５.11大隅国留守所下文	大隅禰寝文書
六郷山執行円豪	執権北条泰時・連署北条時房下知状 裁許	安貞２.11.25 D	「鎌倉殿御下知状」 安貞３.５.27豊後守護大友親秀請文写	肥前島原松平文庫文書
上妻家能	将軍九条頼経家袖判下文 安堵	寛喜２.２.８ B	「関東御下文」	福岡市博物館所蔵筑後上妻文書
帆足広道 舎兄家近他	執権北条泰時下知状 相論裁許	仁治３.２.18 C	「関東御下知状」	筑後大友文書
深堀能仲	将軍九条頼嗣袖判下文 替地充行	建長２.10.23 B′	「御下文」 表１-35	肥前深堀記録証文

表3　鎮西施行状一覧

No.	発給年月日	状態	事書項目	差出	所領名 権益名	拝領者 訴論人
1	正安2.9.6	正	C●	探題金沢実政	肥後国六箇庄中村内	上嶋惟盛女子 中村惟季
2	正和4.5.12	正	A	探題金沢政顕	筑後国瀬高庄鷹尾別符	安富頼泰
3	正和5.2.22	正	無	探題代行金沢種時	筑前国小中庄地頭職	由利頼久
4	元亨4.7.5	正	D×	探題赤橋英時	大隅国禰寝院南俣内	禰寝清種
5	嘉暦2.12.16	案	D×	探題赤橋英時	筑前国香月郷地頭職	香月経氏
6	嘉暦3.3.20	案	D×	探題赤橋英時	肥前国長嶋庄下村内他	橘公有

表4　守護施行状一覧

No.	発給年月日	状態	事書項目	差出 文書形式	宛　所	所領名 権益名
1	建暦3.5.3	案	B×	筑後守護大友能直 守護所下文	上妻庄住人	筑後国上妻庄村々地頭職
2	建保5.9.26	正	無×	大隅守護北条義時 御教書(袖判)	藤内兵衛尉	大隅国禰寝院内南俣地頭職
3	安貞2.12.27	写	B×	豊後守護大友親秀 守護所下文	六郷山執行円豪●	豊後国六郷山執行領
4	寛喜2.3.19	案	A×	筑後守護沙弥某 守護所下文	なし	筑後国上妻庄内
5	仁治3.3.26	案	C●	豊後守護大友泰直 書下	なし	豊後国住人帆足道西遺領
6	建長2.11.3	正	B×	筑後守護名越時章 書下	なし	筑後国甘木村・深浦村地頭職

拝領者 訴論人	下文・下知状発給者 命令内容	下文・下知状 補足情報	施行文言 備考	出　典
詫磨能秀 長浦秀元	執権北条時頼・連署北条重時下知状 相論裁許	建長５．８．27 Ｃ・★	「御下知」 同日右衛門尉某遵行状	豊後詫摩文書
佐汰進士親高五女字地蔵	将軍宗尊親王家政所下文 配分安堵	建長５．12．28 Ｂ	「安堵御下文」	大隅池端文書
出雲泰孝	執権北条政村・連署北条時宗下知状 譲与安堵	文永２．８．22 Ｂ	「御下文」 表１-43	出雲北島家文書
宗像宗氏	執権北条師時・連署大仏宗宣下知状ヵ 外題安堵	嘉元３．９．８ Ｅヵ	「関東御外題」	萩藩閥閲録巻99-2
西牟田有家 顕実房元怡他	鎮西下知状 和与裁許	正和３．11．27 Ｃ	「鎮西御下知状」	筑後寛元寺文書
宗像宗氏 内藤盛兼	執権北条高時・連署金沢貞顕下知状ヵ 相論裁許ヵ	元応元．６．12	「関東御下知」	萩藩閥閲録巻99-2

No.	発給年月日	状態	事書項目	差出 文書形式	宛　所	所領名 権益名
7	建長５．９．９	正	Ｃ● ★	肥後守護名越時章 書下	なし	肥後国鹿子木庄五郎丸名
8	建長６．１．14	正	Ｂ×	大隅守護名越時章 書下	なし	大隅国禰寝院佐汰村内
9	文永２．９．６	正	無×	出雲守護佐々木泰清 書下	なし	出雲国神魂社領大庭・田尻保地頭職
10	徳治３．８．27	案	Ａ×	周防守護北条時仲 書下	なし	周防国周防本郡地頭幷公文職名田畠等
11	正和４．10．16	正	Ｃ●	筑後守護宇都宮頼房 書下	なし	筑後国西牟田村内
12	元応元．11．18	案	Ｃ	周防守護北条時仲 書下	なし	周防国周防本郡地頭職

第二章　鎮西探題下知状執行命令の形成と展開

はじめに

本章の目的は、前章「おわりに」で述べた問題意識に基づいて、鎌倉幕府の地方統治機関である鎮西探題が発給した裁許下知状に探題みずからが付した御教書形式の執行命令を検討し、鎌倉末期から南北朝期にかけての政治・社会状況を踏まえながらその存在意義を考察することである。

鎌倉幕府、特に六波羅探題の使節遵行に関する研究は豊富な蓄積がある。[1] 鎮西使節に関しても外岡慎一郎氏などの論考が存在する。[2] しかし、「施行システム」の観点から南北朝期の施行体制まで広く俯瞰して、改めて下知状執行システムを再検討し、その特質を再検討することも意義があると考えている。

第一節　鎮西下知状執行命令の実証的分析

まず、鎮西探題について簡単に確認したい。[3] 鎮西探題は、元寇がもたらした軍事的・政治的緊張を契機として設置された鎌倉幕府の九州地方統治機関である。正応六年（一二九三）、得宗北条時宗の甥である北条兼時と北条一門の有力武将である名越時家が鎮西に下向したのがはじまりとされている。その後、永仁四年（一二九六）に金沢実政が鎮西に下向した。実政は、御家人訴訟の確定判決権という兼時・時家よりも強い権限を有しており、実政の就任をもって鎮西探題の確立と評価されている。鎮西探題はその後、金沢実政・同政顕・同種時（探題代行）[4]・阿曽随時・赤橋英時と続き、元弘三年（一三三三）の鎌倉幕府滅亡とともに終焉を迎える。

鎮西探題が発給した、御家人訴訟の確定判決権行使の証である裁許下知状、いわゆる「鎮西下知状」は、永仁五年（一二九七）を初見として幕府―探題滅亡までおよそ二五〇通残存している。[5]

鎮西下知状が発給されたのち、改めてその下知状の判決の執行を命じる命令が探題の御教書形式で発給された。その一例が次に掲げる〔史料一〕である。

〔史料一〕正和三年（一三一四）閏三月二日付鎮西探題金沢政顕御教書（表－10）

（端裏書）
「西明寺殿
　来縄郷内小野名御下知」

宇佐宮神官定基申、豊後国来縄郷内小野名事、重訴状如レ此、就ニ神領□□□□（興行之篇一）、□（被ニ）裁許一之処、小田原□□（大蔵
□□□□（左衛門入道）不ニ叙用一云々、早□□□（莅ニ彼所一）、□□□□（守ニ下知状一）可レ沙ニ汰－付社家一、□□□□□（若不ニ事行一者）、□（載ニ）起請之詞一、可レ□□□□（被ニ注申一也）、
□□□（仍執達）如レ件、
　　正和三年後三月□（二）日　　　　前上総介（金沢政顕）（花押）
　久下左衛門□（三）郎入道殿
　阿波五郎□（太）郎殿

〔史料一〕は、正和二年（一三一三）一〇月一二日付鎮西探題金沢政顕裁許下知状[6]の執行を命じる鎮西御教書である。この執行命令が発給されるにいたった訴訟の経過は次に述べるとおりである。

まず、訴人宇佐宮神官定基が、論人小田原宗忍による弘安二年（一二七九）以来の豊後国来縄郷内小野名押領を停止し、神領興行法に基づいて返還するよう、申状とともに宇佐大宮司公世の挙状を添えて鎮西探題に提訴し

た。論人宗忍は請文を提出し、当該所領を天台無動寺別院六郷山領散在花光領として雑掌厳成に去り渡したと主張した。が、結局宗忍押領の事実が認定され、定基勝訴として宗忍に小野名を返還するように命じる判決が下された。これが件の鎮西下知状である。

ところが、論人宗忍はこの裁許に従わなかった。そこで訴人定基は、ふたたび申状を探題に提出してその旨を訴え、それに基づいて翌年閏三月二日、探題政顕の御教書が発給された。それが〔史料一〕である。先に裁許が出されたにもかかわらず論人がそれを遵守しない事実を明記し、両使久下左衛門三郎入道・阿波五郎太郎に下知状の旨を守って小野名を社家に沙汰付し、もし沙汰付が失敗したら起請文を提出して報告することを義務づけるものである。この御教書はまさに鎮西下知状を執行する命令であるといえよう。

章末の表には、〔史料二〕のような鎮西下知状の執行命令を収集した。(7) 正安二年（一三〇〇）三月一二日付のものを初見として現在五五件残存している。

命令内容は、現地で論人が下知状の判決に従わず押領・濫妨等に及ぶ旨を明記し、下知状の判決を執行することを使節等に義務づけるものである。機能的に悪党追補の六波羅御教書や室町幕府の引付頭人奉書に近い。この点から、固定化・定型化した文言を持ち、下文・下知状を承け、相対的に機械的に発給される施行状とは区別するべきだと考えられる。そのため、筆者はこれらの命令を下知状の施行状とは見なさず、「執行命令」と名づけたのである。以下、この表に基づいて鎮西下知状執行命令の実証的分析を進める。

【書止文言】

鎮西下知状執行命令の書止文言は、すべて「仍執達如レ件」となっている。これは六波羅御教書や鎮西御教書の基本的な文書様式である。前章で述べたように、鎌倉幕府の施行状の文書様式は下文様の書下様式であるので、まず様式面で施行状とこれらの執行命令はまったくの別物だったのである。(8)

【発給手続】

鎮西下知状執行命令の書出の書式は、執行命令の発給手続をある程度反映していると考えられる。そこで、書出の書式から発給手続を考えてみたい。

A　書式「◆」…訴人・論人双方の主張を踏まえる執行手続

まず、表の書式欄で「◆」としたのは、「(訴人)与㆓(論人)㆒相論(権益名)事」のように、訴人と論人の名を列挙して始まる書式である。

〔史料二〕正安二年（一三〇〇）四月六日付鎮西探題金沢実政下知状執行命令（表-2）

豊後国賀来社権太宮司信隆与㆓同所地頭惟政㆒相論鬼右称(禰カ)和田上名押領物事、重訴状如㆑此、就㆓去年五月十三日散状㆒、有㆓其沙汰㆒之処、所詮、任㆓先下知旨㆒、至㆓押領物㆒者、不日可㆓糺返㆒之由、可㆑被㆓催促㆒也、仍執達如㆑件、

正安二年四月六日　前上総介(金沢実政)（花押）

戸次孫太郎左衛門尉殿

大炊又四郎殿

〔史料二〕は、現存はしていないが地頭惟政に鬼右禰和田上名の押領物を賀来社へ返還することを命じた鎮西下知状を執行した文書と考えられる。見てのとおり、訴人と推定できる賀来社太宮司信隆と論人であろう地頭惟政の名が列挙される書出で始まっている。この書出文言は、下知状の事書を研究した近藤成一氏が「甲与乙相論」型と名づけて論じた書式である。[9] しかし、下知状だけではなく、前章で検討した鎌倉幕府の施行状の事書や〔史料二〕のような御教書による執行命令の書出にもこの書式は見られるのである。

この書式の執行命令は、〔史料二〕の文中に「重訴状如㆑此」とあることからも、訴人の申状による提訴を承け

て発給されたと推定できる。

ただし、訴人の申状提出による発給手続自体は後述の書式「●」も同様と考えられる。同じ発給手続なのに書式が異なる理由は、〔史料二〕の文中に「就二去年五月十三日散状一、有二其沙汰一」と記されているところを見ると、訴人信隆の提訴に対して論人惟政の陳状ないし請文提出による反論がなされ、当事者双方の主張が審議されたか否かの相違によるのではないだろうか。すなわち、論人の反論があった場合には「◆」となり、訴人の一方的な要求だけで発給された場合には「●」となったと考えられるのである。(10)

そもそも、この「◆」すなわち「甲与乙相論」型は、論人の陳状提出によって問答がなされ、引付の座で対決を経て判決が下される理非究明型の裁許下知状に多く見られる事書である。執行命令の書出文言も、当然下知状の発給手続の相違による事書に準じていたと推定できるのである。

なお、「◆」の執行命令は比較的初期に見られる。これは、特に初期においては下知状執行命令には、訴人だけではなく論人の主張も踏まえて審議して発給される原則が存在したことを反映しているのではないかと推測される。

B　書式「●」…訴人の申状提出を承けて発給される手続

〔史料一〕もそうであるが、「●」で表したのは鎮西下知状執行命令に最も多く見られる書出文言で、「(下知状拝領者)申(権益名)事」の書出で始まるものである。この文言を持つ文書は、訴人の申状による提訴を承けて発給されたと推定できる。すなわち、本書第二部第一章第二節で論じる室町幕府の執事施行状における「申状方式」に相当する発給手続である。事実、表‐27・28・42・48のように申状が現存している事例も存在する(表「備考」欄)。

〔史料三〕元亨三年(一三二三)五月日付島津宗久代道慶重申状

（端裏書）「大隅左京進代」
嶋津大隅左京進宗久代沙弥道慶重言上
　薩摩国伊作庄下司頴娃孫四郎高純背二御下知一、地頭所二経替一当庄正和元二領家年貢、不レ致レ弁罪科事、
　副進
　　一通　御下知案但一方得レ理之間、可レ持二参御奉行所之一、
右、年貢等、久長（宗久親父）応二関東御教書一経替之処、高純無沙汰之間、就レ訴二申之一、為二田中備前房澄昌奉行一、（阿曽随時）遠州御代元応二年十一月六日預二御下知一畢、而高純違二背厳重御下知一、于今不レ及二弁償一之条、好招二其咎一歟、早任二傍例一、為レ預二御裁許一、重言上如レ件、
　元亨三年五月　日(11)

〔史料三〕によると、元応二年（一三二〇）一一月六日、訴人薩摩国伊作荘地頭島津宗久の父久長が立て替えた、正和元年（一三一二）と二年の同荘領家年貢の弁済を論人同荘下司頴娃高純に命じる鎮西探題阿曽随時下知状が発給された(12)。しかし、高能はこの判決に従わなかった。そこで、訴人宗久代道慶がこの申状を作成し、探題に提出した。そして、これに基づいて発給されたのが表-27の事例である。

表にあきらかなとおり、鎮西下知執行命令はこの書式を持つものが圧倒的に多く、大半を占めている。これは、鎮西下知執行命令が訴人の申状提出によって発給される原則であったことを示しているであろう。

C　書式「○」…使節・守護の請文提出を承けて発給される手続

書式「○」は、「(権益名) 事」の書出で始まる鎮西下知状執行命令である。

〔史料四〕文保二年（一三一八）一一月二日付鎮西探題阿曽随時下知状執行命令（表-21）
　肥前国戸町内杉浦事、深堀弥五郎時仲跡与二戸町三郎俊基跡一相論之処、就二和与一、可二分与一之旨、被レ仰了、

而如二請文一者、庶子等帯二各別譲一之由、雖レ称レ之、先日不レ申二子細一之仁事、不レ及二許容一、次野事、当浦田畠・在家・山海三分一可二相分一之間、不レ可レ残レ野之条勿論、然則、白石次郎入道相共、重莅二彼所一、任二先下知状一、可レ被レ沙二-汰-付于時仲之跡一、仍執達如レ件、

文保二年十一月二日　　　　　　　　　　前遠江守《（阿曽随時）》（花押）

大村彦太郎殿

本史料は、肥前国戸町浦地頭職に関する、訴人深堀時仲嫡孫孫房丸等と論人戸町俊基子息俊能法師等との相論に関連する文書である。

文保二年五月二九日、両者は和与状を作成し、同年六月六日、和与状の内容どおりに所領を分割することを命じる鎮西探題阿曽随時下知状が発給された[13]。しかし、〔史料四〕で引用されている請文に「庶子等帯二各別譲一之由、雖レ称レ之」と記されているとおり、訴人の庶子が格別な譲状を所持していると称して、この判決に服さなかった。これに対し、鎮西探題は「先日不レ申二子細一之仁事、不レ及二許容一」、すなわち下知状発給時の訴訟の際に自分の権利を主張しなかった者の主張は受け入れないと判断し、改めて大村彦太郎に白石次郎入道とともに判決を執行することを命じた。それが〔史料四〕の鎮西下知状執行命令なのである。

さて、この書式の下知状執行命令の発給手続であるが、それについては本史料の文中に「如二請文一者」と請文の存在が明記されている点が注目される。この「請文」とは、先行の和与状に「先以二件和与状一、給二御下知一後、申二-入御使一、田畠・在家・山海共組二-交能悪一、可レ被レ定二参分壱・弐坪付一」とあり、すでに和与状作成の段階で、下知状拝領後に探題の使節を迎え入れ、和与裁許を執行してもらうことが取り決められているところを見ると、判決執行時に派遣された使節が提出した請文だったと考えられる。

そして、その請文には、前述したように「庶子等帯二各別譲一之由、雖レ称レ之」と書かれていた。すなわち、使

節が実際に現地で和与裁許を実行し、所領を分割しようとしたとき、訴人の庶子が異議を唱えた。そこで使節は判決の実行を中止し、その旨を報告する請文を探題に提出した。それによって改めて探題側で審議が行われ、庶子の異議申し立ての却下と下知状の再度の執行が決定された。〔史料四〕は以上のような経過で発給されたと考えられる。

すなわち、この執行命令の発給は使節の請文の提出が大きな契機であったと思われる。同じ書式である表‐20にも請文が存在したようである（書式欄「□」）。すなわち、この書式の執行命令は、訴人の申状ではなく、使節あるいは守護による請文提出によって発給されたと推定できるのである。

D　書式「◇」…下知状発給とほぼ同時に作成される手続

最後に「◇」は、書出文言は「◆」、すなわち前掲〔史料二〕の「甲与乙相論」型と同じであるが、状況的に見て、訴人申状や使節・守護請文の提出あるいは訴人・論人の対決を経ず、下知状発給とほぼ同時に作成されたと推定できる書式である。このタイプの執行命令は下知状の「施行状」と見なしてよいと筆者は考えているが、それについては後述したい。

【執行手続】

鎮西下知状執行命令は、大多数が「訴状具書如ㇾ此」およびこれに類する文言を持っている（書式欄「■」）。つまり執行命令は、訴状と関連文書がセットで機能する手続であったと推定できるのである。

この文言は、六波羅御教書による悪党鎮圧命令や、室町幕府の引付頭人奉書による押領停止・下地沙汰付命令、あるいは建武政権の雑訴決断所牒による後醍醐天皇綸旨の施行状に恒常的に見られる文言である。遵行の主体である守護や使節に執行命令とともに訴状・関連文書を提示して、訴人の主張を詳細に伝達する目的でこのような手続が採られたのであろう。また、現地で論人や違乱者にも訴状を提示し、彼らに異論があれば支状を提出させて、訴陳を番える理非究明の訴訟に発展させる余地も残していた[14]。

本書第二部第三章第三節で論じるように、室町幕府の執事施行状にはこの文言が存在しない。執事施行状は、訴状や関連文書なしでも単独で機能していたと考えられる。施行システムの観点から見た場合、鎮西下知状執行命令は、一般の所務遵行命令から「施行状」として分離する過渡的形態に位置していたと評価することも可能であろう。

【下知違背の咎適用例】

備考欄に「下知違背咎適用例」とあるのは、論人や押妨者が下知違背の咎に処せられ、所領を没収された事実が判明する事例である。こうした事例は特に最末期、一三二〇年代後半に多く見られ、守護や使節の請文が出されているケースが非常に多い。論人が下知状の判決を遵守せずに悪質な違背を繰り返す場合には、守護や使節の請文が重視されて発給の大きな契機となり、所領収公を含む強い命令が出されたことがうかがえる。

【宛所】

宛所は、大別して守護宛・論人宛・使節宛、使節宛はさらに単使宛・両使宛と四種類に分けることができる。この区分が生じた理由を考えてみよう。

Ａ　守護宛

まず、守護宛の下知状執行命令は、豊後守護大友貞宗宛が六件検出できる（表-6・8・15〜18）。また、20は肥前守護代宛[15]である。39は両使遵行であるが、一方の使節が肥後守護規矩高政となっている。

鎮西探題の遵行命令を総体的に検討した外岡慎一郎氏によれば、使節遵行の際にも守護使が使節に同行することが通例であった[16]。だとすれば、遵行の実態面ではほとんど差がないにもかかわらず、執行命令の宛所が守護宛・使節宛と区別された基準が改めて問題となるであろう。

そこで、守護遵行の命令内容を確認すると、表-6の事例では狼藉注申、8は違背族の注申、15も狼藉注申と、検断沙汰に属する業務が沙汰付と併用して命令されていることが注目できる。両使遵行であるにもかかわらず狼藉注申が命じられている表-9のような事例もあるものの、相対的に守護の検断沙汰権行使の要素が強かった場合に守護宛となる原則が一応存在したと推定できるのではないだろうか。

佐藤進一氏は、鎮西探題成立後、所務沙汰―探題、雑務・検断沙汰―守護という管轄区分となったとする。(17)この指摘からも右の推定を裏づけることができよう。

B　論人宛

論人宛となっている執行命令の命令内容を見ると、年貢や神社の造営用途、御供米といった「動産」の支払いを「究済」等の表現で命じる内容である。したがって、年貢未進等の訴訟において、論人に支払いを命じる判決が出された場合に論人宛の執行命令が出されたことが判明する。

C　使節宛

使節宛は、前述したように単使宛と両使宛の二種類が存在する。外岡氏は、単使宛は訴訟進行や論所実検、両使宛は沙汰付等強制執行という区分があったとする。(18)

大枠で異論はない。しかし、少なくとも鎮西下知状執行命令に限定して見ても、単使宛であっても強制執行が命じられている事例が比較的多数散見する。そこで命令内容を検討すると、両使宛は「沙汰付」、つまり不動産である下地の沙汰付を命じるものが大半である。対して、単使宛は「沙汰渡」、すなわち年貢・所従・農具牛馬といった動産の訴人への返還命令である事例が多い。また、下知違背の咎適用が判明するのも単使遵行に限られている。しかも、この区別は末期に近づくほど明確に分化しているように見受けられる。

つまり、鎮西下知状執行命令の宛所には、両使宛は不動産の強制執行、単使宛は動産に関する判決の強制執行および下知違背の咎適用という基準があったと外岡氏の見解を補足できるのである。
以上の結論を要約すると図のようになる。

守護（代）宛：沙汰付（不動産強制執行）＋検断沙汰権発動
論　人　宛：究済（動産支払命令）
使節┬単使宛：沙汰渡（動産返還命令）・下知違背咎適用
　　└両使宛：沙汰付（不動産強制執行）

鎮西下知状執行命令宛所区分図

【鎮西下知状施行状】

表からは、鎮西下知状が発給されるたびに、訴人が下知状の判決が遵守されないことを訴えて執行命令を申請するケースが頻繁に発生し、執行命令発給が恒常化していた状況がうかがえる。となると、訴人の提訴を待たずとも探題側であらかじめ執行命令を作成しておこうという発想が出てくるのは、きわめて自然な流れなのではないだろうか。

そして事実、そのような意図で発給されたとしか考えられない執行命令が末期に出現するのである。

〔史料五〕正慶元年（一三三二）一二月一〇日付鎮西探題赤橋英時下知状施行状（表-52）

大隅式部孫五郎入道々慶与谷山五郎入道覚信相論薩摩国谷山郡内山田・上別符両村地頭職事、被二裁許一訖、早渋谷又次郎入道（覚禅）相共、守二下知状一、可レ被レ沙二汰付彼所務於道慶一也、仍執達如レ件、

正慶元年十二月十日　修理亮（赤橋英時）（花押）

渋谷新平次入道（定円）殿

〔史料五〕は、山田道慶と谷山覚信の薩摩国谷山郡内山田・上別符両村地頭職をめぐる訴訟について、本史料と同日付で発給された鎮西探題赤橋英時の裁許下知状の判決どおりに[19]、渋谷覚禅とともに道慶に沙汰付すること

を渋谷定円に命じた文書である。もう一通、渋谷覚禅宛のまったく同文の御教書も存在する。

本史料は、下知状と同日付であり、しかも押領や違乱等の執行命令を発給する事情も何ら記されない固定化した文言を持つ。これは下知状と同時に作成された事実を示しており、本書第二部第一章第二節で論じる室町幕府の執事施行状における「簡易方式」の究極形態に等しい発給手続である。

また、「訴状具書如レ此」文言を持たない点も注目できる。つまり、この文書は訴人の提訴や請文提出なしに単独で機能することが想定されていたと考えられる。これは第二部第三章第三節で指摘した執事施行状の執行手続とも一致している。

すなわち、文言・発給手続・執行手続の三点においてこの命令は執事施行状等の室町幕府型施行状と完全に同質であり、「鎮西下知状施行状」と見なせると筆者は考える。そうした「施行状」は一三二〇年代半ば以降に散見する（表「書式」欄「★」）。

このように、鎮西探題は滅亡直前に遂に下知状施行状を生み出したと評価できるのである。もし、鎌倉幕府が滅亡せず鎮西探題ももっと長く続いていたら、ほぼ確実に鎮西下知状に「沙汰付」型施行状を付す事例が増加し、やがて原則化して「制度」として確立した可能性が高かったのではないだろうか。

第二節　鎮西下知状執行命令の特質

鎮西下知状執行命令のような下知状の執行を命じる御教書自体は、関東下知状や六波羅下知状にも見られる。しかし、関東下知状の執行命令は『鎌倉遺文』を見る限りでもわずか六件、六波羅下知状の執行命令も同じく二二件にすぎない。鎮西下知状執行命令が五五件出されているのと比較しても非常に少ないといわざるを得ない。しかも、関東・六波羅・鎮西の存続期間はそれぞれおよそ一五〇年、一一〇年、四〇年であり、鎮西下知状執行命令の発給比率の高さは際だっている。鎌倉末期に近づくほど下知違背の咎が厳格に適用され、その強制執行がはかられる事実はよく指摘される。だが、子細に検討すると相当の地域的差違が存在するのである。

一方、初期室町幕府においては足利直義が裁許下知状を発給し、[20]引付（内談）頭人奉書によってその執行が命じられた。[21]直義裁許状の執行命令は四〇件あまり出されている。だが、将軍尊氏の恩賞充行袖判下文に付された執事施行状のような形態の下知状施行状は、直義期には遂に最後まで出現しなかった。

室町幕府において下知状施行状が出現したのは、ようやく南北朝最末期の明徳元年（一三九〇）頃である。[22]しかも、それは下知状形式の裁許状そのものが衰退し、消滅する直前だった。この点、鎌倉末期に少数ながらも施行状段階まで到達した鎮西探題との大きな相違点であろう。

右の比較から、

①　関東下知状・六波羅下知状の執行命令が少なかったのはなぜか

②　鎮西下知状に大量の執行命令が残存し、最末期には室町幕府に先駆けて下知状施行状まで出現したのはなぜか

という二つの問題が想起される。これらの問題の解答を考えてみたい。

【訴訟における調停者としての幕府】

問題①に関しては、「裁判における、訴人・論人双方の権益調整を公平に行う調停者としての幕府の態度」がその根本的な理由として考えられる。

鎌倉幕府の裁判が基本的に判決執行力どころか確定力すら弱かったことは、たとえば不易法が発布されるまではいつでも判決が覆る可能性を有していた事実等の指摘によって古くから知られてきた。[23]幕府は調停者として訴訟に臨み、権力機構の未熟さゆえに逆に在地の「押領」まで含みこんだ自立的秩序を前提として、はじめて幕府

の支配が成立する構造を持っていた。[24] いわば、守護・使節といった幕府の機関による強制執行ではなく、自力救済も含む当事者の自助努力や、物理的強制をともなわない周辺の援助によって恩賞・安堵や裁許を実現するのが鎌倉幕府の体制であったといえるのである。

六波羅施行状以下鎌倉幕府の施行状が強制執行命令ではなく、当事者に宛てて下文・下知状の発給を伝達するに過ぎず、関東下知状・六波羅下知状に「沙汰付」型の室町幕府的施行状が出現しなかったのもこれが根本的な理由であったと推定できる。また、室町幕府の裁許下知状に最末期まで施行状がつかなかったのも同様の理由によると考えられる。

【正和の神領興行法】

それでは問題②、すなわち鎮西下知状に大量の執行命令が付された理由を考察したい。

前節で指摘したように、鎮西下知状の執行命令は正安二年（一三〇〇）から見られる。しかし、文書残存数を見る限り、執行命令の発給が本格化したのは正和元年（一三一二）、すなわち一三一〇年代に入ってからなのである。

この点に関連して、正和の神領興行法が発給の根拠となっている鎮西下知状や執行命令が多く見られる事実が注目できる（表「備考」欄）。こうした正和の神領興行法に基づく下知状は、鎮西下知状の中でも特別に「神領興行下知状」などと呼ばれた。[25] 結論を先にいえば、この正和の神領興行法発布こそが鎮西下知状執行命令を恒常化させた大きな契機だったのではないだろうか。

正和の神領興行法については、川添昭二、村井章介、海津一朗、井上聡氏らによる豊富な研究が存在する。[26] その内容を簡単にまとめると次のとおりである。

正和の神領興行法は、正和元年九月以前、鎮西五社を対象に鎌倉幕府によって発布された。神領興行法自体は元寇以来たびたび発給されてきたが、正和令はその集大成の観が強い。鎮西の在地社会に政治的・社会的に長期間巨大な影響力を維持し、建武政権や室町幕府・足利直冬勢力も正和令を踏襲した事実が知られている。

発布の契機は、元寇に際する神恩に対する奉謝と事後の防衛の祈念であるが、宇佐宮造営政策の一環であった事実も指摘されている。また、延慶三年（一三一〇）の鎌倉大火によって将軍・得宗・両執権邸が全焼した事件や、翌四年に三日病が大流行して得宗北条貞時や執権北条師時が死去し、応長と改元されたことも発布の理由として指摘されている。つまり、対外脅威や災害・疫病による政治的・社会的危機が発布の背景となったのである。

法の内容は、御家人を含む非器の輩が買得・押領した神領を神官・供僧といった社家に返付するというものである。年紀法は不適用とされ、強力な社領保護政策であったが、脆弱ながらも御家人領保護の性格も指摘されている。関東奉行安富長嗣・斎藤重行・明石盛行が鎮西に派遣され、独占的に法執行したことが知られ、形式論理的・速決的裁断、職権主義的傾向があった。すなわち、正和の神領興行法とは、蒙古襲来後の神威高揚のなかで、御家人を含め誰もが受容せざるを得ない「大法」だったのである。

また、権力が上から強制的に一円領を創出し、神威優先の立場から神官所領の取り戻しを認めた上で神領を一円神領と武家領へと分割し、それぞれの負った社会的責務の明確化を図るとされ、「寺社本所一円領・武家領体制」の先駆けであったとその意義が評価されている。(27)

さて、こうして見ると、特定の勢力、具体的には社家つまり鎮西五社の神官・供僧に対して職権主義的に一方的に有利な判決を下す正和の神領興行法適用による鎮西探題の裁許が、理非究明を行い、調停者として訴人・論人双方の権益調整を公平に行う一般的な所務沙汰裁許とは根本的に次元が異なる訴訟であることは一目瞭然であろう。村井氏は、正和の神領興行法について「この法にもとづく裁判は、裁判に要求される調停機能をさいしょから欠如しており、どのような公平感もあたえることができない」と述べる。(28)さらにいえば、鎮西探題は、調停や公平感を与える意志などそもそもはじめから持っていなかったのである。

そして、神領興行のような裁許について、通常の理非糺明の裁許と比較して政権側が判決を実現させる意志を強烈に持っていたであろうことは容易に想像がつく。鎮西五社の神領を優先的に保護する判決実現にかける鎮西探題の強烈な意志、これこそが鎮西下知状の執行システムが発達した根本的な原因であったと筆者は考える。そして、やがて正和の神領興行法以外の裁許にも執行命令が出されることが通例となり、最後には「施行状」化したと結論づけられるのである。

ところで、正和の神領興行法は、建武政権や室町幕府の恩賞充行と性質が酷似していることに気づく。恩賞充行および所領寄進は、いうまでもなく朝廷や幕府に敵対あるいは非協力的な勢力の所領を没収し、味方の武士や寺社に給与する政策である。諸勢力の権益の調停など最初から目的ではない。というより、恩賞充行とはそもそもが権益調整の否定である。

充行・寄進の基準として、守護の注進によって武士や寺社の軍忠・祈禱の有無が審査され、形式論理的・速決的、職権主義的に執行された。この点、宇佐大宮司の挙状が勝訴の契機となった神領興行下知状と構造がよく似ている。当然ながら年紀法は不適用とされたであろうし、「寺社本所一円領・武家領体制」の形成を促進した。(29)

現在、大量の充行の綸旨や袖判下文・寄進状、およびそれに基づく雑訴決断所や執事の施行状が残存している事実から明白であるとおり、政治的・社会的に長期間巨大な影響を後世にいたるまで及ぼした。そしてもちろん、支持勢力の支持を維持・拡大するため、朝廷や幕府が恩賞・所領の実現に積極的であったことはいうまでもあるまい。

このように比較すると、「沙汰付」型の施行システムが発達する地域や政権には、ある共通の条件が存在したことが見えてくる。すなわち、「沙汰付」型施行システムは、政治的・軍事的・社会的に危機的な状況に置かれている政治権力が、特定の政権支持勢力に優先的に利益を供与する必要性にせまられたときに出現したと推定できるのである。その意味で、鎌倉後期九州と南北朝期日本は類似した社会状況にあったといえよう。

【鎮西下知状執行命令の実効性】

中世の遵行を論じる際には常に実効性が問題となる。本節の最後に鎮西下知状執行命令の実効性について考えてみたい。

鎮西下知状執行命令に関しては、川添昭二氏以来、正和の神領興行法によって一方的に権益を損害させられ、論人となって敗訴した地頭御家人層の頑強な抵抗や広範な興行法不遵法の闘争を引き起こしたとされ、実効性には否定的な見解が定説的であるように見受けられる。(30)確かに、たとえば〔史料一〕（表-10）の発給後も13・19とたびたび同様の命令が発給されているし、他の事例でも執行命令の発給が繰り返されているケースが多い（表「備考」欄）。これは、下知状執行命令が遵守されなかった状況を反映している。

しかしながら、その後の正和の神領興行法の研究の進展によって、先ほども述べたとおり蒙古襲来後の神威高揚のなかで御家人を含め誰もが受容せざるを得ない「大法」であり、脆弱ながらも御家人領保護の性格もあり、建武政権や室町幕府・足利直冬勢力も正和令を踏襲したとその評価も積極的な方向に変化してきている。とすれば、執行命令の実効性も再検討の余地があるのではないだろうか。

〔史料一〕（表-10）の豊後国来縄郷内小野名の事例は先行研究でも必ずといってよいほどにとりあげられ、論人小田原氏の執拗な抵抗がしばしば強調されている。しかし、三度目の執行命令である同年七月二〇日付鎮西御教書（表-19）が発給された後、小田原宗忍の縁者と考えられる宗安が下知違背の咎適用による処罰をちらつかされ、遂に当該所領を訴人に譲与した文保元年（一三一七）一二月一六日付宗安田地去状案が残っている。(31)刃傷沙汰に及ぶなど頑強な抵抗の象徴としてとりあげられる小田原氏でさえ、最後にはこのように裁許に服しているのである。単純比較は難しいが、一般的な所務沙汰遵行命令と比較すれば鎮西下知状執行命令の強制力は相対的に強く、遵守が徹底されたと評価できるのではないだろうか。

おわりに

鎮西探題においては、正和の神領興行法発布を契機として、鎮西下知状に鎮西御教書による執行命令が付されることが恒常化し、最末期に「施行状」化した。九州地方は、鎌倉時代において当事者以外の第三者（守護・使節）に遵行を命じる「沙汰付」型の室町幕府型施行状の萌芽が見られた唯一の地域である。「沙汰付」型の施行システムが発達したのは、鎮西探題においては神領興行、建武政権と室町幕府においては恩賞充行が重要な契機となった。両者に共通するのは、政治的・軍事的・社会的な危機的状況下、特定の政権支持勢力に優先的に利益を供与しなければならない状況が存在したことである。

そもそも、鎮西探題そのものが、三度目の元寇を想定して設置された軍事的役割が非常に大きい機関であったと評価できる。(32)正和の神領興行法も、神威によって異国降伏を目指す点において広義の軍事政策に含まれるのではないだろうか。これらの点において南朝との戦争を通じて確立した軍事政権・室町幕府と共通していたのであり、こうした観点からも室町幕府型の施行システムが出現する素地は十分に存在したといえよう。

近年の南北朝期研究においては、戦争の視点から政治史を再検討する、いわゆる「戦争論」が流行している。(33)施行システムの研究はこうした議論とも密接に関係すると考えている。

鎌倉最末期、元弘の乱において鎮西探題赤橋英時は、博多の探題館を急襲した後醍醐天皇方の菊池武時を迎え討ち、敗死させた（博多合戦）。旧探題金沢氏の一族肥後守護規矩高政は、菊池氏・阿蘇大宮司が立て籠もる鞍岡城を攻め落とした。このように、六波羅探題が滅亡するまでは戦況は鎮西探題に圧倒的に有利に展開していたのである。そして、建武政権発足後も規矩高政・糸田貞義兄弟が九州で大規模な反乱を起こしている（規矩・糸田の乱）[34]。また、本書第三部第二章で論じるように、南北朝初期の室町幕府九州探題一色氏の恩賞充行システムは鎮西下知状執行システムの強い影響を受けていたと推定できる。

これらの事実に鑑みても、鎮西探題の統治システムは同探題の九州支配に有効に機能したと評価できるのではないだろうか。

（1）外岡慎一郎「六波羅探題と西国守護」（『日本史研究』二六八、一九八四年）、同「鎌倉末〜南北朝期の守護と国人」（『ヒストリア』一三三、一九九一年）、同「使節遵行と在地社会」（佐藤和彦他編『南北朝内乱』東京堂出版、二〇〇〇年、初出一九九六年）、古澤直人「鎌倉幕府法効力の変質」（同『鎌倉幕府と中世国家』校倉書房、一九九一年、初出一九八八年）、熊谷隆之「六波羅・守護体制の構造と展開」（『日本史研究』四九一、二〇〇三年）など。

（2）外岡「鎮西探題と九州守護」（『敦賀論叢』一一、一九九六年）など。

（3）村井章介「蒙古襲来と鎮西探題の成立」（同『アジアのなかの中世日本』校倉書房、一九八八年、初出一九七八年）など。

（4）金沢種時が父政顕の探題代行であった事実については、川添昭二「北条種時について」（『金沢文庫研究』一〇一四、一九六四年）一一頁を参照されたい。

（5）瀬野精一郎編『増訂　鎌倉幕府裁許状集　下』（吉川弘文館、一九九四年、初出一九八七年）。ただし、嘉元三年（一三〇五）から延慶二年（一三〇九）まで四年近く下知状発給が中絶している。これは嘉元三年に起きた侍所所司北条宗方の陰謀事件により鎮西探題の確定判決権が剝奪されたためであることが、すでに村井氏によって指摘されている（註（3）所掲村井論文二一〇〜二一二頁）。

（6）案文、宇佐永弘文書（註（5）所掲史料集鎮西探題裁許状七七号、以下、『裁』七七のように記す）。

(7) なお、訴人から下知状が遵守されないと訴えがあったとき、使節に対して単に現地の状況の報告を命じるにとどまるような鎮西御教書も散見するが、そうした命令については下知状の執行命令とは見なさず、表には収録していない。
(8) ただし、表-20のみ書止文言が「状如ㇾ件」である。外様守護代宛の六波羅御教書はこうした書止文言となる規則であった（佐藤秀成「六波羅探題発給文書の伝達経路に関する若干の考察」〔『古文書研究』四一・四二、一九九五年〕五四頁）。鎮西御教書もこの規則に準じていたと考えられる。
(9) 近藤「鎌倉幕府裁許状の事書について」（皆川完一編『古代中世史料学研究　下巻』吉川弘文館、一九九八年）。
(10) 表-36の事例では、論人の反論があり引付の座で対決まで行われたにもかかわらず「●」であるので、例外も存在したと考えられるが、一応はこのような原則が存在したと思われる。
(11) 正文、薩摩島津伊作家文書（『鎌』二八四二〇）。
(12) 正文、薩摩島津伊作家文書（『裁』一一八）。
(13) それぞれ、肥前深堀記録証文（『鎌』二六六八九）、同文書（『裁』一〇八）（いずれも正文）。なお、訴人と論人の詳細な構成はこの和与状や下知状から判明する。
(14) 本書第二部第三章第三節。
(15) 本例が守護代宛となったのは、肥前守護が鎮西探題兼任であったためであると考えられる。佐藤進一『増訂　鎌倉幕府守護制度の研究』（東京大学出版会、一九七一年）二二六～二二八、二七八～二七九頁。
(16) 註(2)所掲外岡論文三二～三三頁。
(17) 佐藤『鎌倉幕府訴訟制度の研究』（岩波書店、一九九三年、初出一九四三年）二〇五～二一三頁など。
(18) 註(2)所掲外岡論文二六～二七頁。
(19) 正文、薩摩山田文書（『裁』二一四）。
(20) 佐藤進一「室町幕府開創期の官制体系」（同『日本中世史論集』岩波書店、一九九〇年、初出一九六〇年）二〇四～二〇五頁など。
(21) 岩元修一「足利直義裁許状の再検討」（同『初期室町幕府訴訟制度の研究』吉川弘文館、二〇〇七年、初出一九九〇年）二三九～二四二頁。
(22) 明徳元年閏三月二五日付管領斯波義将施行状案、北野社家記録（『加能史料　南北朝Ⅲ』）。
(23) 石井良助『中世武家不動産訴訟法の研究』（弘文堂、一九三八年）二三九頁など。
(24) 古澤直人「古典的段階における幕府法効力の本質＝限界」（註(1)所掲同氏著書、初出一九八八年）二〇八～二一〇頁。
(25) たとえば、正和四年（一三一五）発給と推定される四月七日付宇佐大宮司請文案、豊前到津文書（『鎌』二五四七二）では、註(6)所掲鎮西下知状が「神領興行御下知」と呼ばれている。
(26) 川添昭二「鎮西探題と神領興行法」（『日本古文書学論集6　中世Ⅱ』吉川弘文館、一九八七年、初出一九六三年）、村井章介「正和の神領興行法をめぐって」（同書、初出一九七八年）、海津一朗「正和の九州五社神領興行法」（同『中世の変革と徳政』吉川弘文館、一九九四年）、井上聡「神領興行法と在地構造の転換」（佐藤信他編『土地と在地の世界をさぐる』山川出版社、一九九六年）など。
(27) 「寺社本所一円領・武家領体制」については、高橋典幸「武家政権と本所一円地」（同『鎌倉幕府軍制と御家人制』吉川弘文館、二〇〇八年、初出一九九八年）などを参照されたい。
(28) 註(26)所掲村井論文二一三頁。
(29) 田代誠「軍陣御下文について」（『国史談話会雑誌』二八、一九八七年）二一〇～二一一頁など。
(30) 註(26)所掲川添論文二〇二～二〇三頁など。
(31) 豊前永弘文書（『鎌』二六四七〇）。本史料は、新田一郎『日本中世の社会と法』（東京大学出版会、一九九五年）五八～五九頁等においても検討されている。
(32) 近年の研究も鎮西探題の中心的な権限を軍事指揮権にあると見ている。簗地貴久「鎮西探題の性格規定をめぐって」（阿部猛編『中世政治史の研究』日本史史料研究会、二〇一〇年）など。
(33) 小林一岳『日本中世の一揆と戦争』（校倉書房、二〇〇一年）、松永和浩「室町期における公事用途調達方式の成立過程」（『日本史研究』五二七、二〇〇六年）、呉座勇一「南北朝～室町期の戦争と在地領主」（『歴史学研究』八九八、二〇一二年）など。

(34)　以上、永井晋『金沢貞顕』(吉川弘文館、二〇〇三年)一四二、一五二頁など。

「★」：事実上、施行状と見なしてよいと考えられる鎮西下知状執行命令。

・「下知状発給年月日」欄

鎮西下知状の発給年月日が判明する場合は、それを記す。書式も判明する限りにおいて、「書式」欄に準じて記す。

・「遵行形態／命令内容」欄

単使宛遵行命令の場合は「単使遵行」、両使宛は「両使遵行」、守護宛は「守護遵行」、守護代宛は「守護代遵行」、論人宛は「論人宛」と記す。併せて、鎮西下知状執行命令の命令内容を記す。

・「備考」欄

先行する鎮西下知状が、正和の神領興行法に基づいて発給されている場合は、「神領興行下知状」と記す。

以前に同内容の鎮西下知状執行命令が発給された事実が判明するか、そう推定できる場合には、「再発給型」と記す。

論人に対して下知違背の咎が適用されている場合は、「下知違背咎適用例」と記す。

書式	下知状発給年月日	遵行形態 命令内容	備　考	出　典
◆☆	?	両使遵行 沙汰付	再発給型ヵ	松浦山代文書
◆■	?	両使遵行 糺返		豊後柞原八幡宮文書
●■☆ □	?	両使遵行 沙汰渡		筑前宗像神社文書
●■☆	?	両使遵行 沙汰付	再発給型	山城仁和寺文書
●	正和2.3.12 ◆	単使遵行 沙汰付	神領興行下知状	豊前到津文書
●■	正和2.7.2 ●	守護遵行 沙汰付・狼藉注申	神領興行下知状 正和2.10.24豊後守護遵行状案	豊前永弘文書
●	?	単使遵行 沙汰付	神領興行下知状ヵ	豊前永弘文書
●■☆	?	守護遵行 沙汰付・違背族注申		大友家文書録
●■☆	正和2.10.12 ◆	両使遵行 沙汰付・狼藉注申	神領興行下知状	豊前到津文書

○表の見方

本書第２部第１章所掲「尊氏下文施行状一覧（観応の擾乱以前）」の見方と基本的に同じであるが、以下の点で異なる。

・「拝領者／訴論人」欄

鎮西下知状執行命令の拝領者を記す。「甲与乙相論」型で、訴人・論人が判明する場合は、それらの名を記す。

・「書式」欄

「◆」：「甲与乙相論」型のうち、訴人と論人の問答を経て発給されたと推定できる鎮西下知状執行命令。

「◇」：「甲与乙相論」型のうち、探題側が主導的に発給したと推定できる鎮西下知状執行命令。

「■」：「訴状具書如此」や、それに類する文言が存在する鎮西下知状執行命令。

「□」：文中から守護・使節等の注進状等の存在が判明する鎮西下知状執行命令。

「☆」：施行文言を有しない鎮西下知状執行命令。

鎮西下知状執行命令一覧

No.	発給年月日	状態	差出	宛所	権益名	拝領者 訴論人
1	正安２.３.12	正	金沢実政	加治三郎左衛門尉 上妻四郎入道	筑後国白垣郷内	白垣道念 山城栄
2	正安２.４.６	正	金沢実政	戸次孫太郎左衛門尉 大炊又四郎	豊後国鬼右禰和田上名押領物	賀来社権太宮司信隆 同所地頭惟政
3	嘉元２.６.19	正	金沢政顕	大町三郎入道 小城弥五郎入道	肥前国晴気保地頭得分等	地頭宗像氏盛
4	正和元.11.20	案	金沢政顕	高木三郎 竜造寺又六	肥前国杵嶋南郷所務	肥前国杵嶋南郷雑掌堯深
5	正和２.７.11	案	金沢政顕	阿波五郎太郎	豊後国田染庄田捌段	宇佐宮神官田染定基
6	正和２.９.８	案	金沢政顕	豊後守護大友貞宗	豊後国田染庄恒任名	宇佐宮神官田染定基
7	正和２.９.30	正	金沢政顕	八坂左衛門五郎入道	豊後国田染庄末次・永正両名内	宇佐宮神官忠基
8	正和２.10.９	案	金沢政顕	豊後守護大友貞宗	豊後国諸久名田畠・山野	諸久名主千王丸
9	正和２.12.26	案	金沢政顕	八坂弥五郎入道 合屋日向前司入道	筑前国立岩別符在家	宇佐宮大宮司清輔

書式	下知状発給 年月日	遵行形態 命令内容	備　考	出　典
●■	正和２.10.12 ◆	両使遵行 沙汰付	神領興行下知状	豊前永弘文書
●■	?	両使遵行 沙汰付	神領興行下知状	豊前北良蔵氏所蔵文書
●■□	?	単使遵行 沙汰付	日欠 神領興行下知状	豊前永弘文書
●■	正和２.10.12 ◆	両使遵行 沙汰付	神領興行下知状 10の再発給型	豊前永弘文書
◆	正安２.７.２ ◆	両使遵行 沙汰渡	差出「掃部助」	薩摩山田文書
●■☆	正和２.７.２ ●	守護遵行 沙汰付・狼藉注申	神領興行下知状 ６の再発給型	豊前永弘文書
●■	?	守護遵行 沙汰		筑前大悲王院文書
●■	正和２.７.12 ●	守護遵行 沙汰付	神領興行下知状	豊前湯屋文書
●■☆	?	守護遵行 弁償	16の再発給型	筑前大悲王院文書
●■	正和２.10.12 ◆	両使遵行 打渡	神領興行下知状 10の再発給型 文保元.12.16宗安田地去状案	豊前永弘文書
○□	?	守護代遵行 庄家未進徴納	書止「状如件」	肥前東妙寺文書
○□	文保２.６.６ ◆	両使遵行 沙汰付		肥前深堀記録証文
●■	?	両使遵行 沙汰	神領興行下知状ヵ	豊前北良蔵氏文書
●■	?	論人宛ヵ 沙汰		尊経閣文庫所蔵古蹟文徴２
●■	?	両使遵行 沙汰付・押領実否尋究	神領興行下知状ヵ	豊前薬丸文書
●■	?	論人宛ヵ 沙汰	20の再発給型	肥前櫛田神社文書
●■	元応２.11.６ ◆	論人宛 糺返		薩摩島津伊作家文書

No.	発給年月日	状態	差出	宛所	権益名	拝領者 訴論人
10	正和３.閏３.２	正	金沢政顕	久下左衛門三郎入道 阿波五郎太郎	豊後国来縄郷内小野名	宇佐宮神官定基
11	正和３.９.19	正	金沢政顕	真玉惟氏 都甲惟遠	豊後国香地庄内	宇佐弥勒寺所司 神鎮・神世
12	正和３.９.？	正	金沢政顕	八坂弥五郎	豊後国□□□□□□名田畠	宇佐宮神官忠基
13	正和３.11.16	正	金沢政顕	安心院新三郎入道 深水武藤三郎	豊後国来縄郷内小野名	宇佐宮神官定基
14	正和４.７.16	案	金沢政顕ヵ	加世田別符地頭代 渋谷白男河小太郎入道	薩摩国山田・上別符所務以下	谷山覚心 島津道慶
15	正和４.12.14	案	金沢種時	豊後守護大友貞宗	豊後国田染庄恒任名	宇佐宮神官定基
16	正和４.12.14	正	金沢種時	豊後守護大友貞宗	筑前国雷山千如寺造営用途	筑前国雷山千如寺
17	正和４.12.20	正	金沢種時	豊後守護大友貞宗	豊後国田染庄重安名他	宇佐宮神官忠基
18	文保元.７.13	正	阿曽随時	豊後守護大友貞宗	筑前国雷山千如寺造営用途	筑前国雷山千如寺
19	文保元.７.20	正	阿曽随時	友枝左衛門次郎 阿波五郎太郎	豊後国来縄郷内小野名	宇佐宮神官定基
20	文保２.７.２	正	阿曽随時	肥前守護代	肥前国神崎庄櫛田宮造営用途	櫛田宮修理別当理善
21	文保２.11.２	正	阿曽随時	大村彦太郎 白石次郎入道	肥前国戸町内杉浦	深堀時仲跡
22	元応元.８.19	正	阿曽随時	深見弥次郎 津布佐弥五郎入道	豊前国大家・野仲両郷内	宇佐宮供僧神堯
23	元応２.３.12	正	阿曽随時	武松七郎入道	肥前国彼杵庄年貢	肥前国彼杵庄雑掌
24	元亨２.４.26	正	赤橋英時	阿波五郎太郎 野中郷司	豊前国多布原村薬丸名内	宇佐宮神官久世子息久貞
25	元亨２.閏５.７	正	赤橋英時	宇佐宮大宮司	肥前国神崎庄櫛田宮造営用途	櫛田宮修理別当理善
26	元亨３.４.29	正	赤橋英時	下司類娃高純	薩摩国伊作庄正和元二領家年貢	嶋津久長

書式	下知状発給 年月日	遵行形態 命令内容	備　考	出　典
●■	元応２.11.６ ◆	論人宛 糺返	26の再発給型 元亨３.５嶋津久長代申状	薩摩島津伊作家文書
●■	元応２.11.６ ◆	単使遵行 糺返	26の再発給型 元亨３.７嶋津宗久代申状案	薩摩島津伊作家文書
●■☆	元亨３.10.５ ●	論人宛 沙汰		肥前河上神社文書
◇★	元亨３.11.29 ◆	両使遵行		大隅禰寝文書
●■☆	元亨３.11.25 前欠	単使遵行 沙汰渡ヵ	年号欠(□□四年)元亨４発給と推定	薩摩比志島文書
●■☆	？	論人宛ヵ 弁済		薩藩旧記前編14
●□	元亨３.11.25 前欠	単使遵行 相渡	下知違背咎適用例 31の再発給型	薩摩比志島文書
●■	正和２.６.22 ◆	両使遵行 沙汰付	神領興行下知状	豊前永弘文書
◆☆	元亨４.12.16 ◆	両使遵行 沙汰	再発給型ヵ	薩摩入来永利文書
●	正和２.９.16	両使遵行 沙汰付	神領興行下知状 正中２.12.13関東御教書案	肥前大川文書
●□	元亨４.３.20 ●	単使遵行 沙汰渡	下知違背咎適用例	薩摩山田文書
●■	？	論人宛ヵ 究済		肥前河上神社文書
●■	？	両使遵行 沙汰付		肥前深江文書
●■☆	元亨３.11.25 前欠	単使遵行 召渡・返抄持参	31の再発給型	薩摩比志島文書
●□☆	正和２.９.16	両使遵行 城郭破却・沙汰付	神領興行下知状 36の再発給型 正中２.12.13関東御教書案	肥前大川文書
●	元亨４.３.20 ●	単使遵行 沙汰渡	37の再発給型 嘉暦４.１島津道慶申状	薩摩山田文書
◇★	？	両使遵行 沙汰付		島津他家文書
●□☆	元亨４.３.20 ●	単使遵行 糺渡	37の再発給型 下知違背咎適用例	薩摩山田文書

No.	発給年月日	状態	差出	宛所	権益名	拝領者 訴論人
27	元亨３．５．29	正	赤橋英時	下司類娃高純	薩摩国伊作庄正和元二領家年貢	嶋津久長
28	元亨３．７．９	正	赤橋英時	渋谷重基	薩摩国伊作庄正和元二領家年貢	嶋津久長
29	元亨３．11．28	正	赤橋英時	土々呂木四郎左衛門入道	肥前国河上宮神役	肥前国河上宮雑掌
30	元亨４．２．20	正	赤橋英時	税所介 加治木郡司	大隅国禰寝院南俣郡本田畠他	禰寝郡司清保 禰寝清任他
31	元亨４．12．10	正	赤橋英時	□郷三郎右衛門入道	所従千与王女母子	薩摩国比志嶋忠範
32	正中２．９．５	正	赤橋英時	島津忠宗	八幡新田宮御供米	八幡新田宮雑掌
33	嘉暦２．８．29	正	赤橋英時	禰寝郡司入道	所従千与王女母子	薩摩国比志嶋仏念
34	嘉暦２．閏９．26	正	赤橋英時	深見左衛門弥次郎 安心院公宣	豊前国野中郷内全得名内田地	宇佐宮神官身輔
35	嘉暦２．閏９．28	正	赤橋英時	渋谷重幸 渋谷為重	薩摩国石上村堺打越	永利如性 山田道能
36	嘉暦２．10．16	案	赤橋英時	矢俣弥藤太 宮村彦次郎入道	肥前国大豆津別符	宇佐宮神官愛輔子息身輔・前輔
37	嘉暦２．12．16	正	赤橋英時	智覧忠世	農具・牛馬	島津道慶
38	嘉暦３．２．11	正	赤橋英時	伊古次郎入道	肥前国河上宮御正体免田神用	肥前国河上宮雑掌禅勝
39	嘉暦３．３．９	正	赤橋英時	菊池武時 肥後守護規矩高政	肥後国大野別符岩崎村内田屋敷	安富貞泰
40	嘉暦３．６．23	正	赤橋英時	禰寝郡司	所従千与王女母子	薩摩国比志嶋仏念
41	嘉暦３．12．16	案	赤橋英時	大膳弥太郎 矢俣弥藤太	肥前国大豆津別符	宇佐宮神官愛輔子息身輔・前輔
42	嘉暦４．３．５	正	赤橋英時	智覧忠世	農具・牛馬	島津道慶
43	元徳元．12．５	正	赤橋英時	上津浦次郎太郎入道 豊福彦五郎入道	肥後国天草嶋内山田野他地頭職	天草浄種 山田野覚心
44	元徳元．12．５	正	赤橋英時	智覧忠世	農具・牛馬	島津道慶

書式	下知状発給 年月日	遵行形態 命令内容	備　考	出　典
●■	?	単使遵行 打渡	43の再発給型	島津他家文書
●■	元徳元.11.29 ●	論人宛 究済		肥前河上神社文書
●□	元亨４．３．20 ●	単使遵行 糺渡	37の再発給型 下知違背咎適用例	薩摩山田文書
●■	元徳２．10.25 ●	論人宛 究済	元徳３．５八幡新田宮申状	薩摩新田神社文書
●■	元徳２．10.25 ●	論人宛 究済	48の再発給型	薩摩新田神社文書
●☆	?	単使遵行 沙汰渡	下知違背咎適用例	薩藩旧記前編16
●□☆	元徳元.11.29 ●	単使遵行 沙汰渡	46の再発給型 下知違背咎適用例	肥前河上神社文書
◇★	同日 ◆	両使遵行 沙汰付		薩摩山田文書
●★	?	両使遵行 沙汰付		大隅池端文書
●□	元徳元.11.29 ●	単使遵行 沙汰渡	46の再発給型 下知違背咎適用例	肥前河上神社文書
●■	?	両使遵行 沙汰付	神領興行下知状	隅文書

No.	発給年月日	状態	差出	宛所	権益名	拝領者 訴論人
45	元徳元.12.25	正	赤橋英時	上津浦次郎太郎入道	肥後国天草嶋内山田野他	山田野覚心
46	元徳２．３．８	正	赤橋英時	鯖岡尼跡	肥前国河上宮御鉾料所他	肥前国河上宮雑掌禅勝
47	元徳２.12.10	正	赤橋英時	智覧忠世	農具以下	島津道慶
48	元徳３．５.10	案	赤橋英時	島津実忠	薩摩国八幡新田宮免田御供米	薩摩国八幡新田宮雑掌道海
49	元徳３．７．９	正	赤橋英時	島津実忠	薩摩国八幡新田宮免田御供米	薩摩国八幡新田宮雑掌
50	元徳３．８.25	正	赤橋英時	大村太郎	質券田地代米	島津道義女子
51	正慶元．７.29	正	赤橋英時	佐留志新太郎入道	肥前国河上宮三重塔修理免神用物	肥前国河上宮雑掌禅勝
52	正慶元.12.10	正	赤橋英時	渋谷定円 渋谷覚禅	薩摩国谷山郡内山田他村地頭所務	島津道慶 谷山覚信
53	正慶元.12.20	案	赤橋英時	谷山覚信 税所介	大隅国佐多村内田薗	禰寝清種
54	正慶元.12.25	正	赤橋英時	佐留志新太郎入道	肥前国河上宮三重塔修理免三丁神用	肥前国河上宮雑掌禅勝
55	正慶２．２.25	正	赤橋英時	大城五次郎入道 草野次郎太郎入道	筑後国山本郷畠地	高良玉垂宮雑掌朝厳

第三章　建武政権雑訴決断所施行牒の研究——綸旨施行命令を中心として——

はじめに

建武政権に関する定説的見解を形作ったのは、一九六〇年代に佐藤進一氏が提起した建武政権論であろう。(1)佐藤氏は後醍醐天皇の特異な個性に注目し、その政治構想が前代と大きく異なる斬新なものであり、それ故に社会から激しい反発が起こり改革は挫折したと捉えた。そうした佐藤説の特徴は後醍醐天皇綸旨への評価に最も良く表れている。佐藤氏によれば、建武政権では発足当初すべての決裁を綸旨で行おうとする「綸旨万能主義」に基づいた徹底した天皇独裁主義が貫かれた。しかし、綸旨万能主義はきわめて非現実的で、社会を大混乱に陥れたため短期間で破綻し、雑訴決断所といった新設機関などに天皇の権限は徐々に侵食され、親政は後退したという。

近年は、市沢哲氏らによって鎌倉後期の公家政権と建武政権の連続性を指摘する見解も出され、建武政権を急進的な改革政権とみなす理解は相対化されつつある。(2)しかし、それでもなお佐藤説は通説的地位を占めているように思われる。それは佐藤説の根幹である「綸旨万能主義」に対して、正面からの批判が未だなされていないからであろう。

筆者は「綸旨万能主義」に建武政権の本質を見るべきではないと考えている。「綸旨万能主義」の放棄は改革の挫折ではなく、むしろ建武政権の改革の「進化」を示しており、当時の社会情勢に対応した現実的な施策として積極的に評価できるのではないだろうか。九〇年代末に伊藤喜良氏が建武政権の君主独裁を右の視角から再評価しているが、(3)伊藤氏の提言がその後の建武政権研究に有効に生かされているとは言いがたい。

本章では、建武政権再評価の手がかりとして、同政権の所務沙汰機関である雑訴決断所が牒形式で発給した、恩賞充行や所領安堵、所務沙汰裁許といったいわゆる「権利の付与」に関わる綸旨の遵行を国司・守護宛に命じた施行状を中心に実証的に検討し、その歴史的意義を考察する。

綸旨の施行状には、日向・薩摩両国の「鎮西警固」を島津貞久に命じた後醍醐綸旨を足利尊氏が伝達した文書(4)のように決断所以外が発給したものも存在する。その中で筆者が決断所の施行状に特に注目する理由は、大別して二点存在する。

第一に、数量的に決断所牒による綸旨施行状が圧倒的に多く残存し、これが典型的な綸旨施行状であったと考えられるからである。研究史的にも、綸旨施行状とは一般的にはこれを指している。(5)

第二に、第二節第二項で論じるように、決断所が施行する綸旨の多くが武士に対する恩賞充行を命じる内容だったためである。恩賞充行は、武家政権においては首長である将軍の主従制的支配権の根幹を占める重要な職務であった。建武政権にとっても、鎌倉幕府打倒に貢献した武士に権益を与え、政権に対する彼らの支持を高めるための最重要政策課題であったに違いない。したがって、建武政権の政治的特質を考察する上で、恩賞充行の綸旨およびその施行状の分析は必要不可欠な作業であると筆者は考えるのである。

雑訴決断所の綸旨施行状については、すでに森茂暁氏らによって実証的に研究されている。(6)しかし、諸先学の見解は、おおむね従来の「綸旨万能主義」を前提とした消極的な建武政権評価に基づいている。決断所施行牒は天皇親裁を侵し、綸旨万能主義を破綻させた象徴として語られることがほとんどである。前述のように後醍醐親政を積極的に評価する伊藤氏でさえ、決断所の綸旨施行状に関しては、親政に「一定の歯止め」をかけたと消極的な評価を下すにとどまっている。[7]しかし、そうした先入観を排して決断所が発給した施行牒を実証的に明らかにする必要があると考える。

ところで最近、中井裕子氏による綸旨施行に関する論考が発表された。[8]この研究は前述の市沢氏の学説を踏まえて立論されており、綸旨施行を「改革の後退」と見ない研究姿勢は筆者と共通する。ただし、中井論文は、建武政権の国司・守護併置の遵行体制の成立過程とその展開を解明することに重点が置かれている。そして、鎌倉後期の遵行システムとの連続性を強調する反面、決断所施行牒そのものに対する評価は低いように見受けられる。その点、施行牒自体の歴史的意義に注目する筆者とは見解が異なる部分もある。この最新の研究成果も踏まえて、雑訴決断所牒による綸旨施行システムに関する諸問題を実証的に検討し、建武政権の歴史的意義についての再評価を試みたい。

第一節　雑訴決断所施行牒の歴史的前提

(一)　雑訴決断所設置以前の綸旨・院宣の執行手続

本節では雑訴決断所牒による綸旨施行状確立にいたる歴史的前提について検討したい。まずは鎌倉後期から雑訴決断所設置以前における綸旨・院宣の執行手続について瞥見しておこう。

中井裕子氏によれば、[9]鎌倉後期の綸旨・院宣の執行手続には大別して二系統が存在した。①国宣によって命令内容を伝達する方式と、②関東申次を介して幕府側に伝達し、幕府が選定した使節に命令を実行してもらう方式である。したがって、鎌倉後期においても綸旨・院宣を執行するシステム自体は存在したのである。

ただ、中井氏も述べるように、①方式による院宣・綸旨執行は安堵や中央の人事についての連絡を当事者や在庁に伝える用途のみで、濫妨停止や沙汰付など武力を必要とする事項では使用されていない。この点で、①方式は雑訴決断所牒による強制執行を国司・守護に命じる施行と区別するべきで、本書第一部第一章で論じた鎌倉幕府型施行状と共通する手続である。なお、この方式は、中井氏が指摘するように雑訴決断所設置以降の建武政権にも残存した(10)。

②方式は北朝―室町幕府にも継承された。すなわち、北朝の綸旨・院宣は、武家執奏を介して室町幕府執事や引付頭人が執行したのである(11)。その点で、②方式は鎌倉後期と南北朝期の遵行体制の連続性を示す制度として注目できるであろう。

ただ、②方式は幕府という朝廷とは異なる権門に遵行を依頼する制度である。したがって、決断所の綸旨施行のような政権内部に所属する機関が行う施行とは次元が異なる点に留意する必要がある。また、こうした幕府が朝廷の依頼によって施行した綸旨・院宣は、大半が荘園の押領や濫妨狼藉停止を命じるものである。この点においても、恩賞充行や所領安堵、所務沙汰裁許といったいわゆる「権利の付与」に関わる綸旨を施行した決断所牒とは同列に並べられないであろう。

続いて、雑訴決断所設置にいたるまでの建武政権における綸旨の執行手続について考察する。周知のごとく、建武政権の文書体系は後醍醐天皇が発行する綸旨を中核としていた。恩賞充行等権利関連の命令は、受給者の身分階層にかかわらずすべて綸旨によって発給された。しかし、こうした綸旨を施行した文書は、新政当初においては管見の限り存在しない。

ただし、九条家領摂津国輪田における地頭赤松範資の濫妨停止を摂津国司に命じた元弘三年（一三三三）九月一日付後醍醐天皇綸旨は、これに先行して同内容の同年七月二日付綸旨および八月一七日付綸旨が九条家に宛てて直接発給されている(12)。しかし、本文書は文中に先行の綸旨の存在を明記する文言が存在しないことから、綸旨の施行状と見なすことはできないと筆者は考える。また、充行等の権利付与の綸旨を踏まえてのものではなく、濫妨停止の綸旨の再発給である点ものちの決断所による綸旨施行牒との相違点である。

権利付与だけではなく、のちに雑訴決断所で行われることとなった所務沙汰の濫妨停止命令もこの時期には綸旨が担った。しかし、そうした綸旨は直接提訴者宛に発給されるのが原則であった。(13)

元弘三年八月以降は国司宛の濫妨停止の綸旨も散見するようになる。(14) 中井氏も指摘するように、国司宛に濫妨停止・沙汰付など武力をともなう強制執行を命じる、鎌倉期には見られなかった遵行ルートが開かれたのである。私見では、前述の摂津国司宛九月一日付綸旨もそうした国司宛所務沙汰遵行命令の一環として発給されたものであり、この点からもやはり綸旨の「施行状」とはいえないと思う。

以上の検討をまとめると、雑訴決断所設置以前には、権利を付与する綸旨・院宣に基づいて発給される、「沙汰付」型の施行状は、明瞭な形では存在しなかったと結論づけられる。少なくとも、「綸旨・院宣施行システム」と呼び得るような確立された制度を当該期において見出すことはできない。この点で、雑訴決断所設置後に形成された綸旨施行システムとは大きく異なっていたと評価できるのである。

(二)　雑訴決断所設置以降の綸旨施行牒の形成過程

中井論文では、雑訴決断所の綸旨施行の機能は決断所設置当初から存在していたと考えられている。(15) しかし、私見によれば、決断所の綸旨施行システムは段階的に整備されている。その段階差を軽視するべきではなく、その形成過程を丹念に追う必要がある。そこで、本項では施行状確立にいたるまでの過渡的段階を分析し、完成した形態の施行状に関する考察は次節に譲ることとする。

雑訴決断所は、建武政権の新設機関として元弘三年（一三三三）九月に発足した組織である。(16) 決断所の初期の管轄事項は不動産関係の訴訟である所務沙汰であり、主に国司・守護に対して、武力をともなう押領・濫妨停止と下地沙汰付の遵行命令を牒形式の文書で発給した。(17)すなわち、決断所の設置をもって、前月以来の国司宛の武力をともなう遵行命令に加え守護宛のルートも開拓されたのである。(18)

こうした中、後醍醐天皇綸旨が雑訴決断所牒によって執行を命じられた早い事例は、元弘三年一一月四日付の国衙・守護にそれぞれ宛てて出された牒二通である。(19)これは、阿蘇惟直へ阿蘇荘四至の堺を打ち渡すことを命じたものであり、同年一〇月二日に発給された綸旨(20)の執行命令である。しかし、牒の文面には命令の根拠として「承暦国宣」のみがあげられ、綸旨については言及されていない。つまり、この段階においては、綸旨を「施行」するシステムは少なくとも明瞭な形では存在しなかったと考えられる。

その後、建武元年（一三三四）三月頃から綸旨に基づいた牒が発給される事例が徐々に増えてくる。同月二〇日付牒三通は、(21)元弘三年九月一七日に筑前国宗像社社務の当知行地を安堵した綸旨(22)の執行を命じたものである。しかし、これら三通の牒は、綸旨が発給されてもなお悪党が濫妨狼藉を続けるという個別の事情によって発給された事実が文中に明記されており、綸旨発給後に原則として施行状が発給されるという意味での「制度化」されたものではなかった。また、牒発給を申請する申状を文中に引用したり、綸旨に違反した人間の交名提出を命じるなど、様式的にも本章第二節第一項で紹介する〔史料三〕のような典型的で単純明快な綸旨施行状とは異なっている。何より、宗像社大宮司氏長を実質的な宛所とするもの一通、および宗像社を宛所とするもの二通と綸旨拝領者に直接宛てられていることも看過できない。以上の諸点から、少なくとも国衙・守護所宛に遵行を命じる後述の一般的な決断所施行状とは明確に区別するべきであろう。

右の決断所牒が発給された四日後には、次に掲げる牒が発給された。

〔史料一〕建武元年三月二四日付雑訴決断所牒案

（端裏書）
「山本庄
　雑掌契智所進」
校正了、
雑訴決断所牒　越前国守護（堀口貞義）
　円覚寺雑掌契智申、寺領当国山本庄湯浅次郎左衛門尉宗顕押領事 副申状具書
右、止二彼押領一、可レ沙二汰-居雑掌於庄家一者、以牒、
　建武元年三月廿四日　　左大史小槻宿禰（匡遠）在判
左少弁藤原朝臣（高倉光守）(23) 在判

年月日欠円覚寺雑掌契智申状案によれば(24)、越前国山本荘は、円覚寺領として同寺が数十年知行していたが、湯浅宗顕が恩賞として拝領してしまった。そこで円覚寺は、同年二月二六日、同荘の領有を同寺に安堵する後醍醐天皇綸旨を獲得し(25)、同月二八日にはそれを承認する越前国宣も発給された(26)。その綸旨と国宣に基づいて沙汰付を行い、宗顕の押領を排除するよう同寺雑掌契智は何度も越前守護堀口貞義方に依頼した。しかし、守護方は「可レ申二成牒一之旨、返答」、すなわち雑訴決断所牒を申請して獲得するように円覚寺側に返答した。そこで契智はその指示に従い、守護宛に遵行を命じる牒発給を申請する申状を作成して決断所に提出し、〔史料一〕の決断所牒を獲得したのである。

以上の経過から明らかであるように、〔史料一〕は綸旨に基づき、それを遵行するように守護に命じた牒である。しかし、命令内容は「止二彼押領一、可レ沙二汰-居雑掌於庄家一」と、該所領における湯浅宗顕の押領停止と円覚寺への沙汰付にとどまる。綸旨の存在を明記せず、厳密にいえば施行状の形式は採っていない。〔史料一〕も前述の牒と同様、「施行状」の要素は希薄で、宗顕押領という個別の事情によって発給された押領停止の所務沙

汰遵行命令の性格が強く、それから分離していなかったのである。
この三日後の二七日にも東寺領若狭国太良荘に対し、綸旨に基づく決断所牒が発給されたが、[27]これも濫妨停止の遵行命令と同じ形式である。また、翌四月日付の摂津国輪田荘雑掌重申状案[28]も綸旨の遵行を命じる牒の発給を求める内容である。しかし、これも年貢抑留、押領といった綸旨が実現しない個別の事情を詳細に記している。しかも、前項でも述べたように本事例における綸旨は濫妨停止を命じる内容で権利の付与ではない点も、[29]のちの綸旨施行とは異なる。したがって、次節第二項で論じる後掲〔史料五〕のような定型化した綸旨施行状の発給を要求する申状とは性質が異なり、完全な「施行状」申請の申状にはまだいたっていなかったと考えられる。
以上見たように、建武元年三月~四月の段階では、綸旨の執行を命じる決断所牒は、綸旨の存在を明記せず一般の所務沙汰遵行命令と同様に押領・濫妨停止を命じるにとどまるなど完全には「施行状」化していなかったと考えられるのである。

第二節　雑訴決断所施行牒の展開

(一)　雑訴決断所施行牒の確立

本節では、雑訴決断所牒による綸旨施行状に関する実証的な検討を行う。まずは本項で、綸旨施行状が制度として最終的に確立した時期と、これを検討する上で避けて通ることのできない、牒による綸旨の執行を定めた法令である建武新政の法第一四条の五について論じたい。

【雑訴決断所施行牒の最終的確立】

建武元年(一三三四)年五月、地頭御家人層に対する当知行安堵の権限が天皇や諸国国衙から雑訴決断所へ移管された。[30]同八月頃にはそれまでの四番制から八番制へ改組され、人員も拡充された。[31]改組以降はそれまで見られなかった雑訴決断所下文が出現し、所轄事項も所務沙汰以外に検断沙汰や雑務沙汰にまで広がる。(32) 結論から先にいえば、決断所の綸旨施行牒は、こうした決断所の機構拡充や権限拡大の過程と連動して制度として最終的に確立したと考えられるのである。

決断所による綸旨施行システムが最終的に確立した時期を確定するための前提作業として、まずは完成した形式の決断所牒による綸旨施行の実例を検討しよう。

〔史料二〕建武元年一一月二六日付後醍醐天皇綸旨

豊前国萱津又三郎跡五分壱、為二勲功賞一、上嶋彦八郎惟頼可レ令二知行一者、

天気如レ此、悉レ之、以状、

建武元年十一月廿六日　　左衛門権佐（岡崎範国）（花押）(33)

〔史料三〕建武元年一二月二一日付雑訴決断所施行牒（表―7）

雑訴決断所牒　　豊前国守護所、

上嶋彦八郎惟頼申、当国萱津又三郎跡五分一事、

解状具書

牒、任二去月廿六日綸旨一、可レ沙二汰-居惟頼一之状、牒送如レ件、以牒、

建武元年十二月廿一日　　右衛門権少尉三善朝臣（飯尾頼連）（花押）

中納言兼大蔵卿侍従藤原朝臣（九条公明）（花押）　　前筑後守藤原朝臣（小田貞知）

修理大夫藤原朝臣（四条隆資）　　左衛門権少尉中原朝臣（近衛職政）（花押）

正三位藤原朝臣（堀河光継）　　左衛門権佐兼少納言侍従伊賀守藤原朝臣（岡崎範国）

左少弁藤原朝臣（高倉光守）

〔史料二〕の後醍醐天皇綸旨は、豊前国萱津又三郎跡五分一を上嶋惟頼に勲功賞として充行う内容である。そして、〔史料三〕が、綸旨〔史料二〕の命令内容のとおりに当該所領を惟頼に沙汰居するように、雑訴決断所八番九条公明以下が豊前国守護所宛に命じた決断所牒である。同日付で豊前国衙宛に発給された同文の牒も現存する。また、これらの綸旨と牒に従って、豊前守護少弐頼尚が豊前守護代宛に当該所領の遵行を命じた建武二年（一三三五）四月一七日付遵行状も現存している。(34)

〔史料三〕は、〔史料一〕と異なって押領・濫妨など施行状発給にいたった個別の事情は一切記されていない。文言も定型化しており、少なくとも形式的には綸旨発給後に機械的に出された執行文書である。何より、文中に「任二去月廿六日　綸旨一」と施行対象の綸旨の存在を明記している点は看過できない。したがって、施行状について古文書学的に論じた上島有氏の定義に照らし合わせても、(35)本決断所牒は鎌倉～室町期に見られる典型的な施行状と見なせるのである。

章末の表には〔史料三〕のような典型的な一七件の綸旨施行状を収録した。以下、本表も参考にして検討を進めていきたい。

綸旨施行状と見なせる文書の初見は建武元年五月八日である（表-1）。したがって、遅くとも建武元年五月までには綸旨施行のシステムが整備されたと考えるべきであろう。なお、前述したとおり、この建武元年五月は、地頭御家人層に対する当知行安堵の権限が決断所へ移管された時期でもある。この意義に関しては第三節第一項で論じたい。

ただし、表-1の事例も文中に「止二濫妨一」とあり、何者かの濫妨によって発給された個別の事情が記され、表-2も「止二前雑掌妨一」、表-3も「止二彼等濫妨一」とあり、〔史料一〕のような押領・濫妨停止の所務沙汰遵行命令の名残が依然残っている。しかし、それらはごく短い簡略なものであるし、「□（任二）去三月十九日　綸旨一」（表-

1）のように施行対象文書を明記する文言もあるので、施行状と見なしてよいであろう。

〔史料三〕のような完全な形態の施行状の初見は表1-4である。これは建武元年九月五日付であり、決断所が同年八月に八番制に改組されたのとほぼ同時に発給されたものである。これ以降に発給された綸旨施行状はほとんどが完全形態のものとなる。[36] また、改組以前が二件であるのに対し、改組後は一五件と施行状の残存数も飛躍的に増大する。よって、八番制改組からほどなく綸旨施行システムは最終的に完成したと推定できる。

以上の検討をまとめると、残存史料による限り、建武元年五月頃綸旨に基づいてその執行を命じる雑訴決断所牒が「施行状」化し、八月の決断所八番制改組とほぼ同時に様式が整備され、綸旨施行状として制度的に最終的に完成されたと結論づけられるのである。

【建武新政の法第一四条の五の検討】

〔史料四〕建武二年二月制定建武新政の法第一四条の五

決断所条々 建武二年二月日

（中略）

一、蒙二 勅裁一輩事、

縦雖レ賜二 綸旨一、未レ帯二当所牒状一者、相二触子細於国奉行一、可レ被レ書二入彼目六一、於二向後一者、勅裁日限過二三十ヶ日一、無二左右一不レ可レ成二牒状一、宜レ経二 奏聞一、又無レ牒者、不レ可レ遵二行之一、不レ可レ沙二汰付下地一之旨、可レ仰二国司・守護一哉、

此条々不レ被レ施二行之一、訴人違出歟《(ママ)》、不可説――[37]、

〔史料四〕は、「決断所条々」と題された五か条の法令の最後の一条である。文中に「無レ牒者、不レ可レ遵二行之一」とあることから、従来、本法は綸旨を牒で執行する体制の開始を定めた法令であるとする見解が主流であ

った。なお、本法が指す綸旨を執行する牒とは、先行研究においては〔史料三〕のような完成された綸旨施行状だけではなく、第一節第二項所掲〔史料一〕のような広義の綸旨執行命令も含むとされている。

五か条の冒頭にある付年号によれば、本法は建武二年二月に制定されている。しかし、実際に牒による綸旨の執行が本格化したのは、第一節第二項で検討したように建武元年三月頃、つまり建武二年二月よりもはるか以前である。〔史料三〕のような完成した様式の狭義の綸旨施行状に限定しても、その初見は前項で論じたように建武元年九月であり、やはり翌年二月より大きく遡る。また、五か条の最後に「此条々不レ被レ施二行之一」との付記があるのも問題である。これらの問題があるので、この法令に関しては特に制定時期について従来から議論がある。(38)よって、筆者の本法に対する見解を述べたい。

付年号や付記は、それを明確に否定できる積極的な史料的根拠が存在しない以上、(39)やはり信用するべきであると考える。とすれば、本法と実態の乖離を矛盾なく説明するためには次のように考えるのがもっとも整合的な解釈なのではないだろうか。

本法は、国奉行の業務を規定したり、(40)綸旨獲得後三〇日を経過した場合、無条件で牒を発給してはならず天皇に上奏しなければならないことなどを定めるなどかなり細かな規定である。したがって、牒による綸旨執行の開始を定めたのではなく、建武二年二月に前年から行われていた綸旨施行システムを一層厳密に整備することを目指した法令であった。併せて、以前からの政権の方針であった「無レ牒者、不レ可レ遵二行之一」の原則を改めて確認したものであろう。

しかし、最後の付記から〔史料四〕は実際には実施されなかったと考えられる。「訴人違出歟（ママ）」の記述も本法に対する訴人たちの広範な反発が存在したことをうかがわせる。また、現実にも綸旨発給後三〇日以内に牒を発給する規定はさほど遵守されていない（表「綸旨発給年月日／発給間隔」欄）。なお、本法に関する社会的背景や政権側の意図、綸旨拝領者の対応といった問題については第三節で論じたい。

(二)　雑訴決断所施行牒の実証的分析

本項では、決断所牒による綸旨施行状の実証的な分析、すなわち施行状の命令内容、発給手続、執行手続や施行牒を獲得しなかった綸旨拝領者の存在がうかがえる事例、綸旨施行状の終焉時期を検討する。

【雑訴決断所施行牒の命令内容】

表「命令内容」欄を見ると、全一七件の決断所施行状のうち半数以上の一〇件が武士に対する「勲功賞」、すなわち恩賞充行やそう推定できる綸旨を施行したものである。また、寺社宛の綸旨も所領寄進や料所指定と武士に対する恩賞に相当する内容が多い。

ただし、所領安堵や一円神領化、中分停止など、恩賞充行以外の綸旨を施行した牒も存在する。したがって、雑訴決断所施行牒が恩賞充行・所領安堵・所務沙汰裁許といった「権利の付与」に関わる後醍醐綸旨一般の執行が想定されていたことは明白である。しかし、施行牒の残存傾向を見る限り実際の運用においては、それは主に恩賞を実現する機能を果たしたと考えられるのである。

【雑訴決断所施行牒の発給手続】

雑訴決断所による綸旨施行状では、室町幕府の引付頭人奉書等の一般的な所務沙汰遵行命令と同様、綸旨拝領者が拝領後に施行状発給を申請するための申状を作成し、決断所に提出して施行状を拝領する発給手続が採られていた。(41)

〔史料五〕　建武元年八月日付結城宗広代惟秀申状案

結城上野入道々忠《(宗広)》代惟秀謹言上、

欲下早任二　綸旨一、被レ成二御牒於国司・守護方一、被レ打二渡下地於道忠代一、令中知行上駿河国須津庄内須津河郷地頭職間事

副進　一通　綸旨案八月十一日

右、当庄内須津河郷地頭職者、道忠相伝所領也、仍不レ可レ被レ混二惣庄之闕所一之旨、就レ申二子細一、預二勅裁一畢、然早被レ遵二行彼　綸旨一、被レ成二下御牒於国司・守護方一、於二下地一者、被レ打二渡道忠代官一、為レ全二知行一、粗言上如レ件、

建武元年八月　　日(42)

建武元年八月一一日、結城宗広は、駿河国須津荘内須津河郷地頭職の領有を認める後醍醐天皇綸旨を拝領した。(43)宗広は、同月のうちに〔史料五〕、すなわちこの綸旨を施行する牒の発給を要請する申状を作成し、決断所に提出したのである。そして、この申状の要求どおりに九月一一日に駿河国守護所宛の綸旨施行状が発給された（表-5）。

第一節第二項で検討した〔史料一〕の牒の発給を要求した申状等とは異なり、(44)本史料は少なくとも形式的には押領・濫妨等の存在を一切記さず、綸旨に任せて国司・守護に遵行を命じる牒の発給だけを求めるシンプルな内容である。これも、建武元年八月の決断所拡張の直後に、綸旨発給後に申請があれば原則として施行状が発給される施行システムが最終的に確立した事実を裏づけると考えられる。また、建武元年一二月日付島津道恵申状写も、(45)施行状は残存していないがその発給を要求する内容である。

なお、雑訴決断所牒による綸旨施行状の事書は、すべて〔史料三〕の「上嶋彦八郎惟頼申」のように「(綸旨拝領者名)申」という文言で始まっている。この文言は、本書第二部第一章第二節で「申状方式」と名づけた書式である。そこでも論じるとおり、この文言の存在は申状の提出によって文書が発給されたことを反映している

と考えられる。綸旨施行牒の書式がすべて申状方式である事実も（表「書式」欄）、これが申状提出による発給手続を採用していた事実を裏づけると考える。

【雑訴決断所施行牒の執行手続】

〔史料三〕の決断所施行牒には、副進文書に「解状具書」があげられている。これは、決断所牒拝領者が牒をもって守護・国司に遵行を依頼するとき、綸旨・施行牒以外にそれらの文書を獲得するにあたって建武政権に提出した申状その他の関連文書も併せて守護・国司に提示したことを示しているのではないだろうか。

　決断所施行牒には、訴状・具書の存在を明記した事例が散見する（表「書式」欄）。すなわち、綸旨・牒と申状等関連文書がセットで機能する場合があったと推定できるのである。これも、発給手続と同様、鎌倉～室町期における通常の所務沙汰遵行命令の執行手続である。ただし、そうした文言が見られず、牒単独で機能したと考えられる事例も多い事実にも留意するべきである。

【雑訴決断所施行牒を獲得しない綸旨拝領者の存在】

　右に見たように、綸旨施行牒は、綸旨拝領者の申状による申請を承けて発給される手続を採っていた。だが、それは裏を返せば、綸旨拝領者が申状を提出しなければ施行状が出なかったことを意味するのではないだろうか。事実、綸旨施行が最終的に確立した建武元年八月以降においても、施行状を獲得せずに綸旨のみで、自力救済によって当知行者の領有を排除して綸旨を実現しようとした例が知られる。

〔史料六〕建武二年二月日付湯浅木本宗元庭中申状

（前略）貞茂（高向）掠ニ賜綸旨一、令レ違下背所レ被ニ定置一之法上、不レ帯ニ御牒一、相ニ語成真等一、追ニ出宗元（湯浅木本）代官等一、縦横
令レ押ニ領所務一之間、（後略）(46)

〔史料六〕によれば、高向貞茂は綸旨を拝領したにもかかわらず、施行状を獲得せずに舅の成真と共謀し、実

力行使で宗元代官を所領（和泉国熊取荘地頭職）から追い出し実効支配に及んだという。

また、建武二年四月二一日付能登国宣は、後醍醐天皇綸旨に基づき、同国若部保地頭職を永光寺に沙汰居するよう命じる内容である。(47)しかし、この国宣が発給されたのは綸旨が出てからわずか六日後で、しかも国宣には「任二去四月十五日勅裁一」、国宣を執行した能登国目代小野好連打渡状には「任二綸旨・国宣之旨一」(48)とそれぞれ綸旨と綸旨・国宣のみが記され、施行牒の存在は記されていない。つまり、綸旨拝領者永光寺は決断所に施行牒発給を申請せず、直接知行国主の許に拝領した綸旨を持参し、この遵行国宣を獲得したと推定できる。このように、牒による綸旨施行システムが制度的に確立した段階においてもなお、決断所牒を経ずに知行国主が直接綸旨の武力をともなう遵行命令を出す場合もあったのである。

以上の検討によって、施行牒の発給は、現実には綸旨拝領者個別の判断に任されていたと結論づけられる。

【雑訴決断所施行牒の終焉】

雑訴決断所施行状は建武二年九月を下限として消滅する。決断所牒自体も同年一二月を最後に途絶する。(49)これらが、同年八月に起こった中先代の乱と続く一一月の足利尊氏の離反の影響であることは明らかであろう。戦乱の激化が雑訴決断所の業務を停滞させ、やがて決断所自体の崩壊を導いたのである。

第三節　雑訴決断所施行牒の歴史的意義

以上、雑訴決断所の綸旨施行システムについて実証的な検討を加えた。本節ではその歴史的意義について論じる。すなわち、雑訴決断所牒が出現した理由、果たした機能、綸旨拝領者への浸透度、後醍醐天皇との関係、そして中世日本の施行システム全体に占めるその歴史的位置づけといった諸問題を、第一節と第二節で行った施行状の実証的分析に基づいて考察したい。

【雑訴決断所施行牒出現の理由】

当時、鎌倉幕府滅亡直後の混乱した社会情勢下、綸旨によって権益を侵害される勢力による押領・濫妨といった抵抗のために、綸旨の命令内容が実現されない事態が広範に発生したことは確実であろう。事実、第一節第二項等で指摘したように、〔史料一〕等の雑訴決断所牒による綸旨執行命令や初期の施行状に、押領・濫妨によって綸旨が実現しないことが明記された事例が多く見られるのである。

また、この事実は、押領・濫妨停止および下地沙汰付を命じる決断所の所務沙汰遵行命令一般から、綸旨を訴人の主張の根拠とするものが派生的に分化して、定型化した綸旨施行状として形成されたことを示唆している。第一節第二項と第二節第一項で復元した綸旨施行状の段階的な形成過程はまさしくそれを裏づけよう。綸旨を発給しても押領・濫妨の訴えが決断所に頻繁に寄せられ、その都度遵行命令を発給する事態が非常に多ければ、逐一押妨の存在を確認せずとも綸旨に基づく定型的な遵行命令、すなわち施行状を発給しようと政権当局が考えるのは自然な発想だったのではないだろうか。

何より、後醍醐天皇は、彼に従って戦った武士に対して恩賞充行の綸旨を多数発給していた。建武政権の軍事力を担う武士層の支持を継続させる上でも、恩賞充行の綸旨が実現しない状況は、恩賞拝領者だけではなく政権側でも大きな問題とされ、恩賞地の遵行が喫緊の課題とされたに違いない。したがって、政権側も当初から綸旨施行を武士層に対する権益保護として立案したのではないだろうか。そうした政権側と綸旨拝領者双方の意図や利害を反映して、第二節第二項で指摘したように決断所施行状の多くが恩賞充行の綸旨を施行するものとなったと考える。

以上の考察から、特に恩賞充行の綸旨に対する広範な抵抗への対処が、決断所牒による綸旨施行状が出現した理由であったと筆者は考える。

この点に関連して、第二節第一項で論じたように、雑訴決断所牒による綸旨施行状と呼びうる文書が初めて出現した建武元年（一三三四）五月とほぼ同時に、武士層に対する所領安堵の権限も決断所に移された事実は注目に値すると考える。なぜなら、恩賞充行と同様、所領安堵も武士層の権益を保障する権限である点において決断所施行牒の機能と共通しているからである。つまり、こうした一連の改変は、雑訴決断所を武士層の権益保護を基軸に据える機関とする機構改革が建武元年五月の段階で行われたことを示唆していると考えられるのである。

【雑訴決断所施行牒の綸旨確認機能】

しかし、雑訴決断所本来の権限であった一般的な押妨停止・下地沙汰付の訴訟はともかくとして、綸旨拝領者の立場からすれば、すでに後醍醐天皇から綸旨を拝領しているのであるから、わざわざ雑訴決断所に申請しなくとも遵行の主体である国司・守護に綸旨の遵行を直接依頼する方が綸旨施行としては簡略であるし、負担も軽減されるのではないだろうか。

事実、第一節第二項で論じたように、円覚寺は、当初は決断所ではなく越前守護に綸旨の遵行を直接要求している。また、第二節第二項で指摘したように、綸旨施行システムが完成した後でさえ知行国主による遵行状を直接獲得した能登国の事例が知られる。また、第一節第一項で述べたように、そもそも鎌倉後期から安堵や人事の綸旨・院宣を直接国司が当事者・在庁宛に伝達するルートが存在し、決断所設置以降も根強く残存した。

しかし、建武政権は決断所を介する綸旨遵行ルートの一元化にこだわった。こうした迂遠な方式を構築した政権側の意図は何だったのであろうか。

その解答として、決断所施行状は、強制執行によって綸旨を実現させる機能に加えて、矛盾や誤りが多かった膨大な綸旨を簡単な再確認によって整理し、綸旨の正統性を保障する役割も有していたと推察する。

決断所の綸旨再調査能力は、現実には確かに不十分であった[50]。しかし、簡単な審査であっても、誤って同一所領を複数の人間に与えたり、著名な大寺社の荘園を別人に充行ったりした事実が判明することもあったのではないだろうか。偽作の綸旨などは容易に見抜かれたであろう。それらの場合には、決断所が施行状発給を拒否することも当然あり得たのであり、決断所の綸旨再確認に一定の効果はあったと考えられる。

何より、綸旨遵行を命じる牒を要求したにもかかわらず牒が発給されず、「可レ入二理非一之由、及二御沙汰一」んだ、つまり、訴人と論人が訴陳を番える理非糺明の訴訟に発展した事例も実際に存在するのである[51]。これは、第一節で言及した九条家領摂津国輪田荘の事例であり、厳密にいえば完成形態の綸旨施行牒発給の申請ではない。また、訴訟の重心も輪田惣荘の濫妨から田所職や領所給田等の領有をめぐる争いに移行している。しかし、少なくとも決断所に最低限度の綸旨審査機能が存在した証左とはなるであろう。決断所は盲目的に綸旨に従属するわけでは必ずしもなく、場合によっては綸旨関連訴訟を理非糺明訴訟に発展させる可能性も秘めていたのである。

また、第二節第一項で検討した綸旨施行に関する法令第一四条の五（〔史料四〕）では、「縦雖レ賜二 綸旨一、未レ帯二当所牒状一者、相二触子細於国奉行一、可レ被レ書二入彼目六一」と、施行牒が発給されていない綸旨についての詳細な情報を決断所の国奉行が目録に記録することが定められている。つまり、この記述からは決断所が綸旨情報の把握に努めていた形跡がうかがえるのである。本法は実際には実施されなかったと考えられ、この国奉行の規定も現実をどの程度反映していたのかは不明である。しかし、少なくとも決断所自身が何らかの審査機能を保有する意志を一時明示したことは確かであろう。

そもそも、第二節第二項で指摘したように雑訴決断所牒の発給手続は申状方式を採用していたと推定される。換言すれば、これは綸旨拝領者が牒発給を申請する申状を決断所に提出しない限り、決して牒が発給されないシステムである。こうしたやや煩雑と思われる方式の採用も、結果的にではあれ綸旨拝領者をふるいにかけて整理する効果を発したと筆者は考える。

【雑訴決断所施行牒の浸透】

雑訴決断所牒による綸旨施行システムは、綸旨拝領者たち、特に恩賞充行の綸旨を拝領した武士層を中心にある程度は肯定的に受容され、広く浸透したと考えられる。第二節で言及したように、決断所改組以降、恩賞充行を中心に決断所施行状の残存状況が飛躍的に増加する。

加えて、〔史料四〕の決断所法が制定された目的や社会的状況も決断所施行状の一定度の普及を示唆していると思われる。以下、それについて考察したい。

前述の能登国宣遵行状のように、建武二年（一三三五）段階においても決断所牒を介さずに国司に遵行を直接依頼する者が依然存在した。それどころか、〔史料六〕の申状に見えるように、遵行ルートさえも利用せず自力救済で綸旨を実現しようと図る者まで出現した。そうした状況を反映し、それらの行為を阻止して決断所牒による施行に一元化する目的で〔史料四〕は制定されたと考えられる。

だが一方で、本法には「勅裁日限過二三十ヶ日一、無二左右一不レ可レ成二牒状一」、つまり綸旨獲得後三〇日を経過した場合、無条件で牒を発給してはならないことを定めた規定もある。これは、綸旨発給後三〇日以内に施行牒を申請する申状を決断所へ提出することを事実上義務づける規定であったといえる。これを仮に「三〇日規定」と名づけるが、これは、こうした日数制限を設定することで施行状発給の迅速化を目指した規定であったと考えられる。

「三〇日規定」は天皇に奏上する手続も一応は設置されてはいるものの、綸旨拝領者にとっては日数制限によって施行状の獲得が以前よりも困難となる制度改変であったと思われる。こうした発給手続の困難化による機械的な選別を、施行状受給を希望する綸旨拝領者たちは当然歓迎しなかったに違いない。そのため、「訴人違出（ママ）歟」

と世論の広範な反発を招き、この法令は施行されなかったと考えられるのである。(52)

〔史料四〕をめぐるこうした動向は、建武二年二月段階で決断所施行牒を無視する綸旨拝領者が依然存在した一方で、施行状発給申請者が増加し、決断所の行政処理が滞る新たな問題が発生しつつあったことを反映しているのではないだろうか。それは裏を返せば、当時、それだけ決断所発給の施行状が綸旨拝領者たちに広範に受容され始めていた状況を示していると考えられる。

【雑訴決断所施行牒と後醍醐天皇の関係】

決断所の綸旨施行システムに関して後醍醐天皇はどう考えていたのであろうか。

右で述べたように、決断所の施行牒は綸旨拝領者たちにある程度受容され、広範に普及したと考えられる。一方、綸旨発給者である後醍醐天皇にとっても、綸旨施行システムは自己の命令の実現を可能にする有益な制度であったに違いない。従来の定説が主張するような、天皇親政を侵し、挫折させた政策とはいえないのではないだろうか。

とすれば、政権内部で具体的にいかなる議論を経てこの制度が形成されたかは不明であるが、後醍醐自身は賛同していたと考えるのが自然であろう。少なくとも強く反対した可能性は非常に低いと思われる。

また、この問題については、後醍醐天皇の君主独裁とは「天皇がすべてを一人で行うということではなかった」とし、後醍醐の意図は「非人格的な機関を整備して、天皇がそれを個別的に強固に統括して専制政治を行うことであった」とする伊藤喜良氏の見解も参考になるだろう。(53)この見解は、雑訴決断所等の設置とそれにともなう天皇権限の分与を後醍醐の積極的意図としてとらえる説であり、(54)筆者もこの見方は正鵠を射ていると考える。決断所の綸旨施行もこの文脈でとらえることができ、後醍醐の主導の下に制度形成が推進された可能性が高いのではないだろうか。

以上から、綸旨施行政策に関して後醍醐天皇は主体的に関わったと筆者は考える。

【雑訴決断所牒の歴史的位置】

結論を先にいえば、建武政権の雑訴決断所による綸旨施行牒は、施行システムの歴史の中できわめて画期的な位置を占めると考える。それは、この段階において、史上初めて「沙汰付」型、すなわち守護・国司といった拝領者以外の第三者に強制執行を命じるタイプの施行状が定型的な様式で出現し、本格的に全国的に普及したからである。そして、のちの室町幕府の執事施行状に影響を与え、その先駆的存在となったと見られる点も看過できない。

本書第一部第一章で論じたように、鎌倉幕府の施行状は原則として当事者に充行や安堵の事実を伝達するものであり、国司・守護に遵行を命じる建武政権の施行状とはその構成原理が異なっていた。また、本章第一節第一項で述べたように、鎌倉後期の国宣による綸旨・院宣の執行も強制執行をともなわなかったのであり、こうした施行は鎌倉期以前では伝統的な形態であった。

一方、鎌倉後期には使節遵行システムが発達し、六波羅御教書・鎮西御教書等によって押妨停止・下地沙汰付等の所務沙汰遵行命令が使節宛に発給された。その中には、前章で論じたように下知違背、すなわち幕府から裁許下知状を拝領したにもかかわらず論人の押領・濫妨等の理由によって判決が実現されなかった場合、下知状拝領者の提訴に基づいて発給された下知状の執行命令も存在した(55)。しかし、文言等からこうした下知状の執行命令は「施行状」とは称しがたい。

ただし、同じく前章で指摘したように、鎌倉幕府においても九州地方統治機関・鎮西探題で発給された鎮西下知状には、最末期に決断所施行牒のように定型化した文言を持つ遵行命令が鎮西御教書によってごく少数ながら発給された。また、第一節第一項で述べたように、綸旨や院宣を関東申次を介して幕府側に伝達し、幕府の使節に実行させる方式も鎌倉後期には存在した。

とはいえ、全体的に見ると鎌倉幕府の施行システムは、下文・下知状等、充行・安堵といった権利を付与する文書を定型化した文言を持つ文書によって機械的に施行する形には発達しなかったと評価できる。

本節でも指摘したとおり、元弘の戦乱後の混乱によって綸旨が実現しない情勢に応じて、建武政権は鎌倉以来の遵行システムを国司・守護遵行に発展させ、その機能を前代にはほとんど見られなかった最高権力者の発給文書（建武政権の場合は綸旨）の沙汰付に応用させた。すなわち、史上初めて「沙汰付」型の本格的な施行システムが誕生し、全国的に展開した。この点において、鎌倉幕府の施行システムと建武政権のそれには明確な段階差が存在するのである。

そして、建武政権の綸旨施行牒は、本書第二部第一章で検討した室町幕府の執事施行状に影響を与えたと見られる。綸旨施行状は、その機能や出現の契機、そして歴史的意義において執事施行状との共通点が多いのではないだろうか。

推測を重ねれば、執事施行状は、建武政権の決断所施行状を参考に考案された可能性があると筆者は考えている。初めて執事施行状を発給した室町幕府初代執事高師直は、建武政権においては八番制の雑訴決断所三番に職員として勤務していた(56)。つまり師直は、決断所で綸旨施行牒の発給に携わった経験を実際に持っていたと考えられるのである。少なくとも彼がその存在を認知していたことは疑いないであろう。それが執事施行状の形成に何らかの影響を与えたのかもしれない。

また、従来ほとんど知られていなかった次に掲げる史料の存在も注目に値すると考える。

〔史料七〕建武二年（一三三五）一一月九日付執事高師直施行状案
「（異筆）
御施行案」

諏訪神左衛門尉頼貞申、信濃国四宮庄内北条地頭職事、任二去年六月十八日　綸旨之旨一、可レ被レ沙二汰一付頼貞一之状、依レ仰執達如レ件、

建武二年十一月九日　　武蔵権守（高師直）在判

村上源蔵人（信貞）殿(57)

本史料は、足利尊氏が建武政権から公然と離反した直後、執事師直が発給した後醍醐天皇綸旨の施行状案である。足利氏が離反したにもかかわらず、敵のリーダーが発給する綸旨の執行命令を師直が発したのは興味深い。が、何よりこの施行状が執事施行状の早期の事例であり、しかも将軍恩賞充行袖判下文を施行する一般的な執事施行状とまったく同形式である点を看過するべきではないだろう。この事実も、足利氏において執事施行状が出現当初から決断所の綸旨施行牒と同格、あるいは後継的存在と位置づけられていたことを示唆するのではないだろうか。

ただし、本書第二部第一章第二節で指摘したように、執事施行状の発給手続が簡易方式が主流となっていったのに対し、綸旨施行牒段階ではすべて申状方式である。また、本書第二部第三章第三節で指摘したように、執事施行状が原則として施行状単独で執行されたと推定できるのに対し、綸旨施行牒は申状・関連文書とセットで機能するケースが散見する。このように、のちの執事施行状と比較すると、発給手続・執行手続の面で綸旨施行牒が所務沙汰遵行命令一般の形態を依然残していた点には留意するべきであろう。

おわりに

建武政権において、後醍醐天皇綸旨は建武元年（一三三四）三月頃から雑訴決断所牒によって執行されるようになり、同年五月頃にその牒は「施行状」と呼べる形態となった。そして、八月の八番制改組とほぼ同時に施行

状の様式が確立し、最終的に綸旨施行システムが完成した。

決断所の綸旨施行システムは、在地の押領・濫妨によって綸旨が実現しない事態が多数発生した状況を受け、押妨停止・下地沙汰付の所務沙汰遵行命令から派生的に出現し、恩賞充行の綸旨を拝領した武士層を中心に普及した。

綸旨施行システムは、綸旨の効力の限定・縮小を意図したものではなく、混乱した政治・社会状況の下で低下した綸旨の権威を回復し、実効性を補うことを目的としていた。もちろん万能だったとはいえないが、それでも政権基盤を強化する上で一定度有効な政策だったのである。なお、次章で論じるように、建武政権の地方統治機関で奥州を管轄した陸奥将軍府においても、陸奥国司北畠顕家によって中央政府とは別個に独自の恩賞充行が広範に行われ、それにも陸奥国宣形式の施行状が発給された。

決断所による綸旨施行牒の出現および普及を、政権発足当初に後醍醐が掲げていた綸旨万能主義の後退や破綻と評価する定説的理解が成立しないことは以上の検討によって明白になったと思う。だが、そもそも「綸旨万能主義」なるもの自体が本当に存在したのか疑問である。本章の検討を踏まえるならば、新政初期の綸旨大量発給の要因を「後醍醐が六月五日に帰京した段階では、諸権力機構が壊滅的状況であったので、綸旨のみに頼らざるを得ない状況であった」ことに求める伊藤喜良氏の見解が妥当であると考える。[58]

無論、この段階では決断所牒による綸旨施行システムの構想は存在しなかったに違いない。しかし、権力機構の崩壊に起因する新政当初の便宜的な措置を永久に維持する意図を後醍醐が有していたとは到底考えがたい。建武政権の機構や権限は発足当初から完成されていたのではなく、将来的に拡充・整備される余地を残していたと見るべきだろう。そして、建武政権の政策は試行錯誤を重ねて段階的に遂行されていったのである。

また、施行システムだけではなく軍忠状も建武政権期から激増し、室町幕府の軍事体制に継承された。[59]それ以外の諸政策も、近年の研究によれば必ずしも幕府の独創ではなく、建武政権や南朝によって先取りされていたものが多いという(60)。

右の研究動向を踏まえると、建武政権の政策の多くを非現実的で不適切と評価する従来の学説を再検討する必要も出てくるであろう。内乱の勝者である室町幕府が建武政権の政策の多くを模倣している以上、同政権の政治方針は当時の政治・社会情勢に概ね適合した現実的なものだったと評価できるのではないだろうか。こうした建武政権と室町幕府の連続面も重視して、研究を進めることを今後の課題としたい。

（1）佐藤『南北朝の動乱』（中央公論社、一九七四年、初出一九六五年）。

（2）市沢「鎌倉後期の公家政権の構造と展開」『日本中世公家政治史の研究』（校倉書房、二〇一一年、初出一九九二年）など。

（3）伊藤『南北朝動乱と王権』（東京堂出版、一九九七年）一五〇～一七八頁、同「建武政権試論」（同『中世国家と東国・奥羽』校倉書房、一九九九年、初出一九九八年）。

（4）それぞれ、建武元年（一三三四）発給と推定される九月一〇日付後醍醐天皇綸旨正文、薩摩島津家文書（『九州』二一四）、同年九月一二日付島津貞久宛足利尊氏施行状正文、同文書（同一二一六）。この施行状については、網野善彦「建武新政府における足利尊氏」（『年報中世史研究』三、一九七八年）などを参照されたい。

（5）たとえば、飯倉晴武「建武政権文書」（赤松俊秀他編『日本古文書学講座4　中世編Ⅰ』雄山閣出版、一九八〇年）二八二～二八五頁では、建武政権の文書執行として、雑訴決断所による綸旨施行の遵行系統の事例があげられている。

（6）森「建武政権」（同『増補改訂　南北朝期公武関係史の研究』思文閣出版、二〇〇八年、初出一九七九年）七一～七三、八二～八五頁など。

（7）註(3)所掲伊藤「建武政権試論」一一一頁など。

（8）中井「綸旨の施行からみる建武政権の特質」（『ヒストリア』二二二、二〇一〇年）。なお、建武政権の全体的な研究史に関しては、中井論文一一五～一一六頁の整理などを参照されたい。
（9）註(8)所掲中井論文一一八～一二〇頁。
（10）註(8)所掲中井論文一二一頁。一例をあげれば、元弘三年（一三三三）一二月二七日付和泉国宣正文、和田文書（『鎌』三二八〇二）。
（11）森茂暁「北朝と室町幕府」（註(6)所掲同氏著書、初出一九八四年）三六三～四一三頁など。
（12）すべて案文、それぞれ宮内庁書陵部所蔵九条家文書〔摂津国所領関係〕（『兵』五一、四九、五〇）。
（13）九条家に宛てて九条家領の濫妨停止を命じた元弘三年六月一三日付後醍醐天皇綸旨正文、九条家文書（『鎌』三二二六四）、註(12)所掲綸旨案二通、同文書（『兵』四九、五〇）など。
（14）（元弘三年）八月九日付後醍醐天皇綸旨正文、山城永明院文書（『鎌』三二四五五）など。無年号文書は、推定発給年を括弧内に表記する。
（15）註(8)所掲中井論文一二一頁。
（16）長又高夫「雑訴決断所機構に関する一考察」（『國學院大學大學院紀要　文学研究科』二二、一九九〇年）四九〇頁など。
（17）長又高夫「建武政権における安堵の特質」（『史学研究集録』一三、一九八八年）五六、六六頁。
（18）註(8)所掲中井論文一二一頁。
（19）正文、肥後阿蘇文書（『大』同日条）。
（20）正文、肥後阿蘇文書（『大』同日条）。
（21）正文、筑前宗像神社文書（『九』一六・一七・一八）。
（22）正文、筑前宗像神社文書（『鎌』三二五六五）。
（23）相模円覚寺文書（『東』六八）。
（24）相模円覚寺文書（『東』五六）。
（25）案文、相模円覚寺文書（『東』五三）。

(26)　案文、相模円覚寺文書（『東』五五）。
(27)　案文、東寺百合文書ゐ函一八―五・六。本史料は元弘三年九月一日付所領寄進の綸旨正文（同ヒ函三七）を根拠とする建武元年三月日付太良荘雑掌申状案（同ツ函二二）を承けて発給された牒であるが、訴人の要求は牒ではなく綸旨の再発給であった。この点も綸旨施行システムがまだ未完成だったことを暗示していよう。
(28)　宮内庁書陵部所蔵九条家文書〔摂津国所領関係〕（『兵』六〇）。なお本件は、のちに論人赤松範資が陳状を提出するなど（建武二年（一三三五）四月日付同陳状案、同文書（同六四）など）、理非糺明の訴訟に発展しており、九条家への沙汰付を命じる牒は発給されなかった模様である。
(29)　註(12)所掲綸旨案三通。
(30)　註(17)所掲長又論文五八～六〇頁など。
(31)　註(6)所掲森論文九四～九九頁、註(16)所掲長又論文四九四頁。
(32)　註(16)所掲長又論文四九四頁。
(33)　正文、肥後阿蘇家文書（『九』一六六）。
(34)　写、肥後阿蘇家文書（『九』二四七）。
(35)　上島「室町幕府文書」（註(5)所掲古文書学解説書）五七～五八頁。
(36)　ただし、表-4出現以後においても、建武二年三月一二日付牒正文、伊豆三島神社文書（『静』六五）のように、綸旨に基づくものの、個別の事情による濫妨停止の所務遵行命令と類似の文言を持つものは若干存在する。本章では、これは遵行命令と見なし施行状とはせず、表に採録しなかった。
また、綸旨施行状発給後もなお綸旨が実現されないため、綸旨拝領者が決断所にふたたび提訴して綸旨の遵行を命じる決断所牒を再度獲得した場合にも、その形式や内容は押領・濫妨停止の遵行命令とまったく同じかそれに近いものとなる（たとえば、表-4の後に再度発給された建武元年一二月二七日付牒案、三度目の翌二年二月一一日付牒案、ともに『師守記』暦応二年（一三三九）一一月～一二月七日条紙背文書など）。したがって、これら再発給型の牒も表に採録していない。

なお、建武元年一二月二七日付決断所牒正文、筑前宗像神社文書（『九』一九二）は、註(22)所掲綸旨等を承けて出されたものである。しかし、綸旨拝領者である宗像社大宮司宛であり、通常の国司・守護に遵行を命じる牒とは異なる形式であるのでこれも採録していない。ともかく本牒は、先行の牒と同様例外的存在であることは確かであろう。

(37) 笠松宏至他編『中世政治社会思想　下』（岩波書店、二〇〇一年、初出一九八一年）八九～九一頁。テキストは、佐藤進一他編『中世法制史料集　第六巻』（岩波書店、二〇〇五年）二三八～二三九頁によった。

(38) 第一節第二項所掲〔史料一〕等の存在から本法の付年号は信用できず、実際には建武元年三月以前に制定されていたとする森茂暁氏の見解や（註(6)所掲同氏論文七二～七三頁）、「無レ牒者、不レ可レ遵ニ行之一」の原則そのものが本法制定によって初めて法制化されたものとは断定できないとする見解（註(37)所掲『中世政治社会思想　下』三六九頁、同註所掲『中世法制史料集』六〇二～六〇三頁）、そして本法に見える「三〇日規定」（本文後述）が遵守されていない事実から森氏の建武元年三月以前制定説を疑問視する長又高夫氏の見解（註(17)所掲長又論文五七頁）などが存在する。

(39) 森茂暁氏は、付記が信用できない根拠の一つとして、これが後筆であると推測できることをあげた（註(6)所掲同氏論文七二頁）。しかし、後筆は付記の内容までも否定する積極的な根拠にはならないのではないだろうか。むしろ、実施されなかったからこそ追記されたと見る方が自然であるように筆者には思われる。

(40) 森氏は、国奉行とは、雑訴決断所内部に設置され、訴訟に過誤がないよう関係文書を国単位で整理・審理した役職で、決断所奉行人の中から選任されたと推定している（註(6)所掲同氏論文七三頁）。

(41) 註(8)所掲中井論文一一七頁においても同様の指摘がなされている。

(42) 伊勢結城文書（『東』一三五）。

(43) 案文、伊勢結城文書（『東』一二二）。

(44) 註(24)(27)(28)所掲申状案。

(45) 薩藩旧記一七所収（『九』一九四）。

(46) 『師守記』暦応二年（一三三九）一一月～一二月七日条紙背文書。なお、本申状に見える「所レ被ニ定置一之法」を森氏は〔史料四〕とする（註(6)所掲同氏論文八八頁）。しかし、同法は実施されなかったとする筆者の見解からすれば、ここに見える法は、〔史料四〕とは別個の、建武二年二月以前に制定された、今は現存しない牒による綸旨執行開始に関する規定であった可能性が高いと思われる。

(47) 正文、永光寺文書（『加能史料　南北朝Ⅰ』）四〇頁。

(48) 正文、永光寺文書（『加能史料　南北朝Ⅰ』）四〇頁。

(49) 註(6)所掲森論文一〇七～一〇八頁。

(50) 註(8)所掲中井論文一二二～一二四頁。確かに、筆者も決断所が綸旨を「精査」していたとは考えない。しかし、本文で述べたように決断所にも簡単な再確認機能は最低限存在したと考えられる。その点で、「雑訴決断所は綸旨によって示された後醍醐天皇の意向をそのまま忠実に伝える機関」との中井氏の評価はいささか極論であるように思われる。

(51) 註(28)所掲史料など。

(52) 本法と一括して制定された他の条文も基本的に訴訟制度をより精緻に整備する方向で、国奉行が訴訟記録を目録として保管することを定める条文が多い。これらは、二項目に「為レ止二訴人煩一」とあるように訴人の立場を考慮しての措置であったが、実際には手続が煩雑となるので訴人には不評だったのではないだろうか。

(53) 註(3)所掲伊藤「建武政権試論」一〇六～一〇九頁。

(54) ただし、雑訴決断所の設置を後醍醐の意に沿った政権機構の整備とする見解自体は、市沢哲氏・美川圭氏が伊藤氏よりも先に提起している（市沢「後醍醐政権とはいかなる権力か」（註(2)所掲同氏著書、初出一九九一年）二六六頁、美川「建武政権の前提としての公卿会議」（大山喬平教授退官記念会編『日本国家の史的特質　古代・中世』思文閣出版、一九九七年）六一六～六一七頁）。しかし、その見解を発展させて、建武政権の再評価論を全面的に展開したのはやはり伊藤氏が最初であろう。

(55) 以上、鎌倉幕府の使節遵行に関しては、外岡慎一郎「六波羅探題と西国守護」（『日本史研究』二六八、一九八四年）、同「鎌倉末～南北朝期の守護と国人」（『ヒストリア』一三三、一九九一年）、同「使節遵行と在地社会」（佐藤和彦他編『南北朝内乱』東京堂出版、二〇〇〇年、初出一九九六年）など、下知違背の咎については、古澤直人「鎌倉幕府法効力の変質」（同『鎌倉幕府と中世国家』校倉書房、一九九一年、初出一九八八年）二三〇～二四五頁を参照されたい。
(56) 註(6)所掲森論文九六～九七頁。
(57) 案文、中村岳陵氏所蔵文書（『東』三三一七）。
(58) 註(3)所掲伊藤「建武政権試論」一〇七頁。
(59) 佐藤進一『新版　古文書学入門』（法政大学出版局、一九九七年）二四五頁。
(60) 寺院領を中心とする一括免除や一括安堵については、上島享「庄園公領制下の所領認定」（『ヒストリア』一三七、一九九二年）四〇～四五、四七頁、特別訴訟手続については、註(55)所掲外岡「使節遵行と在地社会」三一一頁、永井英治「鎌倉末～南北朝内乱初期の裁判と執行」（『年報中世史研究』二九、二〇〇四年）、家永遵嗣「建武政権と室町幕府との連続と不連続」（『九州史学』一五四、二〇一〇年）、半済政策については、花田卓司「初期室町幕府の所領政策と建武政権・南朝」（『立命館史学』二九、二〇〇八年）、武家官位付与については、山田貴司「南北朝期における武家官位の展開」（『古文書研究』六六、二〇〇八年）、建武政権の御家人制「廃止」については、吉田賢司「建武政権の御家人制「廃止」」（上横手雅敬編『鎌倉時代の権力と制度』思文閣出版、二〇〇八年）をそれぞれ参照されたい。

の間隔が判明する場合、それを記した。

・「命令内容」欄

先行する綸旨の命令内容が判明、あるいは推定できる場合、それを記した。

・「遵行状／打渡状」欄

綸旨施行牒が発給された後に、それに基づいて発給された遵行状・打渡状や請文が残存している場合、それを記した。

・「備考」欄：関連文書が存在する場合、それを記した。

綸旨発給年月日 発給間隔	命令内容	遵行状 打渡状	備　考	出　典
建武元．３．19 １か月19日	勲功賞	建武元．８．26国衙在庁官人連署打渡状案	「止濫妨」	吉成成敏氏所蔵茂木文書
元弘３．12．10 ５か月８日	一円神領化		「止前雑掌妨」	出雲千家文書
？ ？	？		「止彼等濫妨」 「任度々勅裁」	山城仁和寺文書
建武元．８．10 25日	勲功賞			『師守記』暦応２年紙背文書
建武元．８．11 30日	裁決安堵		建武元．８結城宗広代惟秀申状案	伊勢結城文書
建武元．７．11 ４か月７日	中分停止	建武元．11．22尾張国宣遵行状	建武元．７．13尾張国宣遵行状 建武元．７．13尾張国目代遵行状	相模円覚寺文書
建武元．11．26 25日	勲功賞	建武２．４．17豊前守護少弐頼尚遵行状写	建武元．12．17当事者宛豊前国宣	肥後阿蘇家文書
建武元．11．25 27日	勲功賞ヵ	建武２．２．29豊前守護少弐頼尚遵行状案 建武２．４．３深見盛顕請文案 建武２．４．５如法寺信勝請文案		筑後大友文書
建武元．12．25 16日	勲功賞ヵ			肥前斑島文書
建武元．11．26 １か月24日	勲功賞ヵ		宛所朽損	肥前深江文書
建武元．３．21 11か月９日	勲功賞			肥前松浦文書

○表の見方

本書第２部第１章所掲「尊氏下文施行状一覧(観応の擾乱以前)」の見方と基本的に同じであるが、以下の点で異なる。

・「書式」欄：「※」は訴状・具書の存在を明記する文言が入っている場合を示す。

・「綸旨等発給年月日／発給間隔」欄

　先行する綸旨の発給年月日と、綸旨が発給されてから施行決断所牒が発給されるまで

綸旨施行雑訴決断所牒一覧

No.	発給年月日	状態	差　出	宛　所	所領名	拝領者	書式
1	建武元．５．８	正	高倉光守以下 ４番制２番	下野国衙	下野国東茂木保	茂木知貞	●※
2	建武元．５．18	正	高倉光守以下 ４番制３番	出雲国衙	杵築大社領	杵築大社神主 孝時	●
3	建武元．８．27	正	葉室長光以下 ８番制５番	丹波国上使	丹波国三箇北庄	仁和寺宮庁	●
4	建武元．９．５	案	今出川兼季以下 ８番制１番	和泉国衙	和泉国熊取庄地頭職	湯浅宗元	●※
5	建武元．９．11	案	久我長通以下 ８番制２番	駿河国守護所	駿河国須津河郷地頭職	結城宗広	●※
6	建武元．11．18	正	久我長通以下 ８番制２番	尾張国衙	尾張国富田・篠木両庄	円覚寺	●
7	建武元．12．21	正	九条公明以下 ８番制８番	豊前国衙 豊前国守護所	豊前国萱津又三郎跡五分一	上嶋惟頼	●※
8	建武元．12．22	案	九条公明以下 ８番制８番	豊前国衙	豊前国御沓村地頭職	狭間正供	●
9	建武２．１．11	正	九条公明以下 ８番制８番	肥前国衙	肥前国佐嘉郡内	松浦斑嶋治	●
10	建武２．１．20	正	九条公明以下 ８番制８番	？	山口新大夫跡五分壱	御房丸	●※
11	建武２．２．30	正	九条公明以下 ８番制８番	筑後国守護所	筑後国下宇治村地頭職半分	松浦蓮賀	●

綸旨発給年月日 発給間隔	命令内容	遵行状 打渡状	備　考	出　典
建武２．４．23 23日	所領寄進ヵ			山城南禅寺文書
建武元.11.26 ６か月４日	勲功賞ヵ			豊後詫摩文書
建武２．６．20 22日	所領安堵	建武２．７．20越後国宣遵行状案２通 建武２．８．15守護使貞久打渡状案		山形大学所蔵中条家文書
元弘４(ママ)．５．20 １年３か月ヵ	勲功賞ヵ			周防吉川家文書
建武元.11.26 ９か月16日	勲功賞		後欠	外山幹夫氏所蔵福田文書
建武２．８．23 20日	祈禱料所指定			国立公文書館所蔵光明寺古文書巻22

No.	発給年月日	状態	差出	宛所	所領名	拝領者	書式
12	建武２．５．17	正	葉室長隆以下 ８番制６番	播磨国衙 守護	播磨国矢野例名内 西奥村他	南禅寺	●
13	建武２．６．１	正	九条公明以下 ８番制８番	肥後国衙	肥後国大浦・皆代 地頭職	詫磨宗直	●※
14	建武２．７．12	正	吉田定房以下 ８番制４番	越後国衙 守護	越後国奥山庄内中 条地頭職	三浦和田茂継	●※
15	建武２．８．20	案	？ ８番制６番	播磨国衙	播磨国福井庄東保 上村地頭職	吉川経景	●
16	建武２．９．12	写	九条公明以下ヵ ８番制８番	豊前国守護所	豊前国神崎村十七 分壱	福田兼信	●
17	建武２．９．13	案写	中御門宣明以下 ８番制２番	伊勢国守護所	伊勢国無坂真弓郷	勝宝院僧正	●

第四章　陸奥将軍府恩賞充行制度の研究

はじめに

陸奥将軍府の恩賞充行システムを実証的に検討し、その歴史的意義を考察することが本章の目的である。陸奥将軍府とは、建武政権およびその後身の政権である南朝の陸奥地方統治機関である。(1) 同府は、元弘三年(一三三三)一〇月、北畠顕家が後醍醐天皇より陸奥国司に任命されて、父北畠親房とともに後醍醐皇子義良親王を奉じて陸奥国に下向したことに始まる。顕家は、奥州において建武政権の勢力を拡大することに成功した。建武二年(一三三五)一一月には、建武政権に離反し挙兵した足利尊氏軍を追って、顕家は奥州武士を率いて遠征を開始し、翌年正月にははるばる京都で尊氏軍を撃破する大戦果をあげた。延元二年(一三三七)にも顕家はふたたび遠征し、建武政権を滅ぼして成立した足利氏の新政権・室町幕府を大いに苦しめるが、武運つたなく翌年五月に和泉国堺浦で戦死する。その後は顕家の弟北畠顕信が陸奥介兼鎮守府将軍に任命され、兄の後を継いで奥州に下ったが勢力はふるわず、正平八年(一三五三)五月の宇都峯城の陥落によって奥州南軍は事実上消滅した。

陸奥将軍府では式評定衆などの行政組織が整備され、顕家・顕信が他国の国司よりも強力な権限を行使し、中央の天皇政府から相対的に独立した統治が行われていた。中でも、中央とは別個に顕家による独自の恩賞充行が広範に行われていた事実は看過できない。

恩賞充行権は、政権に貢献した武士や寺社に利益を与えることによって彼らの支持を継続させ、政権の勢力を拡大するのに有効であった。したがって、恩賞充行を潤滑に貫徹することは、特に南北朝期のような内乱期の政権にとってはもっとも重要な政策課題であったに違いない。

しかし、恩賞充行権は、それだけ重要であるだけに誰でも自由に行使できる権限ではなかった。政権の最高権力者である天皇・将軍以外では、室町幕府の地方統治機関である鎌倉公方足利氏・九州探題一色氏、そして南朝の九州地方統治機関である征西将軍府の懐良親王など限られた地方統治機関の首長しか恩賞を与えることができなかった。(2)陸奥将軍府の陸奥国司北畠氏はその数少ない恩賞充行権を行使できた稀有な存在であった。したがって、そのシステムの実証的分析は南北朝時代の政治史を解明する上で重要であると筆者は考える。

また、陸奥・出羽両国は当時日本国の半分を占める領域であると認識され、重要な支配対象地域として建武政権に重視され、(3)先学の注目も集めてきた。その意味においても、当該地域の恩賞充行システムを検討することは建武政権の歴史的意義を考察する上で重要な作業であると考えるのである。

第一節　陸奥国司北畠顕家恩賞充行文書の分析

「はじめに」で述べたように、陸奥国司北畠顕家は、中央の後醍醐政府とは別個に奥州の武士に対する恩賞充行を独自に広範に行っていた。本節では、こうした顕家恩賞充行文書について実証的に検討する。

章末の表1には北畠顕家恩賞充行文書を収録した。充行の事実が明確でなくとも闕所地の給付である事例も含み、当知行安堵と推定できる文書は省いている。以下、この表も参考にしながら論証を進めたい。

北畠顕家の恩賞充行文書は、元弘三年（一三三三）一二月一八日付袖判下文（表1-1）を初見として、延元二年（一三三七）八月二一日付国宣（表1-30）まで三〇件残存している。この月に顕家は建武二年（一三三五）一二月に続いて二度目の上洛を試みて進軍を開始する。が、この再西上以降は、伊豆国三嶋社に同国安久郷を寄進した以外は（表1-31）恩賞充行文書を発給していない。

顕家恩賞充行文書の形式は、大別して袖判下文形式と袖判陸奥国宣形式の二種類存在する。まずは典型的な形式の北畠顕家袖判恩賞充行下文を掲げよう。

〔史料一〕建武二年三月一〇日付陸奥国司北畠顕家恩賞充行袖判下文（表1-8）

（北畠顕家）
（花押）

下　糠部郡

可レ令二早南部六郎政長領知一、当郡七戸結城七郎（朝祐）左衛門尉跡事、

右人、為二勲功賞一、所レ被二充行一也、早守二先例一、可レ致二其沙汰一之状、所レ仰如レ件、

建武二年三月十日

〔史料一〕は、陸奥国糠部郡七戸結城朝祐跡を恩賞として南部政長に与える顕家袖判下文である。正文を見る限り、表1「文書形式」欄にあきらかであるように北畠顕家下文にはすべて袖判がある。

前代北条得宗家や足利家も東北地方の配下の御内人に所領安堵等を行う際、袖判下文を発給していた。[4]北畠顕家が配下の武士に発給する恩賞充行文書に袖判下文形式を採用したのは、北条氏や足利氏の制度を踏襲したものと推定できる。

また、顕家の袖判下文は、本史料のように「下　〇〇郡」という書出で始まっているものがほとんどである。つまり、顕家下文は原則として各郡に宛てて発給される形式を採っていたのである。鎌倉時代の陸奥国は北条氏の所領が非常に多く、それらの所領は郡地頭職を基本形態とし、北条氏被官が各郡の郷村地頭代職に補任されて

支配していた。(5) したがって、陸奥将軍府の現地支配機構も前代の影響を受け、前代以来の郡政所・郡検非違使所―郷村地頭代等に加え、郡奉行・郡検断といった現地奉行が郡単位で設定されていた。(6) 顕家袖判下文の形式もそうした郡単位の支配体制の継承であったと考えられる。

すなわち、顕家の恩賞充行は、発給文書の形式といい、郡単位の行政機構の設定といい、前代北条氏の体制の影響を強く受け、それを継承していたと評価できるのである。

次に、袖判陸奥国宣形式の顕家充行文書の一例を紹介しよう。

〔史料二〕建武二年一〇月一日付国司北畠顕家袖判陸奥国宣（表1-17）

(北畠顕家)
(花押)

会津河沼郡高久村内伊賀弥太郎跡、為二勲功賞一可レ令二知行一者、依　国宣執達如レ件、

建武二年十月一日　　右近将監清高奉

留守次郎(家任カ)兵衛尉殿

〔史料二〕は、留守家任と推定される人物に陸奥国会津河沼郡高久村内伊賀弥太郎跡を恩賞として充行う国宣である。清高という人物が奉者を務め、顕家が袖判を加えている。清高の官途は建武二年三月二三日までは大蔵権少輔であったが、同年六月三日までの間に右近将監に転じた。(7)

表1にあきらかなように、北畠顕家の恩賞充行文書は建武二年六月まではほとんどすべて〔史料1〕のような袖判下文形式であるのに対し、七月以降は〔史料2〕のような袖判陸奥国宣形式が主流となる。顕家の近辺か意識に何らかの変化が起こったのは確実であろう。しかし、この時期に彼が新たな官職に任官した事実などはない。(8)

ここで注目されるのが、ちょうど同時期、前代鎌倉幕府の得宗北条高時の遺児時行が建武政権に対して反乱を起こした事実である（中先代の乱）。(9) この乱では、陸奥将軍府の侍所であった薩摩刑部左衛門入道も反乱軍に参

加している。[10] また、南部政長が大将として津軽山辺郡に出陣し、同年九月一日に顕家から戦功を賞されている。[11]

そもそも前述したように、東北地方は元来北条氏の所領が非常に多かった。そのため建武政権発足直後から、特に津軽地方で北条氏残党によるかなりの規模の反乱に悩まされてきた。[12] 乱の影響が将軍府にも及び、奥州にもかなりの動揺が広がっていたことが十分に想定できるのである。

前述のごとく、顕家の袖判下文は北条氏・足利氏の袖判下文を踏襲したものと考えられる。それは武家の統治体制を基本的に継承する意志の表明であり、北条氏の勢力が根強く残存する東北地方の武士に対するある種の「懐柔策」であったと思われる。

しかし、にもかかわらず、奥州における北条氏残党の反乱は収束しなかった。それどころか、将軍府中枢で侍所を務める幹部からさえも中先代の乱に呼応する武士が出現する始末であった。顕家がその原因を武家勢力への中途半端な迎合に求めたとしても不自然ではあるまい。充行文書形式の袖判下文から国宣への変化は、本来の公家の文書形式へ回帰することで武家の統治体制に「決別」をし、将軍府独自の姿勢を強く打ち出したものだったのではないだろうか。史料的制約が大きく推測によらざるを得ないが、その可能性を指摘しておきたい。

顕家の恩賞充行袖判国宣の奉者は、当初は〔史料一〕に見るように清高であったが、顕家が再度奥州に下向した延元元年（一三三六）三月以降は鎮守軍監有実あるいは前石見守範重に代わっている。また、顕家再下向後は、以前には見られなかった下野・常陸国内の所領を充行った国宣も見える（表1-22・24・30）。これは、鎮守大将軍となった顕家が再下向するに際して、それまでの陸奥国に加えて下野・常陸および出羽の三か国が陸奥将軍府の管轄区域に新たに加えられたことを反映している。[13]

顕家再下向以前の恩賞充行国宣は、〔史料二〕のように恩賞地所在の国名を記さないものがほとんどであったが、再下向後は将軍府の管轄国の増加にともない、正文はすべて「常陸国完（宍）戸庄安子村壱岐次郎宗景跡」（表1-24）のように恩賞地所在国名を明記するようになる（表1「所領名」欄）。また、所務遵行を命じる国宣にも同様の傾向が見られる。これは、管轄国の増加によって所領所在国を明記する必要が生じたことによる措置であろう。様式上の細かな変化であるが、事実として指摘しておきたい。

本節の最後に、陸奥将軍府以外の建武政権統治機構の恩賞充行制度について俯瞰しておこう。

中央政府である後醍醐天皇政権では、恩賞充行は、後醍醐天皇綸旨によって全国の武士に対して行われた。しかし、顕家の将軍府存続中、奥州に出された現存する後醍醐の恩賞充行やそれに準じる綸旨はわずかに五件である。これは、顕家の恩賞充行件数二九件と比較して非常に少ない。しかも、これらの綸旨は、顕家自身や後醍醐の寵臣で「三木一草」の一人である結城親光を出した白河結城氏に対して出されたものである。(14)

中央から独立して奥州を分割統治し、独自に恩賞充行権を行使する陸奥国司北畠顕家自身に対して恩賞を与えることができるのは、無論建武政権の最高権力者である後醍醐以外に存在しなかったであろう。また、白河結城氏に対する充行は、後醍醐と特に密接な関係を有する奥州の大勢力という同氏の特別な立場によるものと考えられる。したがって、これらの事例は特殊な事情による例外と考えてよいであろう。

陸奥将軍府と同じ建武政権の広域地方統治機関である鎌倉将軍府においては、恩賞充行文書の残存数はわずかに一件である。(15)他国の国司が自国の武士に対して恩賞を充行った事例もほぼ皆無である。

すなわち、建武政権において恩賞充行権を広範に行使し得たのは、奥州を除く全国に対する後醍醐天皇と、そして奥州に対する陸奥国司北畠顕家の二人しか存在しなかったのである。この点において、陸奥将軍府の権限が鎌倉将軍府や他国の国衙の権限と比較して強大であったことは明白であろう。

第二節　陸奥国司北畠顕家充行袖判下文施行国宣の分析

陸奥国司北畠顕家の恩賞充行文書にも、顕家袖判の陸奥国宣形式による施行状が発給された。陸奥将軍府の恩賞充行システムの総体的な分析には、こうした施行状の検討も必要不可欠である。そこで本節では、陸奥将軍府の施行システムについて実証的な分析を加えることとする。

まずは、典型的な形式の顕家袖判下文施行国宣を掲げる。

〔史料三〕建武元年（一三三四）九月一六日付国司北畠顕家袖判陸奥国宣（表2-7）

（北畠顕家）
（花押）

伊達大夫将監行朝申、糠部郡七戸事、任二御下文之旨一、莅二彼所一、可レ沙二汰-付行朝代一、縦称二本主子孫一、雖二支申一、不レ可二許容一、使節及二遅引一者、可レ有二其咎一者、依二 国宣一執達如レ件、

建武元年九月十六日　　大蔵権少輔清高奉

南部又次郎殿（師行）

〔史料三〕は、伊達行朝の申請をうけて、陸奥国糠部郡七戸を「任二御下文之旨一」せて行朝代官に沙汰付するよう糠部郡奉行南部師行に命じる国宣である。前節所掲〔史料二〕と同様、清高が奉者を務め、顕家が袖判を加えている。この「御下文」は現存してないが、前節所掲〔史料一〕のような北畠顕家袖判下文であることは確実である。

本史料は、施行状に特有である「任二御下文之旨一」という文言を持ち、定型化した文体を持つ。したがって、施行状を古文書学的に論じた上島有氏の定義に照らし合わせても(16)、本文書は当該期に見られる典型的な施行状と見なせるのである。

章末表2には、このような顕家袖判下文を施行した国宣を収録した。建武元年三月二一日に陸奥国鹿角郡地頭に発給した事例（表2-1）を初見として、一四件残存している。北畠顕家の恩賞充行施行国宣は大半が南部光徹氏所蔵遠野南部文書であり、この検討には史料的制約が大きい（表2「出典」欄）。しかし、その困難を克服してできる限り正確な施行体制の復元を試みたい。

現存する顕家下文施行国宣には、先行する顕家充行文書はほとんど現存していない。唯一充行文書・施行国宣ともに残っているのが、表1-12の袖判下文と表2-13の施行国宣である。しかし、施行国宣がない文書の中にも実際は施行国宣が発給された事例は、当然多く存在していたであろう。施行状であることを明記する国宣の施行文言はすべて「任二御下文之旨一」であるので、施行国宣は顕家袖判下文に基づいて発給されたといえる(17)。

顕家充行袖判下文の施行状はすべて陸奥国宣形式で、書止文言が「依二国宣一執達如レ件」である。ただし、表2-12だけは書止文言が「依レ仰執達如レ件」である。これは、尾張弾正左衛門尉に宛てて出されたことと密接な関係があると考えられる。尾張弾正左衛門尉は、当時鎮守府将軍であった足利尊氏の奥州支配における代官的立場にあった人物で、その存在は陸奥将軍府と足利勢力の一つの結節点であったと評価されている(18)。彼のそうした特殊な立場によって、書札礼上この書止文言が採用されたとおぼしい。

表2の宛所、すなわち現地で恩賞地の沙汰付を担当した人物は、今述べた尾張弾正左衛門尉のほかに南部師行・新田孫五郎・標葉平次・加治五郎太郎があげられる。同表から、南部師行は糠部郡・鹿角郡の郡奉行であったことが判明する。また、彼は久慈郡・比内郡の郡奉行も務めていたし、遠野保の遵行を命じられたこともある(19)。同様に新田孫五郎は岩手郡、標葉平次は標葉郡、加治五郎太郎は岩崎郡の郡奉行であった。前節で述べたとおり、陸奥将軍府の支配体制は郡単位が基本だったのである。

次に、書出文言を見てみよう。執事施行状などの室町幕府の施行状には、拝領者名から書き出される「申状方式」と、所領名から始まる「簡易方式」の二種類の書式が存在する。[20] これら二つの書式の相違は施行状の発給手続の相違を反映し、前者は拝領者の申状提出を承けて、後者が政権側の主体的意志によって発給されたと推定できる。室町幕府の施行状は初期は申状方式が主流だったのであるが、徐々に簡易方式の割合が増加している。これは、当初は申請者の個別の都合で臨時に発給されていた施行状が徐々に「制度」として定着している状況を表していることを筆者は主張している。

さて、表2によれば、陸奥将軍府の施行状はほとんどが申状方式である。これは、陸奥将軍府の施行状も初期の幕府施行状と同様、拝領者の個別の都合に応じて出される臨時命令の性格を残していたことを示していると考えられるのである。

一度発給された施行国宣を再発給したものである表2-14を別にすれば、顕家充行文書の施行国宣は建武二年（一三三五）六月を最後に消滅する（表2-13）。これは、前節で指摘した、顕家充行文書の形式が袖判下文から袖判国宣に変化する時期とちょうど一致している。施行国宣の施行文言がすべて「任二御下文之旨一」である事実も踏まえると、施行状が付されたのは袖判下文のみで、袖判国宣には施行状はつかなかったのではないだろうか。すなわち、袖判国宣による恩賞充行が主流となった同年七月以降は、施行システムが事実上消滅したと考えられるのである。[21]

陸奥将軍府の施行システムの消滅も、充行文書の形式変化と同様、同時期に起こった中先代の乱の影響によるものであったと筆者は考えている。

前節で述べたように、中先代の乱は陸奥国にも大きな影響を及ぼした模様である。「はじめに」で述べたように、建武三年（一三三六）正月には北畠顕家軍は京都で足利尊氏軍を撃破する。しかし、この遠征中に奥州では足利方に寝返る武士が続出した。同年五月下旬に顕家が多賀国府に帰還した後も、国府は足利方の激しい攻撃にさらされた。翌延元二年（一三三七）正月には顕家は遂に国府を放棄し、伊達郡霊山城に移らざるを得なくなったが、ここも敵軍に包囲される状況で、顕家軍が南朝を支援するために再西上を始めたのはようやく同年八月中旬にいたってからであった。この間、陸奥将軍府の発給文書は、顕家の充行袖判国宣以外は軍勢催促等の軍事関係にほとんど限られるようになり、しかも顕家の活動範囲も伊達郡・行方郡に縮小される。(22)

こうした戦況の激化によって、陸奥将軍府において施行システムが消滅したのは明白であろう。雑訴決断所牒による後醍醐天皇綸旨の施行も同年九月を最後に消滅しており、(23)これも陸奥将軍府の施行システムと同様、戦乱の激化によるものと考えられる。

こうした施行状の消滅が建武政権の能動的な意図による政策の変更であるか、戦乱の激化にともなってやむを得ず陥った機能不全であったのかについては判然としない。しかし事実として、建武政権の施行システムが動乱の勃発とともに消滅したことは確実である。これに対して室町幕府の施行システムは、建武政権とは反対に、戦乱が激化し幕府が危機に瀕した時期ほど活発に機能した。特に観応の擾乱期にその傾向が顕著である。(24)

この理由については推測にとどまらざるを得ないが、建武政権が施行状を、どちらかといえば戦乱が終息し、情勢が比較的安定した時期における平時の行政的措置と見なしていたのに対し、室町幕府は将軍と武士との主従関係を強化させ、合戦に勝利するための戦時の手段と見なすという、両政権の施行状に対する意識の差が存在したのかもしれない。それはともかく、事実として戦況に応じた施行状の発給頻度に差が見られる点も両政権の施行システムの相違点として指摘しておきたい。

第三節　陸奥将軍府恩賞充行制度の意義

以上、陸奥将軍府の恩賞充行システムについて実証的な検討を加えた。本節では、このシステムの特質や意義について考察したい。

第一節・第二節の検討により、恩賞充行とその施行を広範に行った陸奥将軍府が、諸国国衙・鎌倉将軍府といった建武政権の他の地方統治機関と比較しても並外れて強大な権限を持っていた事実が明らかになったと思う。

このように陸奥将軍府が強力な権限を与えられた目的は無論、京都から遠く離れており、中央政府の直接統治が困難である奥州地方の支配を将軍府に貫徹させることであったろう。何より、本章冒頭で述べたように、建武政権が広大な奥州の支配を重視していたことが大きかったと考える。それに加えて、奥州が旧敵北条氏の強固な勢力地盤であり、反建武政権勢力が根強く残存し反乱を続けていたためこれらを制圧する必要があったこと、さらには鎌倉幕府滅亡の一因と見られる蝦夷の鎮圧も必要とされていたことも[25]有力な要因となったと考えられる。

従来、陸奥将軍府の設置については、関東・奥州の足利尊氏勢力を牽制するために、尊氏の政敵であった護良親王が舅の北畠親房の協力を得て提唱し、実現にこぎつけたとする見解が定説であった。いわゆる「奥州小幕府構想」であり、天皇による直接支配を理想とする後醍醐と護良の構想が根本的に相容れなかったと見る説である。[26]

しかし、この定説的見解に疑義を呈したのが伊藤喜良氏である。[27]北畠親房は著書『神皇正統記』において、子息北畠顕家の奥州下向は、彼が何度も辞退したにもかかわらず、後醍醐天皇が顕家を直接召還してみずから旗の銘を書き、多数の武器まで与えるなどして強く命じたことであったと述べる。[28]伊藤氏はこの史料などに基づいて、陸奥将軍府の設置は後醍醐天皇の積極的な意図によって遂行されたと主張するが、筆者もその見解は妥当であると考える。

さらに親房は、興国三年（一三四二）に結城親朝に宛てた御教書の中で「凡東国事、可㆑被㆑閣㆓直　勅裁㆒之由、先皇御時、被㆓仰置㆒候了、況於㆓奥州㆒者、郡々奉行等事、今更以㆓何篇㆒可㆑及㆓上裁㆒哉」、すなわち、後醍醐が奥州を含む東国に対して直接命令を下すことを差し控えると宣言したと述べている。[29]これを見ると、将軍府の権限に関しても後醍醐の積極的な関与があったとおぼしく、恩賞充行とその施行も中央政府の構想下に許可された可能性が高いと考えられるのである。

ただし、陸奥将軍府と同じく建武政権の地方統治機関である鎌倉将軍府では、第一節の最後で述べたように恩賞充行はほとんど行われなかった。

かつて伊藤喜良氏は、定説的位置を占める佐藤進一氏の「逆手」論を参考に、鎌倉将軍府の設置が後醍醐天皇と足利尊氏勢力の政治的駆け引きと妥協の産物であったとする説を提起した。しかし、伊藤氏はその後その説を撤回し、鎌倉将軍府の設置も陸奥将軍府と同様後醍醐の積極的な構想によるものとする。(30)

しかし、特に恩賞充行権に関して両将軍府にこれほど大きな権限の差違が存在する事実を踏まえれば、同じく後醍醐の構想下に設置された地方統治機関でも、陸奥国の重要性・特殊性や関東地方における足利勢力との駆け引きといった地方ごとの個別事情によって、陸奥と鎌倉に対する天皇の方針に「温度差」が存在した可能性もやはり残るのではないだろうか。

それはともかく、陸奥国司北畠顕家は奥州の武士に恩賞地を広範に充行い、そして施行状を発給してそれを実現させた。それは、奥州諸氏の幅広い支持を集め、顕家と彼らとの間に強力な主従関係を形成させることとなり、将軍府の権力基盤を強化することに成功したと考えられるのである。南北朝動乱初期において、北畠顕家が一時的にせよ足利尊氏軍を九州に没落させるほどの戦果をあげることができたのは、それ以前に行っていた恩賞充行およびその施行によって、東国武士の将軍府に対する求心力を強化していたことも要因として大きかったと考えられるのである。

第四節　北畠顕家戦死後の陸奥将軍府恩賞充行制度

最後に、北畠顕家戦死後の陸奥将軍府の恩賞充行システムについて瞥見しておこう。

顕家戦死後、延元三年（一三三八）閏七月、建武政権の後身・南朝は顕家の弟顕信を陸奥介兼鎮守府将軍に任命し、父親房を添えて奥州に派遣することを決定した。同年九月、顕信一行は伊勢国大湊から東国を目指して出航する。しかし、遠州灘で暴風に遭い、顕信は伊勢に吹き戻された。

一方、親房は目的地の常陸国に無事到着した。一〇月には同国小田城に入城し、反幕府活動を開始する。興国元年（一三四〇）六月には顕信が陸奥に下向し、東国の南朝方は、常陸の親房、陸奥の顕信の二頭体制となる。[31]

章末の表3には、北畠親房・顕信が発給した恩賞充行関連文書を収録した。現在、一五件の文書が残存している。以下、この表を中心に検討を進めたい。

同表からうかがえるように、当初は北畠親房が主に恩賞充行や預置措置を下した。前述のように、当時親房は常陸国を拠点としていた。それを反映して、恩賞地・預置地も常陸国・下野国や陸奥国南部に集中している。

興国四年（一三四三）、常陸国関城が室町幕府軍に攻め落とされ、親房は吉野に撤退した。しかし、顕信は奥州に残って活動を続けた。よって、陸奥国への恩賞充行権もすべて顕信が行使するようになる。この頃の顕信恩賞充行袖判下文の一例を紹介しよう。

〔史料四〕興国六年（一三四五）二月一八日付陸奥国司北畠顕信恩賞充行袖判下文（表3-10）

（北畠顕信）
（花押）

可レ令ニ早南部遠江守源朝臣政長領知一、陸奥国甘美郡高氏跡事

右、為ニ勲功賞一、所レ被ニ充行一也、早守ニ先例一、可レ致ニ其沙汰一之状、所レ仰如レ件、

興国六年二月十八日

〔史料四〕は、南部政長に恩賞として将軍足利尊氏の所領である陸奥国加美郡を与える顕信袖判下文である。第一節所掲〔史料一〕のような「下　〇〇郡」文言はなく、袖判ののちにすぐに事書から始まっている。この点、顕家・親房の袖判下文と相違している。この年、こうした顕信の恩賞充行袖判下文が四通残されている。

正平二年（一三四七）、霊山・宇津峯・藤田の諸城を失ったのちは顕信の活動はまったく停滞する。しかし、室町幕府が内紛を起こすと（観応の擾乱）、顕信はその混乱に乗じて再起する。(32)

その頃、顕信が陸奥国人に所領を預け置いた文書がわずかに残っている。

〔史料五〕正平六年（一三五一）一〇月七日付陸奥国司北畠顕信預置袖判御教書（表3-14）

（北畠顕信）
（花押）

陸奥国宮城郡留守上総介跡事、被預置之由、仰候也、仍執達如件、

右馬権頭清顕奉

正平六年十月七日

大河戸四郎左衛門尉殿

〔史料五〕は、陸奥国宮城郡留守上総介跡を大河戸四郎左衛門尉に預け置く顕信御教書である。親房もそうであったが、このように預置措置の場合は、袖判下文ではなく袖判御教書形式を採った。(33) 親房・顕信の預置文書の書止文言は親房期には一定していなかったが、顕信期には「仍執達如件」に統一された模様である（表3「備考」欄）。なお、これらの預置文書は陸奥国宣形式を採らない。細かなことであるが、これも顕家期との相違点である。

以上から、親房・顕信充行文書は、恩賞充行→袖判下文、預置→袖判御教書という使い分けが一応なされていたと考えられる。しかし、文書の残存数は全体的に非常に少なく、顕家期に比べて当該期の所領給付は著しく不

調といわざるを得ない。これは無論、将軍府が一貫して直面し続けた不利な戦況を反映しているのであろう。

何より、親房・顕信期の恩賞充行には、施行状が一切見られない。これが、顕家期の恩賞充行システムとの最大の相違点である。[34] これは、親房・顕信期の陸奥将軍府の勢力がふるわず、施行状の命令に基づいて遵行を行えるだけの守護ないし郡奉行といった行政組織を備えていなかったであろうことが最大の理由であったと考えられる。

ただし、当該期においても、不動産訴訟に基づく親房の遵行命令は、現存文書としては延元四年（一三三九）にわずか三件であるが散見する。[35] しかし、それらの遵行命令はすべて結城親朝宛である。つまり、当該期の将軍府の遵行は、親朝一人の軍事力に依存せざるを得ない状況だったと考えられるのである。そもそも、この頃の親房発給文書自体ほとんどが親朝宛で、しかも内容は軍事関係が大半である。[36] 文書残存の偶然性を差し引いても、当時の将軍府がいかに親朝頼みであったかがうかがえる。

しかも、この結城親朝でさえ、円滑に遵行を遂行できる軍事力は保有していなかった模様である。延元四年五月八日と六月八日、伊達行朝の提訴に基づいて陸奥国高野郡北方への遵行命令が親朝宛に出されたが、この遵行は実施されなかった。そこで七月六日、行朝の再三の提訴により三度目の命令が出された。[37] しかし、親朝は「依二無勢一、無難（ママ）レ被二打渡一」、つまり軍勢が少ないために遵行は不可能であると親房に報告した。報告を受けた親房は九月一〇日に四度目の命令を発したが、それでも親朝が遵行を行った形跡はない。

さらにいえば前述のように、親房・顕信期将軍府の遵行命令は延元四年にごくわずかに見られるだけである。こののち、戦局の悪化とともに遵行命令も完全に消滅する。このような状況では施行状の発給も著しく停滞したと推定できよう。そして、興国四年にはこの親朝までもが室町幕府方に寝返り、前述のように親房も吉野に撤退するのである。

だが、施行状が発給されなかった根底には、第二節の最後でも述べたように、建武政権・南朝が施行状を、戦乱が終息し、情勢が比較的安定した時期における平時の行政的措置と見なしていたであろうことも大きかったのではないだろうか。戦局的に一貫して不利だった将軍府・南朝には、施行状を発給できるとみずから判断できる状況は遂に訪れなかったのである。対照的に、室町幕府は、情勢が劣勢であるときにこそ積極的に大量の施行状を発給する傾向があった。両者の勝敗を分けた一因はここにあると筆者は考える。

そして、本章冒頭で述べたように、正平八年（一三五三）五月の宇都峯城の陥落によって、奥州南軍は事実上消滅したのである。

おわりに

本書第三部で論じるように、室町幕府の地方統治機関である鎌倉府や九州探題一色氏が発給した恩賞充行文書にも施行状が出された。

時期も地域も異なるため、陸奥将軍府の恩賞充行システムと鎌倉府や九州探題のそれとの間には、直接的な継承関係は認めがたい。両者はそれぞれが直面した内乱状況に応じて、自然に類似するシステムを構築したと考えられるのである。しかし、中央政府が直接統治が困難である遠隔の地方統治機関にこれらの権限を与え、分割支配させるという理念的な共通性は少なくとも認めるべきであると筆者は考える。

ただし、陸奥将軍府と同じ東北地方統治機関である室町幕府奥州探題の恩賞充行は、観応の擾乱前後の探題吉良貞家期を除いて、全体的に消極的・限定的で施行状も乏しい。(38) さらに、黒嶋敏氏によれば、室町期の奥州探題も軍事指揮権だけしか許されておらず、その理由は陸奥将軍府に対して幕府が抱いていた脅威に求めることができるという。(39)

強大な権限を有していた将軍府の恐怖の記憶は、後世にいたるまで影響を及ぼしたのである。しかし、それらの事実もまた、裏を返せば、陸奥将軍府の恩賞充行システムがいかに有効な政策であったかを物語るのではないだろうか。

（1）陸奥将軍府に関する研究は、佐藤進一『南北朝の動乱』（中央公論社、一九七四年、初出一九六五年）四一～四三頁、遠藤巌「建武政権下の陸奥国府に関する一考察」（豊田武教授還暦記念会編『日本古代・中世史の地方的展開』吉川弘文館、一九七三年）、同「南北朝内乱の中で」（小林清治他編『中世奥羽の世界』東京大学出版会、一九七八年）、森茂暁「南朝局地勢力の一形態」（『日本歴史』三二七、一九七五年）、伊藤喜良「建武政権試論」（同『中世国家と東国・奥羽』校倉書房、一九九九年、初出一九九八年）八五～九四頁などを参照されたい。

（2）鎌倉公方足利氏・九州探題一色氏の恩賞充行については、それぞれ本書第三部第一章・第二章など、征西将軍府のそれについては、三浦龍昭「征西府における所領給付」（同『征西将軍府の研究』青史出版、二〇〇九年）を参照されたい。

（3）『保暦間記』（佐伯真一他編『校本　保暦間記』和泉書院、一九九九年）一〇五頁。

（4）寛元四年（一二四六）一二月五日付北条時頼袖判下文正文、常陸宇都宮文書（『鎌』六七六八）、乾元二年（一三〇三）閏四月一二日付足利貞氏袖判下文正文、陸奥倉持文書（同二一四八七）など。

（5）豊田武他「東北地方における北条氏の所領」（『日本文化研究所研究報告』別巻第七集、一九七〇年）など。

（6）註(1)所掲遠藤「陸奥国府」二七二～二八五頁。

（7）註(1)所掲森論文五三、六三頁。

（8）顕家の任官経歴については、註(1)所掲森論文四九、五四～五五頁を参照されたい。

（9）中先代の乱については、鈴木由美「中先代の乱に関する基礎的考察」（阿部猛編『中世の支配と民衆』同成社、二〇〇七年）などを参照されたい。

（10）註(9)所掲鈴木論文一四五頁。

(11)　建武二年九月一日付北畠顕家御教書写、南部光徹氏所蔵遠野南部文書（『北』一六八）。

(12)　津軽の反乱については、岡田清一「元弘・建武期の津軽大乱と曾我氏」（同『鎌倉幕府と東国』続群書類従完成会、二〇〇六年、初出一九九〇年）を参照されたい。

(13)　註(1)所掲遠藤「南北朝内乱」一〇四～一〇五頁。

(14)　建武元年（一三三四）三月一八日付北畠顕家宛写、白河集古苑所蔵白河結城文書（『北』五八）、建武二年（一三三五）七月三日付結城宗広宛正文、伊勢結城神社所蔵白河結城文書（同一五二）、同年一〇月五日付結城親朝宛正文、秋田藩家蔵文書二六白川七郎兵衛朝盈家蔵文書（同一七六）、延元元年（一三三六）五月二三日付親朝宛、磐城鹿島神社文書（同二三六）、延元二年（一三三七）三月二六日付宗広宛写、白河集古苑所蔵白河結城文書（同二九一）。

(15)　建武元年（一三三四）四月一〇日付足利直義下知状正文、小田部庄左衛門氏所蔵宇都宮文書乾（『東』七七号）。

(16)　上島有「室町幕府文書」（赤松俊秀他編『日本古文書学講座4　中世編Ⅰ』雄山閣出版、一九八〇年）五七～五八頁。

(17)　ただし、表2「書式」欄に「☆」を付した事例（表2-4・6・8・12・13）は施行文言を持たない例である。これらの事例では、袖判下文ないし国宣が発給されず、直接沙汰付命令が出された可能性も考えられる。しかし、本文で述べたとおり、表2-13は施行文言を持たないが、先行する顕家袖判下文（表1-12）が現存する。したがって、ほかの施行文言がない国宣も顕家下文の施行状であると考えて表2に収録した。

(18)　尾張弾正左衛門尉については、註(1)所掲遠藤「陸奥国府」二七六～二七七、二七八～二七九頁を参照されたい。

(19)　元弘四年（一三三四）二月一八日付陸奥国宣正文、南部光徹氏所蔵遠野南部文書（『北』四六）と同年同月二二日付陸奥国宣正文、同文書（同四九）と建武元年八月三日付陸奥国宣正文、同文書（同八八）。

(20)　本書第二部第一章第二節。

(21)　ただし、表1-13の顕家陸奥国宣正文には、建武二年七月二八日付相馬重胤打渡状正文が残存しており（相馬胤道氏所蔵大悲山文書（『北』一五八））、国宣による所領給付であっても遵行が行われる場合があった。この打渡状には「被二仰下一（任下脱カ）候　国宣趣上、莅二彼所一、沙二汰一付行胤一候畢」とあるが、ここに出てくる「国宣」は表1-13の国宣を指し、この事例では施行状は発給されなかったと筆者は推定している。

(22) 以上、註(1)所掲佐藤著書一六三～一六五頁など。
(23) 本書第一部第三章第二節。
(24) 本書第二部第一章・第二章所掲下文施行状表を参照されたい。
(25) 註(1)所掲佐藤論文九〇～九四頁。
(26) 註(1)所掲佐藤著書四一～四三頁。
(27) 註(1)所掲伊藤論文八五～九〇頁。
(28) 『日本古典文學大系87』(岩波書店、一九六五年) 一七五～一七六頁。
(29) (年欠) 五月六日付北畠親房袖判御教書正文、岩代相楽結城文書 (『北』六二〇)。
(30) 以上、註(1)所掲佐藤著書四三～四五頁、伊藤「初期の鎌倉府」(註(1)所掲同氏著書、初出一九六九年) 二四七～二五〇、二七〇頁、註(1)所掲同氏論文九四～九六頁。
(31) 以上、註(1)所掲佐藤著書一七〇、一七二頁、同註所掲森論文五五頁。
(32) 以上、註(1)所掲佐藤著書二九八頁。
(33) 内容的に恩賞充行である表3-9は、便宜上袖判御教書に分類した。しかし、実際には袖判下文と袖判御教書を混合させた形式の文書である。これは写であるので、命令内容と文書様式の関係を考察する上では除外してもよいであろう。
(34) なお、南朝の綸旨や九州地方統治機関である征西将軍府にも、明瞭な施行システムは存在しなかった。
(35) 延元四年七月六日付親房袖判御教書写、結城古文書写有造館本乾 (『北』四六四)、同年九月一〇日付同袖判御教書正文、岩代相楽結城文書 (同四七九)、同年九月一七日付同袖判国宣正文、同文書 (同四八一)。
(36) 註(1)所掲森論文五六頁。
(37) 高野郡北方遵行の一連の経過については、延元四年七月日付伊達行朝申状写、結城古文書写有造館本坤 (『北』四六八)、註(35)所掲延元四年七月六日付親房袖判御教書写、同註所掲同年九月一〇日付同正文を参照されたい。
(38) 本書第三部第三章など。
(39) 黒嶋敏「奥州探題考」(『日本歴史』六二三、二〇〇〇年) 一四～一五頁。

○表１の見方

・「番号」欄：本表における文書番号を記す。
・「状態」欄
　文書の現存状況を記す。「正」は正文、「案」は案文、「写」は写であることを表す。
・「文書形式」欄
　下文
　「下文」と記し、袖判がある場合、「☆」を記す。また、正文に限定して、「下　○○郡」という書出で始まっている場合、それを記す。案文にこの文言がある場合、「備考」欄にその旨を記す。
　陸奥国宣
　恩賞地が所在する国名を付して「陸奥国宣」と記し、奉者名も併せて記す。袖判がある場合、「☆」を記す。
　寄進状：「寄進状」と記す。
・「宛所」欄：文書の宛所を記す。
・「所領名」欄
　文書に記載されている所領名を記す。割注を省略するなど、適宜省略する。
・「備考」欄
　関連文書が存在する場合、それを記した。預置措置等である場合、その旨を記す。
・「出典」欄：文書の出典を記す。

表１　北畠顕家恩賞充行文書一覧

No.	発給年月日	状態	文書形式	宛　所	所領名	備　考	出　典
1	元弘３.12.18	正	下文☆ 「下　糠部郡」	結城親朝	糠部郡九戸北条茂時跡		伊勢結城神社所蔵白河結城文書
2	元弘４.１.20	案	下文	和知重秀	陸奥国金原保内羽尾村地頭代職		結城古文書写有造館本坤
3	元弘４.２.30	正	陸奥国宣☆ 奉者清高	留守家任	陸奥国二迫栗原郷内		奥州市立水沢図書館所蔵留守文書
4	建武元.３.12	正	下文☆ 「下　津軽平賀郡」	安藤高季	津軽平賀郡上柏木郷		陸中新渡戸文書
5	建武元.６.25	案	下文	和知重秀	陸奥国石河庄中畠郷内		結城古文書写有造館本坤
6	建武元.９.10	正	下文☆ 「下　伊達郡」	伊達政長	伊達郡内長江彦五郎跡		仙台市博物館所蔵伊達文書

7	建武２．１．26	案	下文☆	工藤貞行	津軽鼻和郡目谷郷他		岩手大学所蔵新渡戸文書
8	建武２．３．10	正	下文☆ 「下　糠部郡」	南部政長	糠部郡七戸結城朝祐跡		南部光徹氏所蔵遠野南部文書
9	建武２．３．25	正	下文☆ 「下　津軽平賀郡」	曽我貞光	津軽平賀郡法師脇郷内・沼楯村		南部光徹氏所蔵遠野南部文書
10	建武２．５．13	正	下文☆ 「下　和賀郡」	和賀教義	和賀郡新堰村		東北大学日本史研究室所蔵鬼柳文書
11	建武２．５．13	案	下文☆	伊賀盛光	岩城郡矢河子村内	「下　岩城郡」	磐城飯野文書
12	建武２．６．９	正	下文☆	大河戸隆行	標葉孫九郎跡半分	建武２．６．25施行国宣(表２-13)	東北大学日本史研究室所蔵朴沢文書
13	建武２．７．３	正	陸奥国宣☆ 奉者清高	相馬行胤	行方郡大悲山	建武２．７．28相馬重胤打渡状	相馬胤道氏所蔵大悲山文書
14	建武２．８．９	正	陸奥国宣☆ 奉者清高	結城宗広	結城盛広跡	預置	伊勢結城神社所蔵白河結城文書
15	建武２．８．17	正	陸奥国宣☆ 奉者清高ヵ	結城親朝	白河闕所	署判欠	伊勢結城神社所蔵白河結城文書
16	建武２．９．24	写	陸奥国宣☆ 奉者清高	結城宗広	白河郡内結城盛広跡		白河集古苑所蔵白河結城文書
17	建武２．10．１	正	陸奥国宣☆ 奉者清高	留守家任ヵ	会津河沼郡高久村内伊賀弥太郎跡		奥州市立水沢図書館所蔵留守文書
18	建武２．10．１	正	陸奥国宣☆ 奉者清高ヵ	結城親朝	白川郡内上野民部五郎跡他	署判欠	東京古典会『古典籍展観大入札会目録』平成21年11月
19	建武２．10．５	写	下文	和知重秀	陸奥国白河庄内泉崎郷地頭代職		結城古文書写有造館本坤
20	建武２．11．20	写	陸奥国宣☆ 奉者清高	伊達宗親	小手保小繋村内山口六郎跡		伊達市教育委員会所蔵伊達支族伝引証記所収石田文書

21	建武2.11.20	写	陸奥国宣☆ 奉者清高	伊達八郎入道	小手保小繋村内伊達太郎入道在家一宇他		伊達市教育委員会所蔵伊達支族伝引証記所収石田文書
22	延元元.4.8	写	陸奥国宣 奉者有実	大河戸下総権守	下野国皆川庄・陸奥国南山内		東北大学日本史研究室所蔵朴沢文書
23	延元元.4.26	正	下文☆ 「下　岩城郡」	国魂行泰	岩城郡内国魂又太郎跡		磐城国魂文書
24	延元元.5.27	正	陸奥国宣☆ 奉者有実	高柳九郎三郎	常陸国宍戸庄安子村壱岐宗景跡		東北大学日本史研究室所蔵朴沢文書
25	延元元.6.19	正	陸奥国宣☆ 奉者有実	結城宗広	陸奥国白河庄砥崎村結城判官跡		伊勢結城神社所蔵白河結城文書
26	延元2.1.15	写	陸奥国宣☆ 奉者範重	石田宗親	伊達庄石田村之内	「闕所出来者、可被充行」	伊達市教育委員会所蔵伊達支族伝引証記所収石田文書
27	延元2.1.24	写	陸奥国宣☆ 奉者範重	石田八郎入道	陸奥国大会津郡内高久村他		伊達市教育委員会所蔵伊達支族伝引証記所収石田文書
28	延元2.4.19	写	陸奥国宣☆ 奉者有実	伊達修理亮	陸奥国伊達郡石田村内越田和田在家		伊達市教育委員会所蔵伊達支族伝引証記所収石田文書
29	延元2.6.28	写	陸奥国宣☆ 奉者有実	結城宗広	陸奥国高野南郡内和泉守時知跡		白河集古苑所蔵白河結城文書
30	延元2.8.22	写	陸奥国宣 奉者有実	結城宗広	下野国寒河郡		白河集古苑所蔵白河結城文書
31	延元3.1.7	正	寄進状	三嶋社	伊豆国安久郷		伊豆三島大社文書

○表２の見方

表１の見方と同じであるが、以下の点で異なる。

・「文書形式」欄

御教書：「顕家御教書」と記し、奉者名も併せて記す。袖判がある場合、「☆」を記す。また、「備考」欄に書止文言を記す。

・「書式」欄

「●」は申請方式、「○」は簡易方式を表す。両方式については、本書第２部第１章第２節を参照されたい。また、「☆」は施行文言を持たない場合を記す。

・「備考」欄

同内容の施行国宣が以前に発給された事実が明らかである場合、「再発給型」と記す。

表２　北畠顕家下文施行陸奥国宣一覧

No.	発給年月日	状態	文書形式	宛　所	所領名	拝領者	書式	備　考	出　典
1	建武元．3．21	正	陸奥国宣☆ 奉者清高	南部師行	鹿角郡闕所少々	地頭等	○		南部光徹氏所蔵遠野 南部文書
2	建武元．7．2	正	陸奥国宣☆ 奉者清高	南部師行	糠部郡南門内横溝浄円跡	伊達善恵	●		南部光徹氏所蔵遠野 南部文書
3	建武元．7．21	正	陸奥国宣☆ 奉者清高	南部師行	八戸工藤義村跡	伊達光助	●		南部光徹氏所蔵遠野 南部文書
4	建武元．7．29	正	陸奥国宣☆ 奉者清高	南部師行	糠部郡七戸内工藤右近将監跡	伊達行朝	○☆		南部光徹氏所蔵遠野 南部文書
5	建武元．9．6	正	陸奥国宣☆ 奉者清高	南部師行	糠部郡三戸内会田四郎三郎跡	工藤景資	●		南部光徹氏所蔵遠野 南部文書
6	建武元．9．12	正	陸奥国宣☆ 奉者清高	南部師行	六郎三郎入道跡	横溝重頼	○☆		南部光徹氏所蔵遠野 南部文書
7	建武元．9．16	正	陸奥国宣☆ 奉者清高	南部師行	糠部郡七戸	伊達行朝	●		南部光徹氏所蔵遠野 南部文書
8	建武元．9．27	写	陸奥国宣 奉者清高	新田孫五郎	岩手郡二王郷三分二	後藤基康	●☆	再発給型	駿河大石寺文書

9	建武元.10.6	正	陸奥国宣☆ 奉者清高	南部師行	糠部郡一戸	中条時長	●		南部光徹氏所蔵遠野南部文書
10	建武2.2.21	正	陸奥国宣☆ 奉者清高	南部師行	糠部郡南門内横溝弥五郎入道跡	横溝祐貞	●		南部光徹氏所蔵遠野南部文書
11	建武2.2.30	正	陸奥国宣☆ 奉者清高	南部師行	糠部郡七戸内野辺地	伊達宗政	●	建武2.3.24南部師行請文案	南部光徹氏所蔵遠野南部文書
12	建武2.3.10	正	顕家御教書☆ 奉者清高	尾張弾正左衛門尉 政所	外浜内摩部郷并未給村々	南部師行・同一族	○☆	書止「依仰執達如件」	南部光徹氏所蔵遠野南部文書
13	建武2.6.25	正	陸奥国宣☆ 奉者清高	標葉平次	標葉孫九郎跡半分	大河戸隆行	●☆	建武2.6.9顕家袖判下文(表1-12)	東北大学日本史研究室所蔵朴沢文書
14	建武2.9.6	写	陸奥国宣☆ 奉者清高	加治五郎太郎	岩崎郡徳宿肥前権守跡	伊達頼景	●	再発給型	秋田藩家蔵文書10岡本元朝家蔵文書

○表3の見方

表1・表2の見方と同じであるが、以下の点で異なる。

・「文書形式」欄

下文形式の文書にも、「顕信下文」のように発給者名を付す。

表3　北畠顕家戦死後恩賞充行文書一覧

No.	発給年月日	状態	文書形式	宛　所	所領名	備　考	出　典
1	延元3.6.15	写	親房下文	和知重秀	下野国那須上庄内横岡郷地頭代職		国立国会図書館所蔵有造館本結城古文書写
2	延元3.9.5	写	親房下文☆	小山政景	中泉庄泉川郷他	「下　下野国」	御巫清直氏所蔵光明寺旧記

3	延元4.3.23	写	親房御教書☆ 奉者秀仲	吉田社供僧・ 神官	常陸国吉田郡内吉田郷 地頭分	預置 書止「所仰如件」	水戸彰考館所蔵吉田薬王 院文書
4	延元4.3.23	写	顕信御教書☆ 奉者貞兼	吉田社供僧・ 神官	常陸国吉田郡内吉田郷 地頭分	預置 書止「依常陸中将殿仰執達如件」	水戸彰考館所蔵吉田薬王 院文書
5	延元4.8.21	正	親房御教書☆ 奉者秀仲ヵ	結城親朝	陸奥国高野郡内伊香・ 手沢両郷	替地充行 署判欠 書止「仍執達如件」	白河集古苑所蔵白河結城 家文書
6	延元5.1.12	正	親房御教書☆ 奉者秀仲	結城親朝	陸奥国菊田庄内小山朝 氏他跡	預置 書止「依仰執達如件」	岩代相楽結城文書
7	興国元.7.17	写	親房御教書☆ 奉者秀仲	結城親朝	岩瀬郡内西方	預置ヵ 書止「仍執達如件」	松平基則氏所蔵結城文書
8	興国元.7.19	写	親房御教書☆ 奉者秀仲	結城親朝	岩瀬郡西方	預置 書止「仍執達如件」	結城古文書写有造館本乾
9	興国元.8.18	写	顕信御教書 奉者貞兼	大塚員成女子 藤原氏	多珂郡大塚郷内下方半 分地頭職	袖判下文との混合形式 書止「仍執達如件」	出羽佐竹文書
10	興国6.2.18	正	顕信下文☆	南部政長	陸奥国甘美郡高氏跡		南部光徹氏所蔵遠野南部 文書
11	興国6.3.27	正	顕信下文☆	平賀蔵人源跡	通賀路鼻和郡内摩禰牛 郷地頭職		岩手大学所蔵新渡戸文書
12	興国6.3.27	正	顕信下文☆	海老名小太郎 源	通賀路田舎郡内安庶子 郷地頭職		岩手大学所蔵新渡戸文書
13	興国6.3.27	正	顕信下文☆	工藤四郎五郎	陸奥国通賀路鼻和郡内 大浦郷北方地頭職		陸中新渡戸文書
14	正平6.10.7	正	顕信御教書☆ 奉者清顕	大河戸四郎左 衛門尉	陸奥国宮城郡留守上総 介跡	預置 書止「仍執達如件」	陸中留守文書
15	正平7.閏2.12	写	顕信御教書☆ 奉者清顕	大河戸四郎左 衛門尉	黒河郡下前野郷	預置 書止「仍執達如件」	奥州市立水沢図書館所蔵 留守文書

第二部

室町幕府管領施行システムの形成

第一章　室町幕府執事施行状の形成——下文施行命令を中心として——

はじめに

南北朝初期室町幕府の所務訴訟制度研究に関しては、一九六〇年代に佐藤進一氏が根本的な枠組みを作った。[1]それは、観応の擾乱以前の室町幕府が将軍足利尊氏と弟直義の二頭政治であり、尊氏が恩賞充行（主従制的支配権）、直義が所領安堵や所務相論の裁許（統治権的支配権）と権限を分割したとするものである。八五年には山家浩樹氏が、引付方の管轄である所務沙汰を中心に検討し、将軍親裁機関の確立過程を追った。[2]九二年には家永遵嗣氏が、足利義詮時代の申次を中心に検討した。[3]家永氏の結論は、将軍が提訴受理に直接介入することによって親裁権を強化したと要約されよう。両氏ともに、直義・義詮の親裁権強化の観点から研究を進めたのである。八〇年代末から九〇年代にかけては、岩元修一氏が直義管下の幕府諸機関に精密な検討を加えた。[4]氏の研究は評定・引付方についてはもとより、訴訟手続、禅律方、訴訟受理機関である「賦」、庭中方、安堵方、朝廷と幕府の関係、直義裁許状の再検討など多岐にわたる。その中で重要であると思われる成果は、禅律方・安堵方の基礎的研究および、直義がみずからの管轄である引付方や庭中方を介して間接的にせよ尊氏の恩賞充行に関与していたとするものであろう。このように、従来は直義・義詮の所務沙汰機関の研究が中心であったといえる。

一方で、六〇～七〇年代にかけて小川信氏が古文書を網羅的に収集・分析した実証的な研究もきわめて重要な成果である。[5] 氏の主な業績は、所務関係に関しては将軍・執事（管領）の権限とその変遷を解明したこと、および引付方の衰退過程を明らかにしたことである。

先行研究の問題点は、研究動向が直義の管轄する所務沙汰に集中し、恩賞制度については意外に研究が少ないことである。[6] この背景には、所務沙汰関係の史料が恩賞関係の史料よりもはるかに豊富である上に、前述したように先学が直義・義詮を中心とする視点を持っていたことがある。

だが、将軍尊氏の掌握する恩賞充行・所領寄進権も直義の権限に劣らず、それ以上に重要であると筆者は考える。尊氏は将軍、すなわち室町幕府の首長であり、直義以上の地位を占め、幕府において中核的な存在であった。彼の行使した恩賞充行権は、将軍の主従制の根幹をなす権限であるのみならず、当該期のような内乱期においては、幕府に貢献した武士や寺社に権益を与えることによって、彼らの幕府に対する支持を継続させ、幕府の勢力を拡大するのに有効であるため、初期室町幕府のような発足したばかりで基盤が不安定であった政権にとっては最高に重要な政策課題であったに違いない。

したがって、直義の権限の研究のみでは不充分で、恩賞充行についても史料的制約を克服して研究を深化させる必要性を感じる。たとえば、幕府の寺社本所勢力擁護的性格は従来から指摘されている。[7] しかし、尊氏が恩賞充行を広範に行っている事実を踏まえると、幕府にそうした側面しか見出さないとすれば、やはり一面的理解に過ぎない感がある。また、従来の将軍親裁権強化に関する議論についても、むしろ尊氏の恩賞充行を中心に研究を進めた方が、さらに実りある成果を期待できると考える。

加えて、近年の南北朝期研究においては、戦争の視点から政治史を再検討する、いわゆる「戦争論」が流行している。[8] 武士が戦争で立てた軍忠や寺社が行った戦勝祈願に応じて給付された充行や寄進は、この議論とも密接に関連する。その意味においても、恩賞制度は重要な研究テーマである。

本章では、恩賞制度解明の手始めとして、執事施行状、その中でも特に下文施行、すなわち将軍が発給する恩賞充行袖判下文や寄進状が出された後、執事が改めて守護等に遵行、つまり下文・寄進状の実現を命じる文書に着目する。南北朝期から執事施行状が出現する現象は以前から知られている。(9) しかし考えてみれば、下文発給後、執事施行状を介さずに守護が直ちに遵行を行ったとしても論理的にはまったく問題はない。実際、後述するようにそうした実例もわずかながら確認できる。なぜ多くの場合、執事施行状をわざわざ発給するという煩雑な手続を採ったのであろうか。ほかにも考察するべき問題は多々あるのであるが、従来執事施行状について検討が加えられることはほとんどなかった。(10) 執事施行状の分析を通じて、恩賞充行を貫徹して内乱に勝利し、政権基盤を強化しようとした室町幕府の政策の一端が解明できればと考えている。

本章の検討時期は、施行システムの形成期にあたる観応の擾乱以前の執事高師直期である。史料の残存状況の関係から師直死後の史料も適宜利用するが、基本的な論旨には影響ないと思われる。また、直義の所領安堵下文にも少数ながら施行状が発給された。行論の都合上、直義下文施行状については、本書第四部第一章第一節で検討する。

第一節　執事施行状の機能

まずは執事施行状の定義について確認しておこう。

〔史料一〕暦応三年（一三四〇）三月四日付執事高師直施行状（表-32）

豊前蔵人三郎入道正曇（田原直貞）申、周防国岩田保地頭職岩田左近将監跡事、任二御下文一、不日可レ被二沙汰付一之状、依レ仰執達
如レ件、

暦応三年三月四日　武蔵守（高師直）（花押）

大内豊前権守（長弘）殿

〔史料二〕康永四年（一三四五）六月一日付執事高師直施行状（表-51）

越後国奥山庄北条内海老名太郎忠文妻女跡地頭職事、任二去月廿六日御下文一、可レ被レ沙二汰-付三浦和田四郎

兵衛尉茂実代官一之状、依レ仰執達如レ件、

康永四年六月一日　　武蔵守（高師直）（花押）

上杉民部大輔（憲顕）殿

当該期には、引付頭人奉書に代表される数多くの所務遵行命令が存在した。〔史料一〕〔史料二〕はそうした各種の所務遵行命令の中でも、将軍の恩賞充行袖判下文の旨に任せて恩賞地を下文拝領者に沙汰付するように、守護・探題・使節といった第三者に将軍の命を奉じて伝達する内容の文書である。寺社に対して発給された所領寄進状も武士に対する恩賞充行下文に相当すると見なせる。[11]そこで、寄進状の施行状も含めて、こうした文書をまずは「下文施行状」と呼ぶことにしよう。

下文施行状は、引用史料のように、簡潔に定型化した文言を有するものが大部分である。しかし、後述するように文言が固定していないものも存在するので、施行状を一般の遵行命令から区別するのは意外に難しい。さしあたり原則として、上島有氏の定義に従って「任二御下文一」「任二御寄進状一」文言といったいわゆる施行文言を持つ遵行命令を下文施行状とする。[12]かつ、文中に「訴状具書如レ此」あるいはそれに類似する文言を持たないものに限定する。一般の所務遵行命令のほとんどがこの文言を有するのに対して、典型的な下文施行状はこの文言を持たないからである。[13]また、守護・使節による同様の沙汰付命令は遵行状と見なし、下文施行状の範疇には入れない。

下文施行状は執事（管領）が発給するのが普通であったから、下文施行状の大部分は執事（管領）施行状であ

る。ただ、執事は下文・寄進状以外にも御判御教書・御内書・事書などを施行することもあり、これらの文書も執事施行状と呼ぶことができる。また、次章で論じるように、特に観応の擾乱以降は、引付頭人なども下文施行状を含むこれら各種の施行状を執事施行状と同じ奉書形式で発給する場合があり、時に将軍も御内書形式や御判御教書形式で施行状を発給した。そこで本章では、論旨を明確にするために、原則として将軍が発給した下文・寄進状形式の文書を執行した施行状のうち、執事発給のものに限定して論じることにする。

章末に掲載した表は、観応の擾乱以前の尊氏の下文施行状の一覧である。下文が現存しないなどの理由で、下文発給者が尊氏か直義かを比定できなかった施行状も便宜上含めている。収録にあたっては右の定義に従い、執事以外の人物が発給した下文施行状も含まれている。本章では、適宜この表を用いて論証を進めることとする。

さて、執事施行状は、単に下文を取り次ぐだけの伝達文書の一部に過ぎなかったのであろうか。この点に関して諸先学はいずれも明言していない。おそらく、従来は執事施行状の存在が軽視されてきたため、暗黙のうちにただの添え物とされてきたと思われるが、重大な問題であると考えるので、まずはこの問題を考察することにする。

当該期の申状の中には、訴人が「依レ未レ下ニ賜京都御施行一、雖レ有ニ拝領之号一、無ニ知行実一」と述べている例がある（後掲〔史料八〕）。下文を拝領しても、「京都御施行」すなわち執事施行状を獲得しなければ本当に恩賞地を領有したことにはならないのである。

執事施行状は、先に述べたように守護・使節といった第三者に恩賞地の沙汰付を命じる文書である。そもそもこのように下文の強制執行を促す点において、すでに単なる伝達文書の一部ではないことは明白である。拝領者に直接宛てて発給される下文には、こうした機能は存在しない。つまり、下文を実現させること、これが執事施行状の最大の存在目的であり、下文にはない独自の重要な役割なのである。

また、執事施行状の独自性は守護に遵行を命じる点のみにとどまらない。執事施行状の中には、〔史料一〕〔史料二〕のような典型的な様式のものとはやや異なるものも散見し、これらの史料からは執行力を有する点以外の施行状の重要な機能がうかがえるのである。

〔史料三〕建武五年（一三三八）二月六日付執事高師直施行状（表-22）

波々伯部次郎左衛門尉為光申、伯耆国稲光保地頭職事、背ニ先度施行一、于今不レ被ニ沙汰付一云々、所詮、任ニ御下文一、不日可レ被ニ沙汰付一之状、依レ仰執達如レ件、

建武五年二月六日　　武蔵権守（高師直）（花押カ）

山名伊豆前司（時氏）殿

〔史料四〕貞和二年（一三四六）九月二六日付執事高師直施行状（表-58）

橘薩摩一族申、大隅国種島地頭職事、任ニ去建武三年四月七日御下文之旨一、可レ被レ沙ニ汰-付彼輩一也、若有ニ子細一者、可レ被ニ注申一之状、依レ仰執達如レ件、

貞和二年九月廿六日　　武蔵守（高師直）（花押）

少輔太郎入道（一色道猷）殿

〔史料五〕建武四年（一三三七）八月七日付執事高師直施行状案（表-16）

（端裏書）「執事方施行案」

大友出羽蔵人入道正全（泰能カ）申、入田兵庫助入道士寂（泰親）・同出羽次郎（季貞）跡豊後国入田郷・同国球珠郡青野・山田・壇村并大隈村等地頭職事、為ニ士寂跡一否、令レ糺ニ明真偽一、無ニ相違一者、任ニ正全所レ給御下文一、沙ニ汰-付之一、載ニ起請之詞一、可レ被ニ注進一之状、依レ仰執達如レ件、

建武四年八月七日　　武蔵権守（高師直）在判

嶋津上総（道鑑）入道殿[14]

〔史料三〕は、文中に「先度施行」とあって、以前に一度施行状が発給された事実がうかがえる。「背㆓先度施行㆒、于今不㆑被㆓沙汰付㆒云々」とあることから、守護山名時氏が遵行を緩怠したことがわかる。このように施行状は、何らかの理由で繰り返し発給されることがあった。また、再発給時に守護から両使へと宛所が変更される場合もあった（表-46・47）。

〔史料四〕は、通常の施行状にはない「若有㆓子細㆒者、可㆑被㆓注申㆒」という文言がある。沙汰付が何らかの理由で実現しない場合には注進状を提出して報告せよという意味であろう。ほかにも守護緩怠を戒めている例がある（表-23）。何らかの問題が発生している、あるいは発生する可能性が高い場合に、このような文言がつく傾向があるようである。換言すれば、施行状の命令が貫徹されない可能性をあらかじめ予期したとき、幕府は事前措置を採る場合があったのである。なお、引付頭人奉書等の一般的な所務遵行命令においては、こうした文言は恒常的に見られる。

〔史料五〕は、下文を発給した後であるにもかかわらず所領調査を命じている。下文発給後に下文拝領者が施行を申請した後、恩賞地が闕所地（士寂跡）であるかどうかが問題となったため、再審議を行ってこのような措置をとったものであろう。このように、施行状は下文を単に取り次ぐだけではなく、簡単ながら再チェックする機能も有していたと考えられる。

また、たとえば観応二年（一三五一）一一月二日付将軍足利尊氏袖判下文は島津師久に恩賞を与えたものであるが、その所領は、下文には「嶋津下野守忠氏跡除丹後国田辺庄定」としか記されていない。しかし、その施行状である肥前守護一色直氏宛文和元年（一三五二）一〇月二六日付引付頭人高重茂ヵ施行状には、この所領は「肥前国松浦庄内早湊村地頭職嶋津下野守忠茂跡」とより詳細に記されている[15]。このように施行状は、恩賞地を袖判下文より具体的に特定する機能も時に果たしたことがうかがえるのである。これも広義の下文再調査機能に含めることができよう。

以上の考察から得られる結論を要約すると、執事施行状は単に下文を機械的に承けて出されるのではなく、審議を行う機能があって下文から相対的に独立しており、下文を実現させるためにそれ自体重要な働きをしていたのである。したがって、〔史料一〕〔史料二〕のような大多数の典型的な執事施行状についても、文言に表れていないだけで、これらの施行状と同様に発給の可否の審議を経て発給されていたと考えられる。

さて、執事施行状がこのように重要な機能を果たす文書であったとすれば、それは裏を返せば、重要であるからこそ、審議の結果、事情によっては施行状を発給しない場合もあったことを暗示するのではないだろうか。下文に施行状が必ず発給されたか否かという問題についても、管見の限り言及した論考はない。これも、執事施行状を軽視していたために、暗黙のうちに機械的に発給されたものとして了解されてきたのだと考える。

だが、現存する尊氏下文のうち、案文も含め執事施行状が存在せず、関連史料によってもその発給を確認できないものはおそらく五割を超える。もちろん、施行状が紛失して今に伝わっていない場合も多数存在するだろうが、すべての事例がそうであると見なしてよいのであろうか。

たとえば、後年の管領細川頼之期になっても、理由は不明であるがなかなか施行状を獲得できず、申状で発給を要請した武士の例がある（後掲〔史料六〕）。この武士は、「雖レ令レ拝ニ領御下文一、未レ及ニ施行一之由、嘆申」している（後掲〔史料七〕）。頼之期ですらこのような事例が存在するのであるから、開幕して間もない師直期の状況は推して知るべしである。

なかには守護が施行状によらず、下文発給後に直接遵行を行ったと推測できる例もある。[16]しかもこうしたケースは南北朝初期にとどまらず、室町期にいたっても見ることができる。[17]また、下文拝領時にすでに恩賞地を実効支配していたために、施行状が発給されなかったと推定できる例もある。[18] 同一所領が二人の武士に充行われ、一方にしか執事施行状が発給されず、その施行状に基づいて守護が遵行したため、もう一方の武士が替地充行の訴訟を起こした例もある。[19] この武士も、おそらく施行状を拝領できなかったであろう。

また、執事施行状が発給されている場合においても、下文発給後かなりの日数を経てから出される例が意外に多い（表「下文発給年月日」欄）。中には、将軍尊氏袖判下文発給後三〇年近くも経って、三代将軍義満—管領細川頼之の時代にようやく出された例もある。[20] このように、下文と施行状の発給間隔が各事例ごとにまちまちである事実も、施行状が遂に出されなかった場合が存在したことを暗示しているのではないだろうか。

以上の事実は、審議を踏まえてさまざまな状況に応じて執事施行状の発給の可否が決定されたことを意味し、これも単なる下文の付属物ではない施行状の相対的独自性を示していると結論づけたい。なお、次章で論じるように擾乱以降は執事以外の人物も多数施行状を発給している事実からも、下文施行システムは特に当初は機械的ではなくかなり流動的な制度であったと考える。

ところで、執事施行状の執行力は、引付頭人奉書以下一般的な所務遵行命令と比較すると相対的に強力であったと推定できる。守護がみずからの利害に反する引付頭人奉書を無視する場合が多かった点についてはすでに先学の指摘がある。[21] 対して、執事施行状を遵守することは、軍忠武士・親幕寺社に新たな権益を与えることによって彼らの幕府、ひいては守護に対する求心力をさらに強めることに役立つので、守護にとってもメリットが多かったと考えられる。被官人が恩賞地を占有していた場合などには、守護も下文の遵行命令を拒否することがあった。[22] しかし、大筋においては守護は執事施行状の方をより遵守したといえよう。また、〔史料二〕のような再発給型の遵行命令は、引付頭人奉書の方が執事施行状よりもはるかに多く残存している。再発給されるということはその回数だけ命令が貫徹しなかった事実を端的に物語るものであるから、この事実は執事施行状の執行力が引付頭人奉書のそれよりも相対的に強かったことを実証的に示す傍証であろう。加えて、〔史料四〕のように遵行後に状況の報告を命じる文言も引付頭人奉書に圧倒的に多く見られる。前述したようにこれは命令が現実しない事態が事前に想定されているためと考えられるので、両者の執行力の差を反映していると思われる。

また、執事施行状は訴訟においても一定の役割を果たした。「御下文并御施行」と両者を対等に並列して権利を主張した例がある。[23]この例では、下文とともに施行状も権原文書として扱われている。また、永和四年（一三七八）七月二日付管領細川頼之奉書に「毛利宮内《（憲広）》少輔入道去延文五年帯二御下文一之由雖レ申レ之、不レ出二対正文一上、不レ帯二施行一之間、所レ有二不審一也」とあるのも興味深い。[24]下文正文を所持せず案文しか提出できない場合、施行状の有無が基準となって下文発給の事実が判断されているのである。施行状が存在すれば、当然その前に下文が発給されたことが確実であるからであろう。また、施行状がある下文は前述したように再調査を経ている分だけ権原文書としての価値が高まっているから、そうした意味においても訴訟で施行状の有無が問題とされるのであろう。もちろん、下文が証拠として最重要文書であることは厳然たる事実であるが、執事施行状もまた証文としての価値を有するのである。

なお、院宣施行状と守護・守護代遵行状について、それぞれ永井英治氏・斎藤慎一氏が、執事施行状について本節で得た結論と類似の事実を指摘していることを付言しておく。[25]

第二節　執事施行状の発給手続

本節では、執事施行状の発給手続を検討する。施行状の発給手続に関しても、言及した先学はわずかにとどまる。[26]

従来はまったく指摘されなかった事実であるが、施行状の書式は二種類存在する。[27]第一節所掲〔史料一〕には、冒頭に「(下文拝領者名) 申」という文言がある。同節所掲〔史料二〕にはこの文言が存在せず、恩賞所領地名から書き始められている。

筆者は、〔史料一〕の書式は下文受給者の申状による申請を承けて発給された事実を反映していると考えて、「申状方式」と名付けた。〔史料二〕の書式は、下文拝領者の申状による申請を経ずに発給されたため、文頭から申請文言が消滅したのだと考える。後述のごとくこの方式は、申状方式と比較するとより簡略な手続で発給されたといえる。したがって、これを「簡易方式」と呼ぶ。(28)

以下、施行状の発給手続が具体的にうかがえる史料を用いて、右の推定を論証しよう。

(一)　申状方式――下文拝領者が申状を提出して申請する方式――

〔史料六〕応安二年（一三六九）八月日付島津資久目安案

目安　嶋津安芸入道明見(資久)申、

欲下早任二御下文旨一、被レ下二御教書一、弥抽中忠功上子細事、

副進二通御下文、

右、於二日向国臼杵院・同国宮崎郡・肥後国山鹿庄・同国尻無村等一者、明見云二軍忠一、云二奉公一、依レ致二多年労功一、所二充給一也、然早任二御下文之旨一、被レ成(為レ脱カ)三下御教書一、弥抽二忠節一、目安言上如レ件、

応安二年八月　日、(29)

島津資久は、観応二年（一三五一）二月一三日に将軍尊氏袖判下文を獲得し、(30)直義方の上杉朝房から没収した日向国臼杵院地頭職を拝領した。しかし、施行状を獲得できず、応安二年まで一九年間も同地頭職を含む恩賞地を実効支配できなかった。そこで本目安を幕府に提出し、「御教書」の発給を要請したのである。「御教書」とは、

関連史料である次の〔史料七〕に「未レ及二施行一」とあることから、通常の所務遵行命令ではなく執事施行状である可能性が高いと考える。このように、申状を提出して下文施行状を獲得する手続がまず存在した事実を確認できるのである。

単に申請するだけではなく、守護・探題等から執事施行状獲得を要請する挙状を獲得する場合もあった。

〔史料七〕永和二年（一三七六）カ九州探題今川了俊挙状写

嶋津安芸入道明見（資久）申、日向国臼杵院地頭職上椙左馬助（朝房）跡事、雖レ令レ拝二領御下文一、未レ及二施行一之由、歎申候、可レ被レ経二御沙汰（者脱カ）一、目出候哉、随分致二忠節一仁候之間、如レ此執申候、以二此旨一、可レ有二御披露一候、恐惶謹言、

正月廿五日（永和二年カ）　　　沙弥了俊（今川貞世）（花押影）

進上　武蔵守殿（細川頼之）[31]

島津資久は、前掲〔史料六〕の目安を幕府に提出したもののやはり施行状を獲得できず、そのため了俊から挙状を獲得した。

守護・使節は、すでに指摘されているように軍忠吹挙状を執事等に提出して配下の武士の恩賞要求に協力したり、任国内の闕所地調査を行って幕府に報告したりするなど、[32]恩賞に関して重要な役割を果たしている。彼らは、恩賞地を当知行できない武士がいる場合には挙状を発給し、積極的に施行状獲得を支援したのである。

下文拝領者が挙状発給を要請した申状がもう一通残存しているので紹介しよう。

〔史料八〕暦応三年（一三四〇）五月日付橘薩摩一族等申状案

橘薩摩一族等謹言上、

欲下早〇且預二京都御注進一、〇且任二将軍家御下文旨一、下二賜御施行一、全中知行上、恩賞地大隅国種嶋地頭職事、

副進

一通、将軍家御下文、
右、（中略）預二御吹挙一、令レ拝二領当嶋一、施《播》二面目一以来、鎮二数ケ度御合戦一、毎度有レ忠無レ怠之処、依レ未レ下二賜京都御施行一、雖レ有二拝領之号一、無二知行実一之上者、早預二御注進一、下二賜御施行一、全二知行一、弥為レ抽二武功忠貞一、言上如レ件、
暦応三年五月　日[33]

橘薩摩一族は、大隅国種島地頭職を建武三年（一三三六）四月七日付尊氏下文によって拝領したが、[34]「京都御施行」、すなわち執事施行状を獲得できなかったために恩賞地を知行することができなかった。そこで、本史料によって大隅守護あるいは九州探題に「京都御注進」、つまり京都の幕府に対する挙状の発給を要求したのである。[35]挙状を獲得したのち、一族は改めて申状を作成し、挙状とあわせて幕府に提出して施行状の発給を申請したものと考えられる。実際にこののち、貞和二年（一三四六）九月二六日に執事施行状が発給された。それが〔史料四〕（表-58）である。

（2）簡易方式――下文拝領者の申状提出によらず発給される方式――

管見の限りで執事施行状の発給を申請する申状は、〔史料六〕と、間接的に申請している〔史料八〕の二通しか存在しない。構造上必ず申状提出を経て発給される引付頭人奉書の申状の残存数と比較しても、この少なさは際だっている。これは、申状を提出せずに執事施行状を獲得する場合が非常に多かった事実を示すと考える。申状がなかったとすれば、具体的にいかなる手続を経て施行状が発給されたのであろうか。

まず、下文拝領者が下文を持参するなどして、執事や奉行人と直接施行状発給を交渉する場合があったと考えられる。これに関しては、室町期の御判御教書の施行について上島有氏が推測している。[36]

また、守護・使節の挙状によって施行状発給の可否が決定される場合も存在したと推測される。鎌倉後期から南北朝期にかけての幕府の命令には、明らかに守護・使節の注進のみに基づいて発せられたと推測できる例が散見する(37)。注進と挙状は本質的に同じものと考えてよいだろう。弘安七年（一二八四）八月一七日制定鎌倉幕府追加法第五五八条にも(38)、六波羅・鎮西守護の注進状について、「訴人雖レ不ニ参向一、随ニ到来一、早速可ニ申沙汰一」とあり、鎌倉後期にはすでに訴人が提訴・出廷しなくても注進状が到来するだけで審議を行う訴訟手続が存在したことが裏づけられる。よって、南北朝期の執事施行状においても同様の発給手続が存在したと想定してよいと考える。

なお、幕府奉行人諏訪円忠に下文施行状発給を依頼した某年三月一八日付某人書状が残っている(39)。この事例では申状提出は確認されない。もしそうだとすれば、これも簡易方式に含まれるかもしれない。

さらには、簡易化が一層進行して、申状下文拝領者が幕府に施行状発給を特に働きかけなくとも、幕府の方で下文発給後に自動的に施行状を発給する方式も存在したと筆者は考えている。いわば簡易方式の「究極形態」ともいえる手続であるが、儀式史料から明らかにこのように発給されている事実が判明する例がある。

〔史料九〕『花営三代記』応安五年（一三七二）一一月二二日条

廿二日、（中略）

次御恩沙汰、御吉書座席

御座(義満)

執権(細川頼之)　礼部(京極高秀)

武庫禅(中条元威)　中書禅(二階堂行照)

石清水八幡宮御寄進、以ニ越中国姫野一族跡一、御ニ奉‐寄之一、彼御寄進状於ニ当座一礼部渡ニ進執権一、其時分自余

之人々退出云々、於二別座一施行判畢、同夜被レ召二八幡御師一善法寺、御寄進状并御施行被二仰渡一畢、（後略）(40)

応安五年一一月二二日、将軍義満の御判始および吉書・評定・恩賞沙汰が行われた。〔史料九〕は、その時の模様を記した記録である。この日の儀式の進行過程を簡単に説明すると、まず越中国姫野一族跡を石清水八幡宮に寄進する寄進状を、将軍義満の前で恩賞頭人京極高秀が管領細川頼之に渡した(41)。頼之はその後、別の場所で施行状に加判した。この日の夜、八幡宮の御師を幕府に呼び、寄進状と施行状を御師に渡した。

この儀式では、施行状発給が恩賞沙汰と完全に同化してしまわず、「別座」において独立して行われている。通常はここでもあらためて審議を行うことになっていたらしく、この審議の前半部分を少なくとも一五世紀後半には「管領一列伺事」といったようである(42)。したがって、本例においては記述はないが、当然「別座」では通常に準じた審議を行っていたと考えられる。この「別座」こそ、仁政沙汰であると筆者は考えている。この点については本書第二部第三章で詳しく論証するが、下文を再チェックする施行状の相対的独自性は手続の面からも裏づけることができるのである。

それはともかく、ここで筆者が注目するのは、寄進状発給直後に拝領者の申状提出を経ず、自動的に施行状が発給されている事実である。当該期は施行システムが充分に機能している時期であり、この御判始が形骸化した儀式であったとは思えない。また、将軍御判始という重要な儀式であるからこそ、南北朝後期における典型的な発給手続に則っているのではないだろうか。

また、『祇園社家記録』に記されている次の事例も、施行状の発給手続を検討する上で貴重である。

文和元年（一三五二）一〇月二一日、祇園社執行顕詮は、近江国麻生荘を同社造営料所としてみずからに返付することを要請する申状などを幕府奉行人安威入道に提出した。翌一一月一五日、彼の要求どおり、麻生荘の返付を命じる義詮御判御教書などが発給された。そして同月二〇日、顕詮は安威の許からこれらの判決文書を取得した。しかし、麻生荘の返付命令の執行を命じる施行状がまだ作成されていなかったので、安威は顕詮に「麻生施行、自二引付方一忩可レ成」、すなわち「麻生荘の施行状は、引付方から急いで発給いたします」と伝えた。

翌日、顕詮は安威宅を直接訪問した。安威は外出していたが、そこにいた僧都房等に施行状発給を催促した。翌二二日、安威の約束どおり御教書施行状が出て、二三日僧都房から送られた。(43)

麻生荘の御判御教書発給に関しては、顕詮は申状を提出した事実を明記している。しかし、施行状については申状に関する記述はない。施行状に関しては発給を要請する申状は作成されず、御判御教書発給時点ですでに発給が内定していたのではないだろうか。顕詮が行ったアプローチは、口頭で施行状発給を催促する程度だったのである。以上の事例は引付方発給による御判御教書の施行状であるが、執事施行状においても同様の発給手続が存在したであろう。

簡易方式の存在は、将軍発給文書を執筆した奉行人と同一人物が施行状も執筆する事例が散見し、(44)一般的に訴人は普段から奉行人と親密に交流していることからも論理的に首肯できる。(45)また室町期には、将軍御判御教書や守護遵行状と異なり、管領施行状発給に際して奉行人に金銭等の報酬を支払った事例は確認できないという。(46)この事実も、施行状の発給が基本的に御判や遵行状よりも簡略であったことの傍証となろう。

簡易方式においては、執事施行状発給の場は通常恩賞沙汰ののち、同日あるいは数日後に定期的にもたれた。同日付で、異なる下文に対して執事施行状が一括して出された例が散見する。(47)この事実からも、いくつかの案件をまとめて処理して複数の施行状を発給する場合が多かったと考えられる。この方式では、下文拝領者は守護挙状や下文のみを提出したり、あるいは口頭で発給を依頼する程度なのである。

以上、発給手続が大別して二種類存在した事実を論証した。本節冒頭で述べたように、申状方式・簡易方式という施行状の二つの書式が、それぞれ異なる発給手続(1)(2)を経て作成されているのは明白であろう。事実、申状提出をうけて発給されたと考えられる〔史料四〕は申状方式である。一方、申状なしで発給されたと推定できる、先に述べた麻生荘に関する義詮御判御教書施行状、上島氏が指摘した管領細川持之施行状(48)、後年代の管領細川政元施行状(49)、これらはすべて簡易方式なのである。

書式の相違が単なる偶然であるなら、訴訟の構造上必ず申状を経て発給される引付頭人奉書にも簡易方式が頻繁に見られなければならないと思われる。しかし、こちらはほぼすべて申状方式である。例外の存在は否定できないが、多くの場合は書式と発給手続が一致しているという推論は許されると思う。

表の「書式」欄に明らかであるように、下文施行状の書式は、初期には申状方式が多い。一方で、簡易方式の施行状は建武四年（一三三七）から出現し、発給数が徐々に増え、だいたい暦応年間（一三三八～一三四二）には両者の発給頻度が拮抗し、その後逆転している。細かく見れば無論直線的な変化ではないが、大まかな傾向としては下文施行状の書式は申状方式から簡易方式へ漸次変化しているといえよう。この現象について、筆者は左のように推察している。

申状方式が当初主流であった事実は、初期においては建武政権の雑訴決断所牒による綸旨施行と同様(50)、原則として下文拝領者が申状を提出して申請しなければ施行状を拝領できない体制であったことを示していると考えられる。つまり、執事施行状とは、下文が発給されれば機械的に出される固定した文書ではなく、下文拝領者の個別の事情で申請される臨時の文書だったのである。発給手続を分析しても、一節と同様の結論を得ることができた。

しかし、下文拝領者の施行状発給申請が相次ぐと、下文拝領者と下文担当奉行人の密接な交際なども反映して、申状提出を省略して下文や守護挙状のみで施行状発給の可否が審議される場合も出てきたであろう。そして、将軍尊氏・執事高師直が下文拝領者に格別な厚情を抱いている場合などには、幕府の方であらかじめ下文と同時に施行状を作成するケースも出現した。こうして簡易方式が登場したと筆者は考える。

簡易方式の執事施行状は、旧得宗領や北条一門の旧領を没収し、恩賞地としたものをかなり含むが、申状方式の施行状にはそれはほとんど見られない。(51) 得宗領や北条一門領のような基本的に軍事面・経済面で重要だったであろう所領を拝領する武士や寺社は、当然幕府に対する軍忠や祈禱等による貢献も顕著で、将軍家との関係も密接であったと考えられる。しかし反面、それらの恩賞地には、特に初期には北条氏の旧勢力が根強く残存し、新領主に頑強に抵抗し、彼らの実効支配を妨げたであろう。(52) そうした場合、幕府が一般の下文拝領者以上に彼らに配慮し、積極的に施行状を発給して支援したことが簡易方式に表れているのではないだろうか。

書式の変化、すなわち申状方式の減少と簡易方式の増加は、師直が発給手続の簡略化・迅速化をはかり、かつ格別な配慮を加える武士・寺社の枠を年々拡大していったことを意味すると考える。この方針を突き進めると、最終的には施行状を原則としてすべての下文について発給する体制、すなわち執事施行状の「制度」化に行き着くのではないだろうか。現存施行状に徴する限り、執事高師直は、特に暦応以降は相当強くこのような意志を有し、「制度」化を目指していたと思われる。

第三節　執事施行状出現の歴史的意義

南北朝期に突如執事施行状が出現した理由は何なのであろうか。

前代鎌倉幕府でも施行状が発給されたが、それは通常当事者宛に発給され、それ自体に執行力はなかった。(53) 鎌倉期においては、まず実力で敵方所領を実効支配してから、後で将軍に恩賞や安堵としてその所領の領有を認めさせるのが一般的であった。(54) あるいは、特に所領安堵では物理的強制力をともなわず、近隣の勢力相互の協調や援助によって領有を維持していた。(55)

室町幕府も、観応の擾乱期にいたってもなお自力救済によって恩賞地の実現を目指した武士が多数存在した事実がうかがえる法令を発している。[56] また、本書第四部第一章第一節で論じるように、所領安堵には当初施行状が原則発給されなかった。そうした恩賞地を自力で実効支配することが可能な軍事力を保有する武士や、当知行によって所領安堵を拝領した武士には施行状は必要なかったであろう。

なお、守護が将軍から分国内で恩賞地を拝領したときに、施行状が発給された事例もほとんど確認できない。[57] その場合は、守護がみずからの軍事力で恩賞地を実効支配したと考えられる。そもそも、それが可能な力量がなければ守護は務まらなかったであろう。そして、執事自身が将軍から恩賞を拝領した場合も施行状は発給されなかったと思われる。

しかし、そうした鎌倉期以来の所領支配のあり方が依然存在する一方で、内乱による社会情勢の混乱もあって、それまで恩賞地・寄進地を領有していた旧主の武力抵抗などで、〔史料八〕に「雖レ有二拝領之号一、無二知行実一」と記されているように、下文・寄進状拝領者単独の軍事力だけでは領有を達成できない武士・寺社が多数存在したと思われる。暦応四年（一三四一）一〇月三日制定室町幕府追加法第七条は、「雖レ給二御下文一、不レ知二行下地一輩」、すなわち、下文を拝領しても該所領を知行できない輩の訴訟に関する規定であるが、[58] 本法の存在もその事実を暗示している。

そうした場合、彼らはまずは守護（時に探題・使節）に対し、鎌倉後期以来徐々に整備され、従来は主として悪党等による押領・濫妨停止や下知違背の咎の適用に用いられていた遵行システムを[59]下文の実現のために発動するよう依頼したと考えられる。確かに守護が依頼に応じた場合もあったが、[60] 多くの場合では守護は袖判下文のみでは容易に遵行を行おうとしなかったと推測する。

その理由は、守護の緩怠もあるが、下文自身に問題をはらむものがあまりにも多かったからである。具体的には、幕府に味方し正当な根拠をもって知行する武士や寺社の所領を誤って没収して他者に与えたり、複数の武士・寺社に同一の所領を給付するような恩賞充行である。(61)

そのような誤った恩賞給付が多発した背景としては、尊氏挙兵以後、多数の武士・寺社が恩賞・寄進を求めて行軍中の尊氏に殺到したため、大した調査を行わずに下文・寄進状を乱発せざるを得なかった事情があげられるであろう。平時においても、基本的に恩賞地・寄進状の選定は守護の作成・提出する闕所注文に基づいて行われるのであるが、この闕所注文が誤っている場合が多々あったため、適正でない下文の頻発は続いた。(62)幕府自身、「観応以来、追年擾乱之間、任二勇士之懇望一、不レ及二糺決一、補任之条、不慮之儀也」と大して調査もせず要求どおりに恩賞を与えていることを、観応の擾乱後にいたっても認めざるを得なかった。(63)当然にせの下文も後醍醐天皇のにせ綸旨と同様に横行したと思われる。

かかる状況では、たとえ守護が遵行を行ったとしても、旧主あるいは重複して下文を拝領した競合者などから押領と訴えられ、引付頭人等から停止命令を出されるなど、(64)不利な立場に置かれる可能性が高かったであろう。そこで、下文拝領者は下文の正当性を保証し、かつ守護に遵行を強く命令する内容の幕府文書の発給を、将軍の執事であった高師直に申請するようになったと考える。建武政権期の師直は、足利家領の寄進地においてすでにその原型を発給していた。(65)そして挙兵後、書止文言を鎌倉期の足利家の執事奉書の「仍執達如レ件」から「依レ仰執達如レ件」に変更するなど、様式も前代の関東御教書と同一にし、申請に応じて恩賞地の下地沙汰付命令の大量発給を開始した。かくして執事施行状が誕生したのである。

すなわち、自力では恩賞地・寄進地を支配できない武士・寺社が多数存在したこと、何より内乱による混乱のために問題のある下文を大量に発給せざるを得なかったことが、執事施行状出現の理由であると推定できるのである。(66)

執事高師直が、開幕早々に恩賞充行袖判下文を補完する機能を有する執事施行状を大量に発給した事実は、室町幕府が内乱に勝利し、政権基盤を確立することのできた理由の一つとして高く評価するべきである。そして、この点に執事施行状の歴史的意義を見出すことができるのではないだろうか。観応の擾乱以前では施行状は完全には「制度」化していなかったものの、簡易方式の施行状の増加などの事実から、師直は執事施行状の「制度」化を目指しており、またその目標を達成しつつあったと考えられる。擾乱以前は、鎌倉幕府的建前が室町幕府独自の新政策と相克し、現実の問題を背景として駆逐されていく過程だったのである。

おわりに

執事施行状の機能は、恩賞充行袖判下文などの将軍発給文書をもう一度チェックし、それを物理的強制力をもって実現させることであった。それによって、幕府の低い行政能力を補強した。その効力は無論万能ではない。執事施行状をもってしても恩賞地が実現できなかった事例も多々存在したであろう。中には、訴訟を提起され、引付方で理非糺明の審議が行われ、下文―施行状拝領者が敗訴した事例もある。(67) しかし、それでも武士・寺社の恩賞・寄進要求を相当程度満たしたであろうことは確実にいえる。

幕府は武士・寺社に対する恩賞・寄進をこうした形で貫徹し、彼らの支持を集めて将軍の主従制的支配を強化し、内乱に勝利したのである。以上が本章の結論である。従来、下文の付属物に過ぎないとして軽視されてきたとおぼしい執事施行状の独自の役割や存在意義を明らかにできたと考えている。

最後に、師直の執事施行状発給が南北朝初期室町幕府の権力構造において果たした役割について大まかな見通しを述べて擱筆したい。

彼の施行状発給で恩賞充行を担当する尊氏―師直ラインの比重が高まり、特に師直の権力が増大することによって、一方の安堵・裁許を担当する直義―引付ラインとの軋轢が生じたと考えられる。直義は執事師直の過大な権力強化を当然快く思わなかったであろう。また、本書第四部第一章第一節で論じるように、直義下知状や安堵下文には原則として施行状がつかなかった。鎌倉幕府以来の伝統的政策を維持する彼としては、政策面からも前代には存在しなかった執事施行状発給は異議のあるところだったのではないだろうか。

また、次章で論じるように、擾乱以降は引付頭人も下文施行状を発給した事例が存在する。このように、引付方と同様な遵行命令を発給し得る存在が幕府内に出現したことは、長期的に見れば執事・引付頭人両者の権限の重複をもたらし、この点も直義は問題としたのではないか。施行状発給をめぐる直義・師直両者の政策の相違が観応の擾乱の大きな原因となったと考える。この点の詳細な論証は、本書第二部第三章に譲りたい。

（1）佐藤進一「室町幕府開創期の官制体系」（同『日本中世史論集』岩波書店、一九九〇年、初出一九六〇年）、同「室町幕府論」（同書、初出一九六三年）。
（2）山家浩樹「室町幕府訴訟機関の将軍親裁化」（『史学雑誌』九四―一二、一九八五年）。
（3）家永遵嗣「足利義詮における将軍親裁の基盤」（同『室町幕府将軍権力の研究』東京大学日本史学研究室、一九九五年、初出一九九二年）。
（4）岩元修一『初期室町幕府訴訟制度の研究』（吉川弘文館、二〇〇七年）など。
（5）小川信『足利一門守護発展史の研究』（吉川弘文館、一九八〇年）。
（6）漆原徹『中世軍忠状とその世界』（吉川弘文館、一九九八年）、岩元修一「初期室町幕府における庭中と恩賞充行について」（『日本歴史』五五六、一九九四年）、田代誠「軍陣御下文について」（『国史談話会雑誌』二八、一九八七年）などが、数少ない恩賞充行関連の研究である。
（7）たとえば、羽下徳彦「足利直義の立場――その二――」（同『中世日本の政治と史料』吉川弘文館、一九九五年、初出一九七三年）。

(8)　小林一岳『日本中世の一揆と戦争』(校倉書房、二〇〇一年)、松永和浩「室町期における公事用途調達方式の成立過程」(『日本史研究』五二七、二〇〇六年)、呉座勇一「南北朝～室町期の戦争と在地領主」(『歴史学研究』八九八、二〇一二年)など。

(9)　佐藤進一「中世史料論」(註(1)所掲同氏著書、初出一九七六年)三〇二頁、漆原徹「守護挙状の機能と特徴」(註(6)所掲同氏著書、初出一九九七年)八六～八七頁など。

(10)　たとえば、松井輝昭氏は鎌倉末期以降に下文等幕府裁決文書発給後に使節による打渡が行われるようになった理由として、押領・違乱が各地で恒常化するといった当時の社会状況があったことなどを論じている(同「「国上使」・「国使節」についての覚書」(『広島県史研究』五、一九八〇年)二一～二二頁)。この指摘自体は妥当であると考えるが、松井氏は執事施行状にはまったく触れていない。このように、従来の研究は不充分な考察にとどまっているきらいがある。

(11)　寄進状が「下文」と呼ばれている事例も存在する。観応三年(一三五二)九月二五日付引付頭人沙弥某施行状案、山城東福寺文書(『中四』二三五三)など。

(12)　上島有「室町幕府文書」(赤松俊秀他編『日本古文書学講座4　中世編Ⅰ』雄山閣出版、一九八〇年)五七～五八頁。

(13)　この点については、本書第二部第三章第三節も参照されたい。

(14)　本史料については、師直が引付頭人を兼任していた時期に発給された文書であり、引付頭人奉書である可能性も完全には否定できない。しかし、端裏に「執事方施行案」とあること、本文で述べたように大半の引付頭人奉書に見られる「訴状具書如_レ此」文言が存在しないこと、同じくほとんどの引付頭人奉書に見られる違乱人の濫妨や押領を禁止する命令とは異なる内容であることを考慮すると、師直が執事としての立場で発給した文書である可能性が高いと考える。なお、師直の引付頭人兼任については、小川信「室町幕府管領制成立の前提」(註(5)所掲同氏著書、初出一九七八年)一八九～一九〇頁を参照されたい。

(15)　それぞれ、案文、薩摩島津家文書(『九』三二四四)、正文、同文書(同三四八〇)。なお、施行状の発給者が高重茂と推定できる点に関しては、次章第二節を参照されたい。

(16) 建武三年（一三三六）四月一九日付筑前守護小弐頼尚遵行状正文、筑前宗像文書（『九』五八一）。ただしこの遵行状は、厳密にいえば下文拝領者に直接宛てる点において鎌倉幕府的である（本書第一部第一章）。
(17) 明徳四年（一三九三）四月八日付和泉守護大内義弘遵行状写、秋田藩家蔵文書五（『大』同日条）。
(18) 貞和三年（一三四七）四月七日付足利直義裁許状写、遠山文書（『神』三九七六）に記されている、美濃国手向郷地頭職を拝領した論人遠山氏の事例。
(19) 年月日欠二階堂道本申状正文、玉燭宝典裏書（『中四』一六〇九）。
(20) 貞和二年（一三四六）六月二一日付将軍尊氏袖判下文正文、文化庁所蔵島津家文書（『九』二二一三）を執行した永和元年（一三七五）九月二二日付管領細川頼之施行状正文、同文書（同五二三八）など。
(21) 小川信「南北朝内乱」（岩波講座『日本歴史6　中世2』、一九八二年、初出一九七五年）一〇三～一〇四頁など、多数の先学が同様の指摘をしている。
(22) 具体例はたとえば、康永三年（一三四四）一二月一四日付甲斐守護代散位経兼請文正文、長門内藤家文書（『中四』一三七九）、翌四年六月日付内藤教泰申状案、同文書（同一四一五）に事情が記されている。なお、本事例では執事施行状の発給は確認できないが、少なくとも将軍袖判下文による恩賞充行の事例であることは確実である。
(23) 暦応元年（一三三八）九月一一日付足利直義裁許状正文、長門熊谷家文書（『中四』七九四）。
(24) 正文、出羽上杉家文書（『大日本古文書　家わけ第十二ノ三』一一八四号）。註(9)所掲佐藤論文三〇四頁も参照されたい。
(25) 永井英治「南北朝内乱初期の裁判における幕府・朝廷関係」（『年報中世史研究』二二、一九九七年）、斎藤慎一「遵行状・打渡状の獲得と相伝」（峰岸純夫編『今日の古文書学　第3巻』雄山閣出版、二〇〇〇年）。
(26) 上島有「南北朝時代の申状について」（『日本古文書学論集7　中世Ⅲ』吉川弘文館、一九八六年、初出一九七六年）一七五～一七六頁、鳥居和之「将軍家御判御教書・御内書の発給手続」（『年報中世史研究』七、一九八二年）一一四～一一八頁。
(27) 唯一、中村直勝『日本古文書学　上』（角川書店、一九七一年）六六八～六六九頁において、二種類の書式の執事施行状が紹介されている。中村氏は、申状方式を「下知状」、簡易方式を「御教書」としている。無論、この定義は現在の古文書学の水準では不正確である。
(28) 本章の基となった旧稿では、申状方式を「申請式」、簡易方式を「自動式」としていた（拙稿「室町幕府執事施行状の形成と展開」（『史林』八六―三、二〇〇三年）六九～七六頁）。しかし、本文で述べるように、特に後者の発給方式は、下文・挙状提出、あるいは奉行人との個別の交渉による発給方式といった「自動」と表現するのは適切でない手続も含む。そのため、本書収録に際して名称を変更した。
(29) 薩藩旧記二七所収樺山文書（『九』四七九一）。
(30) 写、薩藩旧記二三所収樺山文書（『九』三〇〇四）。
(31) 薩藩旧記二九所収樺山文書（『九』五二六八）。なお、『九』は本史料を永和二年（一三七六）発給と推定するが、『大』は応安八年（一三七五）発給と推定する。
(32) 註(9)所掲漆原論文、同註所掲田代論文二〇頁。
(33) 東京大学史料編纂所所蔵橘中村文書（『九』一五二六）。
(34) 案文、肥前橘中村文書（『九』五六七）。
(35) 漆原氏は、本申状の提出先を大隅守護島津氏であるとする（註(9)所掲同氏論文八七頁）。しかし、この申請の結果出された執事施行状〔史料四〕が九州探題一色道猷宛である事実から、申状の提出先も探題である可能性があるだろう。
(36) 註(26)所掲上島論文一七五～一七六頁。
(37) 文保二年（一三一八）一一月二日付鎮西探題阿曽随時御教書正文、肥前深堀記録証文（『鎌』二六八三〇・二六八三一）、貞治六年（一三六七）六月六日付足利義詮御判御教書正文、長門山内首藤家文書（『中四』三五四〇）など。
(38) 佐藤進一他編『中世法制史料集　第一巻』（岩波書店、一九五五年）二六一頁。本法については、熊谷隆之「六波羅における裁許と評定」（『史林』八五―六、二〇〇二年）二六～二七頁でも言及されている。
(39) 正文、古文書纂一〇（『信濃史料　第六巻』四二四～四二五頁）。
(40) 施行状の発給手続を明確に記述した記録は、〔史料九〕のほかには、同じく義満御判始の模様を記録した『松田長秀記』（京都大学文学部古文書室架蔵影写本『立入文書』所収）と、はるかに後年将軍義材（義稙）の将軍宣下以下の儀式の模様を記した『延徳二年将軍宣下記』延徳二年（一四九〇）七月五日条および『蔭涼軒日録』同年同月八日条しかない。この時の儀式の進行過程も基本的には義満の沙汰始の時と同じである。

（41）京極高秀が恩賞頭人である事実については、小川信「管領頼之在任時の評定衆・引付頭人・奉行人」（註(5)所掲同氏著書）二五〇頁、『花営三代記』応安五年（一三七二）三月一二日条を参照されたい。

（42）『延徳二年将軍宣下記』延徳二年七月五日条。

（43）以上の訴訟経過については、『祇園社家記録』正平七年（一三五二）一〇月二二日、一一月一六日・二〇日・二一日・二三日条等を参照されたい。施行状は『祇園社記』御神領部第五。

（44）この点については、上島有「古文書の様式について」（『史学雑誌』九七—一一、一九八八年）六九〜七〇頁を参照されたい。

（45）たとえば、『東寺学衆方評定引付』貞和四年（一三四八）一二月一七日条（東寺百合文書ム函二〇）には、学衆方評定において幕府奉行人に贈与する「歳末引物」の捻出方法について審議された事実が記されている。

（46）拙報告「室町幕府御判御教書施行状の形成と展開」（第Ⅲ期第一三回東寺文書研究会、二〇〇六年）の質疑応答で、黒川直則氏にいただいた御教示による。

（47）一例をあげれば、延文四年（一三五九）九月二日付執事細川清氏施行状三通、豊後詫摩文書（正文）・大友家文書録（写）・肥前松尾貞明所蔵文書（正文）（それぞれ『九』四一三三・四一三四・四一三五）など。

（48）東寺文書六芸之部数一〇—三（『相』八三七）および東寺百合文書せ函武家御教書幷達七二（いずれも正文）。厳密にいえば義詮御判御教書施行状や管領持之施行状の書式は、簡易方式の発展形態といえる領有者明記方式である。同方式については本書第四部第三章第二節を参照されたい。なお、義満の恩賞沙汰始の時に発給された管領細川頼之の施行状は現存しない。

（49）写、『延徳二年将軍宣下記』。

（50）本書第一部第三章第二節第二項。

（51）飯田好人報告「執事施行状の二つの書式について」（地方史研究協議会六月例会、二〇〇七年）。

(52)　建武政権期においても、主に北条氏の旧守護分国や旧領で反乱が発生している。こうした反乱諸地域の多くは、室町幕府発足後は南朝勢力の根拠地となった（佐藤進一『南北朝の動乱』（中央公論社、一九七四年、初出一九六五年）八八～九二頁）。
(53)　本書第一部第一章。また、鎌倉期の足利家の執事奉書は南北朝期以降のそれとは書式・内容ともにまったく異なる（上島有「折紙の足利尊氏袖判文書について」（同『足利尊氏文書の総合的研究』国書刊行会、二〇〇一年、初出一九八七年）。
(54)　川合康「鎌倉幕府荘郷地頭職の展開に関する一考察」（『日本史研究』二七二、一九八五年）。
(55)　山本博也「頼朝と本領安堵」（石井進編『都と鄙の中世史』吉川弘文館、一九九二年）二一〇～二一八頁など。
(56)　観応三年（一三五二）九月一八日制定室町幕府追加法第六〇条（『法』三一頁）。
(57)　ただし、表-59のみは、薩摩・大隅守護島津道鑑に給付された同国内の所領について施行状がされた事例である。このケースでは、隣国の日向守護畠山直顕が遵行を命じられている。また、文和元年（一三五二）一〇月一三日付引付頭人高重茂ヵ施行状、薩摩島津家文書（『九』三四七一）も、大隅守護島津道鑑に恩賞として与えられた同国内の所領の沙汰付を九州探題一色直氏に命じた例である。
(58)　『法』一四頁。
(59)　遵行制度の沿革については、外岡慎一郎「六波羅探題と西国守護」（『日本史研究』二六八、一九八四年）、同「鎌倉末～南北朝期の守護と国人」（『ヒストリア』一三三、一九九一年）、同「使節遵行と在地社会」（佐藤和彦他編『南北朝内乱』東京堂出版、二〇〇〇年、初出一九九六年）、古澤直人「鎌倉幕府法効力の変質」（同『鎌倉幕府と中世国家』校倉書房、一九九一年、初出一九八八年）二二一～二五二頁などを参照されたい。
(60)　註(16)所引史料など。
(61)　註(23)所引直義裁許状が前者に関する訴訟を扱った一例、註(19)所掲史料が後者の事態が具体的に判明する一例である。また、観応三年（一三五二）九月一八日制定室町幕府追加法第五九条（『法』三一頁）は、後者の事態についても規定されている。
(62)　註(6)所掲田代論文二一〇～二一一頁など。

(63) 延文二年（一三五七）九月一〇日制定室町幕府追加法第七九条（『法』三八頁）。
(64) 細かな論証は省略するが、建武四年（一三三七）七月二三日付引付頭人高師直奉書案、加賀前田家所蔵文書（『九』九九六）などはその実例である可能性が高い。
(65) 建武二年（一三三五）五月七日付執事奉書正文、山城東文書（『九』二五二）。
(66) なお、執事施行状が後醍醐天皇綸旨を執行した雑訴決断所牒の影響を受けていると推定できる点については、本書第一部第三章第三節を参照されたい。
(67) 註(23)所掲直義裁許状正文。

・「下文発給年月日／下文の名目」欄

下文施行状に先行する将軍袖判下文・寄進状が発給された年月日を判明する限りで記す。また、還補・「参₌御方₋」等、「勲功之賞」や通常の所領寄進以外の、特徴のある名目で発給された事実が判明する下文はその旨を記す。下文が尊氏と推定できる場合は「尊氏ヵ」、尊氏発給か直義発給か特定できない場合は「尊氏 or 直義」と記す。

・「備考」欄：下文施行状の補足情報を記す。

奉書以外の文書形式で下文施行状が発給された場合、その形式を記す。

両使宛に遵行が命じられている場合、「両使遵行」と記す。

施行文言が通常の「任₌御下文(之旨)₋」「任₌御寄進状(之旨)₋」でない場合、施行状記載の先行文書の名称を記す。

記号の意味は、以下のとおりである。

A：再発給型(例〔史料 3〕)　B：付加文言型(例〔史料 4〕)　C：所領再調査型(例〔史料 5〕)

・「出典」欄：出典を記す。

拝領者	書式	下文発給年月日 下文の名目	備　考	出　典
富樫高家	●	建武 2 . 9 .27		四天王寺所蔵如意宝珠御修法日記裏文書
島津時久	●	建武 2 .12.11		薩藩旧記18所収新納文書
長門国一宮太宮司貞近他	●	建武 3 . 4 .16		長府毛利家所蔵文書
厳島神社	○	建武 3 . 5 . 1	差出「武蔵守」 宛所欠	安芸厳島神社文書
佐竹義基	●	建武 3 . 6 .11	「申」脱	古簡雑纂〈佐竹侯爵本〉
曽我時助	●	建武 3 . 2 . 8		国立公文書館所蔵和簡礼経
宝積寺	●	建武 3 . 6 . 1		宝積寺文書
禅林寺新熊野別当大輔僧都良海	●	建武 3 . 7 .18	B	若王子神社文書
小早川道円	●	建武 3 . 1 . 2 ※還補(尊氏ヵ)	B	長門小早川家文書

○表の見方

・「番号」欄：本表における文書番号を記す。
・「発給年月日」欄：下文施行状が発給された年月日を記す。
・「状態」欄：下文施行状の現存状況を記す。「正」は正文、「案」は案文、「写」は写であることを表す。
・「差出」欄：下文施行状発給者の役職および氏名を判明する限りで記す。
・「宛所」欄：下文施行状の宛所を記す。役職および氏名を判明する限りで記す。両使に宛てて発給された事実が判明する場合、両使の氏名を記し、「備考」欄に「両使遵行」と記す。
・「所領名」欄：下文施行状に記載されている所領名を記す。割注を省略するなど、適宜省略する。
・「拝領者」欄：下文施行状の拝領者の氏名や組織を記す。
・「書式」欄：「●」は申状方式、「○」は簡易方式を表す。

尊氏下文施行状一覧（観応の擾乱以前）

No.	発給年月日	状態	差　出	宛　所	所領名
1	建武２.11.５	写	執事高師直	守護所	遠江国西郷庄
2	建武３.４.１	写	執事高師直	守護代	日向国新納院地頭職
3	建武３.４.19	正	執事高師直	守護厚東武実	長門国津布田別符地頭職
4	建武３.５.２	案	執事高師直	？	安芸国造果保
5	建武３.９.３	案	執事高師直	守護土岐頼貞	美乃国山口郷他
6	建武３.10.15	写	執事高師直	守護石塔義房	駿河国沼津郷
7	建武３.10.21	案	執事高師直	丹下助次郎	河内国石川藤王丸幷一族跡
8	建武３.10.27	正	執事高師直	守護中条秀長	尾張国門真庄内三腰村極楽寺
9	建武３.11.24	案	執事高師直	南条又五郎	伯耆国富田庄内天万郷壱分地頭職

拝領者	書式	下文発給年月日 下文の名目	備　考	出　典
三浦貞連跡	○	建武3.9.20 ※「合戦討死之賞」	下文写袖判直義に類似	宝翰類聚坤
佐竹道源	○	同日 ※「子息等討死之賞」		常陸密蔵院古文書
田原正曇	●	建武3.4.2		豊後武内淳氏所蔵文書
紀伊国伝法院	○	建武4.3.29		山城報恩院文書
田村教俊	○	?		保阪潤治氏所蔵文書
渋谷宗真	●	建武3.4.2		薩摩岡元文書
大友正全	●	?	B・C	肥後志賀文書
栗栖犬楠丸	○	同日		紀伊栗栖文書
粉河寺	○	?		南狩遺文
大友氏泰	○	建武4.12.28		筑後大友文書
東寺八幡宮	○	建武3.7.1	両使遵行	東寺百合文書み函29-1-3
山内通時他	●	建武5.2.3		長門山内首藤家文書
波々伯部為光	●	建武4.10.19	A	早稲田大学所蔵祇園社文書
貴志浄宗	○	?		紀伊御前文書
園城寺	●	?	A・B	近江園城寺文書
八坂法観寺	●	同日		山城法観寺文書
長楽寺	○	建武5.9.6		上野長楽寺文書
足利庄鑁阿寺	●	暦応2.4.15	差出・年月日・宛所欠	下野鑁阿寺文書
諏訪円忠	●	?		唐津市小笠原記念館所蔵文書

No.	発給年月日	状態	差　出	宛　所	所 領 名
10	建武３.11.29	写	執事高師直	三浦四郎入道	陸奥国黒河郡内南北迫地頭職
11	建武４.３.26	案	執事高師直	奥州探題石塔義房	陸奥国雅楽庄地頭職
12	建武４.３.27	正	執事高師直	守護大友氏泰	豊後国八坂下庄
13	建武４.４.１	案	執事高師直	守護畠山国清	和泉国信達庄
14	建武４.５.18	正	執事高師直	守護富樫高家	加賀国笠野南方地頭職
15	建武４.７.13	案	執事高師直	九州探題一色道猷	肥前国三根西郷地頭職
16	建武４.８.７	案	執事高師直	守護島津貞久	入田士寂他跡豊後国入田郷他
17	建武４.９.26	案	執事高師直	守護畠山国清	紀伊国岡崎庄下司職半分
18	建武４.11.25	写	執事高師直	守護畠山国清	紀伊国三上庄内地頭職
19	建武５.１.６	正	執事高師直	守護少弐頼尚	筑前国恰土庄
20	建武５.１.29	案	執事高師直	飯尾覚民 斎藤刑部左衛門入道	山城国久世庄上下地頭職
21	建武５.２.５	案	執事高師直	守護朝山景連	備後国信敷東方等地頭職
22	建武５.２.６	正	執事高師直	守護山名時氏	伯耆国稲光保地頭職
23	建武５.閏７.10	正	執事高師直	分郡守護細川皇海	紀伊国保田庄地頭職
24	建武５.８.25	正	執事高師直	守護斯波高経	越前国宮成保他地頭職
25	暦応元.９.16	案	執事高師直	守護赤松円心	播磨国印南庄地頭職
26	暦応元.９.16	正	執事高師直	守護上杉憲顕	上野国新田庄内平塚郷地頭職
27	暦応２.５.？	写	執事高師直	？	下野国中山村
28	暦応２.６.11	正	執事高師直	守護小笠原貞宗	信濃国諏訪郡之内大塩御牧地

拝領者	書式	下文発給年月日 下文の名目	備　考	出　典
禅林寺聖寿来迎院	●	暦応２．６．28		山城二尊院文書
地蔵院僧正房	●	暦応２．６．28	「御教書」 下文ヵ	森田清太郎氏所蔵文書
寺岡経智	●	暦応２．８．26		山城大徳寺文書
田原正曇	●	同日 ※「度々召捕悪党之賞」		豊後三浦文書
永光寺	○	同日		能登永光寺文書
走湯山	○	？ ※尊氏 or 直義	B	山城醍醐寺文書第18函
諏訪円忠	●	同日 ※「奉行事功之賞」		山城臨川寺重書案文
三島社	○	暦応２．７．16	両使遵行	伊豆三島神社文書
□位律師経有	●	？		陸中中尊寺文書
田原正曇	○	同日 ※替地充行	同日九州探題一色道猷宛執事奉書	大友家文書録
西大寺	○	同日 ※替地寄進		大和西大寺文書
寿勝寺	○	康永元．７．７		肥後寿勝寺誌
島津道恵	○	康永２．３．26 ※替地充行	両使遵行	薩摩島津家文書
青砥康重	○	同日		加賀前田家所蔵文書
三浦道祐	○	康永２．12．26		反町英作氏所蔵三浦和田文書
小代重氏	●	建武３．２．４	袖判影あり	肥後小代文書
真壁高幹	●	康永３．７．２ ※参御方		常陸真壁文書
布施資連	○	康永３．９．５		土佐蠹簡集残編

No.	発給年月日	状態	差　出	宛　所	所 領 名
29	暦応２．７．10	案	執事高師直	守護塩冶高貞	出雲国淀新庄地頭職
30	暦応２．７．13	案	執事高師直	守護畠山国清	紀伊国長屋郷
31	暦応２．８．28	正	執事高師直	杉田備前権守	備前国居都庄地頭職
32	暦応３．３．４	正	執事高師直	守護大内長弘	周防国岩田保地頭職
33	暦応３．３．６	正	執事高師直	守護吉見頼隆	能登国若部保地頭職
34	暦応３．６．19	正	引付頭人ヵ某	天野貞村	伊豆国白浜村地頭職
35	暦応３．８．12	案	執事高師直	大将佐々木導誉	近江国三宅郷内十二里他地頭職
36	暦応３．11．19	正	執事高師直	長左衛門二郎 田代房綱	伊豆国蒲原御厨内多牛村
37	暦応４．６．２	正	執事高師直	奥州探題石塔義房	陸奥国中尊寺別当職
38	暦応４．８．28	写	執事高師直	守護大友氏泰	肥前国山田庄地頭職
39	暦応４．10．４	案	執事高師直	守護山名時氏	丹後国志楽庄地頭職
40	康永１．８．19	写	執事高師直	守護少弐頼尚	肥後国高志郡内高樋保地頭職
41	康永２．４．５	正	執事高師直	渋谷下野権守入道 渋谷定円	薩摩国加世田別符半分
42	康永２．11．６	写	執事高師直	守護山名時氏	丹後国芋野郷地頭職
43	康永３．１．29	正	執事高師直	守護上杉憲顕	越後国奥山庄内堰沢条
44	康永３．７．22	写	執事高師直	守護少弐頼尚	豊前国山国郷安於曽木村地頭職
45	康永３．８．12	正	執事高師直	関東執事上杉憲顕	常陸国真壁郡内山宇他地頭職
46	康永３．９．８	写	執事高師直	守護土岐頼康	美濃国大谷郷

拝領者	書式	下文発給年月日 下文の名目	備　考	出　典
布施資連	○	康永３．９．５	両使遵行 46のA	秋元興朝氏所蔵文書
遍照心院	○	康永３．11．３	両使遵行	山城大通寺文書
吉川経時跡	○	康永４．３．15		周防吉川家文書
天興寺	○	康永４．４．６		東京古典会創立50周年記念善本図録
三浦和田茂実	○	康永４．５．26		反町英作氏所蔵三浦和田文書
吉川経久	○	康永４．５．13		周防吉川家文書
兵庫頭入道明意	●	康永元．７．７	両使遵行	紀伊野田文書
□□院吉	○	康永４．１．２？		井上泰輔氏所蔵文書
多度元利房	○	康永４．３．17		京都大学文学部所蔵地蔵院文書
岡本良円	○	貞和元．11．12		秋田藩家蔵文書10
佐竹道源	○	貞和２．５．11		常陸密蔵院古文書
橘薩摩一族	●	建武３．４．７	B	肥前橘中村文書
島津道鑑	○	建武３．３．17		薩摩島津家文書
三浦林松寿丸	●	建武４．８．29		尊敬閣文庫所蔵文書
平子重嗣	○	貞和２．12．21		長門三浦家文書
鹿島社護摩堂住持顕真	●	？		楓軒文書纂38所収常陸鹿島社文書
武蔵国金陸寺	●	貞和３．１．11		相模円覚寺文書
菊池武宗	●	貞和４．12．７ ※参御方(尊氏 or 直義)		豊後詫摩文書
長門国二宮社大宮司国道	○	貞和２．11．２ ※替地寄進	両使遵行	長門忌宮神社文書

No.	発給年月日	状態	差　出	宛　所	所 領 名
47	康永３.10.17	正	執事高師直	雑賀大介允 斎藤五郎左衛門尉	美濃国大谷郷
48	康永４.１.22	案	執事高師直	小串下野権守 庄四郎左衛門尉	山城国中村地頭職
49	康永４.４.５	正	執事高師直	守護今川範国	駿河国吉河郷内
50	康永４.４.17	正	執事高師直	守護仁木義長	伊勢国天花寺地頭職
51	康永４.６.１	正	執事高師直	守護上杉憲顕	越後国奥山庄北条内地頭職
52	康永４.６.20	案	執事高師直	守護武田信武	安芸国大朝庄内堺田他地頭職
53	康永４.７.９	正	執事高師直	藤並彦五郎入道 湯浅八郎左衛門入道	紀伊国楠見郷地頭職
54	康永４.７.22	正	執事高師直	守護山名時氏	丹波国々分寺□□□□□地頭職
55	康永４.７.22	案	執事高師直	守護高師兼	参河国西郡内
56	貞和元.12.６	写	執事高師直	守護小笠原貞宗	信濃国中野郷内地頭職
57	貞和２.５.17	写	執事高師直	関東執事上杉憲顕	常陸国田中庄地頭職
58	貞和２.９.26	正	執事高師直	九州探題一色道猷	大隅国種島地頭職
59	貞和２.11.６	案	執事高師直	日向守護畠山直顕	薩摩国河辺郡・大隅国本庄
60	貞和２.11.26	正	執事高師直	守護細川顕氏	河内国西比野庄内他
61	貞和２.12.27	案	執事高師直	守護厚東武実	長門国三隅庄六分壹地頭職
62	貞和３.１.21	写	執事高師直	守護佐竹貞義	常陸国行方郡若舎人郷内
63	貞和３.３.22	案	執事高師直	守護小笠原貞宗	信濃国浦野庄西馬越郷内
64	貞和４.12.25	案	執事高師直	守護一色直氏	肥後国千田庄他地頭職半分
65	貞和４.12.26	正	執事高師直	門司下総三郎入道 金子孫六	長門国富安名

拝領者	書式	下文発給年月日 下文の名目	備　考	出　典
門真寂意	○	貞和４.12.27		但馬国雀岐庄具書下
祇園社先執行助法印顕詮	○	貞和５.１.11		山城建内文書
長門国二宮社大宮司国道	●	貞和２.11.２ ※替地寄進	御判御教書形式 65のＡ	長門忌宮神社文書
小林中村実達	○	同日	下文「重連」	加賀前田家所蔵文書
発智為□跡	○	？		早稲田大学所蔵荻野研究室収集文書
本郷家泰	○	観応元.10.21 ※替地充行		若狭本郷氏関係文書
臨川寺三会院	○	同日 ※他者寄進追認		山城臨川寺重書案文
田原貞広	○	観応元.12.６ ※替地充行		大友家文書録
岩松直国	○	？		上野正木文書

No.	発給年月日	状態	差　出	宛　所	所 領 名
66	貞和５．１．11	案	執事高師直	守護今川頼貞	但馬国八代庄地頭職他
67	貞和５．３．６	案	執事高師直	守護桃井直常	越中国高木村
68	貞和５．７．12	正	直義	長門探題足利直冬	長門国富安名
69	貞和５．８．28	正	執事高師直	守護上杉憲顕	上野国高山御厨大塚郷内
70	貞和５．８．28	正	執事高師直	守護上杉憲顕	上野国園田御厨内南品熊村半分
71	観応元．10．25	写	執事高師直	当国守護	因幡国宇治郷参分壱地頭職
72	観応元．10．25	案	執事高師直	守護今川頼貞	但馬国太田庄内坂本村
73	観応元．12．８	写	執事高師直	守護大友氏泰	豊後国香地庄地頭職
74	観応元．12．23	写	執事高師直	守護上杉憲顕	上野国新田庄内

第二章　観応の擾乱以降の下文施行状の展開

はじめに

本章の目的は、観応の擾乱以降における下文施行システムの沿革について実証的に解明することである。南北朝期全般にわたる施行体制を解明する基礎的な作業は、幕府政治史・法制史を理解する上でも重要であると考える。

すでに一九六〇〜七〇年代にかけて、高師直から畠山基国までの将軍・執事（管領）・引付頭人の権限については小川信氏が、執事仁木頼章の権限については森茂暁氏が詳細に解明している。[1]しかし、執事（管領）の権限の大まかな分析にとどまっており、新たな知見を加える余地がある。

本章で扱う時期は、執事高師直が敗死して以降、三代将軍足利義満が死去するまでとする。第一節で擾乱以降の初代将軍足利尊氏の下文施行体制に関する基礎的事実、第二節で義詮のそれ、第三節で義満のそれについて分析する。そして最後に、義満の時期に管領施行状が定着し、管領制度が確立し得た理由を簡単に考察したい。

第一節　観応の擾乱以降の将軍足利尊氏下文の施行状

まず、論証の前提として、擾乱以降、延文元年（一三五六）頃までの尊氏・義詮の権限区分およびその変遷について確認したい。この問題に関しては小要博氏がすでに解明している。(2)そこで、その結論のうち、本節の議論に関連する部分をまず簡単に紹介し、本節でもこの時期区分を用いて論述することとする。ただし小要氏は、観応二年（一三五一）二月に師直が敗死してから同年七月三〇日に足利直義が没落するまでの時期については触れていない。本節ではこの時期についても論じるので、これを第一期とし、以下、小要氏が採用した時期区分を第二期、第三期、と順に数えることとしたい。

・第二期　観応二年八月～同年一一月三日。七月三〇日に直義が京都より北陸へ没落し、幕府が再分裂した時期。尊氏・義詮ともに恩賞充行の袖判下文を発給している。しかし、地域等による権限の区分は見えず、この時期はまだ分割統治を行っていない。

・第三期　同年一一月四日～文和二年（一三五三）八月。尊氏が東国に下向した時期。旧鎌倉幕府の六波羅・鎮西両探題管轄区域の統治を義詮が担当し、遠江以東の東国の統治を尊氏が担当した。充行下文もこの分割に従って発給している。(3)

・第四期　同年九月～延文元年（一三五六）頃。尊氏が上洛した時期。恩賞充行権は尊氏が再び独占し、義詮は御判御教書による所務遵行命令を行った。

章末の表1は、観応の擾乱以降の尊氏下文施行状の一覧である。下文施行状の定義は、前章と同じである。本節では、表1を基に検討を進めたい。

第一期　観応二年二月～七月

尊氏・直義の和平がなって一時的に両者の二頭政体が復活した時期である。形式上はかつて直義が務めていた幕政統轄者の地位を義詮が占め、直義はそれを補佐する体裁をとった。しかし、実質的には合戦に勝利して発言力を強化した直義の政治であった。(4) 師直が敗死して以来、執事は不在であった。

当該期の室町幕府は、尊氏・直義両派の武士に恩賞を与える体制をとっていた。(5) 実際の袖判下文発給を見ると、六月二四日尊氏が佐々木導誉の兄善観に替地を充行った下文案、そして同月二六日、尊氏が朽木経氏に恩賞を充行った下文正文が管見に入る。(6) したがって、恩賞充行権は、擾乱以前と同様に将軍尊氏が掌握していたのである。なお、所領安堵は擾乱前と同じく直義が行っていた。(7)

施行状については、尊氏袖判下文ではなく御内書の施行であるため、表1には収録しなかったが、足利直義が発給したと推定できる施行状写が、東寺所蔵観智院金剛蔵聖教目録に存在する。この事実については従来指摘がなかったように見受けられる。そこで、次に引用して紹介したい。

〔史料二〕観応二年（一三五一）五月一三日付足利直義施行状写

「大休寺殿(足利直義)」

上総国市原八幡宮別当職事、任二去年十月廿六日将軍家御書礼之旨一、可レ沙二汰一付地蔵院僧正房(覚雄)雑掌一状如レ件、

御判(足利直義)

観応二年五月十三日

民部大輔殿(上杉憲顕)(8)

〔史料二〕は、醍醐寺地蔵院覚雄を上総国市原八幡宮別当職に補任した観応元年（一三五〇）一〇月二六日付将軍尊氏御内書に基づいて、(9) 同職の覚雄雑掌への沙汰付を関東執事上杉憲顕に命じた施行状の写である。この施行状は、端書の「大休寺殿(足利直義)」の註記から直義発給と推定できる。また、文書形式も直義の御判御教書形式文書として遜色のないものであり、東寺観智院に伝来する信頼性の高い文書であるので、端書の註記は信用してよいと考えられる。このように直義が尊氏御内書を施行していたのは、当時直義が尊氏下文・寄進状等将軍発給文書全体の施行状発給を担当する体制であったことを当然意味するのであろう。

直義は、これに先立つ貞和五年(一三四九)閏六月から八月にかけて政敵執事高師直を一時的に失脚させた。[10]その時期にすでに、尊氏寄進状の施行状を直義が御判御教書で発給した前例がある。[11]これは無論、施行状発給によってみずからの権力基盤強化を図ったと考えられる。したがって、政敵師直を敗死させた当該期においても、政治力を強めた直義が尊氏発給文書の施行状を発給したことは自然な展開であったといえよう。

しかしながら、残存文書として確認できる直義の施行状発給事例は、この〔史料一〕のみである。[12]当該期は、尊氏・直義両派の潜在的な対立によって権力構造に歪みが生じ、下文施行システムが停滞し、事実上の機能不全に陥っていたと推定できるのである。

第二期　観応二年八月〜同年一一月三日

この時期の下文施行状はただ一通、義詮が御判御教書形式で発給した例が存在する(表1-1)。これに先立つ観応二年六月から義詮は「御前沙汰」と呼ばれる機関を発足させ、この御前沙汰において、従来の引付方の権限であった濫妨停止・所務遵行命令を御判御教書形式による文書で発給し始めた。そして、翌七月頃には直義主導下の引付方の活動が停止した。[13]よって、該史料もこの御前沙汰で発給されたと考えられる。

ただこの時期は、尊氏・義詮の分割統治がまだ開始されておらず、幕府の体制は流動的であり、義詮による施行も恒常的なものであったとは考えられない。新たな確定的な下文施行体制の構築は、後日の課題として残されたものと考えられる。

第三期　観応二年一一月四日〜文和二年八月

この時期は尊氏・義詮が東国・西国を分割統治している。ここでは東国の尊氏政権について、下文施行のあり方を検討する。西国の義詮政権については、次節で分析を加えることとしたい。

〔史料二〕観応二年（一三五一）一一月七日付執事仁木頼章施行状（表1-2）

遠江国相良庄安芸守成藤跡（二階堂）事、任二今年二月十三日御下文一、可レ被レ沙二汰一付細河左馬助頼和代一之状、依レ仰執達如レ件、

観応二年十一月七日　　兵部大輔（仁木頼章）（花押）

仁木越後守（義長）殿

尊氏の東国下向に先立つ一〇月二一日、仁木頼章が、師直の死後空席であった執事に就任する。[14] そして、一一月七日から新執事頼章の尊氏下文施行状が登場する。それがこの〔史料二〕と表1-3である。新執事の就任と同時に、下文施行システムは約一年ぶりに本格的に復活することとなったのである。当該期の尊氏政権発給の下文施行状は、一九件残存している。これらの施行状について、注目するべき事実を、以下、順に検討しよう。

第一に、室町幕府追加法によって、下文施行状が事実上「制度」化された事実である。

〔史料三〕観応三年（一三五二）九月一八日制定幕府追加法第六〇条

等持院殿（尊氏）
御判

（追加法第五九条省略）

一　合戦紛事

帯二御下文施行一輩、尤可レ相二待使節遵行一之処、恣乱二入所々一之間、本主依二支申一、多及二合戦一之由、有二其聞一、甚不レ可レ然、自今以後者、不レ論二理非一、至二故戦之輩一者、悉可レ収二公所帯一、亦於二防戦之仁一者、可レ被

レ分ニ召所領半分一、但非ニ領主一者、可レ准ニ故戦一也矣、

（追加法第六一条省略）[15]

〔史料三〕は、武士が下文施行状を所持しながら守護等による遵行を待たずに自力で恩賞地に乱入して本主と交戦することを禁じ、故戦防戦について規定した法令である。[16]

本法は、下文施行状について明言し、その存在を認知している最初の法令である。つまり、少なくとも本法が制定された観応三年九月までには下文施行システムは原則化していたとまずいえよう。

次に、次節で詳しく述べるように、この時期西国に出された下文には当初施行状が発給されなかったのであるが、本法制定を機に引付頭人による施行状が大量に出現する事実があげられる。つまり、観応三年九月の時点で、西国でも下文施行システムが復活し、それは六〇条制定を契機としていると推定できるのである。

以上、二つの事実を合わせて考えると、六〇条は東国だけではなく、西国にも下文施行システムを拡大すると同時に、今後下文発給後に原則として施行状を発給することを幕府が暗に宣言した法令であった。無論これは、下文施行状によって恩賞充行の実効性を高める目的であったといえる。その一方で、幕府は従来は黙認していた自力救済を厳禁し、施行状を遵守して使節遵行システムを待つことを施行状拝領者に強く要求した。これは、恩賞拝領者の自力救済によって無用な武力紛争が発生するのを防ぐためであった。

つまり、観応三年九月にいたって初めて幕府は下文施行状を事実上「制度」として完全に承認したと筆者は推測する。[17] 実際、本法制定以降は下文施行システムはほぼ断絶することなく続くのである。

ところで本法は、いかなる過程で制定されたのであろうか。岩元修一氏は、本法を西国の義詮政権の評定で制定されたとする。[18] 義詮袖判下文施行状が初めて出現したのが、本法制定後わずか六日後の二四日である事実もその見解を裏づける。

ただし、六〇条は、五九条および六一条と同時に一括して制定された法令なのであるが、それら三条の袖に「等持院殿《(尊氏)》」と註記された花押が、案文とはいえ付されていることが問題となる。このように、将軍の袖判が据えられた室町幕府追加法はきわめて異例である。なぜ、こうした措置が採られたのであろうか。

そこで注目されるのが、当該期、奥州探題吉良貞家が奉書形式で発給した恩賞充行や所領安堵の文書に、尊氏が袖判を据えた事例が散見する事実である。[19] これは、文書拝領者が、拝領後に執事仁木頼章宛の探題発給吹挙状も獲得し、そののち鎌倉在陣の尊氏の許へ赴き、奉書・吹挙状を一括して幕府に提出し、袖判を拝領したものである。また、九州探題一色道猷恩賞充行御教書にも、主に東西分割統治解消後の文和年間（一三五二～五六）に、尊氏袖判があるものが見られる。[20] こちらは、延文元年（一三五六）六月以前に道猷が上洛したときに、彼に従った武士が京都の尊氏に御教書を提出して袖判を拝領したと推定されている。

これらの措置はいずれも、尊氏袖判の権威によって、探題の恩賞充行の実効性を高める目的でなされたと考えられる。尊氏袖判がある五九～六一条もまた、これらの尊氏袖加判探題充行文書と同じ構造を有しているといえるのではないだろうか。

また、追加法の内容を見ると、追加五九条は恩賞重複地の規定であり、六〇条も下文施行状の遵守規定である。つまり、これらはいずれも、恩賞充行という将軍の主従制的支配権のもっとも根幹的な権限に関わる法令なのである。[21] そして、恩賞に関連している点においても、探題充行文書と共通している。

以上より、尊氏袖判が据えられた幕府追加法は、尊氏袖加判探題充行御教書と類似の目的で袖判が加えられたと筆者は考える。すなわち、これらの追加法は、直接的には岩元氏が論じるように西国の義詮政権が制定したものである。しかし、将軍の主従制的支配権に密接に関わる法令であったために、義詮政権が制定した他の法令とは異なって東国の将軍尊氏の承認と権威が必要とされた。そのため、探題充行文書と同様に後日尊氏袖判が据えられたと考えられるのである。もちろん、本法制定以前に東西で何らかの交渉があったと見るのが自然であろう。
第二に、下文施行状の発給者が複数に分散した事実があげられる。擾乱以前には下文施行状の発給権は執事師直がほぼ独占していたのに対し、すでに小川氏が指摘しているが、当該期には執事頼章のほかにも、南宗継や史上初めて将軍尊氏みずからが御内書・御判御教書をもって施行を行うなど、発給者は執事に一元化していない。全体的に見ても執事頼章の権限は前任者師直よりも著しく縮小されている。これは、師直が広範な職権活動に乗じて自己の権力強化を計ったことが、諸将の反感を招いて擾乱を引き起こした事実に鑑みたためであるとする小川氏の推測は妥当であろう。(22)

発給者が具体的にいかなる基準で区分されていたのかについては不明とせざるを得ない。だが、東国で発給された尊氏下文施行状全一九件中、尊氏一〇件、頼章六件、宗継二件、関東執事畠山国清一件と、数量的に将軍尊氏発給施行状が半数以上を占める事実は注目するべきであろう。特に、尊氏が南朝方や旧直義党と激戦を繰り広げた正平七年（一三五二）閏二月の武蔵野合戦以降は、将軍が施行状を発給する原則となっていたと思われる。

第三に、備後・大隅・肥前・豊後・近江といった西国に宛てて出された尊氏下文が、西国の義詮政権によって施行された事実が注目される。これらの下文は、すべて当該期の尊氏・義詮による地域分割以前に、尊氏が下文を全国に出していた時期のものである。すなわち、幕府は下文発給者（尊氏・義詮）ではなく、下文が出された地域（東国・西国）に応じて、施行状の発給者を東国政権の構成員にするか、西国政権のそれにするかを機械的に決定する、いわゆる属地主義を採用していたことが看取されるのである。

最後に、前述したように将軍みずからが下文施行状を発給した事例がこの時期に初めて出現し、しかも大半の施行状が将軍発給となった点は、尊氏の親裁権強化の現れとして特筆するべきであろう。尊氏発給の施行状は、御内書形式と御判御教書形式の二種類のものが存在する。そこで、御内書形式・御判御教書形式の施行状の実例をそれぞれ掲げ、様式上の特徴を指摘して、それの持つ意味を考えてみたい。

〔史料四〕観応三年（一三五二）カ六月二〇日付将軍足利尊氏施行状（表1-7）

安田修理亮氏義申、上総国一宮庄高根郷内大曽禰大宰少弐入道跡事、可レ被二沙汰付一候也、

（観応三年）六月廿日　（尊氏）（花押）

（千葉氏胤）千葉介殿

〔史料四〕は、御内書形式の尊氏施行状の一例である。これらの施行状の文言は一定せず、かなりばらつきがある。たとえば、「可レ被二沙汰付一候也」の部分が「可レ被二打渡一也」であったり（表1-6）、「可レ有二其沙汰一也」であったりする（表1-12）。

御内書形式施行状の最大の特徴は、通常の施行状が必ず持つ「任二御下文一」あるいは「任二御寄進状一」文言といったいわゆる施行文言を持たない点である。

御内書形式の将軍施行状が施行文言を持たず、文章自体も全体的に流動的であった事実は、これらの文書が、施行状というよりは将軍が臨時に発給する非常時の所務遵行命令ととらえられていたことを推測させる。そもそも、将軍による下文施行状が御内書形式で出されたこと自体、本来執事が行うことで将軍が行使するべきではなかった下文の執行命令を、特別に将軍が行うという意識が存在したのではないだろうか[23]。

〔史料五〕観応三年九月二日付将軍足利尊氏施行状（表1-14）

下河辺左衛門蔵人行景申、常陸国行方郡倉河郷倉河三郎太郎跡并同郡小牧郷内小牧弥十郎跡等事、任二去月十五日下文一、完（宍）戸
（朝世）備前守相共、可レ沙二汰-付下地於行景一之状如件、

観応三年九月二日　（尊氏）（花押）

（高信）武田式部大夫殿

〔史料五〕は、御判御教書形式の尊氏施行状の一例である。御内書形式の施行状とともに、署名は日下に花押を据えるのみである。

御判御教書形式の施行状が、御内書形式の施行状と最も異なっている点は、施行文言を必ず有し、全体的な文体もより整備・固定化されたもの、つまり〔史料二〕のような典型的な下文施行状に近い文書になっていることである。したがって、この形式の文書を発するとき、将軍はより施行状に近い意識を有していたものと思われる。

尊氏施行状の文書形式は、観応三年七月～八月頃を境として御内書形式から御判御教書形式へと変化している。これは、追加六〇条制定とほとんど時期を同じくしている。故に、かかる文書形式の変化もまた、下文施行状の「制度」化を反映していると考えられる。

第四期　文和二年九月～延文元年頃

この時期は、尊氏が帰京して分割統治が解消する。当該期の下文施行状は、後掲表2も併せて八通管見に入る。このうち、執事頼章発給のものが六通、尊氏・義詮発給のものがそれぞれ一通ずつ（表1-33・表2-22）である。小川氏も同様の指摘をしているが[24]、執事は下文施行権をふたたびほぼ一元的に掌握したものと考える。

第二節　足利義詮下文の施行状

前節と同様、小要氏の成果にも従い、いくつかの時期に区切って、擾乱以降、義詮死去までの義詮下文施行体制について検討する。

・第一期　観応二年（一三五一）一一月四日～文和二年（一三五三）八月。前節で第三期とした時期。前述のとおり、尊氏・義詮が東国・西国をそれぞれ分割統治し、西国では義詮が充行下文を発給した時期である。

・第二期　延文元年（一三五六）頃～延文三年（一三五八）四月。恩賞充行権が尊氏から義詮へ移動し、義詮が全権を掌握した時期。

・第三期　同年四月～貞治五年（一三六六）八月。将軍義詮期。延文三年一〇月以降、細川清氏・斯波義将が相次いで執事を務めた。

・第四期　同年八月～貞治六年（一三六七）一一月。義詮末期。執事制度廃止期。

章末表2は、義詮下文・寄進状の施行状の一覧である。下文発給者が尊氏か義詮か比定できなかった施行状（表2-9・10）は、発給者が当時義詮政権で引付頭人を務めていた大高重成で（後述）、義詮管轄であった筑前国の所領であるため、便宜上ここに収めた。本節では、表1と併せ、表2を基に検討を進める。

第一期　観応二年一一月四日～文和二年八月

分割統治開始後、義詮の充行下文も大量に発給される。しかし、義詮下文においては、しばらくの間施行状は一通も管見には入らない。これは、尊氏父子の分割統治開始後、東国とは異なって依然西国では下文施行システムが停止されていたことを示しているのであろう。

ところが観応三年九月二四日、沙弥某施行状が出現し、これ以降当該期の義詮政権発給の下文施行状が多数出現する。観応の擾乱直後における恩賞充行・所領寄進の下文施行状の残存数は、東国・西国を合わせると、室町幕府が存続した全期間を通じて突出して多い。この事実は、擾乱が起こった最大の社会的要因が恩賞問題であり、恩賞の実現が当時の幕府において最優先の政策課題であったことをうかがわせる。それはともかく、まずは義詮下文施行状の実例を掲げよう。

〔史料六〕文和二年（一三五三）六月四日付引付頭人高重茂ヵ施行状（表2‐20）

近江国麻生庄四分壱事、任二去三日御下文之旨一、可レ被レ沙二汰‐付西勝坊郷房教慶一之状、依レ仰執達如レ件、

文和二年六月四日　　沙弥（高重茂ヵ）（花押）

佐々木（六角義信）千手殿

これらの施行状は、前節所掲〔史料二〕のような執事発給の下文施行状とまったく同内容・同形式である。これらの文書についても、前節と同様に順次考察を加えたい。

まず、西国において下文施行状が出現した九月二四日が、同月一八日制定追加六〇条（〔史料三〕）の直後である事実が注目できる。前節でも述べたように、これは、本法が下文施行状を事実上「制度」化した法令であるとする筆者の推定を裏づける強力な傍証であると考えるが、なぜ西国にも下文施行状が出現したのであろうか。

追加六〇条には「帯二御下文施行一輩、尤可レ相二待使節遵行一之処、恣乱二入所々一之間、本主依二支申一、多及二合戦一之由、有二其聞一」とあり、下文施行状を獲得した輩が守護・使節による遵行を待たずに恣意的に荘園侵略を行って、各地で合戦にいたるケースが続出したと述べられている。本条からは、施行状をもってしても完全には紛争を抑えきれなかった状況が看取される。とすれば、その施行システムが停止されているために、施行状さえも獲得できない下文拝領者が自力救済によって恩賞を実現させるしかなかった西国においては、混乱はより深刻だったのではないだろうか。そのため、義詮下文を整理し、その実現を守護の遵行システムに委ねる必要性が出てきて、西国においても施行状発給が認められたのだと考える。

それでは、西国の義詮政権においては、誰が下文施行状を発給していたのであろうか。この問題については、山家浩樹氏と岩元修一氏などが補足的に触れているにとどまる。[25]よって、改めて検討する価値があろう。

「麻生施行、自二引付方一忩可レ成」と記されている日記史料から、[26]西国では下文施行状は引付方で発給されてい

たことが判明する。下文施行状が引付頭人奉書と同形式の文書である事実からも、発給者は当然引付頭人である。では、具体的にはいかなる武将が施行状を発給したのであろうか。まずは正文・写に記されている差出および花押から人物比定を行ってみよう。(27)

差出は、「伊予権守」「散位」と記されている例と「沙弥」と記されている例が存在する。「伊予権守」は大高重成、「散位」も花押から同人であることが判明する（表2-9・10・15）。「沙弥」の花押は、三種類存在している。このうち、表1-15・16と表2-14は宇都宮蓮智（俗名貞泰）、表2-7・13は二階堂行譚（俗名時綱）である。彼らはいずれも当時、観応三年五月までに再開された引付方の引付頭人を務めていた事実を確認できる。(28)

以上の三名が施行状を発給している点については、従来も岩元氏による指摘がある。しかし、花押・写が現存している事例だけでも一一件と最も多くの施行状を発給している三人目の引付頭人沙弥については、花押がほかに例を見ないので、今まで人物を比定した研究が存在しない。そこで、日記史料や当時の引付方の編成から推定する方法で、彼が誰であるか比定を試みたい。

〔史料七〕『園太暦』観応三年（一三五二）五月一日条

一日、天陰或雨、伝聞、自二今日一歟（衍カ）武家執二行雑務引付一、高駿河入道（重茂）・大高伊予前（ママ）守重成、為二両頭人一行レ之云々、（後略）

〔史料七〕から、観応三年五月に高重茂が引付頭人を務めている事実が確認できる。(29)「高駿河入道」とあるように、彼が出家している点も差出の「沙弥」と一致する。

当時の引付方は五方編成であった。(30)前述の重成・蓮智・行譚の三名のほかに、石橋和義が頭人を務めた事実が知られる。(31)彼もまた当時出家しており「沙弥」だったのであるが、彼の花押は、問題の下文施行状の署判者の花押とは異なる。よって、施行状の発給者は和義ではない。したがって、残る一人が重茂である可能性はきわめて高いのではないだろうか。

故に、この沙弥は高重茂であると筆者は考える。[32]〔史料六〕は、重茂発給と考えられる下文施行状の一例である。前述のとおり、重茂と思われる人物が施行状を発給した事例が圧倒的に多い。したがって、残りの案文も彼が発給した確率が高いであろう。推測を重ねるならば、これこそ高重茂が当時義詮の事実上の執事であったことを示す証左なのではないだろうか。

高重茂は、初代執事高師直の弟である。擾乱以前には武蔵守護・引付頭人・関東執事を歴任した。[33]門閥的・経歴的に、当時師直に最も近かった人物であるといえよう。

また、足利義詮は、師直以下の高一族と非常に親しい関係であったらしい。初期の義詮の花押は師直の花押を模して作成されたとの指摘がある。[34]観応元年（一三五〇）七月、土岐周済が美濃国で反乱を起こしたときにも、義詮は師直以下の軍勢を率いてこれを鎮圧するため出陣している。[35]擾乱直後、師直の子息師詮が元服したが、師詮の「詮」は、義詮の偏諱を賜ったものであるに違いあるまい。そもそも擾乱以前の義詮は、鎌倉府の首長として鎌倉に滞在していたが、師直の養子師冬やほかならぬこの重茂が関東執事として義詮を補佐していたのである。[36]

西国統治に際して、足利義詮は、石橋和義・大高重成・二階堂行譚といった旧直義党の経験豊富な武将たちを引付頭人に起用するなどして、[37]旧直義党の勢力を活用した。その一方で、生前の師直たちと親しかった義詮が、重茂や師詮といった高一族の生き残りを積極的に登用する方針を持っていたとしても不思議ではない。西国の下文施行政策に関しては、豊富な経歴を持ち実務的にも有能で、かつ元関東執事として旧知の間柄であった高重茂を事実上の執事として起用し、彼に主に施行状発給を担当させたと考えられるのである。[38]

以上の考察をまとめると、西国政権においては引付頭人が下文施行を担当した。当時の引付方は五方編成で、石橋和義・大高重成・宇都宮蓮智・二階堂行譚、そして高重茂と推定できる人物の五人が頭人を務めていた。このうち和義を除く四人の施行状発給が確認できる。中でも重茂と思われる引付頭人は、事実上の義詮の執事としてもっとも多くの施行状を発給した。なお、複数の引付頭人によって下文施行が行われた事実は、東国の尊氏政権の場合と同様、発給者の一元化による権力肥大を警戒したことを表すのであろう。

ところで、前章第二節で論じたように、下文施行状には申状方式・簡易方式という二種類の発給手続があった。初期は申状方式が多いが、徐々に簡易方式が主流となっていく。これは、執事高師直の下文施行状の「制度」化志向を示していると考えられる。

当該期の東国ではむしろ申状方式が復活する傾向があるが、西国においては簡易方式が優勢となっている。おそらく、六〇条制定によって下文施行状の発給が原則化されたため、西国の下文拝領者たちは、申状を介さずに、下文発給に携わった引付方の奉行人たちと個人的に交渉して施行状を獲得したのであろう。そして、分割統治解消後も、原則としてすべての下文に申状なしで施行状がつくことになったと考える。書式から推定した発給手続の面からも、下文施行状の「制度化」がうかがえるのである。

ただ、後年代においても申状方式が減少しながらも残存している。六〇条制定以降においても何らかの事情で下文施行状を発給しなかった場合や、施行状が執行されなかったために再発給を求めなければならない場合もあったであろう。申状方式は、そうした場合における下文拝領者の異議申し立ての手続として残されたと考える。

第二期　延文元年頃〜延文三年四月

この時期は、義詮が尊氏から恩賞充行権を譲り受け、事実上の将軍として活動を始めた時期である。下文施行状は見えないが、小要氏らがすでに指摘しているように仁木頼章が義詮御判御教書を施行した例がある。(39)よって、頼章が事実上義詮の執事として施行状を発給する体制だったのであろう。

ただし、延文二年（一三五七）八月九日、細川頼之が安芸国に発給した下文施行状が一件存在する（表2-23）。当時頼之が中国探題として、備前・備中・備後・安芸四か国に対して引付頭人と同等の所務沙汰遵行の権限を与えられていたことが小川信氏によって推定されている。(40) 頼之の安芸国に対する下文施行もこの権限に基づくものであったと考えられる。かかる権限を与えられた理由を、直冬勢力を制圧するためとする小川氏の見解は妥当であろう。

第三期　延文三年四月～貞治五年八月

延文三年（一三五八）四月に尊氏が死去し、五月には執事頼章も出家・辞任する。(41) 同年一二月に義詮は正式に将軍となる。しかし、細川清氏が執事に就任したのは一〇月であり、(42) 頼章辞任後五か月間の執事不在期が存在する。引付方も延文二年七月頃からふたたび活動を中止し、この時期には存在しない。(43) よって、この五か月間に発給された下文施行状は管見に入らなかったが、義詮が御判御教書形式で施行状を発給する権限を有していたと推測される。

清氏が執事に就任してからは、下文施行状が六件管見に入る。うち五件が清氏、一件が義詮の発給であるので、執事は下文施行権をほぼ維持していたといえよう。

康安元年（一三六一）九月の清氏失脚後も、翌年七月の斯波義将執事就任まで(44) 一年弱の間執事不在期がある。この期間には、康安元年一一月一四日付引付頭人今川範国施行状が一件見える（表2-30）。清氏追放直後に引付方が復活し、頭人が下文施行を担当したのである。(45)

義将が執事に就任してからは、義将発給の下文施行状が一件、義詮発給のものが二件管見に入る。当該期は下文の残存数も少なく、恩賞充行そのものが非常に停滞した時期であると考えられ、施行状の残存数がきわめて少ない。しかし、義将の下文施行以外の活動も非常に停滞している形跡がある。[46] したがって、おそらくは将軍が執事の従来保持していた下文施行状を発給する権限を徐々に掌握しつつあった時期であると考えられる。

第四期　貞治五年八月〜貞治六年一一月

斯波氏が失脚した後の執事が不在であった時期である。左に掲げる史料から、単なる執事不在ではなく執事制度自体が廃止されていたと考えられる。

〔史料八〕『後愚昧記』貞治五年（一三六六）八月一九日条

十九日、今日武家評定始也、引付・庭中等同始㆓行之㆒云々、大夫入道（斯波高経）没落以後始有㆓此事㆒、執事雖㆑未㆑補、沙汰始了、閭巷説不㆑可㆑置㆓執事㆒云々、（後略）

このように、斯波氏失脚直後の貞治五年八月一九日に幕府で評定始と引付・庭中が開催されたとき、後任の執事を置かないという噂が流れているのである。

この期間の下文施行状は六通残存する。そのうち、いちばん早く見える表2-34のみが引付頭人吉良満貞施行状で、後はすべて義詮の御判御教書によるものである。

注目するべき点として、この時期の将軍施行状は、表2-36・37を例外として、これ以前にもこれ以降にもまったく存在しない書式であることがあげられる。

〔史料九〕貞治五年一〇月五日付将軍義詮施行状（表2-35）

丹波国河口庄内蓮台寺分牧八郎入道跡事、所㆑寄㆓進篠村八幡宮㆒也、早可㆑令㆑打㆓渡三宝院僧正坊（光済）雑掌㆒之状如㆑件、

貞治五年十月五日　（義詮）（花押）

山名（時氏）左京大夫入道殿

本例もそうであるように、当該期将軍施行状の特徴は施行文言が存在しないことである。前節で論じたように、尊氏による御内書形式の施行状も施行文言を持たなかった。しかし、今回は「所レ寄二進（充行の場合は「補任」となる）〇〇一也」と、充行下文もしくは寄進状の発給を承けて出した施行状であることを文中に明記し、文体も整備されている。

これは、一般的な施行状の施行文言と同等の機能を果たすと考えられ、発給者義詮が意図的に書式を変化させたと考えられる。従来はまったく注目されていなかったが、末期の義詮の御判御教書形式による下文施行状の書式に独自性が見られる事実は、義詮の将軍親裁を考察する上で重要な要素であろうと考える。

すなわち、この時期の義詮は、従来から存続していた将軍の親裁機能を一層強化し、(47)その延長として執事制度を永久に廃止し、下文施行を中核とする従来の執事の権限を将軍自身に吸収する構想を抱いていた。その意志の表明として、書式をこのように変化させたと推定されるのである。

しかしながら、貞治六年末、義詮自身の急病死という偶発的事態が発生した。そのため、執事制度を廃止する彼の構想は短期間しか続かず、結果的に定着しなかったのである。(48)

第三節　足利義満下文の施行状

第一節・第二節と同様、時期を区切って義満下文施行体制について検討する。

・第一期　貞治六年（一三六七）一一月～応安五年（一三七二）一一月。細川頼之が管領に就任し、(49)幼少の将軍義満に代わって将軍権力を代行した時期。

・第二期　応安五年一一月～応永一五年（一四〇八）五月。義満判始を境として、義満が名実ともに将軍としての権限を行使し始めてから、死去するまでの時期。

章末表3には、義満将軍就任以降、死去するまでに発給された下文施行状を収録した。ただし、義満施政初期、将軍権力を代行していた管領細川頼之が下知状形式で発給していた充行・寄進の施行状や、先行被施行文書発給者が義詮か頼之か確定できない施行状も便宜上採録している。また、康暦の政変以降に発給された寄進状の施行状については、第四部第二章で詳細に論じるため除外した。なお、後述するように、明徳二年（一三九一）頃、恩賞充行文書が将軍袖判下文形式から袖判御教書形式に変化する。これに付された施行状もそれまでに発給されていた下文施行状と同等の機能を果たしているので、これも収録した。以下、この表を参照しながら議論を進めたい。

第一期　貞治六年一一月〜応安五年一一月

当該期は、前述のように、将軍が袖判下文形式文書で発給していた恩賞充行、あるいは寄進状形式文書による所領寄進を、管領細川頼之が下知状形式文書で行った[50]。それでは、この時期の施行体制はいかなる形態をとっていたのであろうか。

〔史料一〇〕応安四年（一三七一）閏三月一二日付管領細川頼之寄進下知状

寄進　臨川寺

近江国比江郷地頭職事

右、為二当寺領一、守二先例一、可レ令二領掌一之状、依レ仰下知如レ件、

応安四年閏三月十二日

武蔵守源朝臣（細川頼之）（花押）[51]

〔史料一一〕同年四月一九日付管領細川頼之施行状（表3－4）

臨川寺領近江国比江郷地頭職事、任二去閏三月十二日寄進状一、可レ被レ打二渡于寺家雑掌一之状、依レ仰執達如

㆑件、

応安四年四月十九日　　　　　　　　武蔵守（細川頼之）（花押）

佐々木四郎兵衛尉殿（京極高詮）

〔史料一〇〕は、近江国比江郷地頭職を臨川寺に寄進する内容の管領頼之下知状である。そして、〔史料一一〕が、〔史料一〇〕の執行を近江守護京極高詮に命じた施行状である。施行文言は、「任㆓去閏三月十二日寄進状㆒」となっている。頼之が発給した下知状をみずから執行したため、「御」の敬称はないものの、将軍発給寄進状の施行状に準じているといえよう。また、表3-5の施行文言は、「任㆓去月廿三日御下文㆒」である。したがって、武士に対する恩賞充行下知状施行状の施行文言も、将軍充行袖判下文の施行状と同様、「任㆓（御）下文（之旨）㆒」であった事実が判明する。すなわち、幕府の意識では、頼之発給下知状も将軍発給下文・寄進状と同等と見なされていたことが、施行状の施行文言からうかがえるのである。

表3-1~3も本事例と同様、管領頼之が施行状を発給した事例である。したがって、当該期は管領が施行状を発給する原則であったといえよう。将軍義詮末期に消滅した執事施行状は、彼の死とともに管領施行状として復活したのである。

ただし、表3-5では、管領下知状の施行状を管領ではなく引付頭人仁木義尹が発給している。また、寄進下知状ではなく管領奉書形式で発給されたため本表には収録しなかったが、山城国東西九条を東寺に返還することを命じた応安元年（一三六八）五月二日付管領細川頼之奉書は、同年閏六月一四日に引付頭人山名氏冬施行状によって侍所頭人今川国泰宛に遵行が命じられている。(52) このように、当該期には引付頭人も施行状を発給する場合があった点も指摘しておきたい。

第二期　応安五年一一月〜応永一五年五月

応安五年（一三七二）一一月二二日、将軍義満の判始が行われる。[53] この日を境に管領細川頼之が代行して行使していた将軍の権限は、遅くとも永和元年（一三七五）後半までに義満に完全に移行する。[54] 表3を見てもそれを明確に裏づけることができる。

この段階において、将軍の恩賞充行袖判下文や所領寄進状等の発給文書を管領が執行する、室町幕府体制の基軸である管領施行システムが最終的に確立した。[55] 同時に引付方も縮小・消滅するにいたり、[56] 管領はかつて引付頭人が行使していた押妨停止・下地沙汰付を命じる所務遵行命令をも独占的に発給するようになった。

ここに、執事と引付頭人の権限を併せ持ち、[57] 管領施行状を筆頭に、将軍の意志を奉じて所務遵行命令を一元的に発給する管領の地位が安定した。将軍の補佐役である管領制度が最終的に確立したのである。[58]

ただ、子細に検討すると、以降の管領施行システムは、将軍発給文書→管領施行状→守護遵行状→……という基本構造を維持しながらも、それ以前と同様、政治状況や社会状況の変化に応じて大きく変化している。その詳細については本書第四部を参照されたい。本節では、第四部で言及せず、従来も指摘されていない現象を述べたい。それは、明徳二年（一三九一）頃に恩賞充行を命じる将軍文書の形式が変化したことである。

第四部第一章第二節で指摘したように、所領安堵に関しては、至徳二年（一三八五）頃に袖判下文形式が消滅し、以降は御判御教書形式で行われるようになった。しかし、恩賞充行は、以降もしばらくは依然袖判下文で行われている。管見の限りで、充行下文の下限は明徳元年（一三九〇）一二月二四日付案文である[59]（表3-25）。一方、将軍袖判御教書による恩賞充行の上限は明徳三年（一三九二）正月二四日付正文である。[60]

すなわち、明徳二年を境として、恩賞充行文書の形式も下文から御判に変化したと見てよいと思われる。この時期、管領が第一次斯波義将から細川頼元に交代している。つまり、充行文書形式の変化は、管領交代を契機としてなされたと推定できるのである。

無論、恩賞充行の将軍袖判御教書にも管領施行状が付された。それらの施行状も先行する御教書を「御下文」と呼んでいる。(61) 将軍発給文書の形式が変化しても、それを下文と見なす意識は従来どおりだったのである。

なお、上島有氏がすでに指摘しているように、応永二年（一三九五）六月の義満出家を契機として、管領施行状の書止文言が「依レ仰執達如レ件」から「所レ被二仰下一也、仍執達如レ件」に変化する。表3からもそれを裏づけることができる（横太破線）。この現象は、同氏によって公家文書化と評価されている。(62)

おわりに

観応の擾乱以降においては、下文施行状の発給者は執事に一元化せず、引付頭人等や将軍もまた相当数発給した。特に斯波氏失脚後、将軍義詮は、執事制度自体を廃止して独占的に施行状を発給したと考えられる。このように施行状の発給をめぐって争奪が発生したのは、施行状がそれだけ自己の権力基盤を強化するために有用なシステムであったからであると考えられる。

ところが、執事制度を廃止する義詮の構想は定着せず、義満期にいたって管領制度が確立した。それには、義詮の急病死およびそれにともなう幼君義満への政務移譲という緊急事態の発生や、将軍権力を代行した管領細川頼之の卓越した政治力も大きかったであろう。管領制度は、多分に偶然の産物だったのである。

しかし、管領施行システムの確立は、単なる偶然的要素のみによったわけでもないと筆者は考える。成人し、親裁を開始した将軍義満は、父義詮の路線は採らずに管領に施行状を発給させ続けたからである。これは、前章で論じたように、下文施行状には下文を簡単ながらも再審査する役割も存在したからではないだろうか。下文を再チェックし、適正であれば下文を補完し、その実現を守護に命じる施行状は、やはり下文発給者である将軍とは別人である管領によって発給されるのが体制として最も安定していたと考えられる。下文と管領施行状は相対的に独立して存在しており、相互牽制と相互補完のバランスの上に成立していたと結論づけたい。(63)そして、細川・斯波・畠山の三家が交互に管領を務めることによって、師直以来の執事に権力が集中して専横が起こる問題を結果的に緩和したと考えられる。

何より、管領細川頼之による管領施行システム確立が、結果的にではあれ幕府草創期の執事高師直が創始した執事施行システムと同様の制度であった点にも注目するべきであろう。換言すれば、擾乱以降の幕府は、試行錯誤の末に師直の路線に回帰したと評価することも可能なのである。執事による下文施行状発給が、室町幕府の覇権確立に非常に適合した政策であったと推定できることを前章に続いてここでも強調したい。

ところで、義詮が観応の擾乱直後に西国で大量の恩賞充行袖判下文を発給したり、特にその治世末期に独自の下文施行状を発給した事実からは、義詮の将軍親裁が直義の寺社本所領保護政策遂行を目的とした統治権的支配権強化路線の延長線上にあるとする佐藤進一氏以来の定説的見解に(64)一定の再検討を行う必要性を感じる。筆者は将軍の持つ主従制的支配権こそが義詮親裁の本質であったとする展望を抱いているが、それを論じることは本書の趣旨を大きく超えている。今後の課題としてひとまずは擱筆したい。

（1）　小川信『足利一門守護発展史の研究』（吉川弘文館、一九八〇年）、森茂暁「室町幕府執事制度に就いて」（『史淵』一一四、一九七七年）。

（2）　小要博「発給文書よりみたる足利義詮の地位と権限」（『日本古文書学論集7　中世Ⅲ』吉川弘文館、一九八六年、初出一九七六年）。また、最近では桃崎有一郎「観応擾乱・正平一統前後の幕府執政「鎌倉殿」と東西幕府」（『年報中世史研究』三六、二〇一一年）がこの問題について論じている。

（3）ただし、小要氏は薩摩国に発給された尊氏下文写を二通あげている（註(2)所掲同氏論文七四、七六、七七頁）。しかし、これらは後世にいたって袖判の比定を誤った可能性が高く、薩摩国を義詮の管轄地域とする小川氏の訂正を支持したい（同「室町幕府管領制成立の前提」（註(1)所掲同氏著書、初出一九七八年）二〇七頁）。

（4）佐藤進一『南北朝の動乱』（中央公論社、一九七四年、初出一九六五年）二五〇～二五一頁。

（5）和平後初めて尊氏が直義と面会したとき、彼は尊氏派の武士四二人の恩賞充行を先に行い、その後両軍の賞罰を行うことを直義に認めさせた（『園太暦』観応二年（一三五一）三月三日条）。註(4)所掲佐藤著書二四八～二四九頁でもこのエピソードが触れられている。

（6）それぞれ、佐々木寅介氏文書（『戦国大名尼子氏の伝えた古文書』（島根県古代文化センター、一九九九年）一三号）、近江朽木文書（『中四』二〇五五）。

（7）五月二一日付直義袖判下文正文、三河総持尼寺文書（『東』二〇〇八）。

（8）『東』二〇〇六。京都府立総合資料館所蔵写真帳五五分冊一九三函六三号と校合した。記して、拝見の許可を賜ったことに謝意を表したい。

（9）写、東寺所蔵観智院金剛蔵聖教目録（『東』一九二六）。覚雄については、石田浩子「南北朝初期における地蔵院親玄流と武家護持」（『日本史研究』五四三、二〇〇七年）を参照されたい。

（10）註(4)所掲佐藤著書二四一～二四四頁。

（11）貞和五年七月一二日付足利直義施行状正文、長門忌宮神社文書（『中四』一七三四）。貞和末期の直義派の施行状発給については、本書第二部第三章第三節を参照されたい。

（12）なお、観応二年七月二二日付関東執事上杉憲顕奉書正文、神奈川県立公文書館所蔵岩田佐平氏旧蔵文書（『東』二〇二七）に記されている「去五月十三日御寄附状幷同日御施行状」の「同日御施行状」も、直義施行状を指すと考えられる（寄進状については尊氏発給か直義発給か判断できない）。同年五月一三日に、〔史料一〕の直義施行状と憲顕奉書に引用されている直義施行状が同時に発給されたのであろう。

（13）山家浩樹「室町幕府訴訟機関の将軍親裁化」（『史学雑誌』九四―一二、一九八五年）七～八頁など。

（14）註(1)所掲森論文六頁。

(15)『法』三一頁。本法に関しては、羽下徳彦「故戦防戦をめぐって」(『論集　中世の窓』吉川弘文館、一九七七年)一一八～一二〇頁、新田一郎「「由緒」と「施行」」(勝又鎮夫編『中世人の生活世界』山川出版社、一九九六年)一六頁でも論じられている。

(16) 本法は、下文のみで施行状を所持しない者に関しては特に規定していない。しかし、この法も含めて、初期の幕府は、故戦防戦に関する追加法をいくつか発布し、訴訟当事者の自力救済を厳しく禁止する方向で政策を進めている(註(15)所掲羽下論文一一八～一二〇頁)。それを考慮に入れれば、施行状を持たない者の自力救済による下文の実現も違法とされていることは論理的に明白ではないだろうか。つまり、下文しか有していない輩の場合は、まずは施行状を獲得することが当然の前提とされていたと考えられるのである。

(17) 筆者のこの理解は、追加六〇条が下文施行権の確立を明言していない点が問題であろう。しかし、この理由は、本法が師直・頼章等による下文施行状の大量発給という既成事実を「追認」する側面が強かったためであると考える。つまり、現実としては、下文施行状はすでに広く認知され、普及した文書となっていたので、確立を明言するのもはばかられたのではないだろうか。

(18) 岩元修一「南北朝期室町幕府の政務機構」(『九州史学』一〇九、一九九四年)二四～二五頁。本論文を収録する同『初期室町幕府訴訟制度の研究』(吉川弘文館、二〇〇七年)ではこの記述は削除されている。しかし、観応以降の評定関係の史料を表にした「表11　評定関係一覧(観応二年八月～貞治六年)」(四四頁)に本法が収録されているので、岩元氏は本法が西国の義詮政権で制定されたとする見解は変更していないと考えられる。なお、桃崎有一郎氏は、尊氏袖判の存在から追加法五九～六一条が尊氏政権で制定されたとする(註(2)所掲同氏論文四五頁)。しかし、本文で述べた根拠から五九条以下は義詮政権で制定された可能性が高いと筆者は考える。

(19) 小川信「奥州管領吉良貞家の動向」(註(1)所掲同氏著書、初出一九七四・七五年)五三五～五四〇、五四三～五四七頁、本書第三部第三章第二節。

(20) 有川宣博「足利尊氏袖判一色道猷充行状について」(『北九州市立歴史博物館研究紀要』一〇号、二〇〇二年)。

(21) 主従制的支配権と統治権的支配権については、佐藤進一「室町幕府論」(同『日本中世史論集』岩波書店、一九九〇年、初出一九六三年)一一七～一二〇頁などを参照されたい。なお、六一条は御教書を遵守しない輩の処罰規定であり、厳密には下文施行にとどまらない広義の遵行関連法令であるが、五九・六〇条と同時に制定され、両条の次に記されることによって両条を補完する役割を担っていたと思われる。
(22) 以上、註(3)所掲小川論文一九四〜一九六頁。
(23) 初期の御内書は、非制度的、臨時の連絡文書に用いられた(佐藤進一『新版　古文書学入門』(法政大学出版局、一九九七年)一七一頁)。また、小要博氏も当該期の将軍尊氏の御内書発給について論じており、筆者と同様の見解をとっている(同「足利尊氏と御内書」(『日本史研究』一七三、一九七七年))。
(24) 註(3)所掲小川論文一九六頁。
(25) 註(13)所掲山家論文一八頁、岩元「室町幕府禅律方について」(川添昭二先生還暦記念会編『日本中世史論攷』文献出版、一九八七年)四一二頁など。
(26) 『祇園社家記録』正平七年(一三五二)一一月二〇日条。厳密にいえば、これは義詮御判御教書の施行である。が、下文を含む将軍発給文書全般の施行状を出す機関が引付方であった事実は動かないであろう。
(27) 東京大学史料編纂所および京都大学文学部古文書室所蔵のマイクロフィルム・影写本を拝見した。また、表1-15については、岩元修一氏から山口県文書館所蔵の写真版をご提供いただいた。記して謝意を表する。
(28) 引付方再開については註(13)所掲山家論文九頁、引付頭人については小要氏作成の引付頭人表を参照されたい(註(2)所掲同氏論文七八〜八〇頁)。
(29) 小要博氏も同様の指摘をしている(同「関東管領補任沿革小稿――その(一)――」(『法政史論』五、一九七七年)九〜一〇頁)。
(30) 文和元年(一三五二)一一月一五日制定室町幕府追加法第六三条に「五方之引付」とある(『法』三三頁)。
(31) 小要氏作成引付頭人表を参照されたい(註(2)所掲同氏論文七八〜八〇頁)。
(32) ただし、当該人物の花押は、観応の擾乱以前の俗人であったころの重茂の花押と比較すると形状が異なる。図Aは擾乱以前の高重茂、図Bは表1-17の花押である。これは、重茂が出家にともなって意図的に花押の形を変えたことを示すのではないだろうか。また、図Cは高師直の花押であるが、図Bとよく似ており、注目するべきと思う。
(33) 佐藤進一『室町幕府守護制度の研究　上』(東京大学出版会、一九六七年)一三一〜一三二頁、同「室町幕府開創期の官制体系」（註(21)所掲同氏著書、初出一九六〇年）一九九頁、註(29)所掲小要論文九～一〇頁など。

(34) 佐藤博信「足利義詮の花押について」（同『中世東国の支配構造』思文閣出版、一九八九年、初出一九八二年）。

(35)『園太暦』観応元年（一三五〇）七月二五日条。

(36) 高師冬が関東執事であった事実は、註(29)所掲小要論文六～八頁などを参照されたい。

(37) 石橋和義が直義党で、擾乱以前に引付頭人等を務めた事実は註(1)所掲小川著書九～一〇頁を参照されたい。大高重成は、擾乱以前若狭守護を務め（註(33)所掲佐藤『守護制度』二二三、二二四～二二六頁）、夢窓疎石と直義の法話集『夢中問答集』を刊行するほどの直義党であった（『国史大辞典』「夢中問答集」項、葉貫磨哉氏執筆）。二階堂行譚は、観応二年（一三五一）七月三〇日、直義が京都から没落したとき彼に従っている（『観応二年日次記』同日条）。また彼は政所執事の経験もあり、鎌倉幕府においても引付頭人を務めていた（細川重男「鎌倉政権上級職員表」（同『鎌倉政権得宗専制論』吉川弘文館、二〇〇〇年）巻末一〇〇頁）。なお、宇都宮蓮智の経歴については、松本一夫「『南北朝遺文』の意外な効用」（『東』第五巻月報、二〇〇二年）が詳しい。

(38) 註(32)で指摘したとおり、この沙弥の花押が師直の花押に酷似している事実も看過できない。発給者は、師直の執事施行状を非常に意識していたように見受けられる。また、師直が父師重の系統による執事職の独占体制の構築を目指したとする指摘もある（山田敏恭「高一族の相剋」（『ヒストリア』二〇六、二〇〇七年）一一三頁）。この

図Ａ　観応の擾乱以前の高重茂花押
建武４年(1337)４月12日　高重茂預ケ状(埼玉県立文書館所蔵「安保文書」No.５)
(『花押かがみ』６南北朝時代２、75頁No.２)

図Ｂ　沙弥某花押
文和元年(1352)10月13日　沙弥某施行状(東京大学史料編纂所所蔵「島津家文書」宝鑑２)
(同上書、176頁No.３)

図Ｃ　高師直花押
貞和５年(1349)８月28日　執事高師直奉書(尊経閣文庫所蔵「尊経閣古文書纂」編年文書)
(同上書、70頁No.30)

指摘が妥当であるとすれば、重茂が兄である故師直の路線に基づいて、義詮によって登用された可能性はさらに高まると考える。

(39) 延文三年（一三五八）正月二〇日付執事頼章施行状案、山城天竜寺重書目録（『天』一六五）。註(2)所掲小要論文八八頁等。

(40) 小川「中国・四国経営」（註(1)所掲同氏著書、初出一九七〇年）一六三〜一七三頁。

(41) 註(3)所掲小川論文一九九頁。

(42) 小川信「清氏の擡頭」（註(1)所掲同氏著書、初出一九六八年）一〇七頁。

(43) 註(3)所掲小川論文一九八〜一九九頁。

(44) 小川信「足利（斯波）高経の幕政運営」（註(1)所掲同氏著書、初出一九七三年）四〇六、四〇七頁など。

(45) この点、註(25)所掲岩元論文四一二頁も参照されたい。

(46) 註(3)所掲小川論文二〇二頁。

(47) 斯波氏が失脚した貞治五年の政変後、義詮は政変前よりもはるかに積極的に親裁権を行使した（小川信「頼之の管領就任と職権活動」（註(1)所掲同氏著書、初出一九七八年）二一九頁）。

(48) 小川信氏は、義詮発病前から頼之の管領就任は既定路線であったとする（註(47)所掲同氏論文二一九〜二二三頁）。しかし、筆者はその見解は採らない。

(49) 註(47)所掲小川論文二二二〜二二三頁。以前筆者は、南北朝当時実際に使用されていた呼称の変化から（榎野一裕「室町幕府開創期における執事と管領」（津田秀夫先生古稀記念会編『封建社会と近代』同朋舎出版、一九八九年））、執事から管領への変化を康暦の政変後の斯波義将の将軍補佐役就任時に求めた（拙稿「室町幕府執事施行状の形成と展開」（『史林』八六―三、二〇〇三年）七九頁）。しかし、管領は執事と引付頭人の権限を併せた地位であるとする佐藤進一氏の見解に従えば（註(21)所掲同氏論文一三七頁）、実質的な管領の出現は貞治六年の細川頼之補佐役就任時とするべきであると現在は考えている。

(50) 註(47)所掲小川論文二二七頁。

(51) 山城天竜寺文書（『天』二二七）。

(52) いずれも正文、東寺百合文書せ函武家御教書并達四五、東寺百合文書ヒ函五七―一。
(53) 『花営三代記』応安五年（一三七二）一一月二二日条など。
(54) 註(47)所掲小川論文二三〇～二三一頁。ただし、小川氏は、恩賞充行の義満袖判下文の初見を永和元年九月二日付三通とする（写、大友家文書録（『九』五二三二）、正文、筑後大友文書（同五二三三・五二三四））。しかし、応安六年（一三七三）一二月二二日付正文まで遡らせることができる（辻文書（『中四』四〇二七））（表3-6）。
(55) ただし、表3-16のように、管領が交代した時期には将軍が施行状を発給する場合もあった。小川信「斯波義将の分国支配と管領斯波氏の成立」（註(1)所掲同氏著書）四七〇～四七一頁など。
(56) 小川信「管領頼之在任時の評定衆・引付頭人・奉行人」（註(1)所掲同氏著書）二六〇～二六一頁。
(57) 註(21)所掲佐藤論文一三七頁。
(58) 註(1)所掲小川著書七六一頁。
(59) 室町家御内書案（『加能史料　南北朝Ⅲ』）。
(60) 富田仙助氏所蔵文書（『中四』五三九五）。なお、応永九年（一四〇二）四月五日にも義満の恩賞充行袖判下文正文（加賀前田家所蔵文書（『大』同日条））が残存している事実が古くから注目されている（上島有「室町幕府文書」（赤松俊秀他編『日本古文書学講座4　中世編Ⅰ』雄山閣出版、一九八〇年）九四頁）。しかし、明徳二年以降の下文発給事例はこの一例のみであるので、例外と見なしてかまわないであろう。
(61) 吉田俊右「前期室町幕府の「下文」と「安堵」」（『日本史研究』五〇三、二〇〇四年）六一～六二頁も同様の指摘をしている。
(62) 註(60)所掲上島古文書学解説書一〇一～一〇二頁。
(63) 桜井英治氏も、管領施行状が将軍権力の専制化を防止する効果をもたらしたと指摘する（同『室町人の精神』（講談社、二〇〇九年、初出二〇〇一年）一三七～一三八頁）。
(64) 註(33)所掲佐藤論文二二一～二二二頁。近年では、たとえば永井英治「初期室町幕府の荘園政策」（『南山経済研究』一九―三、二〇〇五年）が、かかる定説的見解に基づいて立論しているように見受けられる。

「☆」は施行文言を持たない場合を表す。

「◇」は領有者明記方式を表す。これについては本書第4部第3章第2節を参照されたい。

・横太線：本章第一節・第二節で示した下文施行の時期区分を示す。

拝領者	書式	下文発給年月日 下文の名目	備考	出典
臨川寺三会院	◇	観応元.10.25 観応2.4.8（直義） ※含他者寄進追認	御判御教書形式 前章表－72のA・B	山城臨川寺重書案文
細川頼和	○	観応2.2.13		紀伊野田文書
細川頼和ヵ	○	？ ※尊氏ヵ		紀伊野田文書
伊達景宗	●	正平6.12.12	B	京都大学総合博物館所蔵駿河伊達文書
松居助宗	●	正平7.閏2.15	宛所欠 B	蠹簡集残編所収朝比奈永太郎氏所蔵文書
松浦秀	◇☆	正平7.1.20	御内書形式	肥前松浦文書
安田氏義	●☆	観応3.6.8	御内書形式	但馬垣谷隆一郎氏所蔵文書
久下頼直	○	？ ※尊氏ヵ		丹波久下文書
円頓宝戒寺	●	観応3.7.4	御判御教書形式 B	相模宝戒寺文書
佐野秀綱	●	観応3.7.24 ※替地充行	直状形式	尾張佐野多喜氏所蔵文書
永福寺	●	観応3.4.13	御判御教書形式 B	朝日新聞2004年7月6日付埼玉版所載某氏所蔵文書
高師業	●☆	正平7.2.6 ※替地充行	御内書形式	永井直哉氏原蔵高文書
鶴岡八幡宮	●	観応3.4.23	御判御教書形式 B	上野浄法寺文書
下河辺行景	●	観応3.8.15	御判御教書形式 両使遵行	常陸鹿島神宮文書

○表１・表２の見方

※本書第２部第１章所掲「尊氏下文施行状一覧(観応の擾乱以前)」の見方と基本的に同じであるが、以下の点で異なる。

・「書式」欄

表１　尊氏下文施行状一覧(観応の擾乱以降)

No.	発給年月日	状態	差　出	宛　所	所 領 名
1	観応２.８.17	案	義詮	守護今川頼貞	但馬国太田庄内坂本・泰守両村
2	観応２.11.７	正	執事仁木頼章	守護仁木義長	遠江国相良庄
3	観応２.11.７	正	執事仁木頼章	守護京極秀綱	上総国長屋郷
4	正平７.閏２.14	正	南宗継	守護今川範国	駿河国入江庄内
5	正平７.閏２.16	写	南宗継	?	遠江国鎌田御厨内
6	観応３ヵ.５.９	正	将軍尊氏	海老名季康	相模国愛甲庄内上杉能憲跡
7	観応３ヵ.６.20	正	将軍尊氏	守護千葉氏胤	上総国一宮庄高根郷内
8	観応３.７.２	正	執事仁木頼章	守護代仁木義氏	武蔵国池守郷地頭職他
9	観応３.７.22	案	将軍尊氏	長井備前大郎	出羽国小田嶋庄内東根孫五郎跡
10	観応３.７.26	正	執事仁木頼章	西尾民部三郎	下野国足利庄梅園重綱跡
11	観応３.７.28	正	将軍尊氏	守護代仁木義氏	武蔵国春原庄内平塚郷
12	観応３ヵ.８.14	正	将軍尊氏	河越宗重	武蔵国ともりの郷
13	観応３.８.27	正	将軍尊氏	□□備前入道	相模国戸田郷内淵辺源五郎跡
14	観応３.９.２	正	将軍尊氏	武田高信 宍戸朝世	常陸国行方郡倉河郷并同郡小牧郷内

拝領者	書式	下文発給年月日 下文の名目	備考	出典
三吉秀盛	○	観応２．２．15		長門高洲家文書
三吉覚弁	○	観応２．２．15		広島県立文書館所蔵三吉鼓文書
島津道鑑	○	観応２．８．15		薩摩島津家文書
浄光明寺	●	同日	御判御教書形式 B	相模浄光明寺文書
遠山景房	●	観応３．３．２	御判御教書形式 B	美濃遠山文書
島津師久	○	観応２．11．２		薩摩島津家文書
田原貞広	○	観応２．１．29		豊後入江家蔵田原文書
円頓宝戒寺	●	観応３．７．４	御判御教書形式 B	相模宝戒寺文書
別符幸実	○	観応３．７．２		駿河別符文書
臨川寺三会院	○	観応２．11．３ ※他者寄進追認	御判御教書形式	山城臨川寺重書案文
結城顕朝	●	文和２．４．10	両使遵行 B	陸奥長沼文書
鶴岡八幡宮供僧重弁	●	観応３．４．23	13のA	相模鶴岡等覚相承両院所蔵文書
宗像社大宮司氏正	○	同日ヵ		筑前宗像神社文書
臨川寺三会院	○	同日 ※他者寄進追認＋替地寄進		山城臨川寺重書案文
大友氏時	○	観応２．11．２ 正平６．12．19(義詮)		筑後大友文書
小串光行	●	文和３．２．12		加賀前田家所蔵文書
尾張国木賀崎長母寺	●	同日		尾張長母寺文書
芥河垂水貞継	●	同日		東寺百合文書京函67－3

No.	発給年月日	状態	差　出	宛　所	所 領 名
15	文和元.10.3	正	引付頭人宇都宮蓮智	守護岩松頼宥	備後国高渚社地頭職
16	文和元.10.3	写	引付頭人宇都宮蓮智	守護岩松頼宥	備後国泉村地頭職
17	文和元.10.13	正	引付頭人高重茂ヵ	九州探題一色直氏	大隅国寄郡地頭職
18	観応3(文和元).10.15	正	将軍尊氏	守護千葉氏胤	上総国北山辺郡内由井郷
19	観応3(文和元).10.22	写	将軍尊氏	守護鵤木式部少輔	安房国古国府中村
20	文和元.10.26	正	引付頭人高重茂ヵ	守護一色直氏	肥前国松浦庄内早湊村地頭職
21	文和元.11.24	案	引付頭人某	守護大友氏時	豊後国々東郷
22	文和元.12.20	案	将軍尊氏	守護千葉氏胤	上総国武射郡内小松村
23	文和元.12.20	正	執事仁木頼章	守護代仁木義氏	武蔵国別符郷東方闕所分
24	文和元.12.27	案	義詮	守護六角義信	近江国赤野井村・三宅十二里
25	文和2.4.13	正	執事仁木頼章	長沼秀直 石河孫太郎入道	陸奥国信夫庄余部地頭職
26	文和2.7.2	案写	関東執事畠山国清	守護河越直重	相模国戸田郷内
27	文和2.12.25	正	執事仁木頼章	守護一色直氏	筑前国宗像社本家米
28	文和3.2.6	案	執事仁木頼章	守護六角義信	近江国石田郷上方半分地頭職
29	文和3.2.12	正	執事仁木頼章	守護一色直氏	筑前国遠賀庄他
30	文和3.2.16	正	執事仁木頼章	守護赤松則祐	播磨国下揖保内
31	文和3.5.25	正	執事仁木頼章	守護土岐頼康	尾張国狩津庄内山脇
32	文和3.9.2	案	執事仁木頼章	半国守護赤松光範	摂津国垂水庄下司職

拝領者	書式	下文発給年月日 下文の名目	備考	出典
紀伊国地頭御家人	○	場合による	御判御教書形式 「面々御下文」	南狩遺文
左京権大夫	○	文和3.5.25	両使遵行 B	大音正和氏所蔵文書
浄光明寺	●	観応3(文和元).10.15	御判御教書形式 18のA・B	相模浄光明寺文書
鶴岡八幡宮神主山城守時国	●	観応3.9.15	御判御教書形式 B	相模鶴岡神主家伝文書
島津範忠	●	貞和2.6.21		文化庁所蔵島津家文書
島津範忠	●	貞和5.7.2		文化庁所蔵島津家文書
島津範忠	●	観応2.1.24		文化庁所蔵島津家文書
石清水八幡宮	●	建武5.6.7	御判御教書形式 B	加能越古文叢

拝領者	書式	下文発給年月日 下文の名目	備考	出典
儀俄知俊	○	観応3.7.20		出雲蒲生文書
東福寺	○	正平6.12.23	「御下文」	山城東福寺文書
雅楽以秀	○	観応3.9.22	両使遵行	長府毛利家所蔵文書
多田院御家人等	○	文和元.10.4	「去三日御下文」 同文案(平尾家文書)	能勢弘氏所蔵文書
小早川重景	○	観応3.9.22	両使遵行	長門小早川家証文
安宅頼藤	○	正平6.12.3		紀伊安宅文書
石清水八幡宮	○	観応3.5.2		山城菊大路家文書
小早川実義	○	文和元.11.15	両使遵行	長門小早川家証文
宗像氏俊	○	? ※尊氏 or 義詮		筑前宗像文書

No.	発給年月日	状態	差　出	宛　所	所 領 名
33	文和３．９．12	案	将軍尊氏	守護代	紀伊国地頭御家人等恩賞地
34	康安２．９．12	案	将軍義詮	国富中務入道 吉岡九郎入道	若狭国堅海庄・田上保地頭職
35	貞治３．４．16	正	鎌倉公方基氏	守護世良田義政	上総国北山辺郡湯井郷内
36	貞治５．９．29	写	鎌倉公方基氏	丸豊前守	安房国安西八幡宮領同国郡房庄内
37	永和元．９．22	正	管領細川頼之	守護赤松義則	播磨国布施郷公文職
38	永和元．９．22	正	管領細川頼之	守護赤松義則	播磨国布施郷地頭職
39	永和元．９．22	正	管領細川頼之	守護赤松義則	播磨国布施郷下司職
40	康暦元．５．28	案	将軍義満	守護斯波義将	越中国蟹谷庄

表２　義詮下文施行状一覧

No.	発給年月日	状態	差　出	宛　所	所 領 名
1	観応３．９．24	正	引付頭人高重茂ヵ	守護六角義信	近江国麻生庄公文職
2	観応３．９．25	案	引付頭人某	守護大内弘直	周防国伊賀道郷地頭職
3	文和元．10．７	正	引付頭人高重茂ヵ	庄駿河権守 土師尾張権守	備中国河辺郷内壱分地頭職
4	文和元．10．７	写	引付頭人高重茂ヵ	守護赤松光範	摂津国多田庄地頭職
5	文和元．10．13	写	引付頭人高重茂ヵ	阿曽沼下野守 市河行頼	安芸国都宇庄地頭職
6	文和元．10．13	正	引付頭人高重茂ヵ	守護細川頼之	阿波国牛牧庄地頭職
7	文和元．10．18	正	引付頭人二階堂行譚	守護高師秀	河内国田井庄地頭職
8	文和元．11．17	写	引付頭人高重茂ヵ	椙原彦太郎 三島善遠江守	安芸国兼武名
9	文和元．11．22	正	引付頭人大高重成	守護一色直氏	筑前国久原村他地頭職

拝 領 者	書式	下文発給年月日 下文の名目	備　考	出　典
宗像社	○	？ ※尊氏 or 義詮		正閏史料２－３所収 宗像氏緒文書
安宅王杉丸	○	文和元.12.22 ※替地充行		紀伊安宅文書
島津頼久	○	文和元.12.12 ※替地充行		薩摩島津家文書
東福寺	●	文和元.12.22 ※替地寄進	「御下文」	尊経閣文庫所蔵東福寺文書
祇園社御師助法印顕詮	○	文和２．２.12		山城八坂神社文書
小野資村	○	同日		阿知須町公民館所蔵小野家文書
君谷実祐	○	文和２．４．５		萩藩閥閲録巻43
本間石河季光	○	文和２．５．１		本間文書
島津氏久	●	文和２．５.11		薩藩旧記24所収正法寺文書
島津道珍	○	文和２．５.11		薩摩島津家文書
西勝坊郷房教慶	○	文和２．６．３		出雲蒲生文書
山本坊郷注記定暹	○	文和２．６．３		尊敬閣文庫所蔵文書
東寺	●	観応３．４.20	御判御教書形式B	越後桂文書
小早川胤平	○	正平６.12.23	両使遵行	長門小早川家証文
詫磨宗顕跡	○	延文４．４.20		豊後詫摩文書
詫磨宗秀	○	延文４．４.20		大友家文書録
同国多比良村四面社	○	延文４．４.20		肥前松尾貞明氏所蔵文書
東大寺鎮守八幡宮	○	延文４．５.25 ※社官殺害之咎	御判御教書形式	東大寺文書
摂津国大洲庄大覚寺	○	同日		摂津大覚寺文書
佐々木導誉	○	延文５．８．９		佐々木寅介氏文書

No.	発給年月日	状態	差　出	宛　所	所 領 名
10	文和元.11.22	写	引付頭人大高重成	守護一色直氏	筑前国宗像庄内曲村他
11	文和元.12.23	案	引付頭人某	守護細川頼之	阿波国萱島地頭職
12	文和元.12.24	案	引付頭人某	九州探題一色直氏	薩摩国嶋津庄内加世田別符半分地頭職
13	文和２．１.18	正	引付頭人二階堂行譚	守護大内弘直	周防国二宮庄地頭職
14	文和２．２.25	正	引付頭人宇都宮蓮智	守護井上俊清ヵ	越中国堀江庄地頭職
15	文和２．４．５	写	引付頭人大高重成	当国守護	周防国麻合別符
16	文和２．４．８	写	引付頭人某	守護荒河詮頼	石見国出羽上下郷
17	文和２．５．６	正	引付頭人高重茂ヵ	守護六角義信	近江国欲賀郷内闕所分
18	文和２．５.22	写	引付頭人某	九州探題一色直氏	薩摩国在国司次郎入道道超跡
19	文和２．５.22	案	引付頭人某	九州探題一色直氏	薩摩国嶋津庄内
20	文和２．６．４	正	引付頭人高重茂ヵ	守護六角義信	近江国麻生庄四分壱
21	文和２．６．４	正	引付頭人高重茂ヵ	守護六角義信	近江国麻生庄四分壱
22	文和３.10.16	正	義詮	侍所佐竹義篤	山城国殖松庄
23	延文２．８．９	写	中国探題細川頼之	広沢筑前守 大多和太郎左衛門尉	安芸国久芳保地頭職半分
24	延文４．９．２	正	執事細川清氏	守護大友氏時	肥後国八王子庄内
25	延文４．９．２	写	執事細川清氏	守護大友氏時	肥後国詫磨近見左近将監跡
26	延文４．９．２	正	執事細川清氏	守護少弐頼尚	肥前国高来郡上津佐村
27	延文４.12.29	案	将軍義詮	守護仁木義長	伊賀国滝保氏他跡
28	延文５．３.12	案	執事細川清氏	半国守護赤松光範	摂津国富島庄下司職
29	延文５.10．６	案	執事細川清氏	守護新田大島義高	参河国渥美郡地頭職

拝領者	書式	下文発給年月日 下文の名目	備考	出典
臨川寺	○	康安元.11.10		山城天竜寺文書
大友氏時	○	貞治元.11.2 ※含替地不足分		筑後大友文書
君谷実祐跡	●	文和2.4.5	御判御教書形式 16のA・B	萩藩閥閲録巻43
宗像大宮司	●	?		筑前宗像神社文書
進士為行	○	貞治5.9.22		広島大学文学部所蔵猪熊文書所収進士文書
篠村八幡宮	○☆	貞治5.10.2	御判御教書形式	山城醍醐寺文書第1函
本郷家泰	○	? ※還補	御判御教書形式	若狭本郷氏関係文書
斎藤常喜	●	?	御判御教書形式 B	越中聞名寺文書
赤松貞範	○☆	?	御判御教書形式	岡山県立博物館所蔵赤松(春日部)文書
鎮守八幡宮	○☆	同日	御判御教書形式	山城醍醐寺文書第1函
戸次直光	●	康安元.8.27 ※譲与安堵	御判御教書形式 「安堵」	筑後立花文書

No.	発給年月日	状態	差　出	宛　所	所 領 名
30	康安元.11.14	正	引付頭人今川範国	守護石橋和義	若狭国耳西郷半分地頭職
31	貞治元.11.6	正	執事斯波義将	守護上杉憲顕	越後国風間入道跡
32	貞治2.12.14	写	将軍義詮	守護荒川詮頼	石州出羽上下郷地頭職
33	貞治5.3.1	正	将軍義詮	九州探題渋川義行	宗像社領等
34	貞治5.9.24	正	引付頭人吉良満貞	守護富樫昌家	加賀国山下郷内比楽村地頭職
35	貞治5.10.5	正	将軍義詮	守護山名時氏	丹波国河口庄内蓮台寺分
36	貞治5.12.22	写	将軍義詮	守護畠山義深	越前国春近四分一地頭職
37	貞治6.2.5	案	将軍義詮	守護桃井直信	越中国楡原保
38	貞治6.9.15	正	将軍義詮	守護赤松光範	摂津国鳥養牧地頭職
39	貞治6.9.27	正	将軍義詮	守護桃井直信	越中国吉河西東
40	康暦元.閏4.28	案	将軍義満	守護ヵ今川了俊	亡父兵庫頭頼時所領

・「下文発給年月日」欄
　管領細川頼之が下知状形式で発給した充行・寄進である場合、および明徳3年(1392)以降、義満が御判御教書形式で発給した充行である場合、それぞれ「※管領頼之下知状」、「※御判御教書形式」と記す。
・横太線：本章第三節で示した下文施行の時期区分を示す。
・横太破線：下文施行状の書止文言が、「依レ仰執達如レ件」から「所レ被二仰下一也、仍執達如レ件」に変化した時点を示す。

拝領者	書式	下文発給年月日 下文の名目	備考	出典
吉良満貞	○	? ※還補(義詮 or 頼之)		尊敬閣文庫所蔵東福寺文書
鹿嶋社	●	応安元.閏6.12 ※管領頼之下知状		常陸鹿島神宮文書
天竜寺金剛院	●	? ※義詮 or 頼之	B	加賀前田家所蔵文書
臨川寺	◇	応安4.閏3.12 ※管領頼之下知状		山城臨川寺文書
五井頼持	○	応安5.6.23 ※管領頼之下知状		松雲公採集遺編類纂136所収吉見伝書
箕浦千俊	○	同日 ※替地充行	宛所欠	辻文書
布施昌椿	●	?	B	古簡雑纂10国立国会図書館本
丹波安国寺	○	永和元.9.6		丹波安国寺文書
佐波善賢義	○	永和2.8.9		中川四郎氏所蔵文書
朽木氏秀	●	? ※所領安堵	B	近江朽木文書
東寺	○	永和3.11.21		東寺百合文書せ函武家御教書并達49
二宮光員	●	?	B	天理大学附属図書館所蔵文書
摂津能直	○	永和5.3.21 ※替地充行・奉公之労		美吉文書

○表３の見方

※基本的に、本書第２部第１章所掲「尊氏下文施行状一覧(観応の擾乱以前)」の見方と同じであるが、以下の部分で異なる。

・「書式」欄

「☆」は施行文言を持たない場合を表す。

「◇」は領有者明記方式を表す。領有者明記式については本書第４部第３章第２節を参照されたい。

表３　義満下文施行状一覧

No.	発給年月日	状態	差出	宛所	所領名
1	応安２．６．22	正	管領細川頼之	守護大内弘世	石見国都野郷地頭職
2	応安２．10．13	正	管領細川頼之	関東管領上杉能憲	常陸国伊佐郡内平塚郷
3	応安３．10．14	正	管領細川頼之	守護長伊豆入道	但馬国東河庄地頭職
4	応安４．４．19	正	管領細川頼之	守護京極高詮	近江国比江郷地頭職
5	応安５．７．18	写	引付頭人仁木義尹	守護吉見氏頼	能登国正院郷内
6	応安６．12．22	正	管領細川頼之	？	美作国神戸郷内次男分地頭職他
7	応安７．８．12	案	管領細川頼之	守護山名師義	但馬国土田郷内墓垣村
8	永和元．12．12	正	管領細川頼之	守護上杉憲栄	越後国鵜河庄内安田条上方
9	永和２．９．22	正	管領細川頼之	守護京極高秀	出雲国赤穴庄地頭職
10	永和２．９．22	正	管領細川頼之	守護京極高詮	近江国高嶋本庄案主名
11	永和３．12．８	正	管領細川頼之	侍所山名氏清	山城国東西九条地頭職
12	永和４．７．12	正	管領細川頼之	守護山名義理	美作国田邑庄公文職他
13	永和５．３．23	正	管領細川頼之	守護六角満高	近江国大江・大萱他

拝領者	書式	下文発給年月日 下文の名目	備考	出典
摂津能直	●☆	永和5.3.21 ※替地充行・奉公之労	13のA・B	美吉文書
祇園社	○	康暦元.4.8		祇園社記御神領部第4
浜名詮政	○	康暦元.閏4.20 ※替地充行	御判御教書形式	氏経日次略記
上杉憲方	○	?		出羽上杉家文書
大友親世	○	康暦元.5.2 ※替地充行		筑後大友文書
田原氏能	○	?		豊後草野文書
摂津能秀	○	? ※還補		美吉文書
小代宗清	○	嘉慶2.11.25		肥後小代文書
京極高秀	○	同日ヵ		佐々木寅介氏文書
京極高秀	○	同日ヵ	年号「明応」	佐々木寅介氏文書
京極高秀	●	明徳元.4.26ヵ	「去四月廿五日御下文」	佐々木寅介氏文書
小早川実忠	○	明徳元.12.24 ※替地充行		尊経閣古文書纂
佐竹宣尚	○	明徳3.12.29 ※御判御教書形式	直状形式	秋田藩家蔵文書5
摂津能秀	●	明徳3.12.25 ※御判御教書形式 ※替地充行	A	美吉文書
本間詮季	○	応永4.6.23 ※御判御教書形式		本間文書
京極高詮	○	応永6.7.20 ※御判御教書形式	当事者宛	佐々木寅介氏文書
佐竹常尚	○	応永8.8.19 ※御判御教書形式 ※替地充行		秋田藩家蔵文書5

No.	発給年月日	状態	差出	宛所	所領名
14	康暦元．4．15	正	管領細川頼之	守護六角満高	近江国大江・大萱他
15	康暦元．閏4．10	案	管領細川頼之	守護六角満高	近江国山中弾正忠入道跡
16	康暦元．5．2	案	将軍義満	守護土岐頼康	伊勢国河辺・霜野御厨
17	康暦2．4．8	案	管領斯波義将	守護上杉房方	越後国妻有庄
18	康暦2．8．4	正	管領斯波義将	守護今川了俊	肥後国関入道跡他地頭職
19	至徳4．3．11	正	管領斯波義将	九州探題今川了俊	豊前国苅田庄地頭職
20	至徳4．6．15	正	管領斯波義将	守護斯波義種	加賀国倉月庄
21	嘉慶2．12．3	正	管領斯波義将	守護今川了俊	肥後国井倉庄他
22	明徳元．4．26	案	管領斯波義将	守護土岐満貞	尾張国志那野他
23	明徳元．4．26	案	管領斯波義将	守護仁木満長	伊勢国蘇原庄
24	明徳元．6．20	案	管領斯波義将	守護土岐頼世	美濃国多芸内吉田
25	明徳2．5．9	正	管領細川頼元	守護斯波義教	加賀国有松村地頭職
26	明徳3．12．30	写	管領細川頼元	守護代小笠原満長	丹波国桑田寺他
27	明徳4．2．11	正	管領細川頼元	守護赤松義則	美作国布施庄他
28	応永4．6．25	正	管領斯波義将	分郡守護京極高詮	近江国欲賀郷内中里半分
29	応永6．7．26	案	管領畠山基国	京極高詮	佐々木鏡跡
30	応永8．8．28	写	管領畠山基国	守護細川満元	丹波国天田郡拝師庄領家職半済他

第三章　南北朝期室町幕府仁政方の研究

はじめに

室町幕府において将軍が行使した恩賞充行袖判下文や所領寄進状を発給する権限は、主従制的支配権の根幹を占めており、(1)将軍権力の中核であったといえる。特に南北朝内乱初期には、恩賞充行政策を貫徹することは重要な政策課題であったに違いない。

充行下文・寄進状は基本的に拝領者の不知行所領に対して下されたため、その発給後には多くの場合執事施行状に代表される下文施行状が発給され、それによって守護に対して下文の執行、つまり「沙汰付」による恩賞地・寄進地の当知行化が命じられた。本書第二部第一章において、筆者はこの執事施行状について論じた。そこで、執事施行状は、恩賞充行・寄進の貫徹に威力を発揮し、武士・寺社に利益を与えることによって下文・寄進状拝領者の幕府への求心力を高め、政権基盤を強化することに貢献した点に歴史的意義があったと結論づけた。この施行システムは、三代将軍足利義満期以降における管領制度の確立とともに、将軍御判御教書→管領施行状→守護遵行状→守護代遵行状……という命令の下達系統に発展し、室町時代前期における室町幕府の根幹の制度となったのである。(2)

では、執事施行状はいかなる機関で発給されたのであろうか。従来、山家浩樹氏によってそれは恩賞方の一部局である所付方とされてきた。[3]しかし、私見では、執事施行状の発給機関は仁政方であると考える。この点を解明することが本章の第一の目的である。

南北朝初期室町幕府の体制は、初代将軍足利尊氏と弟直義の二頭政治であって、二人で権限と幕府の諸機関を分割していた。その事実を一九六〇年代に佐藤進一氏が解明して以来、[4]当該分野の研究はそれを基に精緻な分析が進んできた。それらの成果に加えて、執事施行状や執事奉書の発給機関を解明することもまた、初期室町幕府の幕政機構に関する理解を一層深化させる点で十分に意義のある研究であると考えている。

なぜなら、それは単に初期の室町幕府の組織を解明するだけにとどまらず、政治史研究の上でも重要な意義があると考えられるからである。本章第三節で論じるように、仁政方による下文施行状発給が下文施行政策をめぐる執事高師直と直義の路線対立を発生させ、両者の対立が一層激化して、観応の擾乱にいたる大きな一因になったと推定できるのである。それを論じるのが本章の第二の目的である。

ところで本章では、仁政方が将軍（あるいは直義といった将軍に準じる立場にある人物）の親裁機関であるか、親裁ではない管轄下の機関であるかが論点となる。先行研究においては基本的に、将軍の出座の有無によって将軍親裁機関であるか否かが判断されている。それは確かに親裁の有力な指標ではあるが、絶対視することには疑問がある。

たとえば、延文五年（一三六〇）八月から一二月にかけての約三か月間は、執事細川清氏が執事奉書による所務遵行命令を発給し、二代将軍足利義詮の御判御教書による同様の遵行命令が完全に停止された。この現象について小川信氏は、執事が将軍の所務沙汰親裁権を全面的に制約し、執事自身が事実上所務沙汰の審理・裁決の総轄者を兼ねた結果であるとする。[5]山家氏は、小川氏の見解を承けて、将軍が出座し、本来は将軍御判御教書を発給する親裁機関である御前沙汰の内部で、当時将軍と執事の間に軋轢が生じており、両者の力のバランスを反映

して、御判御教書・執事奉書と発給文書の使い分けがなされていたとする。(6)

第二節で論じるとおり、筆者は執事施行状のみならず執事奉書も仁政方で発給されたと考えているので、この点は山家氏と見解が相違する。しかし、将軍が出座する機関でさえも時に実質的に執事の権力が増大し、発給文書の様式に影響をおよぼす場合が存在し得ることを想定する点については賛同したい。また、義満期には将軍の病気のために引付沙汰の開催が中止されている事実から、引付方において将軍の臨席があったことが推定できるが（後掲表1-8）、この引付方も将軍親裁ではない管轄機関とするのが一般的な理解であろう。(7)

そこで、発給文書の様式を中心に機関の権限・機能も総合的に考慮に入れ、少なくとも文書行政の上では原則として、将軍がみずからの袖判下文・下知状・御判御教書といった直状を発給したと考えられる恩賞方・御前沙汰といった機関を将軍の親裁機関とする。そして、相対的に将軍の影響力が小さい機関――引付頭人・禅律頭人等が、将軍の意志を奉じる奉書形式ながらもみずから署判した文書を発した引付方・禅律方――、あるいは管領細川頼之が奉書形式の下知状で恩賞充行を行った時期の恩賞方といった機関を将軍の管轄機関と定義して議論を進める。(8)

無論、発給文書の様式と権限を直接的には結びつけられないとする見解も存在し、留意するべきである。しかし、清氏の例であきらかであるように、直状形式と奉書形式の区別をまったく無視するのも不適切であろう。ある程度は文書発給者の意図も反映されているのも確かだと考える。(9)(10)

第一節　執事（管領）施行状の発給機関・仁政方

（一）先行研究の検討

冒頭でも述べたように、執事施行状の発給機関は、山家氏によって恩賞方の一部局である所付方とされてきた。

山家氏が解明したように、所付方とは、二段階に分かれている恩賞方の審議過程のうち、第一段階でなされた軍忠審査・恩賞給与の決定をうけて、実際に所領を特定してその調査を行う第二段階の部局である。しかし、所付方での執事施行状発給は、山家氏の引用する史料からは確認することができない。(11)

何より、前章でも指摘したように、執事が不在で施行状を発給できないなどの事情で、引付方において引付頭人が奉書形式で、もしくは将軍みずからが、おそらくは御前沙汰においてであろうが主として御判御教書形式で施行状を発給する場合があった事実は看過できない。これは、施行状の発給機関が所付方でないことを示しているのではないだろうか。所付方はあくまでも下文・寄進状発給に先だって恩賞所領を調査する機関であって、下文が出された後になされる施行状の発給は所付方とは別個の機関で行われたと考えられる。

筆者は、執事施行状の発給機関は仁政方であると考える。しかし、従来の仁政方に関する理解は私見とは異なる。

仁政方は、古くは石井良助氏によってその存在を指摘された機関であるが、石井氏は賦の存在に言及するのみで、その具体的な機能については論じていない。(12)戦後、仁政方については大きく分けて三つの見解が出された。一つは、佐藤進一・岩元修一両氏による何らかの手続過誤救済機関とする説である。(13)また一つは、山家浩樹・家永遵嗣両氏による引付方より上位に位置する将軍（尊氏・直義の二頭政治期には直義）の親裁機関で、押妨者の罪名決定によって引付方を補完する役割を担うとする説である。(14)そして、小川信氏による恩賞地の知行回復の訴訟を行うなどとする説である。(15)

そこで、まずはこれら先学の仁政方に関する所説を検討する作業から始めたい。章末の表1は、岩元氏による表(16)を基に作成した仁政方関連史料の一覧である。

A　佐藤・岩元説の検討

〔史料一〕永和元年（一三七五）四月日付東寺雑掌頼憲申状案（表1-7）

（前略）所詮於二引付御沙汰一者、雖レ被レ仰二何ケ度一、難二事行一之上者、被レ下二彼奉行於仁政方一、被レ経二厳密御沙汰一、停二止師景（多治部）押妨一、被レ沙二汰-付庄家於雑掌一、（後略）

東寺領備中国新見荘領家職には、以前から何度も多治部師景の押妨停止を命じる室町幕府の引付頭人奉書等が出されていた。しかし、それらの命令に従って守護や使節が遵行を行っても、師景がすぐに戻ってまた押妨を繰り返していた（〔史料一〕前略部分）。そこで、引付方の命令では効力がないとして、引付方の奉行人を仁政方に派遣して、仁政方から沙汰付命令を出すように〔史料一〕をもって東寺が要求したのである。

佐藤氏は、この史料から仁政方を訴訟の手続過誤救済機関であるとする。だが、越訴・庭中といった他の過誤救済機関のあり方を踏まえて考えれば、訴訟当事者にとって「訴訟の手続過誤」とは、一般的には奉行人や論人の緩怠・不正等によって訴訟の進行が停滞したり不服の判決が下されること、つまり「判決にいたるまでに発生する手続もしくは判決内容の過誤」を指すのではないだろうか。

しかし、師景の押妨を停止し当該領家職を東寺に沙汰付することを命じる引付方から数回下された判決自体は、手続・内容ともに東寺にとってはまったく正当で異論のない命令である。問題は、判決が実現しないことなのである。そのため、東寺は仁政方に提訴先を変更し、同様の判決を獲得することによる「すでに下された判決の執行」を期待しているのである。これは、「判決にいたるまでの訴訟の手続過誤、あるいは誤った判決の救済」には該当しないのではないだろうか。

佐藤氏は、仁政方が足利義満期に越訴方の機能を代替している事実も指摘する（表1-9）。だが、これはあくまでも越訴方の代替であって、仁政方本来の機能は別のものであったと考えられる。また、氏も認めるように、庭中方・内奏方といった他の訴訟過誤救済機関との権限分掌が不明である点も問題である。

岩元修一氏も佐藤説を継承し、次に検討する山家説を批判する。その批判は妥当な点を多々含むと考える。が、佐藤氏と同様具体的な救済のあり方が明らかにされていない点が問題であろう。

B　山家・家永説の検討

〔史料二〕暦応三年（一三四〇）四月一五日制定室町幕府追加法第六条

一　寺社幷本所領以下押領輩事　暦応三　四　十五　御沙汰

近年武家被官人・甲乙之輩、令レ違二背下知御教書一、剰対二于守護使幷使節等一、及二合戦狼藉一之由、有二其聞一、綷超二常篇一、然者別而可レ有二厳密之沙汰一、奉行人令レ随二身文書一、直令二披露一者、可レ被レ裁二判罪名一之旨、可レ触二仰五方引付一焉、(17)

〔史料三〕暦応四年（一三四一）一〇月三日制定室町幕府追加法第七条(18)（表1-1）

一　雖レ給二御下文一、不レ知二行下地一輩事　暦応四　十　三　仁政内談

不レ可レ為二仁政沙汰一歟之由、前々内談訖、可レ為二引付行事一之間、向後不レ可レ有二其沙汰一也、

山家氏は、下文に従わない場合、奉行人が直義に文書を直接披露する場が仁政方であり、直義の親裁機関であるとする。そして、〔史料二〕〔史料三〕の両条を関連づけ、六条が定める、寺社本所領に関して違乱人が下知・御教書に従わない場合、奉行人が直義に文書を直接披露する場が仁政方であり、直義の親裁機関であるとする。そして、七条が下文に関する訴訟を仁政方から引付方に移管する内容であることから、仁政方の機能は、尊氏の下文以外の直義が発給する裁許下知状などを実現することで、六条にある押妨者の罪名決定によって引付方を補完する役割を果たしていたと推測した。家永氏の見解は、義詮時代の仁政方に言及するなど山家説と相違する部分もあるが、基本的に山家説と同一の認識であると考えて差し支えないであろう。

仁政方を引付方の上位に位置する機関であるとする点に関しては、管轄機関である引付方・禅律方と同様、〔史料三〕に明記されているように仁政方に「内談」が存在する事実などを基に、岩元氏がすでに随所で批判を

加えている。[19]仁政方を引付方・禅律方と位置的に並列する管轄機関であるとし、追加六条の規定する訴訟文書を直義へ披露する場は仁政方ではないとする氏の主張を支持したい。

訴訟案件は引付を経て評定に上程され、そこで裁許下知状の発給の可否が審議された。[20]また、論人の所領没収等の具体的な処罰は直義下知状に記された。そうした当該期の訴訟システムを踏まえれば、六条が規定する奉行人が直義に直接訴訟文書を披露して論人処罰の許可を仰ぐ場は、岩元氏が述べるように引付方の上級機関で直義の親裁機関である「御前」であろう。[21]

何より、表1に見えるように、仁政方が押妨者の所領没収あるいは寺社修理の賦課といった罪名決定を行っている事例が皆無である事実は看過できない。家永氏が六条の適用例であるとし、山家説に賛同する根拠とした〔史料二〕は、引付方とまったく同じ機能である押妨停止・沙汰付命令の要請であり、東寺の要求に論人の処罰は含まれていない。

山家氏は、追加六条・七条を関連する法令であると推定してこのような結論を導き出した。しかし、筆者はこの点こそが最大の問題であると考える。六条は寺社本所領に関する法令、七条は下文に関する規定であり、命令の内容自体が異なっている。両条が制定された時期にも一年以上の開きがあり、しかも追加法が制定された機関もそれぞれ「御沙汰」「仁政内談」と異なっており、両条に関係を見いだす積極的な論拠は乏しいといわざるを得ない。

また、氏が七条に見える「御下文」を尊氏発給のものに限るとした点も賛同できない。これは、六条と七条を関連づける推定に基づくのであるが、たとえば建武四年（一三三七）九月二六日付執事施行状[22]のように直義下文も尊氏下文と同様に「御下文」と呼んでいる事例が散見する。したがって、七条規定の「御下文」は尊氏下文・直義下文双方を含むと考える。なお、寄進状も下文と呼ぶ例があるので、[23]追加七条が述べる下文とは実質的に寄進状も含むと考えられる。

なお、南北朝後期の仁政方に関する山家氏の見解については、行論の都合上第二節で検討したい。

C　小川説の検討

氏は、仁政方の機能を暦応四年までは恩賞地の知行回復の訴訟であるとする。また、執事高師直が仁政沙汰に関与した事実も併せて指摘し、引付頭人奉書とは別系統の特殊裁判であると推定した。小川氏の見解は、仁政方を恩賞関連や執事の訴訟と結びつけた点において、従来の研究の中ではもっとも妥当であると考える。

しかし、義満期の仁政方を、将軍の病気によって中止されていることから（表1-8）、山家氏と同様に将軍の出座があって将軍親裁機関とした点に関しては、管轄機関である引付方においても同様に開催が中止されている事実や、仁政方での審理を踏まえて義満袖判裁許下知状が発給されている事実（表1-9）を基にし、引付方・禅律方等と並立する機関であるとする岩元氏の批判を支持したい。(24)

(二)　室町幕府追加法第七条の考察

以上、諸説の問題点を指摘した。そこで、改めて仁政方とはいかなる機関であるのかを考察したい。

六条と七条は、筆者の理解では、関連性がない、それぞれ別個の独立した法令である。したがって、六条は仁政方に関する史料であるとはいえず、仁政方を考察するにあたっては、仁政方の存在が明記されている追加七条を単独で検討する作業が最優先されるべきであると考える。

追加七条は、「雖レ給二御下文一、不レ知二行下地一輩事」、すなわち「下文を獲得したにもかかわらず、下地を知行できない輩の訴訟」を仁政方から引付方に移管する内容である。すなわち、少なくとも暦応四年（一三四一）まではかかる訴訟は仁政方で行われていたといえるであろう。この訴訟においては、下文が再審査され、その正当性が認められた場合、当然恩賞地の不知行状態を当知行化する判決が下されていたと考えられる。筆者は、この判決こそが執事施行状にほかならないと推定する。

執事施行状とは元来、下文・寄進状を拝領したにもかかわらず、自力救済では恩賞地・寄進地を実効支配できない武士・寺社のために、執事が彼らの申請に応じて発給した文書であり、下文に任せて守護等に「沙汰付」を命じ、守護の軍事力で下文・寄進状拝領者を援護することによって、不知行状態である恩賞地を当知行化させることを最大の目的としていたと推定される。[25] 追加七条の規定内容は、こうした執事施行状の原理とまさしく符合しているのではないだろうか。

すなわち、仁政方こそが執事施行状の発給機関であったと考える。そう推定した場合、次の史料も先学以上に論理的整合性をもって解釈することができる。

〔史料四〕貞和三年（一三四七）四月七日付足利直義裁許下知状写（表1-2）

（前略）右、当職者、（中略）建武四年五月廿二日預二還補御下文一訖、（中略）於二仁政方一可二安堵一之由、頼持棒（捧）二申状一之間、（後略）

〔史料四〕は、訴人長井仁源と論人遠山景房の所務相論を処理した直義下知状写の一部である。これから、建武四年（一三三七）五月二二日に拝領した「還補御下文」を根拠に、訴人長井仁源代頼持が美濃国遠山荘手向郷地頭職の「安堵」を求めて仁政方に提訴した事実が判明する。

山家氏が、この「還補御下文」を直義発給のものとしたのは妥当であろう。還補下文とは、一度没収した所領を幕府が被没収者に返還する下文のことである。[26] したがって、多くの場合、実態として拝領者の不知行の所領に対して発給されたと考えられる。本訴訟においても、「（論人遠山景房の祖父である）覚心押領」「（論人遠山氏の）知行無二相違一」といった裁許状に記載された訴人・論人双方の主張が一致しているので、この下文が訴人長井氏が実効支配していない所領の給付であることは確実である。故に、訴人長井仁源は、大半の尊氏の恩賞充行袖判下文拝領者とまったく同様に、七条が規定する、下文を獲得したにもかかわらずその所領を支配できない輩に条件的に該当するのである。

つまり、長井仁源は、不知行所領に関して下文を拝領したために、仁政方に「安堵」を求めて提訴したのである。本来安堵とは、根元的には「牢籠」からの救済であり、そこから派生して不知行所領の回復を意味した事実は広く知られているところである。(27)本例においても、訴人がその意味で安堵の語を使用していることは確実であろう。

直義の安堵下文は、拝領者がすでに該所領を実効支配している当知行所領に対して下される「調査型」が原則であったので、(28)通常施行状が存在しない。(29)しかし、本例に見えるように、直義も時に還補・寄進といった名目で不知行所領に下文や寄進状を発給する場合があり、その場合には執事施行状が発給されるケースも存在した。(30)

この事実も踏まえれば、ここで長井仁源が仁政方に対して行った要求も、下文に記載されている不知行所領の当知行化と考えられ、それは具体的には執事施行状の発給であったと結論づけたい。

以上の検討をまとめれば、仁政方は、尊氏・直義発給を問わず、幕府発給の下文が実現しない場合にその実現を図る機関である。それは具体的には、下文を再審査し、守護等に対して下文に任せて「沙汰付」することを命じる機能であると考えられる。その機能に最も合致する幕府文書は執事施行状である。故に、仁政方は執事施行状発給機関であると考える。(31)

第二節　執事（管領）奉書の発給機関・仁政方

仁政方が執事施行状の発給機関であるとする筆者の推定が許されるならば、執事施行状の様式が引付頭人奉書とまったく同一である事実から、仁政方において執事は、引付方における引付頭人に相当する地位を占めていたといえよう。そして、施行状以外の執事奉書も様式上は執事施行状とまったく同じ文書で、いわば仁政方の頭人である執事が発給する文書であるから、仁政方は南北朝期全般にわたって施行状を含む執事（管領）奉書一般を発給する機関であったと統一的に考えることができないであろうか。南北朝期において仁政方の存在が確認できる時期には、必ず執事（管領）が存在していることも傍証となるであろう。

だが、山家氏は、将軍義満が幼少のため管領細川頼之が将軍権力を代行した時期の仁政方を、義詮の御前沙汰に相当する、あるいはそれが変化した管領が主催する機関とし、成人した義満が親裁を開始したのちの仁政方を、頼之の仁政方を継承した将軍の親裁機関であるとする。後述するように、確かに頼之期仁政方において頼之の執事奉書発給が確認できる。しかし、これを義詮の御前沙汰の系譜をひく機関であるとするのは疑問がある。

この見解は、義詮期における執事細川清氏・斯波義将発給の執事奉書が義詮御前沙汰で発給されたと推測し[32]、この前提を基に、頼之もまた御前沙汰を継承する機関で奉書を発給したと考えたことによるのであろう。しかし、義詮期の執事奉書発給が御前沙汰で行われた事実を史料的に確認することはできない。この前提が実証されない限りは、氏の見解は推測の域を出ないのではないだろうか。また、義詮期においても仁政方は御前沙汰と並立して存在している（表1-4）。山家氏の理解では、義詮御前沙汰と義詮期仁政方との関係、あるいは義詮期仁政方と頼之期仁政方との系譜関係も問題となると思われる[33]。なお、義満親裁開始後の仁政方に関する山家説に対しても、前節における小川説を検討した箇所で述べたように岩元氏による批判が存在する。

前述したとおり、仁政方は南北朝期全般にわたって執事（管領）奉書を発給する機関であったと筆者は推定している。以下、この推定を論証するために、表1採録史料を含むいくつかの史料を検討しよう。

〔史料五〕暦応元年（一三三八）一二月二七日付執事高師直奉書案

豊後国井田郷事、被レ預二置于嶋津上総入道々鑑(貞久)一之処、戸次豊前太郎頼時号レ有二一色入道(範氏)預状一、致二押領狼籍(藉)一云々、頗難レ遁二其咎一歟、早停二止彼妨一、不日可レ被レ沙二汰一付于道鑑一之状、依レ仰執達如レ件、

暦応元年十二月廿七日　　武蔵守(高師直)在判

大友式部丞(氏泰)殿(34)

〔史料五〕は、島津道鑑に預け置かれた豊後国井田郷に対する戸次頼時の押領を停止し、道鑑に沙汰付することを同国守護大友氏泰に命じた執事高師直の遵行命令である。当該所領に対して出された師直による同様の奉書がもう一通存在する。(35)

〔史料五〕は、文中に「被レ預二置于嶋津上総入道々鑑(貞久)一之処」とあることから将軍の預置地の「沙汰付」命令である。また、発給年月日から判明するように、七条制定以前に発給された将軍恩賞地（厳密にいえば預置地）の知行回復を命じる内容である。これと師直が引付頭人を兼任していない時期にこれらの奉書が出された点から、小川氏はこれを仁政方の所管事項であるとし、師直の仁政沙汰への関与を指摘する。この点は筆者の見解も小川氏と同様であり、これら二通の奉書は執事奉書であり、仁政方で発給されたものと推定する。(36)

〔史料六〕『吉田家日次記』応安四年（一三七一）一〇月六日条（表1-5）

六日（中略）

後聞、今日武家仁政沙汰也、当社領矢橋庄事令二落居一云々、三ヶ年之訴訟一時之入眼令二自愛一者也、

〔史料七〕『吉田家日次記』同年一一月三日条

三日（中略）

今日矢橋庄御教書之宛所「殿」之字事、斎藤右衛門入道玄観伺申之間、無二相違一被二書入一了(ママ)勿論也、（中略）

当社神服料所近江国矢橋庄領家職事、地頭・領家為二各別地一之上者、可レ被レ令二雑掌所務一之状、依レ仰
執達如レ件、
応安四年十月六日　　武蔵守（細川頼之）判
吉田社神主殿(37)

〔史料六〕から、この日幕府において仁政沙汰が開催されたことがわかる。その時発給された判決文書が〔史料七〕に引用されている管領細川頼之奉書であることは、日付・内容ともに一致するので明白である。すなわち本例から、仁政沙汰で管領奉書を発給している事実が判明するのである。内容は、この頃から管領の権限に帰した料所安堵である。(38)同時期にもう一例、仁政沙汰で管領奉書を出していると推定できる史料（表1-6）がある。(39)

従来から指摘されているように、執事は観応の擾乱以降、引付方の権限も吸収する志向を見せ始める。特に頼之期以降は引付方が衰退して、それまで引付頭人奉書で行っていた所務遵行命令は執事が発展した管領が発給する奉書で行われるようになった。(40)鳥居和之氏が「引付方は、管領制への移行の過程で、その機能を停止し、管領の支配下に評定衆や奉行人を配し、訴訟を審議する形にまとまる」と述べているように、(41)管領は所務沙汰一般の審議を担当するようになるのである。

これらの指摘を踏まえれば、〔史料七〕の料所安堵の管領奉書や表1-6の半済停止命令の発給は、頼之の将軍代行期の特例ではなく、管領奉書の発給機関仁政方による引付方の権限吸収の過程を示す一例であろう。

そして、表1の他の事例も執事（管領）の権限拡大の現れと解釈することができないだろうか。表1-3は引付方の中絶期に仁政方が所務沙汰の審議機能を代替している事例であると理解できるし、表1-9は越訴方の機能の代替である。また、〔史料一〕（表1-7）の申状は仁政方による所務遵行命令発給要求であるが、これが南北朝後期に幕府に提出された事実を踏まえれば、ここで東寺が仁政方に要求している文書こそは管領奉書だった

のではないだろうか。このように、擾乱以降の仁政方は執事（管領）の職掌とよく符合するのである。(42)

以上から、仁政方は、南北朝期を通じて執事施行状を中核とする執事（管領）奉書全般の発給を行ったと考えられる。(43) 残存する執事奉書の内容から推察すると、下文の施行や所務遵行命令だけではなく、御判御教書による預置・兵粮料所指定等の施行、さらには日常の細事・私事の伝達など、将軍の多岐にわたる意思の実現を図ったとおぼしい。(44)

次に、仁政方の人的構成や設置時期等の問題について考察したい。まずは、人的構成について検討しよう。

〔史料八〕『御評定着座次第』至徳二年（一三八五）一二月一二日・一七日条（表1-10）

同（至徳二年）十二月十二日御恩沙汰

御座（義満）

管領義将（斯波）朝臣　　二階堂中書禅行照

問注所（太田）刑部少輔長康　　波肥通郷

松丹貞秀　　飯濃入（飯尾貞行）新加初参

　披露奉行人

松田豊前守（頼胤）　　雅楽備中守

飯尾肥前守（為永）　　斎藤五郎左衛門尉

同十七日仁政御沙汰

御座

管領義将朝臣　　二階堂山城中書禅

問注所刑部　　波多野肥州

松田丹州　　　　飯尾濃入

　披露奉行人

飯尾肥前守　　　　雅楽備中守

飯尾善左衛門為久　　松田主計允（秀経）

　今年中御沙汰、以上七箇度也、

至徳二年一二月一二日、恩賞沙汰が開催され、その五日後の一七日、仁政沙汰が催された事実がこの記事から判明する。仁政沙汰には、将軍・管領以下評定衆・奉行人が参加している。山家氏が指摘したとおり、仁政沙汰の人的構成は、これに先行して開催された恩賞沙汰との共通性がある。

筆者の理解に従えば、先の恩賞沙汰で下文や寄進状が発給され、のちの仁政沙汰で管領施行状の発給の可否を審議しているわけである。多くの場合、下文発給と同日あるいは数日後に、下文を作成したのと同じ奉行人によって作成された執事（管領）施行状が発給されている。[45] こうした発給のあり方は、本史料に見える恩賞沙汰・仁政沙汰構成員の類似性や開催の間隔とも符合する。南北朝末期の事例である本史料も、仁政方を執事（管領）施行状の発給機関とする私見の傍証となるのではないだろうか。

二階堂・問注所・波多野は評定衆、それ以下の六名は奉行人である。中でも、「披露奉行人」と表記されている飯尾・雅楽以下四名の奉行人は、将軍・管領以下に施行状発給の許可を求める役割を果たしていたと考えられる。[46] こののち、将軍以下が議論して施行状発給の可否が決定され、披露奉行人が右筆として施行状を作成し、管領が署判したと考えられる。この審議過程を少なくとも一五世紀後半には「管領一列伺事」と称した。[47] なお、細川頼之期の仁政方には、ほかに斎藤玄観・飯尾円耀の二名が奉行人として管見に入る。[48]

この仁政沙汰には将軍が臨席している。しかし、この事実から直ちに将軍親裁機関と見なすことはできず、発給文書の様式を中心に権限・機能や出席者の権力関係等も総合的に考慮するべきであると考えられる点については、「はじめに」でも述べたとおりである。

本書第二部第一章第一節で論じたように、執事（管領）施行状や奉書は、執事の署判する奉書形式で出された。また、執事（管領）施行状は、下文の再審査や「沙汰付」といった下文には存在しない独自の機能を果たしており、将軍の出す下文からは相対的に独立していたと推定できる。

加えて、施行状などの奉書は、恩賞充行等の将軍の意志を実現することに威力を発揮するメリットが存在する反面、受給者が施行状発給者と結びつくことによって、発給者の権力・権威を増大させる側面もあったと考えられるのである。

この点に関しては、近年桜井英治氏も、室町期の管領施行状について「将軍の恣意を制限し、将軍権力の専制化を防止する効果をもたらした」と評価している(49)。具体例をあげれば、たとえば前章第一節で論じたように、観応の擾乱後、将軍尊氏が関東に在陣した時期には、執事仁木頼章のほかにも、南宗継や尊氏みずからも尊氏下文の施行状を発給しており、施行状発給を複数の人物で行っている。これに関して、頼章の前任者師直の権力強化志向を反省して、執事の権限を削減したためであるとする小川氏の指摘がある(50)。「はじめに」でも指摘したが、細川清氏が執事奉書を大量に発給して義詮の権限を侵食した例も存在する。これらの現象が発生したのも、施行状を含む奉書発給の場では、奉書発給者の発言力が少なくとも一定度は確保されていたからではないだろうか。

さらに、本書第一部第三章でも論じたように、建武政権においては後醍醐天皇綸旨が雑訴決断所牒によって施行されたが、牒は綸旨の権威を大幅に削減したと森茂暁氏が考察しており(51)、これも参考となろう。

以上の検討結果をまとめれば、仁政方の人的構成は恩賞方のそれと類似している。そして仁政方は、将軍の意志を尊重しながらも、恩賞方や御前沙汰等の将軍親裁機関と比較すれば相対的に将軍の影響力が低く、頭人的地位を占める執事（管領）の裁量が大きい将軍管轄機関であったと考えられるのである。[52]

仁政方の設置時期に関しては、〔史料三〕（表1-1）の追加七条の存在から、遅くとも暦応四年（一三四一）以前には存在している事実が確認できる。おそらく、師直が執事としての活動を開始すると同時に、恩賞方を基盤として設置されたのではないだろうか。執事施行状の初見は建武二年（一三三五）一一月五日付写であるから、[53]この頃には仁政方の原型は出現していたと思われる。こののち、他の室町幕府諸機関と同様に、内乱の過程を経て組織としての整備が徐々に進められたと考えることができる。また、執事の存在しなかった時期には、当然仁政方は存在しなかったと考えられる。

仁政方の幕政機構における位置に関しては、第一節でも若干触れたが、引付方の上級審であるのか、それとも両者は並列の関係にあるのかという議論がある。岩元氏の見解に加えて、私見では仁政方は下文の施行、引付方は一般の所務沙汰を行い、権限が明白に分離しているので、少なくとも機能的には並立していると考える。また、〔史料八〕（表1-10）にうかがえる仁政沙汰の管領―評定衆―奉行人といった構成は引付方との同質性もあり、〔史料三〕（表1-1）に見えるように、仁政方にも引付方や禅律方と同様、「内談」が存在する点も注目するべきであろう。

最後に、仁政方の訴訟機関としての性質について述べたい。執事施行状は、恩賞の実現を阻む旧主等の異議申し立てを経ずに発給される文書である。一方、引付頭人奉書は、訴人の所領に対して押領・濫妨を行う論人の異議申し立てを経ずに特別訴訟手続によって出される。両者は、異議申し立て抜きで一方的に発給される点で共通しているといえよう。したがって、仁政方が執事施行状の発給機関であるとする見解に立てば、仁政方は典型的な特別訴訟手続による一方的裁許を行う機関であったと考えるべきではないだろうか。[54]

ただし、観応の擾乱以降の仁政方は、前述したとおり引付方の所務沙汰機能を吸収し始めると考えられる。また、前章で指摘したように、逆に引付方も時に下文施行状を発給した。したがって、擾乱以降は両機関の権限は重複し始め、仁政方も理非糺明的な性質を有したであろう。この点に関連して、たとえば表1-3・4の事例から家永氏が詳細に論じたように、仁政方への提訴を賦方が受理しているのも看過できない。(55)

第三節　室町幕府追加法第七条――下文施行政策をめぐる直義と師直の対立――

〔史料三〕（表1-1）の追加法第七条が、執事による下文施行状に関する規定であるとする見解が妥当であれば、本法は、恩賞充行袖判下文拝領者の恩賞地不知行状態を当知行化させる訴訟を直義の管轄機関である引付方に移管したもの、すなわち、執事施行状の廃止および直義親裁権の強化を意図した法令であったと考えられる。

執事高師直は、開幕直後から大量の執事施行状を発給することによって下文施行政策を積極的に推進していた。事実、現存する師直奉書の過半数は執事施行状なのである。(56)前節でも指摘したように、施行状は発給者の権力・権威を増大させる側面も存在したと考えられる。つまり、執事施行状の存在こそが、師直が初期の幕府内部で強大な権勢を誇ることを可能にした大きな要因であったと推定できるのである。そこで直義は、追加七条を制定し、執事施行状の存在を否定することによって師直の権力を抑制することを試みたと考える。

下文関連の権限を引付方に移管された仁政方には、執事施行状を除いた、たとえば〔史料五〕のような御判御教書による預置・兵粮料所指定等の沙汰付命令や、日常の細事・私事の伝達などを取り扱う執事奉書を発給する機能が残されたと考えられる。しかし、右で述べたとおり、施行状の発給が執事の最も主要で中核的な権限であったと推定できるので、もし七条が遵守されるならば執事権力は大幅な制約を被ることが予想されたであろう。

それでは一方で、下文を実現する機能を移管された引付方、あるいは康永三年（一三四四）三月に引付方を改組した機関である内談方では、(57)その訴訟をどのように処理していたのであろうか。

〔史料九〕貞和三年（一三四七）三月二八日付内談頭人上杉朝定奉書（表2-11）

橘薩摩一族等代景蓮申、大隅国種島地頭職事、重申状具書如レ此、子細見レ状、早停二止楡井四郎（頼仲）・肥後中務丞等押領一、任二建武三年四月七日御下文・施行状一、沙二汰-付彼輩於下地一、執二進請取状一、載二起請詞一、可レ被二注申一之状、依レ仰執達如レ件、

貞和三年三月廿八日　散位（上杉朝貞）（花押）

一色宮内少輔（直氏）殿

当該所領に関しては、貞和二年（一三四六）九月二六日に執事施行状が出された。[58] しかし、それによっても橘薩摩一族は押領のために当該所領を領有できず、内談方に提訴して〔史料九〕の頭人朝定奉書の発給となったのである。

当該史料は引付（内談）頭人奉書による一般的な濫妨停止・下地沙汰付命令である。しかし、訴人の主張する系争地領有の根拠が尊氏の恩賞充行袖判下文である点で、通常の引付（内談）頭人奉書とは若干趣を異にする。そして、下文に基づいて守護に沙汰付を命じる点で、こうした奉書は執事施行状とまったく同一の機能を有するのである。章末の表2は、管見に入った観応の擾乱以前の、こうした「任二御下文一（之旨）」文言を持つ引付（内談）頭人奉書の一覧である。擾乱以降も引付方が存続している間はこのような文書は発給されている。[59] 筆者は、これらの奉書こそが七条の適用例、すなわち「下文を獲得したにもかかわらず、下地を知行できない輩」の提訴に応じて発された命令であると推定する。

なお、七条制定以前にも、引付方が下文の沙汰付命令を発した例がわずかながら散見する（表2-1・2・3・4）。また、施行文言を持たないが、事実上下文に基づいた遵行命令であることが判明する引付頭人奉書も管見に入る。[60] これらの事実からもうかがえるように、執事施行状と引付（内談）頭人奉書は、不知行所領の当知行化

を守護に命じる点では機能が同一であるので、このような権限の移管が可能であったと考えられる。

また、直義が発給した所務相論の裁許下知状には施行状がつかなかった。しかし、このような下文関連の奉書と同形式・同内容で「守ニ御下知状之旨ニ」等の文言を持つ（持たない場合もある）、下知状の発給を承けて判決の遵行を命じた引付（内談）頭人奉書は存在した。(61)つまり直義は、下文の執行体制も下知状のそれと一致させ、自己の管轄下にある引付（内談）方で一元的に独占することによって自己の親裁権の強化を図ったと推定できるのである。

以上の私見については、七条制定に前後して、直義が師直の活動範囲を徐々に狭めると同時に自己や自派の権限を拡大していった事実も有力な傍証となろう。建武五年（一三三八）には師直を引付頭人から解任し、(62)院宣の遵行を幕府に依頼する公家施行状を受理するなどといった、北朝との交渉担当も康永頃に師直から直義自身に移した。(63)改元に際しては、暦応改元（一三三八）の時は師直が改元詔書を朝廷から受け取っているのに、康永改元（一三四二）時には直義派の上杉朝定が受領している。(64)康永二年（一三四三）から三年の間には、直義は自身の管轄機関・庭中方を介して、恩賞遅引という限定的な条件ながらも尊氏の恩賞充行に制度上関与することが可能となった。(65)紛失安堵や刈田狼藉、諸人借書相論に関しても、尊氏系機関と直義系機関の間で権限争奪が認められる。(66)前述の幕府追加法第六条（〔史料二〕）の制定や康永三年の三方制内談方の設置も、暦応以降の直義による親裁権強化の一政策として位置づけられている。(67)

とりわけ、直義裁許下知状の署判が「源朝臣（花押）」から「左兵衛督源朝臣（花押）」に変化し、かつ訴人・論人がともに御家人武士である場合、奥上署判から袖判へと尊大な形式に変化していることは注目するべきであろう。(68)これは直義の地位の向上を反映していると評価されているが、この変化が起こった時期こそ、まさしく追加七条が制定された暦応四年（一三四一）一〇月なのである。

ところが実際には、師直は七条制定後も執事施行状を発給し続けている。引付（内談）頭人奉書による下文の執行命令も、表2からうかがえるように残存例がきわめて少ない。また、大半が執事施行状がすでに発給されたのちに出されている事実が確認できることも看過できない。〔史料四〕（表1-2）で訴人が仁政方に提訴した時期も七条制定以後である可能性があるが、もしそうだとすれば、これも七条が機能していない状況を示しているといえよう。

つまり、追加七条は、現実には執事施行状を停止する当初の制定意図からは変質し、執事施行状の補完的役割を果たすに過ぎなくなったと評価せざるを得ないのではないだろうか。

これは、自己の権勢の源泉を奪われることを嫌った師直が、七条を遵守しなかったことを示すと推測できる。[69]だが、そうした彼の抵抗が通用した最大の理由は、同じ下文を実現させるための「沙汰付」命令であっても、執事施行状の方が引付（内談）頭人奉書よりもはるかに実効性があって有益だったので、執事施行状発給を希望する武士や寺社の広範な支持を集めたためなのではないだろうか。

引付（内談）頭人奉書の執行力の弱さについてはすでに多くの先学の指摘がある。[70]それは、〔史料一〕（表1-7）の「於㆓引付御沙汰㆒者、雖㆑被㆑仰㆓何ケ度㆒、難㆓事行㆒」との記述からもうかがえる。この理由については、守護の利害の観点から論じられることが多い。それに加えて、引付（内談）頭人奉書による「沙汰付」システム自体の構造が、執事施行状の命令と比較した場合、実効性が弱かったと推定できることも指摘しておきたい。

まず、引付（内談）頭人奉書が、申状を提出して発給を要請する申状方式であり、簡易方式の発給がほとんど皆無である事実があげられる。[71]訴人は、恩賞地を領有できない理由を詳しく申状に記して提出し、基本的に理非糺明機関である引付（内談）方の審議を経て奉書の発給を待たなければならなかったのである。

さらに、これらの文書が一般的な施行状と最も相違する特徴は、ほとんどの場合「訴状具書如㆑此」やこれに類する文言を持ち、しかも文中に申状を引用し、下文が実現しない理由を明記していた点である。施行状単独で機能すると考えられる執事施行状の場合と異なり、引付（内談）頭人奉書は申状および関連文書とセットで機能していたのである。

申状は、訴人が守護遵行状を獲得するために、引付（内談）頭人奉書に添えて守護法廷に提出するために必要であったと考えられる。また、係争地において論人に示して訴人の主張を伝達し、異論がないか問うためにも存在したとおぼしい。そして、論人が異議を申し立てそれが受容されれば、引付（内談）方における理非糺明の訴訟に発展する余地を残していた。(72)

要するに、引付（内談）頭人奉書による下文執行命令は、執事施行状と比較すれば獲得が困難で、執行手続も煩瑣な上に理非糺明的性格を有し、遵行が貫徹しない可能性が高い文書であり、限定的で消極的な命令なのである。これが、七条が有効に機能し得なかった最大の理由であると推定できる。

ともかく、直義が親裁権を強化する一方で、師直が直義の指示を無視して執事施行状を発給し続けたことは、当然両者の深刻な対立をもたらしたに違いない。実際、観応の擾乱以前に表れる直義と師直の不和の徴候は、ことごとく七条制定後の暦応四年から康永年間に集中している。すでに多くの先学が指摘しているが、(73)興国四年（一三四三）七月三日付北畠親房書状に「直義・師直不和已及二相剋一云々、滅亡不レ可レ有レ程歟」と見え、(74)当時関東にあった親房にまで両者の不和は知られていた。古くから両者の不和を示すとされる、直義の病や罹災の折に、大隅・薩摩守護島津道鑑に対し任国内の地頭御家人が見舞いに行くことを禁じた執事奉書が発給されたのも(75)七条制定後の出来事である。

しかし、恩賞充行を貫徹させるために発揮される執事施行状の有効性を前にしては、結局は直義も師直の施行状発給を事実上黙認せざるを得なかったと考えたい。こうして、師直は、多くの武士・寺社の支持を背景にして再び勢力を回復したと考えられる。康永三年三月から四月には師直は直義管轄の内談方の頭人に就任し、両者の関係は一時安定し小康状態となる。(76)

だが、貞和四年（一三四八）に、四条畷の戦いにおける軍事的大勝利もあって、師直の幕閣内における政治的立場がさらに上昇したことで両者の対立は再び激化した。そして、翌貞和五年閏六月の師直の執事罷免、八月の師直クーデタによる執事復帰等といった抗争を経て観応の擾乱にいたる。(77)一連の抗争の背景に下文施行政策をめぐる対立が存在し、それが擾乱の一因になったと推定できるのである。

興味深いのは、擾乱直前の時期に直義派も下文施行状を発給した事例がわずかだが存在する事実である。

貞和四年一〇月八日には、直義派の内談頭人上杉重能が直義下文の施行状を発給した例が存在する。(78)これは、〔史料九〕のような通常の奉書とは異なり、執事施行状とまったく同じ書式である。さらに注目すべきことに、前述した師直の執事罷免期間、尊氏寄進状の施行を直義が御判御教書形式で行った例がある。

〔史料一〇〕貞和五年（一三四九）七月一二日付足利直義施行状

　長門国二宮太宮司国道申、同国富安名事、任二貞和二年十一月二日寄進状一、不日可レ被レ沙二汰一付下地於国道一之状如レ件、

　　貞和五年七月十二日　　　（直義）（花押）

　　左兵衛佐（足利直冬）殿(79)

これもまた、執事施行状と同程度に簡潔な施行状であり、通常の濫妨停止・下地沙汰付命令と同列には見なせない。この文書は、足利将軍家の一員である長門探題足利直冬に対する命令であるので、身分上の問題で内談頭人ではなく直義が発給したと考えられるが、ともかくこの時期、彼は尊氏下文の施行状を自派で発給することを意図したと推定できる。

この時期は、本史料もそうであるように、直義が花押を巨大化させ、[80]尊氏寄進状の表現を従来の「御寄進状」から「御」の字を外し「寄進状」とし、強烈な自己主張を行った時期である。四条畷の戦いののち、師直と直義の対立が激化するにともなって、尊氏・直義の安堵方針に足並みの乱れが見られるとする吉田賢司氏の指摘も踏まえれば、[81]直義や重能による下文・寄進状の施行状発給もこうした情勢と密接に関係しているであろう。

前章で論じたように、擾乱以降は将軍や引付頭人も下文施行状発給を行った。擾乱直前にその萌芽が現れていたと推定できるのは興味深い。

おわりに

本章では、仁政方が執事施行状をはじめとする執事奉書の発給機関である、すなわち、将軍管轄下の執事の機関である事実を論証した。また、その重要な論拠の一つである室町幕府追加法第七条が、直義と師直の権力抗争の現れであることを考証した。

しかし、両者の対立の背景には、単なる権力抗争に矮小化されない根本的な対立が存在したのではないだろうか。すなわち、直義と師直の対立は、将来的に幕府がいかなる政治体制を基軸にとるべきなのかをめぐる政策論争でもあったと考えられるのである。

具体的には、恩賞充行政策を遂行するにあたって、限定的な効力しか持たない引付（内談）頭人奉書を臨時に発給するか、それとも相対的に強力な機能を有する施行状を「制度」化するかといった、下文施行システムについての両者の見解の相違である。そして、その根底には、直義管下の評定―引付方組織を堅持して鎌倉幕府的体制を継承するのか、執事の権限を強化し、守護に遵行を命じる制度を発展させて組織の中核に据えるかの対立があったに違いない。

観応の擾乱においては、周知のごとく直義も師直も敗死した。しかし、政策レベルにおいて執事高師直が勝利を収めたことは、擾乱以降の制度史を見れば明白である。

前章で述べたように、擾乱後、師直が創始した下文施行システムが復活する。そして、このシステムは、将軍御判御教書→管領施行状→守護遵行状→守護代遵行状、管領奉書→守護遵行状→守護代遵行状という室町幕府の命令の下達系統に発展し、将軍義満期に確立する。一方、本章第二節でも触れたように、直義系の評定—引付方ラインはたびたび中絶しつつ形骸化していく。最終的に、引付頭人奉書による濫妨停止・下地沙汰付命令を執事（管領）奉書が代替するようになる。

ここに、執事と引付頭人の権限を併せ持つ「管領」が出現するのである。[82] 師直が創始した下文施行状が、南北朝期の政治・社会情勢においていかに有効な政策であったかがここからうかがえる。

明徳年間（一三九〇～一三九四）以降、幕府訴訟は、奉公人が将軍や管領に個別に伺いを立てたり決裁を仰ぐ体制に変化した。[83] こうした管領が訴訟を行う場が、かつての仁政方を継承していることは容易に推定できるであろう。室町期、管領の訴訟の場は、四代将軍義持期には「管領沙汰」、八代将軍義政期以降には将軍の場と同じく「御前沙汰」と呼ばれたことが確認できる。[84] 南北朝内乱の終結とともに恩賞充行の機会は激減し、管領施行状を発給する頻度は一時低下する。[85] しかし、第四部で論じるように、管領は、室町期には所領安堵の御判御教書や段銭免除・守護不入を命じる御判御教書の施行を主に行うようになり、将軍の意思の伝達・実現という本来の任務に励み続けるのである。

本章の最後に、「仁政方」の名称の由来について考察したい。将軍による新恩給与・所領寄進といった「御恩」を実現させる施行状を執事が発給する行為は、自力救済ではそれらを実効支配できない下文・寄進状拝領者に対する「仁政」、すなわち「思いやりにあふれた慈しみ深い政治」であり、一種の「救済」だったのではないだろうか。その意味で、仁政方とは、下文を実現する執事施行状の発給機関を的確に言い表す呼称であったと推定できる。また、恩賞・寄進施行以外の執事奉書一般についても、「ありがたい将軍の意思の実現を図る思いやりのこもった命令」である点において充行下文・寄進状施行と本質的に共通しており、その機関の名称として仁政方がふさわしいとされたと考えられるのである。

(1)　主従制的支配権および統治権的支配権については、佐藤進一「室町幕府論」(同『日本中世史論集』岩波書店、一九九〇年、初出一九六三年)一一七～一二〇頁などを参照されたい。
(2)　小川信『足利一門守護発展史の研究』(吉川弘文館、一九八〇年)七六一頁など。
(3)　山家浩樹「室町幕府訴訟機関の将軍親裁化」(『史学雑誌』九四―一二、一九八五年)一三～一四頁。
(4)　佐藤進一「室町幕府開創期の官制体系」(註(1)所掲同氏著書、初出一九六〇年)。
(5)　小川信「室町幕府管領制成立の前提」(註(2)所掲同氏著書、初出一九七八年)二〇〇～二〇一頁。
(6)　註(3)所掲山家論文一七頁。義詮の御前沙汰については、同論文七～八頁などを参照されたい。
(7)　註(3)所掲山家論文一九頁および二一頁掲載附図、岩元修一「南北朝期室町幕府の政務機構」(『九州史学』一〇九、一九九四年)一五～一六頁。
(8)　註(3)所掲山家論文一五頁など。
(9)　桑山浩然「〈書評〉小川信著『足利一門守護発展史の研究』」(『國學院雑誌』八二―四、一九八一年)一〇八頁など。
(10)　筆者と同様の視角で、室町幕府発給文書の様式に注目して管領の権限や幕政機構を検討した最近の研究としては、吉田賢司「足利義教期の管領奉書」(同『室町幕府軍制の構造と展開』吉川弘文館、二〇一〇年、初出二〇〇三年)がある。
(11)　貞和四年(一三四八)四月日付吉川経朝申状正文、周防吉川家文書(『中四』一六二六)。
(12)　石井良助『中世武家不動産訴訟法の研究』(弘文堂書房、一九三八年)四一〇頁。

(13)　註(4)所掲佐藤論文一九四頁、岩元修一「初期室町幕府訴訟制度について」(九州大学国史学研究室編『古代中世史論集』吉川弘文館、一九九〇年)四五一頁、註(7)所掲同氏論文一五～一八、一九～二二頁、同「足利直義裁許状の再検討(二)」(『宇部工業高等専門学校研究報告』四〇、一九九四年)一七～一八頁、同「室町幕府仁政方について」(同誌四一、一九九五年)。

なお、本章の基となった旧稿「南北朝期室町幕府仁政方の研究」(『史林』八九―四、二〇〇六年)発表後、岩元氏は、「仁政方は執事と強く関わり南北朝前期では所務沙汰を管轄した足利直義の側ではなく足利尊氏の側に位置付けられるとみられる」と自身の見解を変更した(同『初期室町幕府訴訟制度の研究』(吉川弘文館、二〇〇七年)二八三頁)。

(14)　註(3)所掲山家論文三～五、一五～一七、一八～一九頁、家永遵嗣「足利義詮における将軍親裁の基盤」(同『室町幕府将軍権力の研究』東京大学日本史学研究室、一九九五年、初出一九九二年)四〇～四五頁。

(15)　註(5)所掲小川論文一八九頁、同「頼之の管領就任と職権活動」(註(2)所掲同氏著書、初出一九七八年)二三一～二三二頁。以下、本文・註における、岩元氏を除く佐藤・小川・山家・家永四氏の仁政方に関する言及は、すべて註(13)～(15)に揚げた論文の該当頁によっている。

(16)　註(7)所掲岩元論文一五頁。なお、旧稿において筆者は、年月日未詳正続院雑掌申状事書案、相模円覚寺文書(『東』九一七)に見える「御仁和御方」を先行研究に従って仁政方の誤記と判断し、当該期鎌倉府においても仁政方が存在し、そこで関東執事施行状が発給されたと推定した(註(13)所掲拙稿五二頁)。しかしその後、原田正剛「初期鎌倉府における所務沙汰の一形態」(『中央史学』二三、二〇〇〇年)に接し、同論文三三～三四頁からその解釈が誤りであり、御仁和御方が鎌倉府の機関名ではなく人名であることが判明した。この場を借りて訂正したい。

(17)　『法』一三三頁。

(18)　内閣文庫本建武以来追加など追加七条を三月一〇日制定とするテキストも存在するが、筆者は一〇月三日制定説を採用する。その理由は、本章第三節で論じるように、同時期に直義裁許下知状の様式が尊大となっており、これは七条制定と密接に関連していると推定できるからである。

(19)　註(13)所掲岩元「訴訟制度」四五一頁、註(7)所掲同氏論文一六頁、註(13)所掲同氏「直義裁許状の再検討」一七～一八頁、同註所掲同氏「仁政方」一～二頁。
(20)「沙汰未練書」(『法』三五八～三五九頁)。
(21)岩元「初期室町幕府の訴訟親裁化」(註(13)所掲同氏著書、初出一九九四年)八九～九一頁など。
(22)正文、広島大学文学部所蔵文書(『九』六九八二)。本史料が施行した直義還補下文正文の出典は、浅井文書(同一〇四八)である。
(23)観応三年(一三五二)九月二五日付引付頭人沙弥某施行状案、山城東福寺文書(『中四』二三五三)など。
(24)註(7)所掲岩元論文一五～一六頁。
なお、管領頼之の将軍権力代行期の史料である『吉田家日次記』応安四年(一三七一)一二月八日条の記事から、家永氏は、将軍が申次を介して訴訟を指揮するのが仁政方の本来の運営方式であったとする。氏は、当該史料文中にある「別而厳密可㆑仰㆓奉行㆒」の主体を、当時の仁政方の「形式的な主宰者(筆者註――家永氏の定義による)」である将軍義満であると考えて右の見解を導き出した。しかし、私見では、これが「別而厳密」という副詞で修飾され、実質をともなった命令と読み取れることから、この主体を「実質的な主宰者(筆者註――同じく氏の定義による)」たる頼之で、「内々」に関与するのが義詮の申次であった評定衆町野信方であったと推定しており、氏の解釈は採らない。また家永氏自身が述べるように、義詮期の記録で申次と仁政方の関わりをうかがわせる史料が存在しない点も併せて指摘したい。
(25)本書第二部第一章。
(26)本書第四部第一章第一節。
(27)笠松宏至「安堵の機能」(同『中世人との対話』東京大学出版会、一九九七年、初出一九八六年)六〇～六四頁など。
(28)吉田賢司「室町幕府の国人所領安堵」(註(10)所掲同氏著書、初出二〇〇四年)五七頁。
(29)上島有「室町幕府文書」(赤松俊秀他編『日本古文書学講座4　中世編Ⅰ』雄山閣出版、一九八〇年)六五頁。
(30)本書第四部第一章第一節。
(31)ただし、七条が執事施行状に関する規定であるならば、論理的には暦応四年以降は執事施行状が消滅もしくは少なくとも発給数を著しく減少させ、引付（内談）頭人発給の下文施行状が見られなければならない。しかし、残存文書による限りそうした傾向は見られない。また、〔史料四〕で訴人が仁政方に提訴した時期も七条制定後である可能性がある。これらの問題は南北朝初期の室町幕府政治史を考察する上で重要であると考えられるので、本章第三節で検討する。

(32)　註(3)所掲山家論文一四、一七頁。

(33)　家永氏は、義詮期の仁政方を御前沙汰とは別個の将軍親裁機関としており、この点、山家氏の理解とは異なっているように見受けられる。しかし、家永氏の見解は基本的に直義期仁政方に関する山家説を前提に立論されており、これもまた筆者の見解とは異なる。

(34)　薩摩島津家文書（『九』二二九五）。

(35)　暦応四年（一三四一）閏四月二日付同奉書案、薩摩島津家文書（『九』一六四六）。

(36)　註(35)所掲史料の発給に関与した治部宗栄と安富貞嗣は、恩賞方の奉行人を務めている。この事実から、田中誠氏は本相論が恩賞方で処理されたとする（同「初期室町幕府における恩賞方」（『古文書研究』七二、二〇一一年）五二～五三頁）。しかし、本文で後述するように、恩賞方と仁政方の人的構成は共通している。恩賞方の奉行人が文書発給に関与しているからといって、その文書が恩賞方で発給されたと直ちに結論づけることはできないのではないだろうか。よって、筆者の見解を訂正する必要はないと判断する。

(37)　いずれも京都大学文学部閲覧室所蔵写本によった。

(38)　註(15)所掲小川「頼之の管領就任と職権活動」二三二、二三三頁。

(39)　この例に見える「武家奉書」を山家氏は頼之奉書であるとするが妥当であろう。

(40)　小川信「管領頼之在任時の評定衆・引付頭人・奉行人」（註(2)所掲同氏著書）二六〇～二六一頁。

(41)　鳥居「室町幕府の訴状の受理方法」（『日本史研究』三一一、一九八八年）二五頁。

(42)　なお、表1-4の事例は非常に複雑な相論であり、仁政方の役割も判然としない。しかし、系争地における論人に対する濫妨停止命令の発給を仁政方は申請されていると推定され、これもまた引付方の権限侵食の一例だったのではないかと筆者は推測している。この相論の詳細な経過については、註(7)所掲岩元論文二〇～二二頁を参照されたい。

(43) ただし、師直は奉書形式で軍忠の調査命令を発している(たとえば、暦応三年(一三四〇)五月二〇日付師直奉書正文、山城醍醐寺文書第一函(『醍』五))。こうした命令に関しては、執事としてではなく恩賞頭人としての権限で、仁政方ではなく恩賞方から発給したものと考えるべきであろう。師直が恩賞頭人を兼帯していたと推定できることについては、註(4)所掲佐藤論文二〇六頁などを参照されたい。

(44) 註(5)所掲小川論文一八八頁。

(45) 本書第二部第一章第二節など。

(46) ただし、四名の披露奉行人は、恩賞沙汰と仁政沙汰とでは飯尾肥前守(為永)・雅楽備中守の二名しか共通していない。これは、恩賞沙汰で行われた下文発給の案件と仁政沙汰で行われた施行状発給の案件が、必ずしも完全には一致しなかった事実を暗示するものであろう。

(47) 『延徳二年将軍宣下記』延徳二年(一四九〇)七月五日条。

(48) 斎藤は〔史料七〕、飯尾は表1-6の中略部分に見える。

(49) 桜井『室町人の精神』(講談社、二〇〇九年、初出二〇〇一年)一三七~一三八頁。

(50) 註(5)所掲小川論文一九五~一九六頁。

(51) 森茂暁「建武政権」(同『増補改訂　南北朝期公武関係史の研究』思文閣出版、二〇〇八年、初出一九七九年)八二~八三頁。

(52) なお、本書第四部第一章第一節で指摘するように、直義下文を施行した執事施行状も存在する。また、〔史料四〕(表1-2)のように、直義発給と推定できる還補下文が仁政方で扱われるケースもあった。よって、尊氏のみならず時には直義も仁政方に関与することがあったと考えられる。

(53) 四天王寺所蔵「如意宝珠御修法日記」・「同」紙背(富樫氏関係)文書。この文書については、杉橋隆夫「四天王寺所蔵「如意宝珠御修法日記」・「同」紙背(富樫氏関係)文書について」(『史林』五三―三、一九七〇年)一二〇~一二一頁で紹介されている。

なお、森茂暁氏は、師直の執事就任を建武三年(一三三六)正月と推定する(同「高一族と室町幕府」(『史淵』

一一三、一九七六年）三～四頁）。しかし、本史料の存在を踏まえれば、少なくとも実質的な執事としての活動は前年末に遡るのではないだろうか。また、鎌倉時代の足利氏は、奉行所・公文所といった家政機構を設置して所領を経営していた（福田豊彦「鎌倉時代の足利氏にみる家政管理機構」（同『室町幕府と国人一揆』吉川弘文館、一九九五年、初出一九七七年））。これはおそらく、室町幕府の政所に発展したと筆者は推定している。

(54) 特別訴訟手続に関する近年の研究としては、たとえば永井英治「鎌倉末～南北朝内乱初期の裁判と執行」（『年報中世史研究』二九、二〇〇四年）がある。なお、執事施行状の発給を特別訴訟手続の範疇に含める私見に対しては、施行状に先だって発給される将軍恩賞充行袖判下文が恩賞方の審議を経て発給される事実などから、引付（内談）頭人奉書の発給と区別するべきであるとする岩元修一氏の批判がある（註(13)所掲同氏著書一五～一六頁）。しかし、本書第二部第一章で検討したように、下文と施行状は一応独立して発給されていたと推定できる。よって、本文で述べた理由からも私見を訂正する必要を感じない。そもそも施行状は、石井良助氏以来、もっとも典型的な特別訴状手続である通常の所務遵行命令と同様の命令と見なされている（註(12)所掲同氏著書五三六～五三八、五三九～五四〇頁）。

(55) 岩元氏は、表1-3の仁政沙汰を「文飾の表現とみる可能性を捨てきれない」とするが（註(7)所掲同氏論文二〇頁）、ここは家永氏の述べるとおり仁政方に対する提訴と考えて差し支えないと考える。

(56) 註(5)所掲小川論文一八七頁など。本書第二部第一章所収の表も参照されたい。

(57) 内談方については、註(4)所掲佐藤論文一八七～一九〇、二二一頁などを参照されたい。

(58) 正文、肥前橘中村文書（『九』二二四六）。

(59) 一例をあげると、貞治三年（一三六四）一一月一五日付引付頭人六角氏頼奉書正文、尊経閣文庫所蔵東福寺文書（『中四』三三三四）。

(60) 建武三年（一三三六）一二月一九日付引付頭人高師直奉書正文、東寺文書六芸之部射一二―八（『大』同日条）、建武四年（一三三七）二月三日付同奉書正文、長門忌宮神社文書（『中四』五六九）など。

(61) 註(29)所掲上島古文書学解説書六八～六九頁、岩元修一「足利直義裁許状の再検討」（註(13)所掲同氏著書、初出一九九〇年）二三九～二四二頁。下知状の執行を命じる引付（内談）頭人奉書は、暦応四年（一三四一）四月二

一日付直義下知状正文、長門熊谷家文書（『中四』一〇六四）に基づいて発給されたと推定できる康永二年（一三四三）三月二八日付引付頭人吉良貞家奉書正文、同文書（同一二四三）など、南北朝期を通じて約四〇通あまりが現存している。

(62)　師直の引付頭人・内談頭人在職期間については諸説あるが、小川信氏の見解が最も妥当であろう（註(5)所掲同氏論文一八九～一九〇頁）。ただし、小川氏は引付頭人在職の下限を建武四年（一三三七）とするが、建武五年五月二七日付引付頭人高師直奉書正文、田中教忠氏所蔵文書（『東』八三二）が存在するので、翌建武五年まで下がるであろう。

(63)　岩元修一「開創期の室町幕府政治史についての一考察」（『古文書研究』二〇、一九八三年）二一～二八頁。森茂暁「北朝と室町幕府」（註(51)所掲同氏著書）三七六～三七八頁。

(64)　註(63)所掲岩元論文二〇頁、羽下徳彦「足利直義の立場――その三――」（同『中世日本の政治と史料』吉川弘文館、一九九五年、初出一九九四年）一九五～一九六頁。

(65)　岩元修一「庭中方」（註(13)所掲同氏著書、初出一九九四年）五九～六四頁。

(66)　註(4)所掲佐藤論文二二〇、二四二頁。

(67)　註(4)所掲佐藤論文二二〇～二二一頁。最近では、田中誠「康永三年における室町幕府引付方改編について」（『立命館文學』六二四、二〇一二年）がこの問題を論じている。

(68)　羽下「足利直義の立場――その二――」（註(64)所掲同氏著書、初出一九七三年）一五五頁。

(69)　この理解では、本法が仁政内談で立法されており、師直も承認していると考えられる点が問題となる。これは、本文で述べたとおり当時幕府内で親裁権を強化した直義が、その強権を背景にして仁政内談に臨席し（あるいは直義の主張を受諾した尊氏が出席したのかもしれない）、師直に執事施行状発給の停止を強要したという理解で差し支えないのではないだろうか。直義も時に仁政方に関与したと考えられることについては註(52)を参照されたい。そもそも、仁政方で制定された幕府法はこの七条のみであり、この事実からも本法はきわめて異例の法令といえる。また、法文中に「前々内談訖」と記されていることも、本法制定にいたるまでに事前に審議が繰り返され、紆余曲折があった形跡を示しているのではないだろうか。

(70) 小川信「南北朝内乱」(岩波講座『日本歴史6　中世2』、一九八二年、初出一九七五年)一〇三頁など。
(71) 下文施行状の発給手続については、本書第二部第一章第二節を参照されたい。
(72) 註(3)所掲山家論文三頁など。無論、執事施行状においても、発給後に理非糺明の訴訟に発展したケースは存在する(暦応元年(一三三八)九月一一日付直義下知状正文、長門熊谷家文書(『中四』七九四))。だが、本書第二部第一章第一節でも論じたように、相対的に執事施行状の執行力の方が強力であったとする推論は許されるであろう。
(73) 註(65)所掲岩元論文六三～六四頁など。
(74) 正文、陸奥相楽文書(『東』一四二一)。
(75) 暦応五年(一三四二)二月五日付執事奉書正文、薩摩島津家文書(『九』一七四九)、康永三年(一三四四)一二月二二日付執事奉書正文、同文書(同二〇七二)。
(76) 師直の内談頭人就任については註(62)などを参照されたい。師直の内談頭人就任によって、直義と師直の関係が一時安定したことについては註(63)所掲岩元論文二八頁、同註所掲森論文三七八頁においても指摘されている。
(77) 以上の政治史は、佐藤進一『南北朝の動乱』(中央公論社、一九七四年、初出一九六五年)二四〇～二四七頁を参照されたい。
(78) 正文、豊後詫摩文書(『九』二五四〇)。
(79) 長門忌宮神社文書(『中四』一七三四)。
(80) 註(77)所掲佐藤著書二四〇頁、上島有『中世花押の謎を解く』(山川出版社、二〇〇四年)一一五～一一九頁。
(81) 註(28)所掲吉田論文七二頁。
(82) 註(1)所掲佐藤論文一三七頁。
(83) 山田徹「室町幕府所務沙汰とその変質」(『法制史研究』五七、二〇〇七年)。
(84) 義持期の「管領沙汰」は『康富記』応永二六年(一四一九)四月一三日条、義政期以降の「御前沙汰」は『長興宿禰記』長享元年(一四八七)八月九日条等に見える。註(83)所掲設楽論文一三六～一三七頁を参照されたい。
(85) 〔史料八〕(表1-10)の最後に「今年中御沙汰、以上七箇度也」とあるように、至徳二年の恩賞沙汰・仁政沙汰がわずか七回しか開催されなかった事実は、当時の恩賞充行の衰退状況を反映しているのではないだろうか。この時期、同じ仁政沙汰でも、管領が引付方の権限を吸収して所務訴訟を行った場はこれとは別に存在し、より活発に活動していたと思われる。

仁政方の機能	備　考	出　典
下文施行ヵ	3月10日制定説あり	室町幕府追加法第七条
下文施行ヵ		足利直義裁許下知状写 (反町茂雄氏所蔵遠山文書)
評定の予備審議	引付方停止による 賦が提訴受理	西寺別当深源目安 (東寺文書乙号外)
係争地における論人の濫妨停止ヵ	賦が提訴受理	『師守記』同日条
料所安堵管領奉書発給		『吉田家日次記』同日条
半済停止武家奉書発給		『後愚昧記』同日条
濫妨停止・下地沙汰付命令	引付方から移管	東寺雑掌頼憲申状案 (東寺百合文書え函10)
?		『後愚昧記』同日条
越訴審議	越訴方不在による	足利義満裁許下知状正文 (近江朽木文書)
下文施行ヵ		『御評定着座次第』同日条

・「書式」欄

　「※」: 訴状・具書の存在を明記する文言が入っている場合。

・「備考」欄

　「☆」: 当該史料が発給される前に、執事施行状が発給された事実が確認できる場合。

拝 領 者	書式	下文発給年月日	備　考	出　典
長門国二宮大宮司国道	●※	?	A・B	長門忌宮神社文書
諏方部信恵	●※	?	両使遵行 B	諸家文書所収三刀屋文書
地蔵院僧正坊	●※	暦応2.6.28	☆・B	森田清太郎氏所蔵文書
播磨国広峰社大別当昌俊	●※	?	両使遵行 A・B	播磨広峰神社文書
熊谷直経	●※	?	両使遵行 B・C	長門熊谷家文書

表1　仁政方関連史料一覧

No.	年 月 日	内　容
1	暦応4.10.3	雖給御下文、不知行下地輩事<暦応四　十　三　仁政内談>
2	貞和3.4.7	建武四年五月廿二日預還補御下文訖、(中略)於仁政方可安堵之由、頼持棒申状之間、
3	延文2.閏7	仁政御沙汰
4	貞治3.9.27	於仁政方可訴申之間、申状清書事所望、(中略)又賦銘事被申之間、
5	応安4.10.6	武家仁政沙汰也、当社領矢橋庄事令落居云々、
6	応安6.閏10.8	畑庄半済事、武家奉書成之、(中略)一昨日六日仁政沙汰ニ披露之、
7	永和元.4	於引付御沙汰者、雖被仰何ケ度、難事行之上者、被下彼奉行於仁政方、被経厳密御沙汰、停止師景押妨、被沙汰付庄家於雑掌、
8	永和2.閏7.17	依大樹労、今日仁政沙汰不行云々、又明日引付沙汰同停止云々、
9	永和3.12.21	尤可為越訴歟、雖然未被定置之間、於仁政方糺決之、
10	至徳2.12.17	仁政御沙汰

○表2の見方

※本書第2部第1章所掲「尊氏下文施行状一覧(観応の擾乱以前)」の見方と基本的に同じであるが、右の点で異なる。

表2　将軍尊氏袖判下文を執行する引付(内談)頭人奉書一覧

No.	発給年月日	状態	差　出	宛　所	所 領 名
1	建武5.9.4	正	引付頭人吉良満義	守護厚東武実	長門国牛牧庄并紫福郷地頭職
2	暦応元.12.4	写	引付頭人高師泰	多禰清頼 目黒太郎左衛門尉	出雲国三刀屋郷惣領地頭職
3	暦応2.10.28	案	引付頭人高重茂	守護畠山国清	紀伊国長尾郷内田地
4	暦応3.4.18	正	引付頭人摂津親秀	志水左衛門尉 後藤佐渡五郎左衛門尉	播磨国土山庄内中井村地頭職
5	暦応4.6.29	正	引付頭人高重茂	小幡右衛門尉 長蓮性	上野国高尾村内

拝 領 者	書式	下文発給年月日	備　考	出　典
青木武房	●※	?	B・C	反町英作氏所蔵色部氏文書
岡本重親	●※	暦応3.7.2	B	秋田藩家蔵文書10
東寺	●※	建武3.7.1	両使遵行 ☆・B	東寺百合文書み函29-2-3
播磨国広峰社大別当長種	●※	?	両使遵行 A・B	播磨内藤文書
東寺	●※	建武3.7.1	両使遵行 ☆・A・B	東寺百合文書み函29-1-4
橘薩摩一族	●※	建武3.4.7	☆・B	肥前橘中村文書
熊谷直経	●※	貞和3.7.11	☆	長門熊谷家文書
飯尾頼国	●※	?	A・B・C	加賀前田家所蔵文書
治田親尚	●※	?	B	東大寺文書第2回採訪6
祇園社御師助法印顕詮	●※	貞和5.1.11	☆・B	山城八坂神社文書
門真寂意	●※	貞和4.12.27	☆・B・C	但馬国雀岐庄具書

No.	発給年月日	状態	差　出	宛　所	所 領 名
6	康永２．３．４	案	引付頭人石橋和義	守護上杉憲顕	越後国小泉庄
7	康永３．７．４	写	内談頭人上杉朝定	奥州探題石塔義房	陸奥国岩崎隆俊跡
8	康永３．10．18	案	内談頭人上杉朝定	相賀弥三郎 大野左近入道	山城国上久世庄内今在家
9	康永４．10．28	正	内談頭人高師直	後藤伊勢八郎入道 内藤右馬允	播磨国土山庄内中井村地頭職
10	貞和２．２．18	案	内談頭人上杉重能	相賀弥三郎 大野左近入道	山城国上久世庄内今在家
11	貞和３．３．28	正	内談頭人上杉朝定	九州探題一色直氏	大隅国種島地頭職
12	貞和３．９．４	正	内談頭人上杉重能	守護赤松円心	播磨国的部北条公文職三分壱
13	貞和５．２．25	正	内談頭人上杉重能	守護土岐頼康	美濃国那比村
14	貞和５．閏６．16	案	内談頭人上杉朝房カ	厚東武藤カ	周防国曽禰保半分地頭職
15	貞和５．７．25	正	内談頭人上杉重能	守護桃井直常	越中国高木村
16	観応元．３．28	案	引付頭人長井高広	守護上杉朝房	但馬国雀岐庄内公文職名田畠

第三部

室町幕府地方統治機関の施行システム

第一章　鎌倉府施行状の形成と展開

はじめに

鎌倉府は、南北朝期から室町前期にかけて東国を支配した、室町幕府の地方統治機関である。鎌倉府の施行システムの沿革とその特質を解明することが本章の目的である。

鎌倉府に関する研究は、伊藤喜良氏の一九六〇～七〇年代にかけての論考がまずあげられる。[1]伊藤氏は、主に鎌倉府と室町幕府の関係に着目して、鎌倉府の組織・制度の概要を提示した。次いで、小要博氏によって鎌倉公方（鎌倉府の首長）の補佐役である関東執事（管領）の補任状況などが解明され、岩崎学氏による基氏期・氏満期の関東執事（管領）上杉氏に関する論考、阿部哲人氏による武蔵国の遵行体制等に関する成果も発表された。[2]その他、小林保夫氏による鎌倉府の文書論、山田邦明・小国浩寿・松本一夫氏等による守護や一揆・国人等の政治史的な分析、湯山学氏や山田氏による奉公衆や直轄領の網羅的な検出、市村高男・佐藤博信・小国氏による公方専制体制論なども看過できない。[3]

以上見たように鎌倉府研究の蓄積は豊富であるが、一方では以下に述べる問題点が存在するように見受けられる。

第一に、公方の補佐役である関東執事・関東管領の定義や呼称の区別が、特に初期に関しては不明確であることがあげられる。筆者は、公方補佐役の定義や呼称は、この地位を占めた上杉氏権力の性格を表現する上で重要な問題であると考える。

室町幕府における将軍補佐役の管領については、佐藤進一氏が「将軍の執事と政務の長官を併わせた地位」と定義している。(4) 事実、管領の呼称が定着した義満初期から義教中期にかけては、管領は、執事が行っていた将軍発給文書の施行に加え、かつて引付頭人が行使していた押領停止・下地沙汰付といった所務遵行命令を発する業務を行っている。(5) したがって筆者は、管領とは、少なくとも全盛期においては、施行を中核として所務沙汰以下の各種遵行命令を原則一元的に行使する存在であったと考えている。この私見を踏まえるならば、貞治六年（一三六七）の細川頼之の補佐役就任を管領制度成立の画期とする小川信氏の見解が、(6) この時点で補佐役の遵行命令行使が原則として確定しており、管領の呼称も定着し始めている点から妥当であると考える。

であるならば、室町幕府の管領と同様、関東管領も関東執事と所務遵行命令を発する地位を合体させた存在であり、両方の職権が合体した時点で関東管領制が成立するとの仮説が成り立つのではないだろうか。また、関東管領の場合は、室町幕府からの所務沙汰等の命令受給も重要な任務であったと考えられる。そこで本章では、執事、所務沙汰、幕府からの命令受給の三つの機能に着目し、呼称も参考にして関東管領の確立時期を検討したい。

第二の問題は、室町殿と鎌倉公方、公方と関東管領上杉氏など、各勢力が対立、抗争する側面が強調される傾向がうかがえることである。鎌倉府の内外で対立が多かったのは厳然たる事実である。しかし、一方で鎌倉府は、室町幕府発足以来約一世紀にわたって存続した権力でもあった。特に、二代公方足利氏満期から三代公方満兼期にかけては相当強力で安定した支配を行っていたようである。対立と抗争の側面だけではなく、室町幕府と鎌倉府、あるいは公方・管領・守護（両使）等が融和・協調して政権運営に携わっていた側面にも注目する視角が必要だと考える。

以上の問題点を解決し、鎌倉府研究をより深化させるために、本章では、鎌倉府が初代公方足利基氏以来行使した、主従制的支配権の中核を占める権限といえる恩賞充行政策の解明を目指す。その中でも特に、冒頭で述べたように、従来は全面的に論じられたことがなかった鎌倉府の施行体制に着目して分析を行いたい。

室町幕府においては、将軍が恩賞充行下文等を発給した後に、執事（管領）がその執行を守護に命じる文書を出した。それを、執事（管領）施行状と呼ぶ。室町幕府の施行システムは、将軍の主従制的支配権の貫徹や幕府の覇権確立に果たした歴史的意義を有する制度であったと考えられる。(7)

鎌倉府においても、室町幕府と同様、公方が発給した恩賞充行の御判御教書や寄進状を管領が施行する体制が採られていた。したがって、この施行システムを基軸に据えて、鎌倉府の体制を改めて再検討する作業は意義あることと確信している。(8)本章では、室町幕府発足後、足利義詮が鎌倉の主であった時期から四代公方足利持氏が永享の乱で滅亡するまでの鎌倉府施行システムの沿革を解明する。併せて、所務沙汰や京都からの命令受給機構も検討して、室町幕府の体制との比較を行うことで、関東管領の位置づけや鎌倉府施行システムの特質を考察したい。

なお、後述のとおり関東管領が成立したのは、二代公方氏満初期に上杉憲顕が幼少の氏満に代わって公方権限を代行することが決定した時点であると筆者は考える。そこで、それまでの公方補佐役を関東執事、それ以降のそれを関東管領と呼ぶ。ただし、初代公方基氏期の補佐役上杉憲顕も「関東管領」と呼ばれている。しかし、この時期の憲顕は、のちの関東管領とは異質の存在であると考えられる。よって、便宜上関東『管領』と二重鉤括弧で表すこともあらかじめ断っておきたい。なお、室町幕府の二代将軍義詮時代の将軍補佐役である斯波高経も、憲顕と同様の理由で『管領』と表記する。

第一節　初期室町幕府の東国施行体制

（一）開幕〜観応の擾乱期における東国施行体制

本項では、室町幕府発足から観応の擾乱にいたるまでの時期における東国の施行システムについて検討する。この時期は、初代将軍足利尊氏の嫡男で少年であった義詮が鎌倉の主を務め、高師冬や上杉憲顕等が幼少の義詮を補佐していた。

当該期、鎌倉府管轄国に対する恩賞充行・所領寄進は、将軍尊氏や弟直義が下文・寄進状で行い、執事高師直が施行状を発して守護や両使に沙汰付を命じる原則であった。[9] すなわち、鎌倉府管轄外の他の諸国と同様、将軍↓執事↓守護・両使のルートで恩賞が実現される仕組みであり、そこに義詮や関東執事は介入しないのが普通だったのである。また、東国宛の引付頭人奉書・禅律頭人奉書等の下地沙汰付・押領停止といった所務遵行命令も、執事施行状と同様に守護・両使宛が原則であった。[10]

これらの京都の幕府からの命令が、暦応頃から関東執事宛となるとする見解もある。[11] しかし、たとえば貞和三年（一三四七）正月二一日付執事施行状は常陸守護佐竹貞義宛であり、[12] 暦応以降もこのように守護に宛てて遵行命令が出される事例が数例確認できる。よって、幕府からのこの種の命令は、観応の擾乱期までは守護宛が原則であり、何らかの事情で守護が遵行を行うことができない場合に関東執事や両使に命じられたと考えられる。

正式な恩賞充行は将軍尊氏固有の権限であり、この時期の鎌倉府はそれを行使することができなかった。しかし、所領寄進や簡易的な恩賞といえる所領預置、軍勢催促等、また残存例はごくわずかであるが所務遵行命令は、関東執事が幼君義詮の意を奉じる奉書形式で行っていた。[13] このうち、寄進・預置や京都では直義が行っていた軍勢催促は、本来は義詮の権限であるものを関東執事が代行したものであり、当時室町幕府で引付（内談）頭人が行っていた遵行命令発給が関東執事の業務と想定されていたと考えられる。

関東執事が義詮の意を奉じて発給した奉書形式の寄進状には、関東執事自身が施行した文書が残存している。それが、次に掲げる〔史料一〕である。

〔史料一〕康永二年（一三四三）九月一五日付関東執事高師冬施行状

常陸国行方郡若舎人郷内根地木村事、為二不断護摩料所一被二寄附一畢、早林六郎三郎相共莅二彼所一、沙二汰一付下地於鹿島護摩堂雑掌一、可レ被レ執二進請取状一、更不レ可（有一脱カ）緩怠儀之状、依（レ仰脱カ）執達如レ件、

康永二年九月十五日　参河守（高師冬）（花押）

鹿島又二郎（幹寛）殿[14]

〔史料一〕は、康永二年九月一四日付関東執事高師冬寄進奉書を翌日師冬自身が執行した文書である。[15]「任二御寄進状(之旨)一」といった施行文言は存在しないものの、実質的に施行状と見なしてよい命令であり、「関東執事施行状」と称してよいであろう。しかし、残存例はこの一例のみである。[16]当該期は室町幕府の執事施行状もまだ形成期であったと考えられる。[17]この残存例の少なさは、東国の施行システムが西国より一層未成熟であったことを反映しているのではないだろうか。

当該期の鎌倉府は、一応東国の地方統治機関と見なせるが、後年の鎌倉府と比較するとやはり権限も制限され、統治機構も未成熟であった。[18]何より、首長義詮が恩賞充行を行うことができなかったことが決定的な違いであろう。施行状や所務遵行命令の発給もごくわずかで、鎌倉府の判決に不服ならば室町幕府に提訴することも可能であった。[19]幕府からの命令受給も守護宛が原則で、まだ鎌倉府の補佐役に固定していなかった。以上から、彼らはやはり関東管領とまではいえず、関東執事と称するべきだと考える。ただし、ごく少数とはいえ施行状が残存する事実は注目するべきであろう。

貞和五年（一三四九）七月、足利基氏が義詮と交代する形で鎌倉に下向した。一般的には、この基氏が初代の鎌倉公方であるとされている。

こののち、将軍尊氏と弟直義が衝突し、幕府を分裂させた観応の擾乱が勃発した。この最中、京都で直義が主導権を握った段階で、尊氏か直義が発給した寄進状の施行状を直義が発給し、鎌倉府に遵行を命じていると推定できる事例が存在する。(20) また、直義が基氏宛に所務遵行命令を出している事例も確認できる。(21) 本章第二節第一項で述べるように、基氏期の幕府から鎌倉府への命令は原則基氏宛となるが、それは擾乱最中の直義主導期に遡るのである。同年七月末、尊氏との戦いに敗れて北陸に没落した直義が同年一一月に鎌倉へ到着した後は、直義が直接御判御教書で沙汰付命令を発給している事例が数点確認できる。(22) なお、この時期の基氏発給文書は、ほとんど感状等の軍事関係に限られる。(23)

（二）　尊氏・義詮東西分割統治期における東国宛尊氏下文施行体制

観応二年一一月、将軍尊氏は東国へ出陣し、直義軍を撃破して鎌倉に入った。そして、文和二年（一三五三）七月にいたるまで、幕府は遠江以東の東国を尊氏、西国の旧六波羅・鎮西両探題管轄区域を義詮が直接統治する体制となった。(24) この時期、基氏の発給文書・受給文書ともにまったく存在せず、基氏は公方としての活動を完全に停止していたとおぼしい。(25)

この時期の東国の施行システムについては、本書第二部第二章第一節においてすでに検討している。本項では、鎌倉府の施行システムの形成過程を検討する観点からこの問題を論じなおしてみたい。施行状の実例については当該章所掲表1を参照されたい。

そこですでに指摘したように、当該期に東国で発給された尊氏下文施行状は全一九件もの多数にのぼる。これは他の時期における室町幕府の執事（管領）施行状の発給量と比較しても断然多く、建武期三年間（一三三六～一三三八）の執事高師直施行状の数に匹敵する。[26] このように、擾乱以前は施行システムが未発達であった東国において、このとき初めて施行状が本格的に発給された。鎌倉府施行システムの形成と定着に、当該期の尊氏の東国統治が大きな契機となったことは疑いない。

ところで室町期、室町幕府で管領が守護を務める国に対しては、管領施行状は、奉書形式ではなく守護遵行状と同じく守護代宛の直状形式を採った。[27] しかし、当該期の武蔵国では執事仁木頼章が守護を兼任し、時折執事施行状が守護代仁木義氏宛に出されたが、[28] これらの執事施行状は通常の奉書形式である。鎌倉府では、こののちも最後まで関東執事（管領）が守護を兼任する武蔵国に対しては奉書形式で施行状が発給された。これは東西の相違点の一つとして指摘しておきたい。

ただし、下野国足利荘に対しては、頼章が直状で施行している。[29] 将軍御料所である同荘に関しては、頼章は守護ではなく執事としての権限に基づいて関与していたと指摘されている。[30] よって、これはそれによる特殊例であると思われる。

ともかく、残存文書を見る限り、擾乱以前はそれほど活発ではなかった東国の恩賞充行と施行が、当該期に将軍尊氏の強力な主導の下に広範に展開され、以降東国に施行状を出すことが定着したのは確実であろう。

第二節　鎌倉公方基氏・氏満期における鎌倉府施行状の形成

（一）初代鎌倉公方足利基氏期の鎌倉府施行状

本項では、将軍尊氏帰京後の公方基氏期の施行システムについて検討する。文和二年七月、尊氏が帰京した。その直前に畠山国清が関東執事に任命された。[31] 尊氏は基氏に恩賞充行権を付与し、鎌倉府の権限は擾乱以前より

も大幅に拡充した。(32)

〔史料二〕康安二年（一三六二）七月六日付関東執事高師有施行状（表1-4）

三嶋宮大夫盛実申、伊豆国三薗郷事、守二還補御下文之旨一、可レ被レ沙二汰-付下地於社家一之状、依レ仰執達如レ件、

康安二年七月六日　陸奥守（高師有）（花押）

高坂兵部大輔殿（氏重）

〔史料二〕は、康安二年七月六日付公方基氏還補御判御教書(33)の伊豆守護高坂氏重宛施行状である。このように、当該期に鎌倉府が東国に恩賞を充行い、それを施行する体制が初めて整ったのである。

室町幕府で恩賞充行文書が将軍の袖判下文から袖判御教書となるのは明徳二年（一三九一）頃である。(34) しかし、鎌倉府においては当初から御判御教書形式であった。ただし、施行文言は、御判御教書の施行であっても「任二御下文(之旨)一」が原則で、これは室町幕府における明徳以降の恩賞充行将軍袖判御教書施行状の施行文言と一致している。(35) なお、鎌倉府においても、寄進は無論寄進状形式を採ることが多かった。

章末の表1は、そうした基氏発給の御判御教書や寄進状を執行した鎌倉府施行状の一覧である。以下、この表を基に検討を進めたい。

まず、関東執事畠山国清・高師有期には、公方基氏の充行御教書や寄進状の施行状は関東執事が発給する体制であった。これが、同時期の京都における執事仁木頼章・細川清氏が施行状を発する体制に連動していたことはいうまでもないであろう。

しかし、貞治二年（一三六三）三月二四日、基氏は上杉憲顕に書状を出し、「関東『管領』」として鎌倉に来るように要請した。(36) その要請に応じ、憲顕が関東『管領』に就任して以降は、公方基氏みずからが施行状を御判御

教書形式で発給する体制となる（表1-6〜8）。

〔史料三〕貞治二年一二月二九日付鎌倉公方足利基氏施行状写（表1-7）

上野国満行寺執行中納言大僧都頼印申、同国淵名庄内花香塚実相院方事、早任二安堵下文一、可レ被レ沙二汰-付下地於寺家一之状如レ件、

貞治二年十二月廿九日　（基氏）（花押影）

上杉（憲顕）民部大輔入道殿

〔史料三〕は、基氏によって発給された施行状の一例である。上杉憲顕が宛所となっているが、これは上野守護としての立場で受給したものと考えられる。この時期の関東『管領』憲顕の文書発給は概して低調であった[37]。

翌貞治三年一〇月から一二月までの三か月間は、一時的に憲顕の子息と推定される関東執事上杉左近将監が施行状を発給しているのが確認できる（表1-9〜11）。だが、同年一二月以降はふたたび基氏が施行状を発給する体制となる（表1-12）。

このような基氏期の動向から、古くから関東執事と関東管領の定義についてさまざまな見解が出されてきた。本章では、同時期の室町幕府の体制と比較することと、所務遵行命令や京都からの命令受給系統、そして実際に使用された名称を検討することでこの問題を考察したい。

室町幕府においては執事細川清氏失脚後、康安二年七月頃に斯波義将が執事に就任し、義将の父高経が『管領』として二代将軍足利義詮を補佐する。高経は文書を発給せず、執事義将・引付頭人義高・侍所頭人義種など一族子弟を要職につけ、彼らの後見人となることで影響力を行使し、幕政を主導する[38]。義将は、もともと活動の低調な執事だった。特に貞治三年以降は活動が著しく停滞し、その職掌はほとんど役夫工米の譴責停止に限定されるようになった[39]。

その時期の下文施行は、将軍義詮自身が行った事例が確認できる。そして、貞治五年（一三六六）八月、斯波一族が失脚、追放されて以降は、執事も『管領』も置かず、将軍義詮がみずから下文施行状を発給する体制となる。[40]

こうした義詮期室町幕府の施行システムの沿革が同時期の鎌倉府のそれと酷似し、後者が前者にほぼ連動していることは明白であろう。すなわち、鎌倉の『管領』憲顕―執事左近将監体制は、京都の『管領』高経―執事義将体制をできる限り模倣した体制であったと考えられるのである。

次に、所務遵行命令については、文和二年から三年にかけて、尊氏が関東に残した二階堂成藤が、室町幕府における引付頭人に相当する立場で行使した。延文二年（一三五七）以降は、公方基氏が御判御教書で所務遵行命令を原則一元的に発給した。[41]これもまた、同時期所務遵行命令を多数発して親裁権強化をはかった将軍義詮の動きと一致している。[42]京都の幕府からの所務関連命令については、文和三年六月までは、尊氏・義詮が直接東国守護に指示した事例も知られる。[43]しかし、以降は将軍が公方基氏宛に御内書で指示するのが原則となる。[44]

当時公方の補佐役たちが実際に呼ばれた名称も、一次史料に即して検討してみよう。鎌倉に在住し、公方や上杉氏と親密な交流のあった禅僧義堂周信が永和四年（一三七八）に著した、円覚寺黄梅院が鎌倉府などから受給した文書の目録である「黄梅院文書目録」という史料が存在する。[45]その目録では、施行状を発給した畠山国清・高師有・上杉左近将監は、「一通　文和四年四月十三日　執事畠山（国清）阿州施行」のようにすべて「執事」と記されている。一方、上杉憲顕は、前述の貞治二年三月二四日付憲顕宛基氏書状や義堂周信の日記『空華日用工夫略集』貞治六年（一三六七）四月二三日条において「管領」と呼ばれている。[46]

以上の検討から、主に施行状を発給した畠山国清、高師有および上杉左近将監は基本的に施行を行った室町幕府の執事たちと同様の立場にあり、関東執事と見るべきであると考える。この時期の上杉憲顕は「管領」と呼ばれており、のちの関東管領の原型であることは確かである。しかし、憲顕自身は原則として施行状や所務遵行命令といった文書を発給せず、子弟を表面に立て政権を主導する政治手法が京都の『管領』斯波高経と共通しており、幕府からの命令の宛所にも原則としてなっていない。したがって、これらの業務を遂行した後年の関東管領と同列に見なすことはできないと考えられる。そこで、本章では冒頭でも述べたように、便宜上、二重鉤括弧付で憲顕を関東『管領』と称したい。

なお、基氏みずからが施行状を発給した基氏末期を「管領未補時代」とする見解もある。(47)上杉左近将監が関東執事を辞任したかは不明である。しかし、憲顕については前述したように、基氏死去の直前である『空華日用工夫略集』貞治六年四月二三日条においても『管領』と呼ばれている。したがって、少なくとも基氏死去まで関東『管領』を務めていた可能性が高いと考える。

(二)　二代鎌倉公方足利氏満期の鎌倉府施行状

次に、公方足利氏満期の施行システムについて検討する。貞治六年四月、基氏が死去し、五月子息氏満が鎌倉公方に就任する。氏満はまだ幼少だったので、六月頃、佐々木導誉が関東に「使節」として下向し、東国は室町幕府の直接管轄下に置かれた。この時期、将軍義詮が東国の守護宛に直接出した命令が散見する事実が指摘されている。(48)この頃の上杉憲顕の立場は不明である。彼が施行状以下の発給文書を一切残しておらず、七月には分国上野から上洛している事実からも、(49)のちの関東管領とは別個のものであったことは確かであろう。しかし、同年一二月には義詮も死去し、導誉は帰京する。

室町幕府の管領に就任した細川頼之は、応安元年（一三六八）四月二日、鎌倉・六浦小間別銭を円覚寺黄梅院華厳塔修造に宛てることを命じた義詮御判御教書を書状形式で二階堂行春宛に施行している。(50)行春は以前鎌倉府

政所執事を務めたこともあり、当時鎌倉府で上杉憲顕に次ぐ実力者であったとされる。(51)

〔史料四〕応安元年四月一〇日付春屋妙葩書状

上杉殿（憲顕）去月廿八日進発候き、東国定可レ属二無為一候歟、抑為二花厳塔修理一、鎌倉間別御教書去年申成候き、
管領（上杉憲顕）無二御座一候之間、執事（細川頼之）施行申成候、預二御成敗一候者、悦入候、他事期二後信一候、恐惶謹言、

（応安元年）卯月十日　　　　（春屋）妙葩
（花押）

二階堂駿河入道殿（行春）(52)

〔史料四〕は、頼之施行に関連して行春宛に出された妙葩書状である。「管領」が不在のため、「執事」が代わりに施行状を発給した事情が傍線部に記されている。

「執事」が頼之を指すことは、前述の細川頼之施行状が現存するので確実である。となれば、「管領」は、上杉憲顕ではないだろうか。(53)憲顕は、同年正月二五日、三代将軍足利義満の相続慶賀のために再度上洛していたのであるが、(54)本史料に記されているとおり、同年三月二八日に京都を去って鎌倉へ出発したために不在だったのである。

ここから、少なくとも義詮死去直後の時点では、義詮が残した東国宛の命令は、当時の鎌倉府で最高の実力者であった関東管領上杉憲顕が施行するのだと認識されていたと考えられる。そのため、頼之の施行状は通常の奉書形式ではなく、書状の形をとったと推定される。

憲顕が鎌倉に帰ってから、上杉氏の関東管領としての活動が本格化する。章末の表2は、氏満期の鎌倉府施行状の一覧である。これに明らかであるように、氏満が成人するまでは、関東管領が幼君氏満の意を奉じて奉書形式で出す充行・寄進を、関東管領みずからが施行する方式であった。同時期の室町幕府でも、管領細川頼之が幼君義満の意を奉じて下知状形式で出す充行・寄進を、管領自身が施行する方式が原則採用されていた。(55)充行・寄

進文書が奉書か下知状かの違いはあるが、従来から指摘されているように、京都の体制に鎌倉が倣ったものであることは明白である。(56)

また、前代には公方基氏がほぼ独占していた所務遵行命令発給もほぼすべて関東管領が行っている。(57) これも、前代は基本的に将軍や引付頭人が行っていた所務遵行命令を発する機能を吸収して、執事が管領化する室町幕府の体制と共通している。厳密にいえば、室町幕府では執事が管領に発展したのに対して、鎌倉府では『管領』が管領化しており、この点は若干相違する。しかし、東西ともに首長の補佐役が遵行命令発給を独占し、管領と称されていく過程は共通している。

前節と同様、一次史料に見える呼称を検討しても、〔史料四〕で憲顕はすでに「管領」と呼ばれている。『空華日用工夫略集』でも、応安二年（一三六九）二月一七日条の上杉能憲以下、原則として「管領」と呼ばれており、「執事」と称されている例は存在せず、管領の呼称が定着している事実が看取できる。むしろ、関東『管領』が発展したこともあって、管領の呼称の確立は、鎌倉の方が〔史料四〕で細川頼之が依然「執事」と呼ばれている京都よりも早いほどである。(58) また、鎌倉以来の幕府における将軍以下の役職の記録である『武家補任』も、基氏期までの公方補佐役を「執事」、氏満期以降を「管領」としている。(59) 本史料は江戸時代に編纂された二次史料であり、事実関係に不正確な部分もある。しかし、公方補佐役に関しては呼称の変化が職権の拡大と呼応しているので、実態を反映していると考えられる。なお、『武家補任』は、室町幕府の将軍補佐役も鎌倉府と同様に、将軍義詮期以前は「執事」、将軍義満期以降を「管領」と呼んでいる。

以上の事実から、上杉憲顕の公方権限代行決定時をもって、関東管領の成立と結論づけたい。(60) それは、前述の憲顕上洛中（貞治七年（一三六八）正月二五日から改元後の応安元年三月二八日までの約二か月間）の間であろう。この間に、頼之との議論によって憲顕を関東管領とし、帰倉後の憲顕の公方代行と施行状発給以下の権限が、京都の管領に準じて決定されたと考えられるのである。なお、上杉能憲・朝房の両管領期には能憲のみが充行・寄進および施行を行い、室町幕府からの命令も能憲がほぼ一元的に受給している。(61)両管領の権力関係は対等ではなく、能憲に大きく偏重していた。

康暦元年（一三七九）一二月に、安房国岩井不入計村を鶴岡八幡宮本地供料所に指定した氏満御判御教書が発給された。(62)これが成人した氏満が発給した充行系文書の初見である。そして間もなく氏満の命令を執行する関東管領施行状が出現する。

〔史料五〕康暦二年（一三八〇）六月八日付関東管領上杉憲方施行状（表2-7）

円覚寺造営料筥根山芦河関所事、任二御寄進状之旨一、莅二彼所一、沙二汰-居寺家代官一、可レ全二関務一、更不レ可レ有二緩怠一之状、依レ仰執達如レ件、

康暦二年六月八日　　沙弥（上杉憲方）（花押）

布施（家連）主計允殿

〔史料五〕は、康暦二年六月八日付鎌倉公方氏満寄進状(63)の施行状である。これが、公方親政開始後の施行状の初見である。ここに、鎌倉公方が充行や寄進などの文書を発給し、関東管領がそれを施行する体制が確立したのである。

ただし、同年八月二五日には、公方氏満がみずから施行状を発給している（表2-8）。これは、第一次小山義政討伐のため、氏満―管領憲方以下の鎌倉府軍が下野国に出陣していた事情が影響しているのであろうか。(64)

また、永徳二年（一三八二）中の施行状四件も氏満による発給である（表2-10~13）。これは、この時期憲方が氏満の小山氏殲滅方針に反対して、管領を一時的に辞任していたことによると考えられる。(65)また、これらの施行状は武蔵国に対して両使宛となっているので、憲方は武蔵守護も辞任し、武蔵国は公方直轄になっていたと推定

できる。

しかし、憲方はすぐに管領に復帰し、以降は関東管領施行状が定着するのである。以前は頻繁にみられた両使宛の施行状も激減し、守護遵行（ただし、関東管領が守護を兼ねる武蔵国では守護代宛）が恒常化する。ただし、鎌倉府政所料所の預置は、永和五年（一三七九）頃から鎌倉府政所執事が奉書形式で行い、それを政所執事自身や鎌倉府奉行人が施行する原則だったようである。[66]

その他氏満期の鎌倉府施行状の重要な特徴として、書式の変化があげられる。施行状には、拝領者名から書き出される「申状方式」と、所領名から始まる「簡易方式」の二種類の書式が存在する。これら二つの書式の相違は施行状の発給手続の相違を反映し、前者が拝領者の申状提出を承けて、後者が、前者と比較すれば政権側の主体的意志によって発給されたと推定できる。初期は申状方式が主流だったのであるが、徐々に簡易方式の割合が増加していった。これは、当初は申請者の個別の都合で臨時に発給されていた施行状が徐々に定着している状況を表していると考えられる。[67]西国では、観応三年（一三五二）九月一八日制定幕府追加法第六〇条によって下文施行状発給が原則化してからは、簡易方式が主流となった。[68]

しかし、東国においては、基氏期にいたっても依然として申状方式が多い傾向がうかがえる（表１「書式」欄）。それが氏満期になると一転して簡易方式がほとんどとなっている（表２「書式」欄）。これも施行システムの完成が西国よりも一定度遅れて達成され、その画期が氏満期であることを示しているといえよう。

次に、憲方再任以降の所務遵行命令について検討しよう。表３には、憲方が関東管領に再任したことが確実と考えられる永徳三年（一三八三）以降、行論の都合上、三代公方満兼死去までの鎌倉府における押妨停止・下地沙汰付の所務沙汰関連命令の発給件数を、発給者と対象国別にまとめた。[69]

全二五件中一五件と六割が関東管領発給による所務関連命令である。鎌倉府においても、所務遵行命令は室町

○表３の見方

※段銭等諸役催促停止命令の系統は省く。両使宛の遵行命令で２通残存している事例は１件に数える。

・括弧のない数字：押妨停止・下地沙汰付や年貢救済等の遵行命令の件数

・括弧内の数字：問状、召文や所領調査といった訴訟手続に関連する命令の件数

表３　氏満・満兼期所務関連命令の発給件数（管領憲方再任以降）
永徳３年（1383）～応永16年（1409）

	駿河	相模	武蔵	安房	常陸	下野	計
鎌倉公方	0	0	2	0	2	1	5
関東管領	2	2(3)	(3)	1	1	3	9(6)
町野浄善ヵ	0	0	0	1	0	0	1
鎌倉府奉行人	0	0	2(1)	0	0	0	2(1)
上杉氏奉行人	0	0	0	0	0	1	1
計	2	2(3)	4(4)	2	3	5	18(7)

幕府と同様に管領発給が原則で、この点からも関東管領という役職が確立していることがわかる。

　その一方で、寄進状といった公方発給文書が関連していたり、遵守されなかった命令の再発給など、特に公方の権威が必要な案件と判断された場合は公方が遵行命令を発給する傾向があったようである。

　管領が守護を兼任する武蔵国においては、阿部哲人氏が指摘するように、管領は訴訟手続の進行、鎌倉府奉行人は守護代への沙汰付命令と役割を分担するというおおよその基準が存在したと考えられる[70]。このように武蔵国の命令系統は特殊であったといえる。しかし、阿部氏も述べるように奉行人の沙汰付命令も武蔵守護代に宛てて出されており、管領が排除されているとは評価できない。武蔵国は、公方基氏期には、関東執事高師有期以降、公方直轄の料国であった[71]。また、前述したとおり、永徳二年にも公方氏満直轄下に置かれていた。そのため、関東管領が守護を兼任するにもかかわらず、公方料国という意識が残存してこのような特殊な遵行形態となったのかもしれない。

　なお、応永二年（一三九五）には、鎌倉府の問注所・奉行の町野浄善と推定される人物が、関東管領奉書と同形式の文書で安房国に沙汰付命令を発している。これは、当時安房守護を兼ねていた元関東管領上杉憲方が死去

した直後であることが影響しているのかもしれない。[72]また、この時期の管領上杉氏奉行人連署奉書による所務遵行命令は、応永一三年（一四〇六）に下野国足利荘に発給されたもの一例のみである。この時期の足利荘は鎌倉府に大部分管轄が移されており、特に管領山内上杉氏の管理が大きな部分を占めていた。[73]それを反映していることはいうまでもない。

室町幕府からの施行や所務遵行命令等の受給システムは、氏満初期、憲顕帰倉後に幕府の管領奉書で関東管領宛に出されるのが普通となり、[74]連絡を受理する業務も関東管領の担当に原則一元化された。この点からも、関東管領の確立をこの時期に求めるのが妥当であると考えられるのである。

第三節　鎌倉公方満兼・持氏期における鎌倉府施行状の展開

（一）　三代鎌倉公方足利満兼期の鎌倉府施行状

本項では、三代公方足利満兼期の施行システムについて検討する。満兼期・持氏期の鎌倉府施行状に関しては、他の時期以上に検討が遅れているので、本項の分析はより意義があると考える。

章末の表4は、満兼期の鎌倉府施行状の一覧である。応永五年（一三九八）一一月、氏満が没し、一二月、満兼が公方になる。当初、施行状は関東管領によって順調に発給されていた。しかし、応永九年（一四〇二）以降、持氏期の応永一八年（一四一一）にいたるまで一〇年間にわたって鎌倉府施行状が一切消滅してしまう。満兼自身の発給文書も減少する傾向がある。

施行状が減少する場合、大別して二つのケースが存在すると筆者は考えている。

まずは、内乱が終息して政権が安定期に入り、将軍等政権の首長が恩賞充行を行う機会自体が減少し、それにともなって必然的に施行状の発給頻度も低下する場合である。本書第四部第一章第三節で論じるように、安堵施行状出現直前の管領細川頼之末期などはその典型例であろう。

もう一つは、それとは反対に、政権が衰退し、統治機構が機能不全に陥って施行状発給が滞るケースである。次項で論じる正長以降の公方持氏期、あるいは本書第四部第三章第四節で指摘するように文正の政変後の八代将軍足利義政期の室町幕府は、そうした理由で施行状が激減したと考えられる。また、本書第一部第三章・第四章で論じた建武政権や陸奥将軍府の施行システムの消滅もその範疇に含めることができるだろう。

この時期、満兼は、西国の大内義弘の乱に呼応して室町幕府に対する反逆を企てて失敗したり、管下の陸奥国でも幕府方の国人伊達政宗の大規模な反乱に悩まされたりしている。[75] このように衰退の兆しはうかがえるものの、満兼期の鎌倉府は、管下の有力大名である千葉・小山・佐竹・那須・結城・宇都宮・小田・長沼をいわゆる「関東八屋形」に編成し、鎌倉に居住する彼らとの緊密な連携のもとで分国支配を展開していた。[76] したがって、当該期後半の鎌倉府施行状の消滅は、政権安定にともなう現象であると考えたい。[77] なお、所務沙汰や京都からの所務関連命令受給はこの時期も継続している。

（二）　四代鎌倉公方足利持氏期の鎌倉府施行状

本項では、四代公方足利持氏期の施行システムについて検討する。章末の表5が、持氏期の鎌倉府施行状の一覧である。

応永一六年（一四〇九）、満兼が没し、持氏がわずか一一歳で公方となる。持氏治世初期には氏満初期と同様、幼少の持氏に代わって関東管領が公方権限を代行する文書を発給している。[78] 前項で述べたように、この時期の施行状は残っていない。しかし、氏満初期と同様に関東管領による施行が想定されていたと考えられる。

応永一九年（一四一二）三月、成人した持氏は初めて寄進状を発給した。[79] 同年七月五日、関東管領上杉禅秀が初めて施行状を発給する（表5-1）。一〇年ぶりの鎌倉府施行状復活である。しかし、禅秀の施行状はわずかにこの一例のみである。以降、応永二四年（一四一七）まで再び五年間施行状が消滅する。これは、持氏―山内上杉氏と犬懸上杉氏禅秀との不和を反映していると考えられる。そして、応永二三年（一四一六）には遂に上杉禅秀の乱が起こり、禅秀は持氏と全面対決するのである。

禅秀の後には上杉憲基が関東管領に就任し施行状を発給するが、応永二五年（一四一八）に憲基は死去する。その後、上杉憲実が関東管領となる。しかし、このとき憲実はわずか八歳だったので、応永三一年（一四二四）まで幼少の憲実に代わって公方持氏がみずから施行状を発給する。この時期は、公方が幼少の管領を代行した時期といえよう。

成人した上杉憲実が施行状を発給し始めてからは、憲実の施行状発給が持氏滅亡まで継続される。憲実の署判は、任官前の「藤原（花押）」（表5-13～18）、安房守任官後の「安房守（花押）」（表5-19・20・22）、安房守辞任後の「前安房守（花押）」（表5-23）の三段階に変化していく。

禅秀の乱後、公方持氏が直轄領や奉公衆の一層の拡大に奔走し、公方専制体制の推進に努力した事実が指摘されている。(80) 施行状の残存傾向を見ても、この時期の持氏やその後の管領憲実の発給は活発でそれを裏づけることができる。

しかし、正長・永享期に入ると、関東管領施行状の残存数が著しく激減する。氏満・満兼期には大半が同日であった公方御教書と施行状の発給間隔も開く傾向となり、持氏期全般の傾向であるが両使遵行も復活する。永享六年（一四三四）、現存する最後の鎌倉府施行状（表5-23）が発給されるが、これは持氏御判御教書が出てから七年後にようやく発給されたものである。室町幕府との関係悪化によって持氏―憲実の関係も悪化し、それが鎌倉府統治機構の機能不全を引き起こしていることが、鎌倉府施行状にもはっきりと看取できる。この点、当時の

表6　持氏期所務関連命令の発給件数
応永16年（1409）～永享8年（1436）

	伊豆	武蔵	安房	上総	下総	上野	下野	不明	計
鎌倉公方	0	2	1	2	0	0	3	0	8
関東管領	0	2	0	0	0	0	0	(1)	2(1)
政所執事	0	0	0	0	0	1	(1)	0	1(1)
町野満康	0	0	0	0	(1)	0	2	0	2(1)
鎌倉府奉行人	0	1(1)	0	0	0	0	(1)	0	1(2)
上杉氏奉行人	1	2	0	0	0	1	0	0	4
計	1	7(1)	1	2	(1)	2	5(2)	(1)	18(5)

註：表の見方は表3と同じ。

鎌倉府の事情に詳しかったと思われる浅羽民部少輔が宝徳三年（一四五一）に書き記した『鎌倉持氏記』に、永享九年（一四三七）、持氏と不和になった憲実が武蔵守護代を派遣せず、さらに「施行判形不ㇾ致」と施行状も発給しなくなったと記されているのも興味深い。[81]

次に、持氏期の所務関連命令について検討しよう。表6には、当該期の鎌倉府所務沙汰関連命令の発給件数を、表3と同様に発給者や対象国別にまとめた[82]。持氏初期と正長以降は残存件数がきわめて少なく、施行状が活発に発給された応永後期と同時期に集中して残存している。正長以降の所務沙汰の停滞については、やはり施行システムの機能不全と同様の理由で統治機構が衰退しているためと考えられる。

公方持氏が所務関連命令を出した事例が八件存在する。これらはすべて管領不在期や憲実幼少期に限られ、憲実の活動開始後は消滅する。関東管領の発給事例は三件である。鎌倉府政所執事や鎌倉府奉行町野満康が関東管領奉書と同型式の文書で命令を発給している事例も見られる[83]。鎌倉府奉行人奉書は武蔵国だけではなく下野国にも出された事例が見られる。遵行命令ではないため表には載せなかったが、奉行人が下野国の国人に「執沙汰」を命じた文書や、相模国には裁許状と見なせる文書も発給されている[84]。関東管領が奉書を発給するケースが減少し、管領の職掌が変質していることは確かである。この現象は、従来は「上杉氏をも権力の中枢から排除」したためと評価されてきた[85]。しかし、氏満・満兼期と同様、武蔵国の場合は所務関連命令がすべて守護代宛であることから「少なくとも武蔵の場合はその命令系統に大きな変更が見えない以上、管領権力からの脱却ではない」とする見解もある。(86)また、一方で上杉氏奉行人奉書が増加する傾向もうかがえる。したがって、関東管領権力の排除とは単純に評価できない。

室町幕府でも、永享五年（一四三三）以降、すなわち管領細川持之期から管領奉書による所務遵行命令がほとんどなくなる。これは、「延滞気味であった所務沙汰の円滑な裁許や、多発化する地域紛争への積極的な対応といった、義教の施政方針に沿って図られた」、「義教の専制は、単純に管領を幕府文書の発給から排除するのではなく、むしろ室町殿の主導・管理を強化して、管領の職掌を自己の政務を支えるものに改変し、政務処理システムに組み込んでいった点に認められる」と近年評価されている。(87)

鎌倉府においても、応永一六年～二四年（一四一七）の九年間は所務関連の命令はわずかに政所執事が発給した一件しか管見に入らず、京都と同様に訴訟が停滞していたことがうかがえる。持氏が六代将軍足利義教ほど明確な政策志向を有していたかは定かではないが、この変化は、西国と同様公方権力の強化と同時に延滞する訴訟改革という側面もあった可能性を指摘したい。

室町幕府からの所務沙汰等の命令に関しては、応永三〇年（一四二三）を最後に少なくとも残存文書としては途絶えた。(88)この面でも、京都と鎌倉の関係が急速に悪化していった事実は明白である。

永享一一年（一四三九）、永享の乱が起こり、持氏が敗死して鎌倉府は滅亡する。その後、持氏の遺児成氏が鎌倉府を再興する。しかし、施行状が復活することはなく、鎌倉府施行システムは、応仁の乱で消滅した京都の管領施行システムに約三〇年先駆けて崩壊する。関東管領の職は戦国期まで存在するが、その職権が持氏期までの鎌倉府の関東管領のそれと異なっていることはいうまでもない。

第四節　鎌倉府施行状の特質

以上、三節にわたって鎌倉府発足時から基氏以下四代の鎌倉公方時代の施行状について検討してきた。鎌倉府の施行システムは、基本的に室町幕府の施行システムを東国に移植した体制であると考えられる。特に基氏期から氏満期にかけては、幕府で起こった変化をそのまま模倣している感がある。

鎌倉府施行システムは、室町幕府の執事（管領）施行システムと同様、公方の充行や寄進を関東管領が実現することで拝領者に権益を与えた。それによって公方に対する求心力を高めると同時に、守護・両使も公方の主従制的支配権の貫徹に参加させることで公方権力を強化した。したがって、これが鎌倉府の政権基盤の安定に果した意義は大きいと評価できる。事実、施行状が恒常的に発給された氏満期・満兼初期は鎌倉公方の全盛期であった。さらに、公方の充行文書が御判御教書形式を最初から採用していること、延滞する訴訟の改革も比較的早期からうかがえること、何より管領の呼称の定着が京都よりも早いと考えられることなど、むしろ鎌倉府の方が室町幕府よりも先進性があると見なせる側面も存在する。

ただし、室町幕府の施行システムと比較すると、相違点や限界面も存在することは見逃せない。残存している全七五件の鎌倉府施行状のうち、二九件と実に四割弱が関東管領が守護を兼ねていた武蔵国に発給されている。これは、山田邦明氏が検出した公方直轄領に重複する所領が多い(89)。

つまり、鎌倉府の恩賞充行や寄進は、関東管領兼武蔵守護上杉氏の権力に大きく依存していたと考えられるのである。公方は、独自の権力基盤といわれる奉公衆・直轄領の編成にも、施行システムの利用を通じて管領上杉氏の協力を得る。一方、上杉氏は公方の権威を背景として武蔵国の実質的支配を進める。そのような公方と管領の相互依存的な関係がうかがえるのではないだろうか。この点は、管轄下の諸国にほぼ均等に施行状を発給している室町幕府と比較して様相が異なっている部分であり、公方―管領の強力な支配の反面、鎌倉府の実質的統治地域の狭さや権力基盤の脆弱性も反映していると考えられる。

　また、室町幕府においては、南北朝期には充行施行が主流であった。しかし、本書第四部で論じるように、義満・義持前期にはそれまでほとんど見られなかった安堵の施行が出現した。そして、義持期以降は段銭諸公事免除の施行が増加するなど、将軍発給文書の内容の変化にともなって施行状の内容も変化した。それに応じて、命令内容も「沙汰付」型から所務保全型、当事者宛、守護不入を命じるタイプのものとさまざまなバリエーションが出現した。

　しかし、鎌倉府においては、表1・2・4・5の「内容」欄からあきらかなように、ほとんどが充行・還補・寄進といった恩賞系命令の施行である。内容もほぼすべて「沙汰付」型である。

　鎌倉府においても安堵の御判御教書は、寺社宛には割と多く発給されている。しかし、その施行状はわずか二件しかしない（〔史料三〕、表5-13）。しかも、国人に対する安堵の施行は存在しない。また、免除の施行も発達しなかった。

〔史料六〕応永二九年（一四二二）五月二二日付上杉氏奉行人施行状（表5-10）

　三嶋宮東西御読経所并三昧堂・塔本八幡宮・国分寺供僧等申、内外宮役夫工米事、於二当社領一者、雖レ被レ勘二落之一、至二于供僧領一者、任二往古例一所レ被二免除一也、早守二去十日御教書之旨一、向後不レ可レ有二相違一之由候也、仍執達如レ件、

応永廿九年五月廿二日　　左近将監（花押）

沙弥（長尾忠政）（花押）

寺尾（憲清）伊豆守殿

〔史料六〕は、応永二九年五月一〇日付公方持氏免除御判御教書を、[90]上杉氏奉行人が伊豆守護代寺尾憲清宛に施行した文書である。前節で指摘したように、本史料が発給された時期は、関東管領上杉憲実が幼少であったため、持氏がみずから施行状を発給していた。しかし、本例は伊勢神宮の役夫工米の免除であり、通常の施行状がつく充行や寄進の公方御教書とは異なるため、特例として上杉氏奉行人が発給したと考えられる。[91]

室町幕府と同様、鎌倉府においても免除の御判は後年代にいたるほど増加する傾向がある。しかし、その施行状は本史料が唯一の事例であり、恒常化していたとは到底いえない。このように、政治的軋轢の増大に加え、充行系以外の施行が発達しなかったことも鎌倉府施行システムが衰退した一因であると考えられるのである。

おわりに

以上、四節にわたって鎌倉府施行システムの形成と展開について論じた。

室町幕府発足当初の東国において、鎌倉府独自の施行システムは、その萌芽は見られるものの未成熟であった。観応の擾乱後、将軍尊氏が東国を直接統治した時期に下文施行が恒常化した。

尊氏帰京後、鎌倉公方基氏に恩賞充行権が付与され、東国統治機関としての鎌倉府が確立し、鎌倉府施行システムの基礎が形成された。基氏期から氏満初期にかけては、室町幕府の体制に連動して、鎌倉府も『管領』―執事体制を採ったり、公方みずからが施行状を発給したり、幼少の公方を関東管領が代行したりした。そして、氏満初期に上杉憲顕が施行、所務遵行命令および幕府からの命令受給を一元的に行使することが決定した段階で関東管領が確立し、公方氏満の親政開始をもって鎌倉府施行システムが完成した。

上杉禅秀の乱以後、公方権力の基盤強化の必要性を痛感した公方持氏自身や関東管領上杉憲実が施行状を大量に発給した。しかし、正長以降は鎌倉―京都、公方―管領の関係悪化にともなって施行システム等は機能不全に陥った。そして、永享の乱で持氏が滅亡して以降、鎌倉府施行システムは崩壊するのである。

鎌倉府施行システムは、鎌倉公方の主従制的支配権の貫徹や鎌倉府の政権基盤安定に大きく貢献した。しかし、発給地域が武蔵国に偏在し、武蔵守護を兼ねた関東管領上杉氏に大きく依存した側面もあった。また、最後まで充行・寄進等不知行地の沙汰付命令が主流で、この点で安堵や段銭免除の施行まで範囲を拡大した京都幕府の施行システムとは大きく相違し、限界面も存在した。

最後に、鎌倉府施行状の作成過程について付言して擱筆したい。この問題は史料的制約が大きく推測によらざるを得ない。だが、基本的に鎌倉府施行システムが室町幕府のそれの模倣である以上、施行状発給のあり方も当然京都に準じていたのではないだろうか。筆者は、関東管領施行状は南北朝期室町幕府の仁政方に相当する場で作成されたと考えている。鎌倉公方が親裁する場で充行・還補の御判御教書や寄進状が作成されたのち、同日あるいは数日後に関東管領が主導する場で施行状が発給されるのが通常の体制であったと考えられるのである。(92)

(1)　伊藤Ⓐ「初期の鎌倉府」(同『中世国家と東国・奥羽』校倉書房、一九九九年、初出一九六九年)同Ⓑ「鎌倉府覚書」(同書、初出一九七二年)、同Ⓒ「室町期の国家と東国」(同書、初出一九七九年)。

(2)　小要Ⓐ「関東管領補任沿革小稿——その(一)——」(『法政史論』五、一九七七年)、同Ⓑ「関東府小論」(豊田武先生古稀記念会編『日本中世の政治と文化』吉川弘文館、一九八〇年)、同Ⓒ「関東管領補任沿革小稿——その(二)——」(芥川龍男編『日本中世の史的展開』文献出版、一九九七年)。岩崎Ⓐ「上杉憲顕の鎌倉復帰」(『国学院大学大学院紀要——文学研究科——』二〇、一九八八年)、同Ⓑ「足利氏満期における関東管領について」(小川信先生古稀記念論集を刊行する会編『日本中世政治社会の研究』続群書類従完成会、一九九一年)。阿部「鎌倉府料国武蔵国にみる守護支配」(『文化』六二—一・二、一九九八年)。

(3)　小林「南北朝・室町期の京と鎌倉(上)(下)」(『堺女子短期大学紀要』一七・一八、一九八二年)、以下、(上)を

小林Ⓐ、(下)を小林Ⓑ論文と呼称する。山田『鎌倉府と関東』(校倉書房、一九九五年)、小国『鎌倉府体制と東国』(吉川弘文館、二〇〇一年)、松本『東国守護の歴史的特質』(岩田書院、二〇〇一年)、湯山「鎌倉御所奉行・奉行人に関する考察」(同『鎌倉府の研究』岩田書院、二〇一一年、初出一九八六年)、市村「鎌倉公方と東国守護」(『歴史公論』八一、一九八二年)、佐藤博信「鎌倉府についての覚書」(同『中世東国の支配構造』思文閣出版、一九八九年、初出一九八八年)など。なお、鎌倉時代の領主制や在地支配を検討し、南北朝期以降の東国を展望した海津一朗「鎌倉時代の郡秩序と領主制」(『千葉史学』一一、一九八七年)も重要な研究である。

(4) 佐藤進一「室町幕府論」(同『日本中世史論集』岩波書店、一九九〇年、初出一九六三年)一三七頁。

(5) 小川信「管領頼之在任時の評定衆・引付頭人・奉行人」(同『足利一門守護発展史の研究』吉川弘文館、一九八〇年)二六〇～二六一頁。

(6) 小川「頼之の管領就任と職権活動」(註(5)所掲同氏著書、初出一九七八年)二二二～二二四頁。

(7) 本書第二部第一章。

(8) 家永遵嗣氏も、鎌倉府の所務遵行システムの構造を見る必要性を提唱している(同「〈書評〉山田邦明著『鎌倉府と関東』」(『史学雑誌』一〇七―一二、一九九八年)七〇～七一頁)。

(9) 註(2)所掲小要Ⓑ論文二四四頁。

(10) たとえば、康永二年(一三四三)八月四日付下総守護千葉貞胤宛禅律頭人藤原有範奉書案(『東』一四三二)。本章は他章と比較して引用史料が多い。よって、相模円覚寺文書といった、引用史料の出典文書名を省略する。

(11) 田辺久子「鎌倉府の成立」(『神奈川県史　通史編1　原始・古代・中世』一九八一年)七八三～七八四頁など。

(12) 写、『東』一六七八。

(13) 註(2)所掲小要Ⓐ論文五、七頁など。小要氏は、関東執事斯波家長奉書が奉じる対象を将軍尊氏とする(註(2)所掲同氏Ⓑ論文二四〇～二四一頁)。しかし、原田正剛氏が批判するように幼君義詮と考えて差し支えないと思う(原田「鎌倉府成立に関する一考察」(『中央史学』二六、二〇〇三年)一二九頁)。

(14) 『東』一四四三。

(15) 『東』一四四二。

(16) 本章の基となった旧稿においては、暦応三年（一三四〇）六月一九日付散位某奉書正文（『東』一一一九）の発給者を関東執事上杉憲顕と考え、これも関東執事施行状としていた（拙稿「鎌倉府施行システムの形成と展開」『ヒストリア』二二四、二〇〇九年、一〇一頁）。しかし、花押からこの文書の発給者が憲顕ではないとの御指摘を鈴木由美氏からいただいた。本文書は、おそらく室町幕府の引付頭人を務めていた人物が発給した、尊氏か直義の寄進状の施行状であると考えられる。したがって、本書収録に際して誤りを訂正し、この文書を除外した。

(17) 本書第二部第一章第二節。

(18) 初期鎌倉府の位置づけに関しては、松本一夫「初期鎌倉府の理解について」（『千葉史学』二五、一九九四年）を参照されたい。

(19) 註(1)所掲伊藤Ⓐ論文二五七頁。

(20) 観応二年（一三五一）七月二二日付関東執事上杉憲顕奉書正文（『東』二〇二七）文中にある「去五月十三日御寄附状幷同日御施行状」の「同日御施行状」は、直義施行状を指すと考えられる。本章の基となった註(16)所掲拙稿一〇二頁において筆者は、これを憲顕が鎌倉公方足利基氏の意を奉じて発給した奉書形式寄進状と憲顕施行状と解釈したが、「御施行状」と「御」の字がついて敬意を払われている点からもこれは誤りであろう。なお、この時期、直義が施行状発給権を掌握していた事実に関しては、本書第二部第二章第一節を参照されたい。

(21) 『東』二〇一六。

(22) 『東』二一一〇、二一一三、二一一五。

(23) 角田朋彦「足利基氏発給文書に関する一考察」（『駒沢大学史学論集』二五、一九九五年）四三頁。

(24) 小要博「発給文書よりみたる足利義詮の地位と権限」（『日本古文書学論集7　中世Ⅲ』吉川弘文館、一九八六年、初出一九七六年）七二〜七六頁。

(25) 註(23)所掲角田論文四三〜四四頁。

(26) 本書第二部第一章所掲「尊氏下文施行状一覧（観応の擾乱以前）」。

(27) 上島有「室町幕府文書」（赤松俊秀他編『日本古文書学講座4　中世編Ⅰ』雄山閣出版、一九八〇年）九九頁。上島氏は、直状形式の管領施行状を施行状ではなく守護遵行状と見るが、施行状と見なしてもかまわないと考える。

(28)『東』二二九八・二三八七。
(29)『東』二三二四。
(30)磯貝富士男「小山義政の乱の基礎的考察」(松木一夫編『下野小山氏』戎光祥出版、二〇一二年、初出一九八四年)一四五頁など。
(31)註(2)所掲小要Ⓐ論文一一頁など。以下、特に断らない限り、関東執事(管領)の就任・辞任時期は小要氏の論考による。
(32)註(1)所掲伊藤Ⓑ論文二七四～二七五頁。
(33)『東』三〇二六。
(34)本書第二部第三章第三節。
(35)吉田俊右「前期室町幕府の「下文」と「安堵」」(『日本史研究』五〇三、二〇〇四年)六一～六二頁。
(36)『東』三〇七七。註(2)所掲小要Ⓐ論文一三頁など。
(37)註(2)所掲小要Ⓐ論文一三頁。当該期の憲顕発給文書は、ほとんどが上野国内への直状形式の文書で(『東』三一五二、三一五四、三一六九)、上野守護の立場によるものと考えられる。また、受給文書も上野守護として受給していると推定できるものが多い(『東』三一四三、〔史料三〕、『東』三二〇六)。
(38)小川「足利(斯波)高経の幕政運営」(註(5)所掲同氏著書、初出一九七三年)四〇九～四一七頁。
(39)小川信「室町幕府管領制成立の前提」(註(5)所掲同氏著書、初出一九七八年)二〇二頁。
(40)本書第二部第二章第二節。
(41)以上、阿部哲人「足利基氏期における鎌倉府の所務沙汰に関する一考察」(羽下徳彦先生退官記念論集『中世の杜』東北大学文学部国史研究室中世史研究会、一九九七年)六八～七〇頁など。なお、阿部氏は、貞治四年(一三六五)一二月二六日付二階堂行春奉書正文(『東』三三〇一)による遵行命令を所務沙汰手続の変化と高く評価する。しかし、基氏による遵行命令が以降も散見するので(『東』三三五七、三三五八、三三六四、三三六五、三三八六、三三九一)、少なくとも基氏の親裁権強化の傾向は継続していたと考える。
(42)註(38)所掲小川論文四一七～四一九頁など。

(43)『東』二五一六など。註(41)所掲阿部論文七四頁。
(44)『東』二五八一以下、多数の事例がある。
(45)『東』三九〇一。
(46)以上の検討は、註(2)所掲岩﨑Ⓐ論文三八八〜三八九頁ですでに行われている。しかし、本章の重要な論点であるので再論した。なお、当事の室町幕府においても、執事・『管領』の名称は鎌倉府と同様に区別して使用されていた（註(38)所掲小川論文四一九〜四二〇頁）。
(47)註(2)所掲小要Ⓐ論文一六頁。
(48)以上、註(2)所掲岩﨑Ⓑ論文三五一〜三五二頁、同註所掲小要Ⓒ論文一三一〜一三二頁。
(49)『師守記』貞治六年七月八日条。このとき、憲顕が東国に帰った時期は不明である。しかし、『喜連川判鑑』応安元年（一三六八）正月二五日条の記事から、状況的に年内には関東に戻ったと考えられる。
(50)『東』三四六四。義詮御判御教書は『東』三四三三。
(51)田辺久子「鎌倉府政所執事二階堂氏について」（『日本歴史』四五〇、一九八五年）七二〜七三頁。
(52)『東』三四六五。
(53)〔史料四〕の「管領」は、室町幕府の管領を指す可能性もある。その場合、前代義詮時代の『管領』斯波高経―執事義将体制と同様、当時の幕府にも執事細川頼之とは別に『管領』が存在したことになる。しかし、史実では、頼之が将軍補佐役に就任して以降、『管領』は設置されず、頼之がそのまま管領化している（本書第二部第二章第三節など）。したがって、この解釈は採らない。なお、小林保夫氏も、本史料に関して同様の解釈をしている（註(3)所掲同氏Ⓑ論文三九頁）。ただし小林氏は、「執事施行」を二階堂行春の施行状としているが、これは誤りである。
(54)『喜連川判鑑』同日条。
(55)本書第二部第二章第三節など。
(56)註(3)所掲小林Ⓐ論文五五〜五七頁。
(57)『東』三五〇六以下、多数の事例がある。

(58) 室町幕府では、細川頼之の就任当初は「執事」と呼ばれた例が多いが、次第に「管領」と称される例が増えてくる（楞野一裕「室町幕府開創期における執事と管領」（津田秀夫先生古稀記念会編『封建社会と近代』同朋舎出版、一九八九年）七三頁）。

(59) 東大史料編纂所所蔵彰考館文庫本謄写本。

(60) なお、岩﨑学氏は、後年代まで関東管領と関東執事が併存した可能性を指摘する（註(2)所掲同氏Ⓑ論文三六〇頁）。しかし、氏が論拠とした『鎌倉大草紙』は戦国初期に成立した二次史料である。また、関東管領就任前の上杉憲定を「補佐」と称した満兼願文正文も（『神』五二六四）、氏自身「この補佐役が直接、関東執事を指すかあきらかではない」と述べるとおり、これをもって両者の併存を読みとるのは無理があると思われる。

(61) 註(2)所掲小要Ⓒ論文一三五～一四四頁。通説では、朝房辞任後、上杉能憲・憲春の両管領期が存在したとされている。しかし、能憲死去まで憲春は管領代行であったとする小国浩寿氏の見解に従う（同「鎌倉府北関東支配の形成」（註(3)所掲同氏著書）一五七～一五八頁）。

(62) 『神』四八三五。

(63) 『神』四八四六。

(64) 註(61)所掲小国論文一七一～一七二頁。

(65) 註(61)所掲小国論文一七七～一七八頁。

(66) 『神』四八二九、表2-5・6、『神』五二七三、表4-7、『神』五七〇四。

(67) 本書第二部第一章第二節。

(68) 本書第二部第二章第二節。

(69) 表3の典拠は、以下のとおり。鎌倉公方＝『神』四九一八、四九三四・四九三五、四九四三、五二六一、五三四三。関東管領＝『神』四九二一・四九二二、四九六四・四九六五、四九七四・四九七五、『静』一〇三六、『神』四九九四、五一九三、『埼』六二七、『神』五二五〇、五二五六、五二九〇、五三一八、五三六七、五三六九、五三九四、五四一〇。町野浄善ヵ＝『神』五一四八。鎌倉府奉行人＝『神』四九三六、五三五五、五三五九。上杉氏奉行人＝『神』五三八六。

(70)　註(2)所掲阿部論文五頁。武蔵国におけるこのような遵行体制は、阿部氏が指摘するように永和四年（一三七八）に確立したと考えられる。

(71)　田辺久子「南北朝期の武蔵国に関する一考察」（『金沢文庫研究』一八―九、一九七二年）一一頁。

(72)　町野浄善については、木下聡「室町幕府・関東足利氏における町野氏」（佐藤博信編『関東足利氏と東国社会』岩田書院、二〇一二年）八九～九〇頁など、安房守護の補任状況については、松本一夫「安房守護と結城氏の補任」（註(3)所掲同氏著書、初出一九九九年）を参照されたい。

(73)　松本一夫「足利庄をめぐる京・鎌倉関係」（『古文書研究』二九、一九八八年）二三～二四頁。

(74)　ただし、訴訟当事者が身分の高い僧侶である場合などには、書札礼の関係で室町殿の御内書や御判御教書が鎌倉公方宛に出される場合もあった。また、鎌倉から京都への上申には、鎌倉公方から室町幕府管領宛に挙状が出された。これらの連絡機構については、註(3)所掲小林Ⓐ論文四一～四二、六〇～六一頁を参照されたい。

(75)　以上の政治史については、註(3)所掲小林Ⓑ論文三三～三七頁。

(76)　江田郁夫「関東八屋形について」（同『室町幕府東国支配の研究』高志書院、二〇〇八年）。

(77)　なお、旧稿においては、当該期の施行状消滅は鎌倉府の衰退にともなう現象であると考えていたが（註(16)所掲拙稿一一四～一一五頁）、呉座勇一氏からの御批判により現在は見解を改めている。

(78)　『神』五四三〇。

(79)　『神』五四四三。

(80)　山田邦明「鎌倉府の直轄領」（註(3)所掲同氏著書、初出一九八七年）二八八頁、同「鎌倉府の奉公衆」（註(3)所掲同氏著書、初出一九八七年）一八八頁、註(3)所掲市村論文九二～九三頁。

(81)　『新編高崎市史　資料編4　中世Ⅱ』（一九九四年）六三九頁。『鎌倉持氏記』の史料的性格については、梶原正昭「永享の乱関係軍記の展望」（同『室町・戦国軍記の展望』和泉書院、二〇〇〇年、初出一九八四年）三四～三八頁を参照されたい。

(82) 表6の典拠は、以下のとおり。鎌倉公方＝『神』五五五九、五五六九、五五七二、五五八一、五六〇三、五六二八、五六六三、五七〇〇。関東管領＝『神』五七二六、『醍』二〇二五―五、『神』五九一〇。政所執事＝『神』五四三七、五七〇三。町野満康＝『神』五七六三、五七六五・五七六六、五九〇三。鎌倉府奉行人＝『神』五八〇七、五八一〇、五九二〇。上杉氏奉行人＝『神』五五六〇、五五七四、五七八八、『埼』七〇六。

(83) 従来は東氏とされていた満康が町野氏と推定できることについては、註(72)所掲木下論文九〇～九一頁を参照されたい。

(84) それぞれ『神』五八五三、五七九六。

(85) 註(1)所掲伊藤Ⓒ論文一四七頁。

(86) 註(2)所掲阿部論文一〇～一一頁。

(87) 吉田賢司「足利義教期の管領奉書」(同『室町幕府軍制の構造と展開』吉川弘文館、二〇一〇年、初出二〇〇三年)二七六～二七九、二八四～二八五頁。

(88) 註(1)所掲伊藤Ⓒ論文一四七頁。

(89) 註(80)所掲山田「鎌倉府の直轄領」二〇九～二一七、二五〇～二五九頁。

(90) 『神』五六四七。

(91) 松本一夫氏は、〔史料六〕が発給される前に持氏が憲実宛に免除の実行を命じる御教書を出したと推定する(同「鎌倉府及び関東管領家奉行人奉書に関する一考察」(註(72)所掲佐藤編著)七三～七四頁)。しかし、〔史料六〕は、「守ニ去十日御教書之旨ニ」と註(90)所引の持氏免除御教書しか引用していない。もしそのような文書が存在したのであれば、たとえば「守ニ去十日御教書幷同日御施行之旨ニ」のようにその存在を明記する文言となるはずである。したがって、そうした文書は存在せず、本史料が施行状の役割を果たしたと筆者は考える。

(92) 南北朝期室町幕府の執事(管領)施行状の発給手続や、施行状の発給機関が仁政方と推定できることについては、本書第二部第一章第二節、第二部第三章第一節、安定期鎌倉府の訴訟手続や訴訟機関については、山田邦明「鎌倉府における訴訟手続」(註(3)所掲同氏著書、初出一九八七年)を参照されたい。なお、室町幕府では、南北朝末期に所務沙汰のあり方が変質し、制度化されて定期的に開催された評議の場が消滅し、奉行人が個々に室町殿や管領に伺いを立てたり決裁を仰ぐ方式に変化する（山田徹「室町幕府所務沙汰とその変質」（『法制史研究』五七、二〇〇七年）。しかし、鎌倉府の場合は、少なくとも上杉禅秀の乱の頃までそうした定期的な評議の場が存在している（本註所掲山田邦明論文一三〇頁）。

たい。

・「内容」欄：鎌倉公方発給文書の命令内容を記す。

・「御判等発給年月日」欄

先行する鎌倉公方発給文書が御内書形式である場合、「※御内書形式」と記す。関東管領や政所執事が奉書形式で充行・寄進等を行った場合、その氏名を記す。

・「備考」欄：鎌倉公方や政所執事、奉行人が施行状を発給した場合、その文書形式を記す。

拝領者	書式	内容	御判等発給年月日	備　考	出　典
三浦和田茂助	●	充行	文和３．２．６		山形大学図書館所蔵中条家文書
三嶋社神主盛実	●	寄進	同日		伊豆三島大社文書
御愛局	○	充行ヵ	康安２．４．23		神奈川県立歴史博物館所蔵帰源院文書
三嶋宮大夫盛実	●	還補	同日		伊豆三島大社文書
法泉寺	○	料所寄進	貞治２．閏１．22		鎌倉国宝館所蔵神田孝平氏旧蔵文書
岩松直国	●	充行	貞治２．５．28	御判御教書形式	上野正木文書
満行寺執行頼印	●	安堵	?	御判御教書形式	相州文書所収鎌倉郡荘厳院文書
極楽寺	●	寄進	?	御判御教書形式B	相模極楽寺文書
御仁々局	●	充行ヵ	?	両使遵行	相模黄梅院文書
岩松直国	○	充行ヵ	貞治３．10．28	両使遵行	上野正木文書
正続院	○	寄進	貞治３．12．16		相模円覚寺文書
上杉能憲	●	還補	同日	御判御教書形式 両使遵行	出羽上杉家文書五之段ひ印

○表1・表2・表4・表5の見方

※本書第2部第1章所掲「尊氏下文施行状一覧(観応の擾乱以前)」の見方と基本的に同じであるが、以下の点で異なる。

・「書式」欄

「☆」は施行文言を持たない場合を表す。

「◇」は領有者明記方式を表す。これについては本書第4部第3章第2節を参照され

表1　基氏期の鎌倉府施行状一覧

No.	発給年月日	状態	差　出	宛　所	所領名
1	文和3.2.8	案	関東執事畠山国清	守護宇都宮氏綱	越後国豊田庄他
2	康安2.4.25	正	関東執事高師有	守護高坂氏重	伊豆国矢田郷々司職他
3	康安2.4.25	正	関東執事高師有	守護千葉氏胤	上総国二宮庄内吉郷
4	康安2.7.6	正	関東執事高師有	守護高坂氏重	伊豆国三薗郷
5	貞治2.2.2	正	関東執事高師有	守護河越直重	相模国下曽比郷
6	貞治2.6.2	写	鎌倉公方基氏	岡部出羽入道	武蔵国榛沢郡滝瀬郷内
7	貞治2.12.29	写	鎌倉公方基氏	守護上杉憲顕	上野国淵名庄内
8	貞治3.9.16	案	鎌倉公方基氏	守護岩松直明	上総国二宮庄内小林郷半分
9	貞治3.10.28	正	関東執事上杉左近将監	加治実規 矢野政親	武蔵国小山田庄内黒河郷半分
10	貞治3.11.9	写	関東執事上杉左近将監	佐貫師綱 高田忠遠	上野国新田庄内江田郷
11	貞治3.12.23	正	関東執事上杉左近将監	守護高坂氏重	伊豆国多呂郷
12	貞治5.10.16	正	鎌倉公方基氏	渋谷参河入道 土屋備前入道	武蔵国六浦本郷

拝 領 者	書式	内　容	御判等発給年月日	備　考	出　典
鑁阿寺	○	料所寄進	同日 ※管領憲顕		下野鑁阿寺文書
藤田覚能	○	預置	応安２.６.15 ※管領能憲	「充状」	相模円覚寺文書
円覚寺黄梅院	○	他者寄進追認	同日 ※管領能憲		相模黄梅院文書
円覚寺	○	料所寄進	永和２.11.24 ※管領能憲	両使遵行 Ｂ・Ｃ	京都大学総合博物館所蔵文書
遍照院	◇	料所預置	同日 ※政所執事二階堂行詮	直状形式 両使遵行 「預状」 B	相模鶴岡八幡宮文書
若宮僧正坊	○	料所預置	？ ※政所執事二階堂行詮ヵ	奉書形式 両使遵行 「預状」 B	相州文書所収鎌倉郡荘厳院文書
円覚寺黄梅院	○	料所寄進	同日	B	相模円覚寺文書
金陸寺	○	寄進	康暦２.８.６	御判御教書形式 両使遵行 B	相模円覚寺文書
烟田時幹	○	還補	同日	両使遵行 B	烟田文書
高師業ヵ	○	還補	同日	御判御教書形式 両使遵行	永井直哉氏原蔵高文書
安保憲光	○	還補	永徳元.11.22	御判御教書形式 両使遵行	安保文書
法泉寺	○	寄進	？	御判御教書形式 両使遵行	高山文書
大伴時国	○	料所充行	同日	御判御教書形式 両使遵行	賜蘆文庫文書45
鹿嶋社	○	寄進	同日	両使遵行	常陸鹿島神宮文書

表２　氏満期の鎌倉府施行状一覧

No.	発給年月日	状態	差　出	宛　所	所領名 権益名
1	応安元．７．12	正	関東管領上杉憲顕	守護代上杉能憲	武蔵国比企郡内戸守郷
2	応安２．６．27	案	関東管領上杉能憲	守護代上杉憲方	武蔵国比企郡竹沢郷内
3	応安５．９．11	正	関東管領上杉能憲	守護代上杉憲方	武蔵国小山田庄黒河郷半分
4	永和２．12.11	正	関東管領上杉能憲	壱岐政高 雑賀希善	常陸国小河郷
5	永和５．閏４．13	正	鎌倉府奉行人	森小四郎 大井彦太郎	安房国岩井不入計
6	康暦元.11.30	写	鎌倉府政所執事二階堂行詮	雑賀民部大夫	料所武蔵国多東郡吉富郷内
7	康暦２．６．８	正	関東管領上杉憲方	布施家連	筥根山葦河関所
8	康暦２．８．25	正	鎌倉公方氏満	山下四郎左衛門尉 宗重孝	武蔵国都筑郡石河郷内他
9	康暦２．12.29	案	関東管領上杉憲方	萩原掃部助 明石左京亮	常陸国鹿嶋郡徳宿郷内
10	永徳２．３．８	正	鎌倉公方氏満	須賀太郎左衛門尉 若児玉美作次郎	武蔵国戸森郷
11	永徳２．４．４	正	鎌倉公方氏満	勅使河原中務入道 青木山城入道	武蔵国秩父郡内三沢村半分
12	永徳２．４．５	正	鎌倉公方氏満	高山左近将監 鳩井義景	武蔵国荏原郡世田郷他
13	永徳２．７．６	写	鎌倉公方氏満	筑後刑部少輔 山下四郎左衛門尉	武蔵国小机保出戸村内
14	永徳３．１．28	正	関東管領上杉憲方	梶原貞景 宍戸基宗	下野国大野庄内

拝 領 者	書式	内　容	御判等発給年月日	備　考	出　典
円覚寺	◇	棟別銭寄進	?	「寺家雑掌相共」	相模円覚寺文書
円覚寺	◇	棟別銭寄進	?	「寺家雑掌相共」	相模円覚寺文書
円覚寺	◇	棟別銭寄進	?	「寺家雑掌相共」	相模円覚寺文書
円覚寺	◇	棟別銭寄進	?	「寺家雑掌相共」	相模円覚寺文書
円覚寺	◇	棟別銭寄進	?	「寺家雑掌相共」	相模円覚寺文書
円覚寺	○	棟別銭寄進	?		相模円覚寺文書
円覚寺	○	棟別銭寄進	?	「相副郡使於寺家雑掌」	相模円覚寺文書
円覚寺	○	棟別銭寄進	?	「相副使者於寺家雑掌」	相模円覚寺文書
足利鑁阿寺	○	他者寄進追認	同日		下野鑁阿寺文書
大輔阿闍梨頼円	○	裁許	同日	「御下知」 両使遵行	相模相承院文書
大慈恩寺	◇	料所寄進	同日		大慈恩寺文書
石川国昌	○	還補	応永 2 . 3 .12		石川氏文書
宰相阿闍梨	○	還補	同日	「環補御補任状」	相模法華堂文書
真言院	○	料所寄進	同日		相模覚園寺文書
円覚寺黄梅院	○	替地寄進	同日		相模黄梅院文書
円覚寺黄梅院	○	替地寄進	応永 4 .11.20		相模黄梅院文書

No.	発給年月日	状態	差　出	宛　所	所領名 権益名
15	至徳元．6．25	正	関東管領上杉憲方	守護三浦高連	相模国棟別銭壱疋
16	至徳元．6．25	正	関東管領上杉憲方	守護結城直光	安房国棟別銭壱疋
17	至徳元．6．25	正	関東管領上杉憲方	守護上杉朝宗	上総国棟別銭壱疋
18	至徳元．6．25	正	関東管領上杉憲方	守護千葉満胤	下総国棟別銭壱疋
19	至徳元．6．25	正	関東管領上杉憲方	守護木戸法季	下野国棟別銭壱疋
20	至徳2．3．25	正	関東管領上杉憲方	守護武田信春	甲斐国棟別銭壱疋
21	至徳2．3．25	正	関東管領上杉憲方	守護代大石聖顕	武蔵国棟別銭壱疋
22	至徳2．3．25	正	関東管領上杉憲方	小田孝朝	常陸国棟別銭壱疋
23	至徳3．10．7	正	関東管領上杉憲方	守護代大石聖顕	武蔵国比企郡戸守郷
24	嘉慶2．9．25	正	関東管領上杉憲方	明石修理亮入道 矢多田左京亮	鶴岡八幡宮両界供僧職
25	明徳2．12．25	正	関東管領上杉憲方	守護代大石道守	武蔵国六郷保大森郷
26	応永2．3．28	写	関東管領上杉朝宗	守護佐竹義盛	常陸国吉田郡平戸郷内
27	応永2．9．5	正	関東管領上杉朝宗	守護三浦高連	右大将家法華堂禅衆職壱口
28	応永4．7．10	正	関東管領上杉朝宗	守護代千坂越前守	竹沢兵庫助入道跡
29	応永4．7．20	正	関東管領上杉朝宗	守護代千坂越前守	武蔵国崎西郡葛浜郷内他
30	応永4．12．3	正	関東管領上杉朝宗	守護代千坂越前守	武蔵国賀美郡・児玉郡内

拝領者	書式	内容	御判等発給年月日	備考	出　典
鶴岡八幡宮寺	○	寄進	同日		神田孝平氏旧蔵文書
長沼義秀	○	還補	同日		下野皆川文書
大伴時連	○	充行	同日		相模鶴岡神主家伝文書
少輔局	○	充行	同日		出羽上杉家文書 四之段ゑ印
大山寺護摩堂	◇	料所寄進	？		相州文書所収大住郡大山寺八大坊文書
名越別願寺	○	安堵寄進	？		別願寺文書
三嶋盛平	○	料所預置	同日 ※政所執事二階堂氏盛ヵ	直状形式 「預状」 B	伊豆三島大社文書
鶴岡八幡宮寺	○	替地寄進	同日		相模鶴岡八幡宮文書
石川国昌	○	還補	同日		石川氏文書

拝　領　者	書式	内　容	御判等発給年月日	備　考	出　典
蓮花定院	○	？	？	「御教書」	相模鶴岡等覚相承両院所蔵文書
立河雅楽助	○	還補	？	両使遵行	立川文書
長沼義秀	○	充行	応永23.10.5		下野皆川文書
安保宗繁	○	還補	？		安保文書
持氏母	◇☆	料所充行	同日 ※御内書形式	御判御教書形式	出羽上杉家文書
三嶋社	○	寄進	同日		伊豆三島大社文書
持氏母	◇☆	料所充行	同日 ※御内書形式	両使遵行	出羽上杉家文書 六之段チ印

表4　満兼期の鎌倉府施行状一覧

No.	発給年月日	状態	差　出	宛　所	所 領 名
1	応永５.12.25	正	関東管領上杉朝宗	奥州探題斯波詮持	陸奥国石河庄内
2	応永６.11.９	案	関東管領上杉朝宗	守護結城基光	下野国長沼又四郎跡
3	応永６.11.12	写	関東管領上杉朝宗	守護代千坂越前入道	武蔵国豊嶋郡小具郷内
4	応永６.11.12	正	関東管領上杉朝宗	守護代千坂越前入道	武蔵国比企郡内
5	応永７.６.12	写	関東管領上杉朝宗	守護三浦高連	相模国蓑毛・田原両郷
6	応永７.９.28	正	関東管領上杉朝宗	守護結城基光	下野国薬師寺庄半分
7	応永７.12.９	正	鎌倉府奉行人ヵ	守護代井沢三郎入道	伊豆国愛玉村
8	応永７.12.20	正	関東管領上杉朝宗	守護代長尾藤景	武蔵国入東郡内
9	応永８.４.４	写	関東管領上杉朝宗	守護佐竹義盛	常陸国吉田郡平戸郷嶋田村内

表5　持氏期の鎌倉府施行状一覧

No.	発給年月日	状態	差　出	宛　所	所領名 権益名
1	応永19.７.５	写	関東管領上杉禅秀	守護代埴谷備前入道	武蔵国高麗郡広瀬郷内
2	応永24.１.20	案	関東管領上杉憲基	立河駿河入道 宅郡下総入道	武蔵国多西郡土淵郷
3	応永24.２.27	正	関東管領上杉憲基	守護結城基光	下野国長沼庄内
4	応永24.３.10	正	関東管領上杉憲基	守護佐竹義憲	常陸国下妻庄内小嶋郷
5	応永24.閏５.24	正	鎌倉公方持氏	守護上総権介	上総国千町庄大上郷
6	応永24.10.14	正	関東管領上杉憲基	守護代長尾忠政	武蔵国比企郡大豆戸郷
7	応永24.10.17	正	関東管領上杉憲基	大坪孫三郎 佐々木隠岐守	上総国天羽郡内

拝領者	書式	内　容	御判等発給年月日	備　考	出　典
進士重行	○	還補	応永24.12.11	御判御教書形式 両使遵行	小川文書
石河伊勢守	○	充行ヵ	応永24.10.20	御判御教書形式 両使遵行	秋田藩家蔵文書51
三嶋宮供僧	●	免除	応永29.5.10	奉書形式 「御教書」	伊豆三島大社文書
清河寺	○	寄進	同日	御判御教書形式	清河寺文書
金陸寺	○	寄進	?	御判御教書形式	尊経閣文庫所蔵「武家手鑑」中
称名寺末寺白山堂	○	安堵	同日	「御判」	賜蘆文庫文書9
持氏母	○	料所充行	同日 ※御内書形式	「御判」	出羽上杉家文書四之段み印
結城氏朝	○	充行	同日	両使遵行	遠藤白川文書
持氏母	○	料所充行	同日 ※御内書形式	「御判」	出羽上杉家文書四之段み印
結城氏朝	○	充行	応永31.4.11	両使遵行	遠藤白川文書
鹿嶋太神宮	○	寄進	同日	両使遵行	賜蘆文庫文書27
淡路律師良助	○	充行	応永33.12.9	「相承院法印依申請之」	相模法華堂文書
二所太神宮	●	催促	応永33.9.18	「御判」	擽木文書
鹿嶋大禰宜憲親	●	充行	応永34.5.2	奉書形式 両使遵行 「御判」	常陸塙不二丸氏所蔵文書
茂木式部丞	○	充行	同日		吉成尚親氏所蔵茂木文書
本願寺	○	還補	応永34.12.20	「御判」	相模雲頂庵文書

No.	発給年月日	状態	差　出	宛　所	所領名 権益名
8	応永25.10.29	正	鎌倉公方持氏	由比左衛門入道 村上民部丞	上総国加津社内
9	応永25.12.20	写	鎌倉公方持氏	宍戸弥四郎入道 竜崎修理亮	常陸国佐都東郡大窪郷内介河村半分
10	応永29. 5 .22	正	上杉氏奉行人	守護代寺尾憲清	内外宮役夫工米
11	応永29.11.21	正	鎌倉公方持氏	守護上杉憲実	武蔵国足立郡上内野郷内
12	応永31. 2 . 5	正	鎌倉公方持氏	守護上杉憲実	武蔵国久下郷内
13	応永31. 5 . 2	写	関東管領上杉憲実	守護代大石道守	武蔵国六浦庄釜利屋郷向山堂
14	応永31. 6 . 2	正	関東管領上杉憲実	守護代大石道守	武蔵国青砥四郎左衛門入道跡
15	応永31. 6 .13	正	関東管領上杉憲実	小田出羽守 笠間長門守	陸奥国依上保内
16	応永31. 6 .17	正	関東管領上杉憲実	守護代大石信重	武蔵国品河太郎跡
17	応永31. 6 .19	正	関東管領上杉憲実	小田出羽守 笠間長門守	陸奥国依上保
18	応永31.10.10	案写	関東管領上杉憲実	小幡泰国 築波越後守	常陸国真壁郡白井郷
19	応永33.12.14	正	関東管領上杉憲実	守護一色持家	右大将家法華堂供僧職壱口他
20	応永34. 6 . 1	正	関東管領上杉憲実	代官大石憲重	下総国葛西御厨領家職上分米
21	応永34. 6 . 3	正	鎌倉府奉行人	小幡泰国 益戸光広	沽却地
22	正長元.12.27	正	関東管領上杉憲実	守護結城基光	下野国東茂木保内林・飯野両郷
23	永享 6 .12.13	案	関東管領上杉憲実	守護代大石憲重	武蔵国足立郡中茎郷

第二章　南北朝前期九州地方の恩賞充行―施行体制の研究

はじめに

九州探題は、九州地方の軍事・行政を担当した室町幕府の地方統治機関である。南北朝初期の九州探題には、足利一門の一色道猷（俗名範氏）・直氏父子が就任し、南朝の征西将軍宮懐良親王などの勢力と戦った。(1)足利直冬は、室町幕府初代将軍足利尊氏の庶子で、尊氏の弟直義の養子である。尊氏の子でありながら父に愛されず、養父直義派として西国に下向した。そして、父尊氏や尊氏配下の九州探題一色氏と対立・抗争し、のちに南朝方に転じて各地を転戦し、敗北した悲劇の武将である。(2)

九州探題は、室町幕府の東国統治機関であった鎌倉府や奥州探題の九州版といえる。足利直冬勢力も、恩賞充行・所領安堵・軍勢催促などを室町幕府に準ずる文書で行使しており、また直冬が一時幕府から鎮西探題に任命されている事実からも、広義の足利系政権と見なすことができる。つまり、両政権は、南北朝前期の九州地方に存在した、いわば室町幕府の亜種ととらえることが可能であろう。本章は、この九州探題および直冬勢力といった九州の足利系地方政権が発給した文書の施行システムについて検討する。

将軍の主従制的支配権の根幹を占め、初期室町幕府の最重要業務と評価できる恩賞充行制度は、(3)執事高師直が施行状を守護や両使宛に発給し、将軍尊氏恩賞充行袖判下文の実現を命令する体制であった。この執事施行状が、恩賞充行政策を貫徹させ、幕府の政権基盤を固めることに尽力したと考えられる。(4)執事施行状は、南北朝後期に管領施行状に発展し、将軍御判御教書→管領施行状→守護遵行状……の上意下達の命令系統が成立した。(5)この管領施行システムは、管領制度の核となるとともに前期室町幕府の根幹を占める制度となったのである。

一方で、九州探題一色氏や直冬勢力も、将軍尊氏と同様に恩賞充行を広範に行っている。一色氏や直冬が行使した権限については、川添昭二氏による研究が存在する。(6)しかし、それを執行する文書に関しては、「施行状」に注目して検討した論考に乏しいように見受けられる。

だが、室町幕府の執事施行状が重要な役割を果たし、その後の幕府体制の基礎となったと推定できる以上、幕府系地方権力である九州探題や直冬勢力の特質を解明する上でも、彼らの恩賞充行の執行手続に対して、執事施行状と同様の視点で検討を加える作業は大事な基礎研究となると筆者は考える。

そこで本章では、これら九州地方における九州探題一色氏充行御教書や直冬発給文書を執行するシステムを検討し、探題や直冬勢力の恩賞充行を当該期の室町幕府恩賞充行システム全体の中に位置づけることを試みる。なお、筆者が想定する「南北朝前期」とは、おおよそ室町幕府発足から観応の擾乱終結あたりまでを指す。

第一節　九州探題恩賞充行―施行体制の分析

建武三年（一三三六）三月、九州に没落していた足利尊氏は筑前国多々良浜の戦いで後醍醐天皇方の菊池武敏を破り、四月に再度京都を目指して東上を開始した。九州には一色道猷を九州探題として残し、経略にあたらせた。貞和二年（一三四六）八月には、道猷の子一色直氏が幕府によって九州探題に任命され、九州に下向している。(7)道猷父子は観応の擾乱に際しては将軍尊氏方に属し、征西将軍宮懐良親王等の南朝方や足利直冬勢力と抗争する。しかし、結局敗北し、道猷は文和四年（一三五五）、直氏は延文三年（一三五八）に九州を撤退する。

「はじめに」で述べたように、この九州探題一色氏も広範に恩賞充行や所領寄進を行っている。[8] しかし、その施行状については、従来一色氏が発給した他の所務関係の沙汰付命令と同列に見なされ一括して論じられるばかりで、「施行状」と明確に認識され、個別に検討されることはなかった。そこで本節では、九州探題一色道猷充行御教書・寄進状の施行状について、まずは基礎的な事実を中心に実証的な検討を加えたい。

〔史料一〕貞和四年（一三四八）七月一〇日付九州探題一色道猷恩賞充行御教書

肥前国田中宮鶴丸跡田地弐拾町・筑後国松門寺内菅大輔房跡田地拾町（除饗庭中務丞給、畠地以下各可レ依二田数一）地頭職事、為二勲功之賞一所二充行一也、早守二先例一、可レ被レ致二沙汰一、仍執達如レ件、

貞和四年七月十日　沙弥（一色道猷）（花押）

宇都宮因幡権守（公景）殿[9]

〔史料二〕貞和四年（一三四八）七月一〇日付九州探題一色道猷恩賞充行施行状（表1-14）

宇都宮因幡権守公景申、肥前国田中宮鶴丸跡田地弐拾町（畠地以下可レ依二田数一）地頭職事、為二勲功之賞一充行畢、早莅二彼所一、沙二汰-付下地一、至二余儀一者、載二起請之詞一、可レ被二注申一也、仍執達如レ件、

貞和四年七月十日　沙弥（一色道猷）（花押）

横大路次郎（祐西）入道殿
西嶋又太郎（成重）殿

〔史料一〕は、宇都宮公景に肥前国田中宮鶴丸跡田地二〇町と筑後国松門寺内菅大輔房跡田地一〇町地頭職を恩賞として充行った九州探題一色道猷充行御教書である。九州探題の充行文書の形式は、前代鎌倉幕府の地方統治機関であった六波羅探題と鎮西探題がそれぞれ発給した六波羅御教書・鎮西御教書と同形式であり、[10] 探題としての立場で発給されたことが明白である。

そこで筆者も九州探題の充行文書を御教書と呼んで論じたい。こうした探題道猷と子息直氏による充行御教書および寄進状は、九州九か国すべてに対して発給されており、父子合わせておよそ六〇通ほど残存している。

当該期、将軍尊氏も九州の武士に対して他の地域と同様に恩賞充行を広範に行い、執事高師直も探題や守護宛に施行状を出している。(11) その一方で、一色氏は、このように中央の幕府とは別個に独自に恩賞を与えているのである。九州探題一色氏が管轄地域全域に対する闕所地処分権を京都の幕府から与えられており、独自の判断で配下の武士に恩賞を充行っていたことは確実であろう。(12)

そして〔史料二〕は、公景が獲得した恩賞のうち、肥前国内の所領について、同国国人横大路祐西と西嶋成重に公景への沙汰付を命じた同日付の道猷御教書である。これは、〔史料一〕の充行御教書とまったく同形式の御教書である。「任二御下文(之旨)一」といった通常の施行状に存在する施行文言は見られない。(13) しかし、充行御教書と同時に発給され、充行の事実が明記されて両使遵行が命じられており、文言も定型化しているから、施行状と見なしてかまわないであろう。章末の表1には、このような九州探題一色道猷充行御教書や寄進状の施行状を採録した。

現在、このような九州探題施行状は一四件一七通残存している。九州探題の侍所を務めていたとされる小俣道剰が発給した表1-5を除き、(14) すべて探題道猷みずからが発給している。国別の内訳は、肥前一一件、豊後二件、筑後一件と肥前国に対して出された事例が圧倒的に多い。

守護代に宛てて出されている施行状（表1-1・2・4）の書止文言は、すべて「状如レ件」である。残りはすべて両使宛に命じたもので、その書止文言はほぼすべて「仍執達如レ件」である。(15) 一色道猷は、室町幕府の引付頭人奉書・管領奉書に相当する押領停止・下地沙汰付等を命じる所務関連命令も、充行や施行とまったく同形式の御教書で多数発給している。(16) これも施行状と同様、守護代・両使の宛所の相違による書止文言の使い分けが見られる。

すなわち、九州探題一色道猷御教書は、守護代宛のものは書止文言が「状如レ件」、その他は「仍執達如レ件」と、文書の様式が厳密に使い分けられていたのである。残存文書を見る限り、建武三年八月八日付竜造寺季利宛探題道猷軍勢催促状が、「仍執達如レ件」の書止文言を持つ道猷御教書の初見であり[17]、建武三年八月頃に探題発給文書の様式が確立した模様である。

前代の六波羅探題や鎮西探題が発給した六波羅御教書・鎮西御教書も、外様守護代・地頭代などの代官に宛てて出されたものの書止文言は「状如レ件」、それ以外は「仍執達如レ件」という使い分けがなされている[18]。つまり九州探題御教書は、文書様式だけではなく、宛所と書止文言の関係までも前代の地方統治機関が発給した御教書の区分を踏襲したのである。

六波羅御教書では、正守護が在京せず、鎌倉にいる場合に守護代宛・書止「状如レ件」となり、正守護が在京もしくは任国に下向している場合に守護宛・書止「仍執達如レ件」となった[19]。九州探題御教書の場合はどうだったろうか。

守護代宛施行状が発給されているのは、豊後・肥前・筑後である。守護代宛の所務遵行命令は、豊後と筑後に出されている[20]。これらの国々では当時、大友氏泰と宇都宮冬綱がそれぞれ豊後・肥前と筑後の正守護を務めていた[21]。

建武四年（一三三七）七月日付狭間正供軍忠状によれば、同年正月一八日に正供が「惣領大友」とともに奈良の南朝方を討つために出陣した事実が知られる[22]。この「惣領大友」は、建武五年（一三三八）八月日付同人軍忠状に「惣領大友式部丞氏泰」と明記されているので[23]、豊後・肥前守護大友氏泰であることが判明する。つまり氏泰は、建武四年正月の段階で畿内に滞在していたのである。その後の氏泰の動向は不明である。しかし、暦応二年（一三三九）一二月一二日付尊氏軍勢催促状で、「武藤資時・菊池武敏已下凶徒等事、蜂起之処、鎮西無沙汰云々、仍所レ差二下大友式部丞氏泰一也」と氏泰の九州派遣が探題道猷に報じられているのを見ると、(24) 氏泰はこのときまで在京していたのではないだろうか。

一方、筑後守護宇都宮冬綱は、前述の建武四年七月日付狭間正供軍忠状で、同年七月六日、幕府軍が大和国桃尾城を攻撃したときに正供があげた勲功の証人とされており、このとき冬綱も桃尾城攻撃に参加していたことが判明する。また、同月一三日付冬綱宛執事高師直施行状に「筑後国竹野新庄四箇郷事、任二建武三年三月廿四日御寄進状一、可レ沙二汰付于当寺雑掌一之旨、可レ被レ下二知守護代一」とあるのも、(25) 当寺冬綱が分国筑後には不在で守護代が実質的に筑後を統治していたからこそ、守護から守護代への下知を命じる文言を加える配慮がなされたと考えられる。

以上の考察から、大友氏泰と宇都宮冬綱はいずれも自身が守護を務める分国には当時不在で、また九州探題の許にもいなかったと推定される。その点で、守護代宛に六波羅御教書が出されるときの鎌倉時代の守護たちと同じ条件を持っていたと考えられるのである。すなわち、少なくともこの時期の九州探題施行状は、守護遵行の形態をとる場合、前代の六波羅御教書と同様、正守護が分国および探題の許にいないときには守護代宛に発給されたのだと考える。(26)

両使宛施行状は、肥前国一〇件、豊後国一件と肥前国に対して出された事例が圧倒的に多い。所務沙汰関連の両使宛遵行命令も、肥前国二一件、豊後国六件、豊前国一件とやはり肥前国に集中して残存している。(27) さらに、探題道猷発給文書全体で見ても肥前に最も多く残存している。(28)

結論を先にいえば、正式な守護とは別個に、探題としての立場で直接施行命令を下すのが適切であると九州探題が判断した場合に、施行状や遵行命令は両使宛となった。(29) そして、これらの施行状等の探題発給文書が特に集中して出された肥前国は、事実上探題が直接統治する料国と化していたと考えられるのである。

南北朝初期、観応の擾乱までの時期における肥前守護の補任状況に関しては、論者によって見解が若干異なっている。山口隼正・佐藤進一両氏は、少なくとも康永元年（一三四二）までは大友氏泰が肥前守護で、観応元年（一三五〇）から九州探題一色直氏が守護を兼任したとする。(30)対して服部英雄・川添昭二両氏は、康永二年（一三四三）以降は探題一色氏が名実ともに肥前守護を兼任していたと解釈している。(31)また、九州探題設置当初から、正式な肥前守護大友氏の守護としての活動が国内地頭御家人に対する軍事指揮権に限定され、探題が実質的に肥前国を支配していたとする点に関しては、各論者の見解が一致している。確かに、暦応三年（一三四〇）二月日付一色道猷目安状の記述も、(32)少なくともこの目安状が提出された暦応三年までは、肥前国に関しては大友氏泰が守護として軍事指揮権を主に行使し、道猷は探題として同国に関与していたと解釈できる。

問題は、探題一色氏が守護を兼任していたか否かで各論者の見解が分かれる、康永から観応までの探題の肥前における政治的立場である。今まで見てきたとおり、探題発給の施行状や所務遵行命令の形式は、すべて前代鎮西探題の御教書と同形式であり、この系譜をひくことは明白である。つまり一色氏は、あくまでも九州探題の立場に基づいてこれらの文書を発給したと考えられるのである。

また、一色氏が守護であったとすれば、当然その下には守護代が設置されていたはずである。しかし、一色氏の守護代の存在は確認できない。ここで想起されるのは、観応の擾乱直後の東国の支配体制である。このとき、相模国では守護が設置されず、将軍尊氏による直轄統治が行われ、尊氏が国内の両使に直接宛てて遵行命令を出した。(33)また、初代鎌倉公方基氏期や二代公方氏満期の武蔵国も一時公方の直轄料国とされ、公方の両使宛遵行命令が多数残存している。(34)九州探題道猷が肥前国を中心に両使宛命令を発給した事実は、これら東国の一部を将軍・公方が直接統治した体制に酷似しているのではないだろうか。

以上の考察により、観応以前の探題の肥前守護兼任を主張する服部・川添説には従えない。一方、山口・佐藤説も一色氏の肥前支配の具体的な立場について明確ではないように見受けられるので、それが九州探題であると考える筆者の見解を繰り返し強調しておきたい。結論としては、擾乱以前の肥前国は、大友氏泰が守護を務めていたが、一方で九州探題一色氏が探題としての立場に基づいて施行以下の遵行命令を広範に発しており、肥前国は事実上探題直轄の料国と化していたと考えられるのである。

最後に書出文言を見てみよう。執事施行状などの室町幕府の施行状には、拝領者名から書き出される「申状方式」と所領名から始まる「簡易方式」の二種類の書式が存在し、これら二つの書式の相違は施行状の発給手続の相違を反映し、前者は拝領者の申状提出を承けて、後者が政権側の主体的意志によって発給されたと推定できる。(35)幕府の施行状は、初期は申状方式が主流だったのであるが、徐々に簡易方式の割合が増加している。これは、当初は申請者の個別の都合で臨時に発給されていた施行状が徐々に「制度」として定着している状況を表していると筆者は主張している。さて、九州探題の施行状においては、表1-1を除いてすべて申状方式である。これは、九州探題施行状も初期の幕府施行状と同様、拝領者の個別の都合に応じて出される臨時命令の性格を残していたことを示していると考えられるのである。

第二節　九州探題恩賞充行―施行体制の特質

再三述べるように、九州探題施行状は、前代鎌倉幕府の鎮西探題が発給した鎮西御教書の形式を踏襲し、宛所の相違による書止文言の変化までもこれに倣っている。施行状だけではなく、押領停止・下地沙汰付などの所務関連命令の形式と書止文言の相違も鎮西御教書と同一である。一色氏が当時、「鎮西管領」とか「鎮西大将軍」と呼ばれている事実も、(36)同氏が意識の上で鎮西探題の地位や権限を継承していることを自認し、九州の諸勢力もまたそう見なしていたことを裏づけるであろう。

さらに、文書形式や意識面だけではなく、施行システム自体も鎮西探題のそれと連続性があり、それを継承したものであると筆者は推定している。鎮西探題が発給した下知状の執行命令を探題みずからが発給し、鎌倉最末期にはそれが施行状化した事実については、本書第一部第二章において論じている。所務沙汰裁許と恩賞充行の違いはあるが、鎮西下知状施行状は、〔史料二〕の九州探題充行御教書施行状と同形式でほとんど同じ文言を有している。すなわち、九州探題の施行状や所務遵行命令は、鎌倉末期の鎮西探題の体制の影響を強く受けたものであると推定できるのである。

九州探題充行御教書施行状は、こうした九州固有の地域性に規定され、鎮西探題の体制を継承し、室町幕府の執事施行状とは基本的に異なる独自の発展を遂げた。これが探題施行状に見られる顕著な特質であると結論づけたい。

九州探題一色氏が発給した施行状以下の遵行命令は、実効性に乏しかったことが強調されることが多い。(37)在地の反発に遭って遵行が貫徹しなかった事例が散見するのは事実である。しかし、それは室町幕府の引付頭人奉書などにもあてはまることである。(38)実効性の低さを過度に強調することは一面的な理解に陥る危険性を孕むのではないだろうか。施行状は、探題から恩賞地を拝領した武士たちにとっては、その恩賞を実現させるための必要不可欠な命令として歓迎されたであろう。また、一定の実効性があったからこそ、諸家に伝来している側面があると推定できる点にむしろ注目したい。

ところで九州探題一色道猷は、幕府によって権限を抑制され、経済的基盤にも恵まれない弱体な探題であったとする評価が定説的見解を占めている。(39)弱小説の根拠として必ずあげられるのが、前節でも言及した暦応三年（一三四〇）二月日付一色道猷目安状である。これは、道猷が自身の窮状を幕府に訴えた史料として有名なものである。しかし、同時に道猷がより強大な権限や権益の獲得を目指して作成した目安状であることにも注意しなければなるまい。彼が苦戦していたのは確かであろうが、不利な状況をことさら誇張している可能性が高く、内容を鵜呑みにせずに実際の発給文書に即して分析する必要があると考える。

前節の検討によれば、探題一色氏は、九州地方の武士に広範に恩賞充行を行使し、それを執行する施行状も多数発給した。所務遵行命令も恩賞地に関連するものが多い。まさに主従制的支配権を行使する将軍の分身であったといえる。従来の定説以上に、探題一色氏が室町幕府の九州統治に果たした役割は大きかったと筆者は再評価するのである。

とはいえ、九州探題の充行御教書が一応は九州全土に出されているのに対し、施行状は事実上の探題料国であった肥前に偏在している。これは、よく指摘される探題一色氏の権力基盤の脆弱性を示しているであろう。

しかも、九州探題施行状は建武・暦応年間には活発に発給されているが、康永頃から減少し始め、貞和四年（一三四八）、〔史料二〕（表1-14）を最後に途絶する。一色道猷の恩賞充行が文和四年（一三五五）、子息直氏の充行も延文二年（一三五七）まで確認できるにもかかわらず、(40) 施行状は観応の擾乱以前に消滅してしまうのである。また、探題による所務関連の遵行命令も、施行状と同様確認できるのは貞和四年までである。(41) これは決して文書残存の偶然によるものではないであろう。なぜ九州探題においては施行システムが衰退したのであろうか。

貞和二年（一三四六）、九州探題の権限が幕府によって大幅に削減された事実が伊藤喜良氏によって指摘されている。(42) 特に所務相論以下については幕府への注進のみにとどめられる厳しいものである。施行状が消滅したのもこれと決して無関係ではないであろう。伊藤氏によれば、貞和年間には鎌倉府も九州探題と同様にその職権の多くが幕府に吸収され、活動が非常に制約されていた。中央の幕府が中央集権強化方針に転じたのは、当時の戦況が幕府軍有利であったため、地方に多くの権限を委任する戦時体制を解除したためであろう。それが九州探題の施行システムの衰退を招いたと考えられるのである。

ともかく、施行状の消滅は、九州探題一色氏の恩賞充行の実効性を一層低下させたと容易に推測できよう。一色氏が結局は南朝方の征西将軍宮懐良親王に敗退し、九州から撤退せざるを得なかった理由の一端をここに求めることができるのではないだろうか。

なお、観応の擾乱以降に発給された探題道猷充行御教書には、将軍尊氏の袖判が付されているものが散見する。これは、延文元年（一三五六）六月以前に一色道猷が上洛したときに、彼に従った武士が京都の尊氏に御教書を提出して袖判を拝領したと推定されている。[43]恩賞充行の実効性を高めるための施行状の代替手段だったのではないだろうか。また同時期、奥州探題吉良貞家の恩賞充行や所領安堵の奉書にも尊氏袖判が付された例がある。[44]これらは列島を遠く隔てた東北と九州の共通点として注目される。

第三節　足利直冬寄進状施行状の分析

足利直冬は、貞和五年（一三四九）、養父直義派の武将として中国地方の統治を委任されて西国に下向するが、備後国鞆で実父尊氏の執事高師直の命を受けた杉原又三郎に急襲され、肥後国に逃れる。しかし、そこで室町幕府にも南朝にも与しない第三勢力として大発展し、尊氏派の九州探題一色氏と抗争した。その後、中央で展開した観応の擾乱で直義が一時的に勝利を収めるとともに、貞和七年（一三五一）、幕府から鎮西探題に任命される。だが、直義がふたたび失脚し、没落すると直冬の勢力も衰えた。観応三年（一三五二）、長門国へ転進してやがて南朝方に帰順する。正平一〇年（一三五五）には大軍を率いて入京を果たすが、尊氏軍との激戦の末敗北し、京都から撤退し、その後は活動が衰えた。

直冬発給の恩賞充行文書は、貞和五年九月の九州下向後から確認できる。[45]本節では、直冬の充行文書や寄進状にどのような施行状がつけられたのかを検討したい。

〔史料三〕貞和七年（一三五一）二月二八日付杉原光房施行状（表2-2）

筑前国一宮住吉御寄附地豊前国赤庄事、任二去正月十八日御寄進状一、可レ被レ沙二汰-付下地於当神主政忠一之状、

依レ仰執達如レ件、

貞和七年二月廿八日　　　散位（杉原光房）（花押）

大宰（少弐頼尚）筑後守殿

〔史料三〕は、貞和六年正月一八日に発給された、豊前国赤荘を筑前国一宮住吉に寄進する直冬寄進状に任せて、杉原光房という人物が豊前守護少弐頼尚に宛てて、神主政忠に沙汰付するように命じた施行状である。章末の表2は、このような直冬発給文書施行状の一覧である。貞和七年二月から観応二年六月までの約五か月の間に五件六通残存している。

九州探題一色氏の施行状が前代鎌倉幕府の鎮西探題の御教書の形式を踏襲したのとは異なって、直冬発給文書施行状の形式は執事施行状や引付頭人奉書といった室町幕府の発給文書とほとんど同一である。貞和五年四月の直冬の西国下向に際して、多数の幕府評定衆や奉行人が彼に随行した[46]。直冬の施行状も、幕府の吏僚だった武士が作成に関与したこともあって、幕府発給文書の形式の影響を強く受けたのだと考えられる。

発給者の杉原光房は、観応の擾乱以前の室町幕府においては、直義管轄下の引付（内談）方において奉行人を務めていた。備後出身であることから西国の情勢に詳しかったと考えられ、直冬の中国下向に従い、直冬発給文書の施行状発給を担当したのである。光房はちょうど将軍尊氏における執事高師直の役割を果たしており、直冬の執事的立場にあった事実が指摘されている[47]。

宛所を見ると、筑後国には守護宇都宮冬綱宛、豊前国には守護少弐頼尚宛に施行状が発給されている。宇都宮

も少弐も室町幕府発足当初に任命された守護であるが、直冬が九州にやってきて勢力を拡大する過程で直冬方に転じた。(48)このように、直冬発給文書の施行も、執事施行状をはじめとする室町幕府の沙汰付命令と同様、守護遵行が基本であったと考えられる。

しかし、肥前国の場合は、表2-3・4に見るとおり、当初は守護宛ではなく両使遵行が原則であったようである。ここに見える松浦大河野・後藤・吉田・多久といった使節たちは、当然直冬方に属する国人であったと推定できる。事実、表2-3の事例で使節を務めている後藤光明は、貞和六年九月二〇日に直冬から肥前・筑後・日向国の所領を恩賞として拝領している。(49)

肥前国で両使遵行が採用された背景として、次に述べる二つの理由が考えられる。第一の理由として、当該期の肥前国の情勢が不安定であったことがあげられる。肥前国は、第一節で述べたように九州探題の事実上の直轄国であり、当時は直冬方の今川直貞が大将として派遣され、国内を転戦していた。(50)このように、肥前は敵方である探題の地盤で、九州でも戦乱がもっとも激しい地域であった。そのため、直冬の勢力基盤が弱く、両使遵行の形態を採らざるを得なかったのではないだろうか。第二に、これも第一節で検討したように、肥前国に対して出される命令は、南北朝初期から九州探題による両使遵行が原則であった事情も大きかったのではないだろうか。直冬勢力は、肥前国に関しては、探題の両使遵行の伝統に倣ってみずからも両使宛に遵行命令を発したと推定できるのである。

しかし、直冬が鎮西探題に正式に任命されると、直冬方の武将河尻幸俊が肥前守護となり、(51)同国においても表2-5のように守護幸俊宛に施行状が出されている。

前述したように、直冬発給文書施行状の様式は執事施行状と同一であるが、唯一の相違点が書出文言である。表2-1〜4のすべてが「(拝領者)御寄附地○○国(所領名)事」という書出で始まっている。室町幕府の施行状の一般的な書出は「○○国（所領名）事」であるが、[52]これと相違しているのである。

当時の直冬勢力が貞和七年という北朝とも南朝とも異なる独自の年号を使用している事実も考え併せると、これは、室町幕府とは異なる独自の政権であるという直冬勢力の意識の表れだったのではないだろうか。事実、直冬が鎮西探題に補任された後は、表2-5に見るように、観応二年という北朝年号を採用すると同時に書出文言も一般的書式に改めているのである。

ただし、こうした直冬発給文書施行状の書出は、九州探題一色氏の御教書の影響を受けていると考えられる。探題発給の所務遵行命令に、「恩賞地肥前国山浦・原口田地肆町」とか「寄進地肥前国神崎庄内中元寺孫三郎入道幷薦田九郎三郎跡田地」といった表現が散見するからである。[53]つまり、直冬発給文書施行状は、根幹で中央の幕府の施行状や奉書の様式を踏襲しながら、九州地方の独自性の影響も受け、探題御教書の様式を一部に混入させてその独自性を主張したと考えられるのである。

第四節　足利直冬発給文書施行状の特質

本節では、前節での検討をもとに足利直冬発給文書施行状の特質を論じたい。

直冬発給文書施行状は、その書出が異なるのを除けば、室町幕府の執事施行状等と同じ奉書形式である。これは、直冬勢力の施行システムが、室町幕府のそれを基本的に踏襲したことを示している。この点で、前代の鎮西探題の施行システムを継承した九州探題とは大きく異なっている。しかも、従来から指摘されているように、下文や軍勢催促状などの文書も中央の幕府の形式に準じている。

九州上陸後の直冬は、当時鎌倉公方と同様に「御所」と呼ばれており、室町幕府の准将軍という自負を抱いていた。[54]直冬勢力の発給文書の形式が幕府に準じているのは、彼に従って鎮西に下向した幕府奉行人が作成に関与したためだけではなく、このような直冬の意識も大きく影響しているのであろう。

しかしながら、直冬の充行文書が約六〇通近く残存しているのに対し、施行状はわずか五件六通のみである。しかも、これらの施行状はすべて寺社への寄進地の施行に限られ、武士に対する恩賞充行を施行したものは存在しない。執事高師直施行状をはじめとする尊氏下文施行状だけでも約一〇〇通残存しているのと比較しても、[55]その数はまことに微々たるものといわざるを得ない。

しかも、発給者の杉原光房は幕府奉行人であり、優れた文筆系官僚ではあっても軍事的功績がほとんど見られない人物である。武将としての軍事的貢献も顕著で強大な権勢を誇った執事高師直が尊氏下文施行状を発給した事実と比較しても、発給者の政治的力量の点で直冬発給文書の施行状は執事施行状に著しく見劣りする。

これらの事実から、直冬下文には施行状がつかない原則であり、残存施行状は寺社に対する特例であったと考えられるのである。直冬勢力は、恩賞充行・所領寄進・所領安堵といった「権利の付与」の面では、室町幕府や鎌倉府に匹敵する権限を広範に行使した。しかし、それらの沙汰付を命じ、実現をはかる「執行命令」に関しては未発達にとどまっていたと見るべきである。

それではなぜ、直冬充行下文には施行状が発達しなかったのであろうか。これには、大きく分けて四つの理由があったと筆者は考えている。

第一の理由は、直冬勢力の遵行システム自体の未成熟さである。直冬勢力も、室町幕府の引付頭人奉書に相当する違乱人の押領停止・下地沙汰付命令を発給している。しかし、その発給数は杉原光房発給が三件、直冬の部将仁科盛宗発給が一件（いずれも奉書形式）、直冬発給が二件（御判御教書形式）と合計わずか六件のみであり、[56]施行状と同様に非常に少ない。しかも、そのほとんどが両使宛の遵行命令である。

直冬勢力も、少弐頼尚の筑前・豊前、宇都宮冬綱の筑後、詫磨宗直の筑後・伊勢、河尻幸俊の肥前、畠山直顕の日向、志佐有の壱岐、河野通盛の伊予、吉川経秋の土佐と西国を中心にかなり広範に自派の守護を任命したり、幕府方守護を自派に引き入れた事実が知られる。(57) しかし、その多くは軍事的な活動を優先し、沙汰付命令のような行政的措置を施す余裕はほとんどなかったものと推察される。このような状況では、理念や政策以前に、まず現実問題としてなかなか施行状を発達させることはできなかったと思われる。

　第二の理由としてあげられるのは、直冬の恩賞充行の方針である。「但本主参二御方一者、可レ充三下替地二」のような文言が、鎮西探題に任命される前の直冬下文に集中して出現する。(58) 直冬に従った武士が恩賞を拝領しても、旧主が直冬に帰順すれば恩賞地は旧主に返還されて無効となり、新たに替地を獲得しなければならないことが下文発給段階から想定されていたのである。

　こうした現象自体は将軍尊氏の恩賞充行においても確認できる。(59) しかし、将来的に恩賞地の撤回を想定する文言が明記された尊氏充行袖判下文は存在しない。このように、恩賞充行を完全に確約できないことをあらかじめ下文に記さざるを得なかった部分に、直冬勢力の恩賞充行の脆弱性が表れている。

　当時直冬方に属して戦った安富泰重も、貞和七年（一三五一）五月に直冬勢力に提出した申状で「所々勲功之地等、本主依レ参二御方一、悉令二無足一之条、難レ堪之次第也」と、(60) せっかく拝領した複数の恩賞地が旧主の帰参によって悉く無効となった状況を憂えている。このような充行方針では、守護や両使に強制執行させて不知行地を当知行化させる施行システムが発達しなかったのも当然であろう。

　第三の理由は、直冬が施行状発給者の過度の権力強大化を警戒していたと推定できることである。施行状は下文の実効力を強化する反面、施行状発給者の権力を過度に強大化し専横を招くデメリットがあった。初期室町幕府において執事高師直が権勢を誇った原因の一つには、師直による施行状発給の独占があると考えられる。(61)

　第二部第二章第一節で論じたように、施行状を積極的に発給していた中央の幕府においてさえも、観応の擾乱直後は師直の専横を反省し、発給者を複数にするなどして発給者の過度の権力増長を警戒する対策が施されている。直冬発給文書施行状の発給者に文筆系官僚に過ぎない杉原光房が起用されたのも、師直のような強大な存在の出現が警戒されていたことを暗示していよう。

しかしながら、直冬勢力において施行状が発達しなかった最大の理由は、養父直義が施行状に消極的な姿勢を取っており、その理念を直冬が継承したからであると筆者は考える。

初期室町幕府において、足利直義は所領安堵・所務沙汰裁許を行う権限を行使していた。[62] 直義の発給する所領安堵下文や裁許下知状には原則施行状はつかなかった。[63]

本書第一部第二章第二節や第四部第一章第一節で論じたように、安堵下文や裁許下知状で施行システムの発達が遅れた最大の理由は、それらの命令が持つ構造自体に求められると考える。しかし、安堵施行状も下知状施行状も直義死後の南北朝末期には出現している。これらの施行状は、発給者にその意志さえあれば十分実現可能だったのである。

また、私見によれば、暦応四年（一三四一）、直義は、執事師直の政治力を抑制するため、執事施行状を廃止し、以降下文の執行をみずからの管轄機関である引付方で行うことを試みている。しかし、代わりに引付（内談）方で発給されたのは施行状ではなく、通常の所務沙汰で発給されるのと同様の形式の引付（内談）頭人奉書であった。[64] 直義が、引付方にそのまま施行状を発給させなかった事実は注目するべきであろう。

つまり、直義は、下文や下知状の権威を損ねかねない弱点を持つ施行状を政治理念として忌避する意識を持っていたと推定できる。[65] 本章第二節で指摘した、九州探題の施行状以下の遵行命令が貞和以降に廃絶した現象も直義の意向が大きく反映していたのではないだろうか。

さらに想像すれば、施行状に否定的な直義の思想の根底には、よく知られているように、鎌倉幕府、特に執権

北条義時・泰時の政治を理想とする理念が存在したと推定される。(66)

本書第一部第一章で論じたように、鎌倉幕府にも施行状は存在した。しかし、それは西国に限定され、しかも単に幕府の命令を取り次ぐだけの存在であった。室町幕府の執事施行状が全国の守護・両使宛に出され、沙汰付という具体的な幕命の執行を求めたのとはまったく原理が異なっていた。鎌倉幕府的伝統を重んじる直義は、執事や探題が発給する施行状を伝統から逸脱した存在ととらえ、拒絶感を示したと考えられる。

直冬は、花押の変化までそっくり真似するほど養父直義を尊敬していた。(67)養父の政治理念を直冬がそのまま継承したであろうことは容易に推定できよう。

鎌倉幕府の体制を理想とする政治理念があったからこそ、直冬は遵行システムを発展させることにも消極的であったし（第一の理由）、与えた恩賞を容易に撤回する政策も採用し得たし（第二の理由）、施行状発給者の権力増大も非常に警戒した（第三の理由）のではないだろうか。故に直冬の恩賞充行は、寺社への寄進といった特例を除き、施行状がほとんど発達しなかったと考えられるのである。

おわりに

南北朝初期の九州探題一色氏は、将軍尊氏とは別個に独自の裁量で広範に恩賞充行を行い、それにみずから施行状を付し、事実上の探題直轄料国といえる肥前国を中心に施行状を発給した。九州探題の施行システムは、鎌倉最末期に確立した鎮西下知状の施行システムを基本的に踏襲したものであり、室町幕府の執事施行状とは別個に九州独自の発展を遂げたものであると考えられる。近世史料では鎮西探題からの連続で九州探題を語る傾向があると指摘されている。(68)本章の分析結果はそれを実態面で裏づけるといえよう。しかし、発給地域が肥前に偏る脆弱性を持ち、さらに貞和頃、京都の幕府の中央集権政策によって探題の権限は大幅に削減され、探題による施行状以下の遵行命令は消滅した。

　一方で、直冬勢力も恩賞充行を大量に行っている。これは基本的に中央の幕府の文書体系に倣っており、将軍に準じる存在として自分を位置づける直冬の自負によるものでもあった。しかし、充行の実効性を高める施行システムは、おそらくは直冬が鎌倉幕府的体制を理想とする養父直義の政治思想を継承していたであろうこともあって未発達であった。直冬勢力が尊氏を脅かす一大勢力に発展しながらも短期間で衰退・消滅した理由の一端も、探題一色氏と同様、同勢力の施行システムの未熟さにあったと考えられるのである。

　最後に、南北朝中後期の九州探題の所領給与の権限と発給文書の様式について瞥見したい。(69) 斯波氏経・渋川義行・今川了俊といった一色氏の後任の九州探題は恩賞充行をほとんど行っていない。彼らの所領給付命令は大半が預置措置にとどまっており、しかも預置の施行状もごくわずかしか見られない。(70) 南北朝前期には将軍・探題一色氏によって二元的に行われていた九州地方の恩賞充行は、中期以降は将軍が独占的に行使し、管領が施行状を発給する体制に一元化されたと考えられる。つまり、九州探題においては、恩賞充行もその施行システムも復活しなかったのである。

　発給文書の様式については、九州上陸後の斯波氏経は一色氏と同様、前代鎮西探題を踏襲している。(71) しかし、渋川義行・今川了俊の段階にいたると、書状以外の文書の書止文言がほとんどすべて「状如ㇾ件」に統一される。(72) このように探題発給文書の体系も一色氏時代とは変化し、九州探題独自の文書様式が成立する。

　そして、それにともなって「九州探題」の呼称が確立するのである。(73)

（1）　川添昭二「鎮西管領一色範氏・直氏」（森貞次郎博士古稀記念論文集刊行会編『古文化論集　下巻』、一九八二年）。なお、一色父子は当時「鎮西管領」と呼ばれており、九州探題の呼称が一般化したのは、南北朝後期に今川了俊就任以降である（同論文一四二二～一四二三頁）。が、本章では現代の慣例に従って、すべて九州探題と称することとする。
（2）足利直冬の生涯については、瀬野精一郎『足利直冬』（吉川弘文館、二〇〇五年）が最新の研究成果を反映し、最もまとまっている。また、直冬の行使した権限や政治的立場については、川添昭二「「鎮西探題」足利直冬」（同編『九州中世史研究　第2輯』文献出版、一九八〇年、初出一九六八年）を参照されたい。
（3）佐藤進一「室町幕府開創期の官制体系」（同『日本中世史論集』岩波書店、一九九〇年、初出一九六〇年）二一七頁など。
（4）本書第二部第一章。
（5）小川信『足利一門守護発展史の研究』（吉川弘文館、一九八〇年）七六一頁など。
（6）註（1）所掲川添論文、註（2）所掲同氏論文。
（7）直氏の九州下向以後も、道猷は依然として九州探題としての文書を多数発給している（注（1）所掲川添論文一四二八～一四二九頁）。
（8）註（1）所掲川添論文一四三七～一四三九、一四四八～一四五一頁。
（9）肥後佐田文書（『九』二四八五）。
（10）本書第一部第二章第一節など。
（11）一例をあげれば、康永二年（一三四三）三月二六日付尊氏袖判下文正文、薩摩島津家文書（『九』一九〇八）、同年四月五日付師直施行状正文、同文書（同一九一一）。
（12）川添氏は、探題一色氏の恩賞充行の手続について「鎮西管領が管内国人の恩賞に価する軍忠の実否を確かめ、配分状または所望者の申状等を幕府に提出してその指示をうけ、宛行う」と述べる（註（1）所掲同氏論文一四四八頁）。しかし、これは史料的に裏づけることができない。常識的に考えて、将軍尊氏が袖判下文で九州地方の恩賞を与える場合に川添氏の述べる手続が採られたのではないだろうか。
また、「依レ仰」といった上意を承ることを明示する文言がなければ奉書とはいえないとする指摘がある（宮島敬一「浅井長政の印判状と浅井氏発給文書」（有光友學編『戦国期印章・印判状の研究』（岩田書院、二〇〇六年）二二七頁）。九州探題充行御教書の書止文言は「仍執達如レ件」である。つまり、これは直状であり、将軍の仰せを奉じる形式を採っていない。すなわち、文書形式的にも探題は独自の判断で管轄下の武士に恩賞を与えていることはあきらかである。なお、恩賞給与の主体が将軍と探題に分かれる基準に関しては不明とせざるを得ない。

(13)　執事施行状等通常の室町幕府の施行状の様式については本書第二部第一章第一節を参照されたい。

(14)　表1-5は、本文中に「去二月十一日御教書如レ此」とある。しかし、実際にこれに先行して出された道猷充行御教書は建武五年（一三三八）二月九日付正文である（肥前深堀記録証文（『九』一一二九））。したがって、二月一一日に小俣道剰宛の道猷施行状が出され、本史料は道剰がそれを執行した遵行状である可能性もあるが、本章では差しあたり施行状と見なして収録した。いずれにせよ、本事例は例外的事例と考えるべきであろう。なお、小俣道剰については註(1)所掲川添論文一四二七頁を参照されたい。

(15)　ただし、表1-7は豊後守護代寂本宛であるが、書止文言は「之状(仍執達)如レ件」となっている。本史料の文中に「早稙田大輔房(有快)相共莅二彼所一、可レ沙二汰-付下地於頼房一」とあるのを見ると、当初「之状如レ件」と書いたが、実態として寂本と稙田有快の両使遵行であったので訂正したのであろう。豊後守護代については、外山幹夫「守護大名前期の大友氏」（同『大名領国形成過程の研究』（雄山閣出版、一九八三年、初出一九七一年）一九六～一九九頁を参照されたい。

なお、表1-5の小俣道剰施行状は、伊左早通澄宛が「仍執達如レ件」、鳥居源左衛門入道宛が「状如レ件」である。この理由については不明とせざるを得ない。

(16)　一色道猷発給の所務関連命令の出典は以下のとおり。ただし、煩雑を避けるために『九』の文書番号のみを記すにとどめる。六九八、八九八、九二八、九五五、一〇四三、一一〇五、一二九八・一二九九、一三二四、一三六八、一三八八、一四〇五、一四一二・一四一三、一五一一、一五二七、一六一六・一六一七、一六二〇、一六四七、一六六七・一六六八、一六七四・一六七五、一七一八、一七五一、一九五四、一九五五、一九六七、二〇二六、二〇二七、二〇七三、二一〇二、二二〇二、二四七三、二四九〇、二五〇七。

(17)　肥前竜造寺文書（『九』七一三）。ただし、寄進状およびごく初期に発給された御教書の書止文言は、宛所にかかわらずすべて「状如レ件」となっている。初期の御教書は探題就任間もなかったために様式が定まっていなかったのであろう。寄進状の実例は建武五年（一三三八）五月二八日付探題道猷寄進状正文、肥前武雄神社文書（『九』一一七七）、初期の御教書の実例は建武三年五月八日付探題道猷巻数返事正文、同文書（『九』六〇六）など。

(18) 佐藤秀成「六波羅探題発給文書の伝達経路に関する若干の考察」（『古文書研究』四一・四二、一九九五年）五四頁など。

(19) 註(18)所掲佐藤論文五二～五七頁。

(20) 『九』六九八、一二九九、一三二四。

(21) 山口隼正『南北朝期九州守護の研究』（文献出版、一九八九年）の豊後・筑後・肥前守護について論じた各章などを参照されたい。

(22) 案文、筑後大友文書（『九』一〇〇四）。

(23) 案文、筑後大友文書（『九』一二三八）。

(24) 案文、筑後大友文書（『九』一四四三）。

(25) 正文、大和西大寺文書（『九』九八七）。

(26) ただし、鎮西御教書は、六波羅御教書とは異なり、守護が博多の探題の許にいる場合も守護代宛・書止「状如件」となったようである。この点、南北朝初期の九州探題御教書との微妙な相違点として指摘しておきたい。また、九州探題御教書のこの体制がいつまで続いたのかについても別個に検討を要する問題である。しかし、本章の趣旨とも大きくずれるし、この問題については今は結論を保留しておきたい。

(27) 註(16)所掲所務関連の両使宛探題遵行御教書。

(28) 註(1)所掲川添論文一四五四～一四五六頁。

(29) ただし、表1-7など、守護代が両使の一方使節となった事例も存在する。鎌倉期の鎮西使節について検討した外岡慎一郎氏が指摘するように、守護と使節は協力して沙汰付を行っている場合もあり、対立的・競合的に見る見方は正しくない（同「鎮西探題と九州守護」『敦賀論叢』一一、一九九六年）三一～三四頁）。

(30) 山口「肥前国守護」（註(21)所掲同氏著書、初出一九六七年）二三四～二四一頁、佐藤『室町幕府守護制度の研究　下』（東京大学出版会、一九八八年）二六一～二六三頁。

(31) 服部「九州探題（鎮西管領）の肥前国守護職兼補について」（『遙かなる中世』二、一九七七年）二二～二三頁、註(1)所掲川添論文一四四四～一四四五頁。
(32) 正文、『祇園社家記録』裏文書五三号。
(33) 小国浩寿「足利尊氏と平一揆」（同『鎌倉府体制と東国』吉川弘文館、二〇〇一年、初出一九九五年）一七～二二頁。
(34) 小国浩寿「鎌倉府基氏政権期の守護政策と平一揆」（註(33)所掲同氏著書、初出一九九五年）四三、四九頁、本書第三部第一章第二節第二項。
(35) 本書第二部第一章第二節。
(36) 註(1)所掲川添論文一四二二～一四二三頁。
(37) 註(1)所掲川添論文一四五一～一四五四頁。
(38) 小川信「南北朝内乱」（岩波講座『日本歴史6　中世2』、一九八二年、初出一九七五年）一〇三～一〇四頁など。
(39) 佐藤進一『南北朝の動乱』（中央公論社、一九七四年、初出一九六五年）三〇九～三一一頁など。
(40) 註(1)所掲川添論文一四五〇～一四五一頁。
(41) 貞和四年八月二〇日付九州探題一色道猷御教書正文、肥後佐田文書（『九』二五〇七）。
(42) 伊藤「初期の鎌倉府」（同『中世国家と東国・奥羽』校倉書房、一九九九年、初出一九六九年）二六三～二六四頁。
(43) 有川宣博「足利尊氏袖判一色道猷充行状について」（『北九州市立歴史博物館研究紀要』一〇、二〇〇二年）。
(44) 小川信「奥州管領吉良貞家の動向」（註(5)所掲同氏著書、初出一九七四・七五年）五四三～五四七頁、本書第三部第三章第二節。ただし、尊氏袖加判探題貞家奉書には貞家がみずから施行状を発給しており、この点尊氏袖判を有する道猷充行御教書に施行状がつかなかったのとは異なっている。
(45) 直冬の恩賞充行文書の形式やその変化、実効性などについては、註(2)所掲川添論文二〇七～二一七頁。
(46) 註(2)所掲川添論文二三一頁など。『師守記』貞和五年四月一一日条。
(47) 杉原光房および備後杉原氏については、木下和司「備後杉原氏と南北朝の動乱」（『芸備地方史研究』二四二、二〇〇四年）を参照されたい。

(48) 筑後守護宇都宮冬綱については、山口隼正「筑後国守護」（註(21)所掲同氏著書、初出一九六九年）五六～六六頁、少弐頼尚が直冬方に与同したことについては、註(2)所掲川添論文二三五頁など。

(49) 正文、肥前後藤文書（『九』二八五四）。ただし、この直冬充行下文では「後藤兵庫允光明」、杉原光房施行状正文（表2-3）では「後藤兵庫助」と、官途名が若干相違しているが、同一人物と見なして差し支えないだろう。

(50) 註(2)所掲瀬野著書三〇～三三頁。

(51) 註(30)所掲山口論文二四二～二四四頁。

(52) 本書第二部第一章第二節など。

(53) それぞれ、康永三年（一三四四）七月二日付探題道猷御教書正文、肥前深堀記録証文（『九』二〇二七）、康永二年（一三四三）九月一二日付同正文、肥前東妙寺文書（『九』一九五五）。

(54) 註(2)所掲川添論文二一一頁。

(55) 本書第二部第一章所掲表および第二章第一節所掲表1を参照されたい。

(56) 杉原光房発給の所務遵行命令は、貞和七年（一三五一）四月五日付案文、肥前実相院文書（『九』三〇六〇）、観応二年（一三五一）六月二九日付正文、備後浄土寺文書（『中四』二〇五七・二〇五八）、同年同月同日付正文、同文書（同二〇五九）。仁科盛宗発給は、正平八年（一三五三）一二月二七日付写、永田秘録所収内田文書（同二五四七）。直冬発給は、観応二年一二月二一日付正文、筑前田村文書（『九』三三九一）、観応三年（一三五二）九月一〇日付正文、同文書（同三四五一）。

(57) 註(21)所掲山口著書五九九～六〇四頁所収「建武新政～南北朝期の九州各国守護次第」、註(2)所掲川添論文一九一～一九二、一九三、一九七頁など。

(58) 貞和六年（一三五〇）四月二一日付足利直冬下文正文、肥後小代文書（『九』二七四六）など。

(59) 観応の擾乱に際し、二階堂成藤が足利直義党に属したため、将軍尊氏は成藤の所領であった遠江国相良荘地頭職を没収し、自派の細川頼和に恩賞として与えた（観応二年（一三五一）二月一三日付尊氏袖判下文正文、紀伊野田文書（『東』一九七〇））。それを執行した同年一一月七日付執事仁木頼章施行状正文も現存する（同文書（『静』四四八)）。しかしその後、成藤が尊氏党に帰参したため、同地頭職が返還された事実が延文四年（一三五九）八月一五日付足利義詮御判御教書正文（同文書（『東』二八八〇））に記されている。

(60) 正文、肥前深江文書（『九』三〇九五）。

(61) 本書第二部第三章第三節。

(62) 註(3)所掲佐藤論文二〇七～二一六頁など。

(63) 上島有「室町幕府文書」（赤松俊秀他編『日本古文書学講座4　中世編Ⅰ』雄山閣出版、一九八〇年）六五頁。

(64) 本書第二部第三章第三節。

(65) ただし、観応の擾乱前後の直義が施行状発給を自派で行う方針に転換した形跡が、わずかながらうかがえる（本書第二部第二章第一節・第三章第三節）。

(66) 註(39)所掲佐藤著書二〇三～二〇四頁など。ただし、現実に直義が踏襲したのは、鎌倉後期の得宗専制期の幕政機構と制度であった点には留意するべきである。

(67) 上島有「足利直冬とその花押」（同『中世花押の謎を解く』（山川出版社、二〇〇四年）一五〇～一五一頁。

(68) 黒嶋敏「九州探題考」（『史学雑誌』一一六―三、二〇〇七年）五八頁。

(69) 九州探題今川了俊の権限や発給文書については、川添昭二「今川了俊の発給文書」（同編『九州中世史研究　第3輯』文献出版、一九八二年）を参照されたい。

(70) ただし了俊は、室町幕府の引付頭人奉書・管領奉書に相当する所務関連の下地沙汰付命令は大量に発給している。註(69)川添論文一七四～一八〇頁。

(71) 康安二年（一三六二）二月一二日付九州探題斯波氏経軍勢催促状正文、東京大学文学部所蔵斑島文書（『九』四三三七）など。

(72) ただし、守護クラスに宛てて出された了俊文書の書止文言は、おそらく書札礼上の関係であろうが「仍執達如件」や「依仰執達如件」となることが多い。

(73) 註(1)川添論文一四二三頁。

拝領者	書式	充行御教書発給年月日	書止文言	備　考	出　典
深堀時通	○☆	?	状如件		肥前深堀家記録証文
隈西智	●☆	建武４．９．４	状如件	B	周防照円寺文書
後藤朝明	●☆	?	仍執達如件	両使遵行 B	肥前後藤文書
辻後藤浄全	●☆	建武４．９．５	状如件	B	肥前武雄鍋島文書
深堀政綱	●	建武５．２．９	仍執達如件 状如件	両使遵行 「去二月十一日御教書如此」 B	肥前深堀記録証文
肥前国武雄社大宮司	●☆	建武５．５．28	仍執達如件	両使遵行 寄進状の施行 B	肥前武雄神社文書
志賀頼房	●☆	建武４．10．２	仍執達如件	両使遵行 B	肥後志賀文書
深堀清綱	●☆	暦応２．５．９	仍執達如件	両使遵行 B	肥前深堀記録証文
深堀時広	●☆	暦応２．５．９	仍執達如件	両使遵行 B	肥前深堀記録証文
福田兼益	●☆	?	仍執達如件	両使遵行 B	外山幹夫氏所蔵福田文書
深堀時通	●☆	?	仍執達如件	両使遵行 A・B	肥前深堀記録証文
松浦斑嶋納	●☆	?	仍執達如件	両使遵行 B	東京大学文学部所蔵斑島文書
深堀時広	●☆	貞和２．７．２ ※替地充行	仍執達如件	両使遵行 B	肥前深堀記録証文
宇都宮公景	●☆	同日	仍執達如件	両使遵行 B	肥後佐田文書

○表Ⅰの見方

※本書第２部第１章所掲「尊氏下文施行状一覧(観応の擾乱以前)」の見方と基本的に同じであるが、以下の点で異なる。
・「書式」欄：「☆」は施行文言を持たない場合を表す。
・「書止文言」欄：施行状の書止文言を記す。

表Ⅰ　九州探題一色道猷施行状一覧

No.	発給年月日	状態	差出	宛所	所領名
1	建武４．２．28	正	九州探題一色道猷	守護代稙田寂円ヵ	豊後国敷戸弥次郎入道跡地頭職
2	建武４．９．５	写	九州探題一色道猷	守護代	筑後国竹野本庄内
3	建武４．９．11	正	九州探題一色道猷	原田田中種利 城戸種高	肥前国神辺庄内
4	建武４．11．22	案	九州探題一色道猷	守護代斎藤遍雄	肥前国相智小太郎跡内
5	建武５．３．17	正	九州探題侍所小俣道剰	伊佐早通澄 鳥居源左衛門入道	肥前国伊佐早庄内
6	建武５．６．25	正	九州探題一色道猷	吉田弥次郎入道 佐留志太郎	肥前国石動村内田地拾町地頭職
7	建武５．９．12	正	九州探題一色道猷	守護代寂本 稙田有快	豊後国球珠郡内
8	暦応２．５．16	正	九州探題一色道猷	長与定勝 小宮三郎	肥前国宇礼志野内
9	暦応２．５．24	正	九州探題一色道猷	国分季朝 横大路祐西	肥前国山浦・原口田地肆町他
10	暦応２．11．19	写	九州探題一色道猷	綾部四郎次郎入道 中津隈彦三郎入道	肥前国神崎庄詫田郷内他
11	暦応２．12．２	正	九州探題一色道猷	横大路祐西 高木太郎	肥前国神崎庄内
12	暦応４．３．27	正	九州探題一色道猷	多久太郎 飯田源次	肥前国松浦相知五郎入道跡内
13	貞和４．６．10	正	九州探題一色道猷	長与孫次郎 伊木力兵衛二郎	肥前国戸町浦萱木村内
14	貞和４．７．10	正	九州探題一色道猷	横大路祐西 西嶋成重	肥前国田中宮鶴丸跡

所領名	拝領者	書式	寄進状発給年月日	備考	出典
筑後国板井庄古飯村地頭職	背振山	□	貞和6.12.28		肥前修学院文書
豊前国赤庄	筑前国一宮住吉	□	貞和7.1.18		筑前住吉神社文書
肥前国吉田村上方	武雄社	□	貞和7.1.28	両使遵行B	肥前武雄神社文書
肥前国佐嘉郡内	肥前国鎮守河上社	□	貞和6.12.18	両使遵行	肥前河上神社文書
肥前国佐嘉郡惣社畠地他	春日山高城寺	○	貞和6.12.18		肥前高城寺文書

○表２の見方

※本書第２部第１章所掲「尊氏下文施行状一覧(観応の擾乱以前)」の見方と基本的に同じであるが、以下の点で異なる。

・「書式」欄

「□」は、「(拝領者)御寄附地○○国(所領名)事」という書出で始まる直冬発給文書施行状特有の書式を示す。

表２　直冬発給文書施行状一覧

No.	発給年月日	状態	差　出	宛　所
1	貞和７．２．18	正	直冬執事杉原光房	直冬方守護宇都宮冬綱
2	貞和７．２．28	正	直冬執事杉原光房	直冬方守護少弐頼尚
3	貞和７．３．11	正	直冬執事杉原光房	松浦大河野彦三郎 後藤光明
4	貞和７．３．21	正	直冬執事杉原光房	吉田藤二郎 多久小太郎
5	観応２．６．15	正	直冬執事杉原光房	守護河尻幸俊

第三章　南北朝期奥州探題の恩賞充行制度の研究

はじめに

陸奥・出羽両国は、中世には日本国の半分を占めると認識され、[1]建武政権に重視された。そのため、陸奥国司北畠顕家が率いた建武政権の奥州統治機関・陸奥将軍府については比較的豊富な研究の蓄積がある。[2]しかし、そののち奥州に出現した室町幕府の地方統治機関である奥州探題に関しては、引き続き重要支配地域であったと考えられるにもかかわらず、史料的制約もあって陸奥将軍府と比較して研究はあまり進展していない。

南北朝期室町幕府の恩賞充行システムは、将軍が全国の武士に袖判下文で恩賞を充行い、執事等が施行状を出して守護に遵行を命じる体制であった。[3]また、京都の足利将軍だけではなく、鎌倉府・九州探題といった室町幕府の地方統治機関、あるいは広義の足利系政権と見なせる足利直冬勢力も独自に恩賞充行権を行使し、施行状も発給していた。[4]

奥州探題の権限に関しては、斯波家長、石塔義房・義元父子、吉良貞家・畠山国氏期については遠藤巌氏が一九六〇年代に検討している。[5]しかし、恩賞充行システムについては探題の全権限の中で部分的に言及するにとどまる。

一九七〇年代には、小川信氏がその後の探題吉良氏・斯波氏の恩賞充行システムその他の権限について詳細に解明している。(6)しかし、遠藤・小川両氏の論考ともに現代から見て実証的に修正するべき点も散見する。また、南北朝期の奥州探題全体を俯瞰的に見通して探題の充行システムを検討する必要性も存在すると考える。そして、鎌倉府・九州探題等他の幕府地方統治機関、そして中央の幕府の体制と比較・検討し、奥州探題の独自性を解明する作業も重要なのではないだろうか。

本章では、筆者が抱いている右に述べた問題関心から南北朝期における奥州探題の恩賞充行システムを検討し、それを政治史の中に位置づけ、特質を考察したい。

なお、室町幕府の奥州地方統治機関の名称は「奥州探題」「奥州管領」等数種類存在するが、原則として「奥州探題」に統一する。

第一節　観応の擾乱以前の奥州探題恩賞充行制度

観応の擾乱以前に奥州を統治した室町幕府所属武将は、登場順に斯波家長、石塔義房・義元父子および吉良貞家・畠山国氏である。本節では、それぞれ項を分けて奥州地方の恩賞充行システムの沿革を瞥見したい。

（一）　関東執事斯波家長期

建武二年（一三三五）一〇月、足利尊氏は建武政権に叛旗を翻して挙兵した。足利一門の有力武将であった斯波家長は、尊氏挙兵と同時に奥州に派遣された。家長は、同年一二月、尊氏を追って西上する陸奥守北畠顕家を追撃して鎌倉入りし、そのまま鎌倉にとどまって幼君足利義詮を奉じて東国を統治した。そののち家長は、建武四年（一三三七）一二月、再び奥州から西上した顕家を迎え撃って戦死した。(7)

斯波家長は、今述べたように鎌倉に滞在し、奥州のみならず下野・常陸・下総・安房・甲斐・相模・駿河にも権限を行使した。そのため、遠藤氏は家長を奥州探題ではなく関東執事であったとする。[8] 無論妥当な見解であり、当該期はまだ奥州探題は存在しなかったといえる。

表1には、南北朝期の奥州探題、あるいはそれに準じる立場にあったと見られる武将が発給した恩賞充行や預置など、配下の武士に所領を給付したことが判明する史料を採録した。また、表2には同様に探題の所領安堵や裁許、諸公事免除の文書、表3には表1・表2の探題発給文書の施行状を採録した。以下、これら三つの表を適時参照していきたい（いずれも章末）。

この時期に斯波家長が発給した奥州所在の所領給付命令は、次に掲げる一通が残存している。

〔史料一〕建武三年（一三三六）四月一一日付関東執事斯波家長預置奉書（表1-1）

陸奥国行方郡内闕所并同国相馬又六跡高木（城）保内事、将軍□□（家御）計之程、暫所ㇾ被㆓預置㆒也、配㆓分一族㆒可ㇾ被㆓所務㆒之由候也、仍執達如ㇾ件、

建武三年四月十一日　　源（斯波家長）（花押）

相馬孫五郎（重胤）殿

〔史料一〕は、相馬重胤に対し、将軍家の計らいによって陸奥国行方郡内の闕所地と相馬又六跡である高城保内の所領をしばらく預け置くことを命じる文書である。この文書は奉書形式であり、主君足利義詮の上意を承ける形で家長が奉者となって発給している。当時義詮は幼少であったので、実態として家長の判断で預置措置が採られたものと見てよいだろう。

奥州に対して下された家長の預置命令はこの一通のみが残存するが、関東に対しても恩賞充行文書は残っておらず、預置命令しか見られない。[9] このことから、この時期の鎌倉府は、正式の恩賞充行権は持たず、闕所地の預置措置を行使するにとどまったと考えられるのである。

（二）　奥州探題石塔義房・義元父子期

建武四年（一三三七）二月頃、石塔義房が駿河・伊豆守護を解任され、奥州に派遣される。同年一二月、斯波家長が戦死して以降は高師冬・上杉憲顕が関東両執事に就任し、義房は陸奥だけの統括者に任じられる。康永二年（一三四三）頃からは義房の子息義元も登場し、父子共同で奥州を統治する体制となる。(10)

この時期、当時の文書に見える石塔義房の公式名称は、「陸奥国大将」「惣大将」であって「探題」「管領」ではない事実が遠藤氏によって指摘され、石塔氏は正式には探題ではないと評価されている。(11)以下、前節と同様、石塔氏が行使した権限を調べることで遠藤氏の見解を再検討しよう。

石塔義房・義元父子は、恩賞充行文書・安堵文書を発給している。それぞれ表1-2～6と表2-1である。義房の恩賞充行文書の一例を紹介しよう。

〔史料二〕建武五年（一三三八）四月二四日付石塔義房恩賞充行下知状（表1-2）

陸奥国岩崎郡□事、為ニ勲功之賞一、任ニ先□□□（例ニ可レ被ニカ）知行一之状、依レ仰下知如レ件、

建武五年四月廿四日　　沙弥（石塔義房）（花押）

相馬岡田五郎（胤康）殿跡

〔史料二〕は、相馬胤康に宛てて、陸奥国岩崎郡内の所領を勲功賞として充行うことを命じている。下知状形式の文書であり、将軍尊氏の仰せを奉じて発給する形式を採っているが、斯波家長の預置奉書と同様、実態としては義房独自の判断で給付されたと見てよいであろう。

斯波家長が恩賞充行を行わず、所領預置措置だけにとどまっていたのに対して、(12)石塔父子は比較的広範に恩賞充行を行使している。これは家長期との大きな相違点であるといえるのではないだろうか。また、表1「書止文言」欄に見えるように、書止文言も「依レ仰下知如レ件」から「状如レ件」へ次第に変化する傾向がうかがえ、こ

れは石塔氏の強引な地域的封建制樹立志向と遠藤氏によって評価されている。

施行状はこの時期、奉行人連署奉書によるもの一通が管見に入る。

〔史料三〕暦応五年（一三四二）六月一九日付奥州探題奉行人連署施行状（表3-1）

岩城郡飯野郷内今新田村事、早莅二彼所一、任二御下文一、可レ被レ沙二汰‐付伊賀三郎盛光一之由候也、仍執達如レ件、

暦応五年六月十九日

沙　弥（花押）

左衛門尉（花押）

加治十郎五郎殿

〔史料三〕発給に先立つ同年同月一七日、石塔義房下知状（表1-3）が発給され、伊賀盛光に陸奥国岩城郡飯野郷内今新田村が与えられた。その二日後、奥州探題の奉行人によって連署で発給された施行状が本史料である。このように、奉行人が連署で発給するのが他地域にはほとんど見られない奥州探題施行状の大きな特徴である。同年七月三日付で、この施行状に基づいて盛光に当該所領の打渡を行ったことを報告した左衛門尉家頼の打渡状正文も存在する。(13)なお、本例は異なるが、奥州探題の施行状は、ほとんどが両使遵行の形態を採る事実が表3からうかがえる。これは、周知のように陸奥国が守護不設置国であったことを反映しているのであろう。

〔史料三〕に見える奉者沙弥は、建武四年頃には鎌倉府の奉行人を務めていた事実がすでに遠藤氏によって指摘されている。(14)つまり、遠藤氏も述べるように、石塔氏の行政府は鎌倉府の奉行人も奥州に迎えるなどして機構整備が進行していたのである。

以上検討したように、石塔氏は比較的広範に恩賞充行を行使し、数は少ないながらも奉行人を介して施行状も発給していた。これは、同様に恩賞充行・施行を行っていた同時期の九州探題の権限に匹敵する。とすれば、「奥州管領」の名称が未だ存在しなかったとしても、制度的な基礎が据えられたのは石塔期と見るべきなのでは

ないだろうか。したがって、石塔義房・義元父子を奥州探題と見ても差し支えないと筆者は考える。

ところで、奥州探題の恩賞充行権行使は、将軍尊氏の奥州地方への恩賞充行を妨げなかった。石塔探題期における陸奥国への尊氏の恩賞充行権行使の事例は、建武五年正月二一日付渋谷重清宛袖判下文正文、同年閏七月二六日付伊達政長宛袖判下文正文、同年八月三日付岩城頼舜宛袖判下文写、暦応四年（一三四一）六月二日付探題石塔義房宛執事高師直施行状正文が残存している。[15] このように、当該期において将軍が幕府地方統治機関管轄国に恩賞充行を行うのは鎌倉府や九州探題においても見られる現象である。[16]

（三）　吉良貞家・畠山国氏両探題期

石塔義房・義元父子は、やがて幕府から探題を罷免された。そして、貞和元年（一三四五）暮から翌二年にかけて吉良貞家・畠山国氏が奥州に赴任し、奥州両探題として奥州を共同統治する体制となる。[17]

この時期に「奥州管領」の呼称が初めて出現し、「奥州管領制というべき体制の成立がここに見られる」と遠藤氏は評価している。[18] しかし、当該期には、探題貞家の預置命令や裁許状がそれぞれ一通ずつ残存する一方で（表1-7・表2-2）、恩賞充行・安堵文書はまったく消滅してしまうのである。貞和四年（一三四八）五月一九日には、同年同月一六日に奥州探題が発給したと考えられる「御教書」を執行した奉行人連署施行状が発給されている（表3-2）。よって、充行ないし安堵が行われていた可能性もあるが、少なくともその頻度が著しく低下したことは確実であろう。

この時期の両探題が行使した権限のうち、他の時期の探題のそれと比較して一際目立つのは、幕府執事高師直等に宛てて配下の武士に対する恩賞や安堵を依頼する推挙状の発給である。[19]

〔史料四〕貞和二年（一三四六）閏九月一七日付奥州両探題吉良貞家・畠山国氏連署推挙状（表4-1）

佐藤十郎左衛門(清親)入道性妙申、恩賞事、申状幷具書案壱巻令㆓進上㆒候、性妙企㆓参洛㆒、可㆓言上㆒之由雖㆑申㆑之、
為㆓凶徒対治㆒留置候之間、進㆓代官㆒候、以㆓此旨㆒可㆑有㆓御披露㆒候、恐惶謹言、

貞和二年閏九月十七日　　右馬権頭国氏(畠山)（花押）
右京大夫貞家(吉良)（花押）

進上　武蔵守殿(高師直)

〔史料四〕は、佐藤性妙が将軍尊氏の恩賞を要求する申状・具書案を、両探題が執事高師直に取り次いだ推挙状である。章末の表4には、このような貞家・国氏が発給した推挙状を採録した。〔史料四〕を初見として九通現存する。また、この時期には推挙状の発給を要請する武士の申状も多数残存している。[20]

これに見るように、この時期の奥州探題が行使した主要な権限が、奥州武士の恩賞・安堵要求を京都に注進し、充実下文発給を推挙する役割であることは明白である。この権限を遂行するために探題府機構が一層整備され、充実したのは遠藤氏が述べるとおりであろう。しかし、探題が独自に行う恩賞・安堵が消滅ないし衰退している事実は軽視できない。石塔探題期に比べ、奥州探題独自の職権はむしろ削減されたと評価するべきなのではないだろうか。

前章第二節で指摘したように、同時期の鎌倉府や九州探題も、幕府の中央集権強化方針によって権限が制限される傾向が見られる。当然、奥州探題もこの趨勢から例外であったとは考えられない。「奥州管領」の呼称が定着し、探題独自の権力機構が整備されたのは確かである。しかし反面、京都の強い統制下に置かれたこともまたあきらかで、当該期の両探題を過大評価することはできないと筆者は考える。

なお、この時期の奥州探題の推挙状は、当初は〔史料四〕のように吉良貞家と畠山国氏が連署で発給していた。しかし、貞和四年頃から一方の奥州探題が単独で、しかも同じ案件を別々に発給する事例が目立つようになる。

特に表4-4・5・6の事例は注目に値する。これらは、表4-3で貞家・国氏が幕府執事高師直に推挙した結城顕朝父子の所領安堵と同じ案件を、その翌月に貞家が単独でそれぞれ上杉重能・飯尾貞兼・某に再度依頼した事例である。上杉重能は直義派の武将で、直義の執事的存在であった。[21] 飯尾貞兼は、幕府の所務沙汰機関・内談方において重能が頭人を務めた部局に所属する奉行人であり、[22] 重能と同じく直義派であったと考えられる。これら三通の推挙状が無年号である事実からも、これらが非公式に上申された文書であったことがうかがえる。[23]

つまり吉良貞家は、畠山国氏と連名で正規の手続で師直に安堵を依頼したわずか一か月後に、国氏とは別個に師直の政敵である直義派の要人に同じ案件を非公式に依頼しているのである。これは無論、小川信氏も指摘するように、[24] この頃から顕在化した、室町幕府内部の将軍尊氏―執事師直党と直義党の対立およびそれに連動して起こった奥州両探題の協調体制の破綻を反映しているのであろう。

第二節　観応の擾乱期の奥州探題吉良貞家恩賞充行制度

本節では、観応の擾乱期における奥州探題の恩賞充行システムを検討したい。

観応の擾乱に際して奥州探題は、一方の探題吉良貞家が直義、もう一方の畠山国氏が将軍尊氏に属して分裂、交戦した。観応二年（一三五一）二月、貞家は国氏を滅ぼしたが、同年一一月、広瀬川の合戦で奥州南軍に惨敗して多賀国府を放棄し、そののち尊氏党に転身した。

尊氏党となった吉良貞家は、翌観応三年（一三五二）三月、陸奥国府を南朝方から奪還し、さらに文和二年（一三五三）五月には陸奥国田村郡宇津峰城を陥落させ、南朝の鎮守府将軍北畠顕信以下を駆逐し、奥州の大半を支配下に収めた。ここに、奥州探題は全盛期を迎えた。[25]

この時期の奥州探題の統治体制を、まず所領安堵から見よう。吉良貞家は、畠山国氏討滅のわずか五日後の観応二年二月二七日から石塔探題期以来見られなかった所領安堵を復活させている（表2-3）。これは、「幕府から公的に賦与された権限に基づくものではなく、貞家自身の判断によって敢えて実施に踏み切ったもの」「貞家の行動はまもなく直義主導下の幕府に容認された」と小川信氏によって推定されている。(26)

書止文言は、「状如レ件」と「依レ仰執達如レ件」が混在しており、時期的な変化は見られない。(27)書止文言の使い分けの基準は不明であるが、受給者の地位によるのかもしれない。

一方、恩賞充行はやや遅れて観応二年九月から復活する（表1-8）。同年八月に京都では、二月に講和した尊氏と直義が再び分裂し、直義が北陸へ没落する事件が起こる。貞家は、自派の勢力強化の意図を持った直義の容認のもとに、安堵に続いて充行も再開したのではないだろうか。

恩賞充行奉書にも二種類の書止文言が存在するが、所領安堵と比較すると書止文言の変化は明確である。すなわち、同年一〇月二五日付充行奉書（表1-10）以降、「状如レ件」から「依レ仰執達如レ件」に変化している。

この時期の政治史を瞥見すると、観応二年一〇月二四日、尊氏は南朝に降伏する（正平一統）。そして一一月四日、尊氏は北陸からさらに鎌倉へ没落した直義を討つために東国に出陣する。尊氏は同月九日から南朝の正平年号を使用し始め、尊氏と嫡子義詮の東西分割統治が開始される。(28)一方、前述したとおり探題貞家は一一月二一・二二日の両日、奥州南軍と広瀬川で交戦し、大敗を喫する。小川氏は、貞家が広瀬川合戦敗北を契機に尊氏党に寝返り、それが書止文言の変化をもたらしたと推定する。(29)

しかし、吉良貞家の注進によって相馬親胤の軍忠を称えた同年一二月九日付直義感状が残っている。(30)これが広瀬川の合戦における軍忠であることはほぼ確実である。(31)したがって、一二月九日段階では貞家は直義派にとどまっていたとおぼしい。

すなわち、この書止の「仰」は、当初は尊氏ではなく直義の命令を指していたのではないだろうか。つまり、貞家が依然直義党として、劣勢を覆すため直義の権威を利用しようとして書止文言を変更したと考えられるのである。

吉良貞家が尊氏党に転じた確実な時期は、尊氏に倣って自身の発給文書に南朝の正平年号を使用し始めた正平七年（観応三、一三五二）二月末以降である。[32] しかし、貞家の正平年号使用の初見史料である正平七年二月二九日付貞家軍勢催促状正文には、[33]「□（就）二吉野御合体一、野心之輩出来者、可レ加二退治一之由、自二将軍家一度々被レ仰下之間」と記されている。したがって、小川氏も述べるように、[34] 貞家がこれ以前に尊氏に帰参し、尊氏の命令を複数回受けていたことは確かであろう。

結局その月日を厳密に確定することは困難であるが、状況的に見て貞家が尊氏党に転身したのは、尊氏軍が直義軍を撃破して鎌倉を占領し、尊氏勝利がほぼ確定した正平七年正月五日前後であった可能性がもっとも高いのではないだろうか。なお、よく知られているように正平一統は正平七年閏二月に破綻し、そののち室町幕府は再び南朝と敵対したので、探題貞家も南朝軍と戦闘を再開する。

尊氏党転身後の探題貞家恩賞充行文書の最大の特徴は、すでに小川氏が論じているように将軍尊氏袖加判探題貞家恩賞充行奉書が出現したことである。[35]

〔史料五〕観応三年（一三五二）一〇月一日付奥州探題吉良貞家恩賞充行奉書（表1-15）

（尊氏）（花押）

陸奥国和賀郡内三□（戸部村事）、為二勲功之賞一所二充行一也、守二先例一、可レ致二沙汰一之状、依レ仰執達如レ件、

観応三年十月一日　　右京大夫（吉良貞家）（花押）

和賀鬼柳（義綱）兵庫助殿

〔史料五〕は、陸奥国和賀郡内三戸部村を和賀鬼柳義綱に給付する貞家奉書である。繰り返すように、将軍尊氏の袖判が据えられている点が最大の特徴である。この奉書が発給された翌二日に将軍尊氏執事仁木頼章宛貞家推挙状が出されている。[36] したがって、小川氏も指摘するように、和賀鬼柳義綱が貞家充行奉書を獲得後、貞家に推挙状も作成してもらい、その後奉書・推挙状を一括して当時鎌倉に滞在していた執事仁木頼章に提出し、尊氏が袖判を据えてふたたび義綱に交付したと推定できる。

このような尊氏袖判のある探題貞家の充行・安堵奉書は、観応二年一二月から翌三年一一月まで七件見られる（表1・表2「袖判」欄）。これが、将軍尊氏の権威を利用して配下の武士に対する充行・安堵の実効性を一層高め、対南朝戦争を有利に進めようとした探題貞家の意図によるものであり、将軍および恩賞・安堵拝領者の利害とも一致していたことは瞭然であろう。なお、九州探題一色道猷恩賞充行御教書にも尊氏袖判が加えられたものが、観応二年七月から文和四年（一三五五）一〇月まで散見する。[37] これも奥州探題と同様の意図でなされた措置であると推定でき、日本列島を遠く隔てた奥州と九州の共通点として注目できる。

こうした尊氏袖加判貞家奉書は、観応三年一一月を下限として消滅する（表1-17）。小川氏は、将軍によって権限を著しく制限された探題が南朝軍を宇津峰城に追い詰めたことによって奥州武士に対する統制を強め、将軍権力に対する相対的自立性を再び強化したことの表れであると論じる。[38]

だが、探題貞家以下奥州北軍が将軍権力に密着したからこそ、奥州探題は全盛期を迎えたのではないだろうか。将軍と探題の対立を過度にとらえるのは実態にそぐわない。尊氏袖加判奉書の消滅と貞家の相対的自立化は、必ずしも将軍権力からの脱却ではなく、危機を脱した奥州探題に対する尊氏の同意が当然あったであろうことに留意するべきである。

文和二年二月頃からは、貞家充行・安堵奉書の施行状が出現する。

〔史料六〕文和二年（一三五三）二月二二日付奥州探題吉良貞家施行状（表3-4）

和賀鬼柳常陸介義綱申、和賀郡三戸部村事、薭貫禰子兵庫助相共、莅二彼所一、任二御下文之旨一、沙二汰-付下地
於義綱一、可レ執二進請取之状一、使節更不レ可レ有二緩怠一之状如レ件、

文和二年二月廿二日　右京大夫（吉良貞家）（花押）

山下壱岐守殿

〔史料六〕は、〔史料五〕の探題貞家充行奉書の遵行を、貞家みずからが両使山下壱岐守・薭貫禰子兵庫助に命じた施行状である。

小川氏も指摘するように、(39)この時期に奥州探題府が発給した施行状は、探題貞家が発給したものと奉行人が連署で発給したものが混在する。このうち、貞家施行状は書止文言が「状如レ件」で、施行文言を持たない表3-8を除いて先行する貞家充行・安堵奉書を「御下文」ないし「関東御下文」と呼んでいる。それらの先行奉書には例外なく尊氏袖判が据えられている。

一方、奉行人連署施行状は、書止が従来の奉行人施行状と同様「仍執達如レ件」で、奉書を「御教書」と称している（表3-5）。先行する貞家充行奉書（表1-19）は将軍袖判を持たない。

すなわち、将軍袖判を持つ探題奉書は、将軍袖判下文と同等の文書と見なされ、施行状は探題みずからが直状形式の文書で発給した。しかし、袖判がない場合は袖加判奉書よりもランクが低い文書と見なされ、施行状発給者も奉行人となるというルールが厳密に適用されていたのである。

これら吉良貞家充行奉書施行状は貞家の恩賞充行開始後しばらく見られず、文和二年二月にいたってようやく出現している。この事実は、これ以前における尊氏袖加判貞家充行奉書の消滅と無関係ではないと思われる。将

軍袖加判奉書の消滅、すなわち奥州探題が将軍権力と距離を置いたことによって恩賞充行の実効性が低下することが危惧されたために採られた代替措置が施行状の発給だったのではないだろうか。

また、本書第二部第二章第一節で論じたように、観応三年九月一八日制定室町幕府追加法第六〇条[40]によって将軍袖判下文に施行状をつけることが原則となったと推定できる。将軍下文に準じるとされた尊氏袖加判探題奉書の施行状出現は、あるいはこの追加法とも関連しているのかもしれない。

ところで、表3-6・7の施行状は、「陸奥国和賀郡内和賀越前権守行義跡伍分四弁出羽国山北山本郡内安本郷・阿条宇郷・雲志賀里郷等」を和賀基義に充行った観応三年一〇月七日付探題吉良貞家恩賞充行奉書案（表1-16）のうち、陸奥国内の所領について執行したものである。しかし、発給者は貞家ではなく、恩賞を拝領した和賀基義本人である。しかも使節に沙汰付を命じるものではなく、それぞれ和賀氏庶流鬼柳氏の和賀彦次郎・同常陸介に宛てて、彼らの恩賞地の領有を承認する内容である。これらの施行状は、他に類例を見ない非常に特殊な事例であるといえよう。なぜ、このような特殊な形態が採られたのであろうか。

そこで注目されるのが、両施行状が出されたのと同じ文和二年一一月三日に、吉良貞家が和賀平内左衛門尉と和賀彦次郎に宛てて恩賞充行奉書を発給している事実である（表1-20・21）。これらに記載されている恩賞地は、先に貞家が基義に与えた和賀越前権守行義跡伍分四のうちに含まれている。現存はしていないが、おそらく同様の奉書が和賀常陸介にも出されたことであろう。そして、和賀彦次郎宛施行状（表3-6）に記載されている恩賞地は、同人宛充行奉書（表1-21）記載の恩賞地とまったく同一である。

すなわち、探題貞家は、和賀氏惣領基義に一旦充行った恩賞地の一部を、おそらく和賀氏庶流の武士たちの要求に応じてであろうが、のちに分割して彼らに与えた。それは、先に恩賞地を拝領していた惣領基義の承認が当然必要とされたであろう。その承認の意志が施行状の形で表現されたと考えられるのである。また、表1-21や

表3-6・7の発給時点では、基義が当該恩賞地を実効支配していた可能性が高いと思われる。これらの施行状は、惣領の避状としての機能も有していたのではないだろうか。

第三節　観応の擾乱以降の奥州探題恩賞充行制度

本節では、観応の擾乱以降、南北朝末期までの奥州探題の恩賞充行システムを、二つの時期に分けて論じたい。第一項は二代将軍足利義詮期、第二項は三代将軍足利義満期にほぼ対応している。

(一)　吉良氏・斯波家兼―直持両探題期

吉良貞家は、文和二年(一三五三)末に動静を絶った。死去したと考えられている。貞家の後は嫡子吉良満家が継いだ。この隙を突いたのであろうか、翌文和三年五月、擾乱以前に父石塔義房とともに奥州を統治していた石塔義憲(義元が改名)が奥州に再進出し、六月、多賀国府を陥落させ、吉良満家を放逐する。しかし、満家は短期間で国府を奪還する。

石塔義憲も所領預置や所領安堵を行っている。しかし、今述べた動向を見る限り、義憲の活動は幕府の承認に基づくものとは到底考えられない。また、国府を掌握していたのもごくわずかな期間であるので、義憲は一般的には探題とは見なされていない。故に、義憲の発給文書は表には収録していない。

同年一一月頃、斯波家兼が奥州に入部し、吉良・斯波の両探題体制となる。延文元年(一三五六)六月に斯波家兼は死去し、嫡子直持が後を継ぐ。一方、吉良氏は分裂し、衰退した模様で、吉良貞経・治家など複数の人物が文書を発給する状況となる。しかも、誰が探題であったかの確定さえもが困難となり、貞治六年(一三六七)を最後に吉良氏は奥州における消息を完全に絶つ。以上が当該期の政治史である。(41)

この時期の恩賞充行文書は、吉良氏の分裂・衰退を反映し、吉良満家（書止文言「依レ仰執達如レ件」）→斯波家兼・直持（同「状如レ件」）という大まかな傾向を示す。安堵文書も同様の傾向を示している。

施行状は、斯波家兼の返付命令を奉行人が連署で施行した例が知られる（表3-9）。書止文言が「状如レ件」である充行文書を奉行人が施行する体制は、擾乱以前の石塔探題期に回帰していると考えられる。ただし、この命令は遵守されなかった模様で、翌年家兼の子直持が同じ案件を再度施行している（表3-10）。

（二）　斯波詮持・石橋棟義両探題期

貞治六年（一三六七）四月、将軍義詮は吉良治家の討伐を決意した。同月五日、義詮は常陸国在陣中の石橋棟義に、奥州に出陣し両探題に協力して治家を退治することを命じている[42]。治家討伐後も、石橋棟義は父和義とともに奥州に滞在する。一方、応安五年（一三七二）頃、斯波直持から嫡子詮持に探題が交代する。斯波氏はやがて奥州探題大崎氏となって、室町期以降もその勢力を縮小させながらも存続する。石橋氏は大崎氏以上に衰退し、室町期には塩松氏と呼ばれる南奥の一地方大名に転落する。以上が当該期の大まかな政治史である[43]。

当該期の奥州探題の恩賞充行は、斯波直持・詮持が専ら行使しており、書止文言は「依レ仰執達如レ件」に戻る傾向がある。石橋棟義に関しては所領預置命令のみが残存し、書止文言は、「状如レ件」の傾向がある。ただし、棟義の父和義が替地充行を約束した書状一通が残っている[44]。

所領安堵は斯波・石橋ともに行使しており、書止文言は両者とも「依レ仰執達如レ件」である。吉良氏の一族であると推定される兵部大輔某が発給した二通（表2-32・33）を除いて[45]、斯波詮持三通、石橋和義・棟義父子八通とむしろ石橋氏の方が数多く発給している。

小川信氏は、右で見たように恩賞充行権を行使していない事実から、石橋棟義の立場はあくまでも国大将であって奥州探題ではないとする。(46)確かに先に紹介した貞治六年四月五日付の将軍義詮による吉良治家討伐令では、石橋棟義と「両管領」が区別して記されている。この「両管領」は、奥州探題斯波直持と、直持の弟で当時羽州探題として出羽国山形で活動していた斯波兼頼を指すという見解が近年出されている。(47)ともかく、当初は棟義が大将として奥州に下向したことは明らかである。

しかし、所領安堵を行い、替地充行の約束も行っている事実を見ると、正確な時期は不明であるが、棟義はやがて衰退した吉良氏に代わって大将から斯波氏と並ぶ一方探題に昇格したと見てもよいのではないだろうか。

今まで見てきたように、奥州探題は吉良貞家・畠山国氏、吉良氏・斯波氏とたびたび両探題制を採った。また、鎌倉府も奥州探題と同様、高師冬・上杉憲顕や上杉能憲・同朝房と両関東執事（管領）制を頻繁に採用した。しかし、彼らは常に対等な権限を平等に行使していたのではない。むしろ吉良貞家・斯波氏・高師冬・上杉能憲と、政治力や軍事力が強い武将に権限が偏るのが普通であった。(48)それらの事例と比較しても、所領安堵を斯波氏よりも広範に行っている石橋氏を探題と見ることはさほど不自然ではないと思われる。したがって、当時斯波氏・石橋氏が両探題を務めていたと筆者は推定したい。

施行状に関しては、残存数はわずか二件であり非常に衰退している。しかも、表3-11の発給者沙弥某は先行の「御下文」とともにまったく不明である。表3-12の発給者左衛門尉持継なる人物も探題府の奉行人と思われるが詳細は不明である。また、和賀氏惣領が発給した表3-6・7を除き、奥州探題発給文書施行状で唯一の当事者宛であり、先行被施行文書を「御判」と呼んでいる点もめずらしい。拝領者相馬讃岐次郎は、この時期斯波詮持から他に恩賞を拝領しているので（表1-30・31）、この「御判」の発給者も詮持の可能性が高いと思われるが、ともかく施行状発給が停滞している事実は動かないであろう。そして、室町期に入ると、探題の充行・安堵自体が低調となるのである。

おわりに

以上、南北朝期の奥州探題の恩賞充行・施行システムについて検討してきた。時期による制度の変遷は激しいが、その全盛期が観応擾乱時の吉良貞家単独探題期である事実に異論はないであろう。擾乱期の恩賞充行文書は、書止文言が「依レ仰執達如レ件」の奉書形式を採用し、発給後に貞家の執事仁木頼章宛推挙状が発給され、将軍尊氏の袖判が据えられた。この充行状は、将軍袖判下文と同様、「御下文」と呼ばれ、将軍袖判下文と同等の文書と認識されていた。尊氏袖加判システムが消滅したのちには、貞家みずからが直状形式の施行状を発給し、恩賞の実現を図ったのである。このように、奥州探題の全盛期が将軍権力に強固に依存した形でもたらされたことは制度的に見ても明白である。

室町期の奥州探題は、前節第二項で述べたように石橋氏の勢力が衰え、探題斯波氏（大崎氏）の一極支配となる。明徳二年（一三九一）、奥羽二国が鎌倉府に移管されるが、応永七年（一四〇〇）、室町幕府は鎌倉府との対立により、斯波詮持をふたたび奥州探題に任命する。しかし、幕府は探題の権限を軍事指揮権に限定し、統治権は伊達氏・蘆名氏等幕府と直結する郡守護なる有力国人たちに分有させた。[49]

南北朝から室町前期にかけての室町幕府の恩賞充行は、中央・地方ともに、建武～暦応期・観応期など内乱が激しい危機的な時期に活発になり、康永～貞和期・観応擾乱以降など社会が静謐を迎え、安定に向かう時期には減少する傾向が一般的に見られる。しかし、他の統治機関と比較しても奥州探題に対する権限の抑制は特に厳しいように見受けられる。この背景として、足利尊氏を二度にわたって追い詰めた、前代建武政権下の陸奥将軍府の強烈な記憶を幕府首脳部が持っていたことが黒嶋敏氏によって指摘されている。[50]

本書第一部第四章で論じたように、陸奥将軍府の実質的リーダーであった陸奥国司北畠顕家は、袖判下文で恩賞充行を広範に行い、陸奥国宣形式の施行状をみずから大量に発給した。幕府が奥州探題を他地域よりも警戒したのは、広範な充行・施行を行使したことで政権基盤を強化した顕家が尊氏を苦しめた事情も大きかったのではないだろうか。その意味において、本章冒頭でも述べたように、奥州地方は、建武政権期と同様、室町幕府にとっても確かに日本国の半分を占める重要支配地域であり続けたのである。

（1）『保暦間記』（佐伯真一他編『校本　保暦間記』和泉書院、一九九九年）一〇五頁。
（2）遠藤巌「建武政権下の陸奥国府に関する一考察」（豊田武教授還暦記念会編『日本古代・中世史の地方的展開』吉川弘文館、一九七三年）、同「南北朝内乱の中で」（小林清治他編『中世奥羽の世界』東京大学出版会、一九七八年）九〇～一〇五頁、森茂暁「南朝局地勢力の一形態」（『日本歴史』三三七、一九七五年）、本書第一部第四章など。
（3）本書第二部第一章・第二章。
（4）本書第三部第一章・第二章。
（5）遠藤「奥州管領おぼえ書き」（『歴史』三八、一九六九年）。
（6）小川「奥州管領吉良貞家の動向」（同『足利一門守護発展史の研究』吉川弘文館、一九八〇年、初出一九七四・七五年）、同「奥州管領斯波氏の展開」（同書、初出一九七六年論文を増補）。以下、それぞれ小川Ⓐ論文、小川Ⓑ論文と称する。
（7）註(5)所掲遠藤論文二六頁など。
（8）註(5)所掲遠藤論文二六～二七頁。
（9）註(5)所掲遠藤論文二六頁。
（10）註(5)所掲遠藤論文二九～三〇、三三～三四頁。
（11）註(5)所掲遠藤論文三六頁。
（12）ただし、斯波家長も安房国に対しては直状形式で安堵を行っている。建武四年四月八日付同安堵状正文、武蔵本間文書（『東』六八二）。
(13) 磐城飯野文書（『北』六三〇）。
(14) 註(5)所掲遠藤論文三〇頁。
(15) それぞれ、伊勢本間文書（『北』補三）、仙台市博物館所蔵伊達文書（同四一五）、秋田藩家蔵文書五一（同四一九）、陸中中尊寺文書（同五五三）。
(16) 小要博「関東府小論」（豊田武先生古稀記念会編『日本中世の政治と文化』吉川弘文館、一九八〇年）二五八～二五九頁、本書第三部第一章第一節第一項・第二章第一節。
(17) 註(5)所掲遠藤論文三六頁。
(18) 註(5)所掲遠藤論文三九頁。
(19) 当該期の奥州探題発給文書については、註(6)所掲小川Ⓐ論文五二七～五二八頁所掲第17表を参照されたい。
(20) 註(5)所掲遠藤論文三七頁。
(21) 佐藤進一『南北朝の動乱』（中央公論社、一九七四年、初出一九六五年）二四二頁など。
(22) 康永三年（一三四四）室町幕府引付番文、白河集古苑所蔵白河結城文書（『北』七〇六）。
(23) 吉田賢司「室町幕府の国人所領安堵」（同『室町幕府軍制の構造と展開』吉川弘文館、二〇一〇年、初出二〇〇四年）五九、六六頁でも同様の指摘がなされている。
(24) 註(6)所掲小川Ⓐ論文五二八頁。
(25) 註(6)所掲小川Ⓐ論文五二六頁。
(26) 註(6)所掲小川Ⓐ論文五三三頁。
(27) 小川信氏は、観応二年一〇月を境として、貞家安堵文書の書止文言が「状如ㇾ件」から「依ㇾ仰執達如ㇾ件」に変化すると述べる（註(6)所掲同氏Ⓐ論文五三七～五三八頁）。しかし、そのような明確な変化は筆者には感じられない。
(28) 註(21)所掲佐藤著書二六一～二六二、二六六頁、小要博「発給文書よりみたる足利義詮の地位と権限」（『日本古文書学論集7　中世Ⅲ』吉川弘文館、一九八六年、初出一九七六年）七六頁。

(29) 註(6)所掲小川Ⓐ論文五三八頁。
(30) 正文、磐城相馬文書（『北』一一〇六）。前月に貞家が尊氏党に寝返ったと考える小川氏は、本史料の存在を軽視する（註(6)所掲小川Ⓐ論文五四二頁）。しかし、いくら注進状の到達に日数がかかったとはいえ、大将が配下の武将に裏切られたのを知らずに誤って感状を発給し、拝領者側もみずからが裏切り、しかも滅亡した大将が発給した感状を大切に保存し現代まで伝わることは、常識的に想定しづらいと筆者は考える。
(31) 尊氏党に転じたのち、貞家が提出した観応三年一一月二二日付執事仁木頼章宛推挙状正文、磐城相馬文書（『北』一一九三）に、相馬親胤が広瀬川合戦に際して派遣した代官が貞家軍に属して戦った事実が記されている。
(32) 註(6)所掲小川Ⓐ論文五三八頁。なお、観応二年一二月二三日付吉良貞家安堵状（表2-12）には将軍尊氏の袖判が据えられている。が、小川氏も述べるように（同五四二～五四三頁）、袖判の申請や作成の時期があきらかではないので貞家の尊氏党転身の時期の根拠とならない。
(33) 磐城相馬文書（『北』一一二〇）。
(34) 註(6)所掲小川Ⓐ論文五四二～五四三頁。
(35) 註(6)所掲小川Ⓐ論文五四三～五四七頁。
(36) 案文、東北大学日本史研究室所蔵鬼柳文書（『北』一一八一）。
(37) 有川宣博「足利尊氏袖判一色道猷充行状について」（『北九州市立歴史博物館研究紀要』一〇、二〇〇二年）。
(38) 註(6)所掲小川Ⓐ論文五四六～五四七頁。
(39) 註(6)所掲小川Ⓐ論文五四七～五五六頁。
(40) 『法』三二一頁。
(41) 註(6)所掲小川Ⓑ論文五六三～五六四頁など。なお、同じく擾乱以前の探題で、尊氏党として敗死した畠山国氏の遺児国詮も奥州に残って文書を発給している。しかし、その数はごくわずかで活動がきわめて低調であり、これも探題とは見なされていない。よって、石塔義憲と同様、国詮発給文書は表に載せていない。
(42) 貞治六年四月五日付将軍足利義詮御判御教書正文、東京大学文学部所蔵結城白川文書（『北』一八六二）。
(43) 註(6)所掲小川Ⓑ論文五八六～五八七、五九七、六〇七、六一四頁。

(44) 某年九月六日付石橋和義書状正文、磐城相馬文書（『北』二〇六三）。
(45) 兵部大輔某については、註(6)所掲小川Ⓑ論文五八九頁を参照されたい。
(46) 註(6)所掲小川Ⓑ論文六〇五頁。
(47) 江田郁夫「奥州管領大崎氏と南北朝の内乱」（同『室町幕府東国支配の研究』高志書院、二〇〇八年、初出二〇〇二年）二九七～三〇一頁。
(48) 鎌倉府関東執事（管領）の補任沿革と権限については、小要博「関東管領補任沿革小稿――その(一)――」（『法政史論』五、一九七七年）、同「同――その(二)――」（芥川龍男編『日本中世の史的展開』文献出版、一九九七年）などを参照されたい。
(49) 黒嶋敏「奥州探題考」（『日本歴史』六二三、二〇〇〇年）六～七頁など。
(50) 註(49)所掲黒嶋論文一四～一五頁。

・「施行状」欄

本表採録文書を執行する施行状が現存する場合、その発給年月日・発給者氏名と施行状が採録されている表3の文書番号を記す。

・「備考」欄

預置・返付等通常の恩賞充行・所領安堵と異なる権益付与である場合、その旨を記す。

表2では、所領安堵の名目を判明する限りで記す。打渡状・吹挙状等関連文書がある場合、それを記す。

・横太線：本章で示した奥州探題の時期区分を示す。

書止文言	施行状	備　考	出　典
仍執達如件		預置 「将軍家御計之程」	磐城相馬文書
依仰下知如件			相馬市教育委員会寄託相馬岡田文書
依仰下知如件	暦応５．６．19 奉行人連署 表３－１	返付ヵ 暦応５．７．３家頼打渡状	磐城飯野文書
状如件		替地充行	磐城相馬文書
状如件		「於半分者、和賀三郎兵衛尉清義打死跡、不可有知行相違」	東北大学日本史研究室所蔵鬼柳文書
依仰下知如件			東京大学文学部所蔵結城白川文書
状如件		預置 「公方御計之程」	三河猿投神社文書
状如件		「令支配之」	東北大学日本史研究室所蔵朴沢文書
状如件			磐城相馬文書
依仰執達如件		「令支配結城参川守(中略)以下軍忠一族」	楓軒文書纂所収白河証古文書巻之一
依仰執達如件			楓軒文書纂所収白河証古文書巻之一
依仰執達如件			磐城相馬文書
依仰執達如件			磐城相馬文書
依仰執達如件	文和２．12．４ 吉良貞家 表３－８	替地充行 文和３．２．４小河義雄打渡状	磐城国魂文書
依仰執達如件	文和２．２．22 吉良貞家 表３－４	観応３．10．２吉良貞家吹挙状案	東北大学日本史研究室所蔵鬼柳文書

○表１・表２の見方

※本書第２部第１章所掲「尊氏下文施行状一覧(観応の擾乱以前)」の見方と基本的に同じであるが、以下の点で異なる。
・「袖判」欄：将軍足利尊氏の袖判が据えられている場合、「★」を記す。
・「書式」欄：存在しない。
・「下文発給年月日」欄：存在しない。
・「書止文言」欄：書止文言を記す。

表１　奥州探題充行文書一覧(含預置)

No.	発給年月日	状態	差出	袖判	宛　所	所 領 名
1	建武３．４．11	正	斯波家長		相馬重胤	陸奥国行方郡内闕所他
2	建武５．４．24	正	石塔義房		相馬胤康	陸奥国岩崎郡内
3	暦応５．６．17	正	石塔義房		伊賀盛光	陸奥国好嶋庄西方飯野郡内今新田村
4	康永２．８．３	写	石塔義房		武石新左衛門尉	陸奥国曰理郡坂本郷半分他
5	康永２．８．23	正	石塔義房		和賀基義	陸奥国和賀郡内新田郷
6	康永３．３．６	正	石塔義元		石河蒲田兼光	陸奥国石河庄蒲田村内闕所
7	康永４．９．29	正	吉良貞家		大河内雅楽助	陸奥国大会津郡藤原上下村参分壱
8	観応２．９．22	正	吉良貞家		山村城内人々	陸奥国宮城郡山村内宇学村
9	観応２．10．９	正	吉良貞家		相馬親胤	陸奥国行方郡内牛越村
10	観応２．10．25	写	吉良貞家		結城顕朝	陸奥国新宮庄
11	観応２．11．25	正	吉良貞家		結城顕朝	陸奥国田村庄三与田・穴沢・八田河郷
12	観応２．11．26	正	吉良貞家		相馬親胤	陸奥国行方郡千倉庄内闕所分
13	観応２．12．７	案	吉良貞家		相馬親胤	陸奥国行方郡内吉名村
14	観応３．５．15	正	吉良貞家	★	国魂隆秀	陸奥国岩城郡国魂村内地頭職
15	観応３．10．１	正	吉良貞家	★	和賀鬼柳義綱	陸奥国和賀郡内三戸部村

書止文言	施行状	備　考	出　典
依仰執達如件	文和２.11.３ 和賀基義 表３－６・７	和賀基義裏花押あり	東北大学日本史研究室所蔵鬼柳文書
依仰執達如件		替地充行	榊原結城文書
依仰執達如件		「亡父跡本領」	磐城富塚文書
依仰執達如件	文和２.４.27 奉行人 表３－５	文和２.７.25桜井ヵ季経打渡状	秋田藩家蔵文書20
依仰執達如件			東北大学日本史研究室所蔵鬼柳文書
依仰執達如件			東北大学日本史研究室所蔵鬼柳文書
依仰執達如件			東北大学日本史研究室所蔵鬼柳文書
依仰執達如件			東北大学日本史研究室所蔵鬼柳文書
状如件		「公方恩賞申沙汰之程」	白河集古苑所蔵白河結城文書
状如件		預置	東京大学文学部所蔵白河結城文書
状如件	文和４.４.27 奉行人連署 表３－９・10	返付	奥州市立水沢図書館所蔵留守文書
状如件		替地充行	磐城相馬文書
依仰執達如件			磐城相馬文書
状如件			東北大学日本史研究室所蔵鬼柳文書
依仰執達如件		返付 応安５.12.11沙弥清光打渡状	磐城相馬文書
依仰執達如件		替地充行ヵ	磐城相馬文書
状如件		文言要検討	秋田藩家蔵文書13
依仰執達如件		預置	和賀稗貫両家記録坤
状如件		預置	磐城相馬文書
状如件		預置	磐城相馬文書
依仰執達如件			東北大学日本史研究室所蔵鬼柳文書

No.	発給年月日	状態	差出	袖判	宛　所	所 領 名
16	観応3.10.7	案	吉良貞家	★	和賀基義	陸奥国和賀郡内 出羽国山北山本郡内
17	観応3.11.3	正	吉良貞家	★	山名下野守	陸奥国黒河郡大神村・曰理郡武熊村
18	文和2.3.6	正	吉良貞家		田村参河守	陸奥国田村庄富塚村他
19	文和2.4.12	写	吉良貞家		石河蒲田兼光	陸奥国宮城郡内南目村
20	文和2.11.3	正	吉良貞家		和賀平内左衛門尉	陸奥国和賀郡内下須々村柒分壱他
21	文和2.11.3	正	吉良貞家		和賀彦次郎	陸奥国和賀郡内阿彌内嶋半分他
22	文和3.7.16	正	吉良満家		和賀平内左衛門尉	陸奥国甘美郡名切屋郷半分
23	文和3.7.16	正	吉良満家		和賀常陸介	陸奥国甘美郡大池郷半分
24	文和3.11.9	正	吉良満家		結城朝常	陸奥国会津蜷河庄半分
25	文和3.12.20	正	斯波家兼		石河蒲田兼光	陸奥国宮城郡内南目村
26	文和4.4.15	正	斯波家兼		留守持家	陸奥国宮城郡内余目郷内他
27	貞治2.7.11	正	斯波直持		相馬胤頼	陸奥国宮城郡国分寺郷半分地頭職
28	貞治6.1.25	正	斯波直持		相馬胤頼	陸奥国名取郡南方坪沼郷
29	貞治6.8.11	写	吉良貞経		和賀鬼柳常陸入道	陸奥国長岡郡小野郷
30	応安5.12.2	正	斯波詮持		相馬讃岐次郎	陸奥国高城保内赤沼郷
31	応安6.9.18	正	斯波詮持		相馬讃岐次郎	陸奥国竹城保内
32	応安8.4.1	写	斯波詮持		葛西周防三郎	陸奥国下伊沢内志牛・那須河両郷
33	永和2.12.3	写	石橋棟義		鬼柳伊賀守	陸奥国三迫内細河村
34	至徳3.7.12	正	石橋棟義		相馬憲胤	陸奥国長世保内大迫郷
35	至徳3.12.2	正	石橋棟義		相馬憲胤	陸奥国名取郡南方増田郷内下村分
36	明徳2.3.6	正	斯波詮持		和賀伊賀入道	陸奥国江剌郡内会佐利郷

書止文言	施行状	備　考	出　典
依仰下知如件		「参御方」「本領」	東北大学日本史研究室所蔵鬼柳文書
状如件		裁許	東北大学日本史研究室所蔵鬼柳文書
状如件		「康永二年二月廿五日京都御教書」	楓軒文書纂所収白河証古文書巻之一
依仰執達如件		「本知行」	東北大学日本史研究室所蔵鬼柳文書
状如件		裁許によって返付 受益者相馬岡田胤家	相馬市教育委員会寄託相馬岡田文書
依仰執達如件		「相伝之文書」	相馬市教育委員会寄託相馬岡田文書
依仰執達如件		「相伝証文」	磐城相馬文書
状如件		「相伝文書」	相馬胤道氏所蔵大悲山文書
依仰執達如件		「軍忠」「本領相伝文書」	相馬市教育委員会寄託相馬岡田文書
依仰執達如件			結城古文書写有造館本坤
状如件		「舎兄四郎左衛門尉打死」「本理非落居之間、於半分可被知行」	磐城相馬文書
状如件		下文形式カ 「右大将家御下文幷関東下知状」	陸前塩竈神社文書
依仰執達如件	文和２.２.19 吉良貞家 表３－３	「相伝」	秋田藩家蔵文書20
依仰執達如件		受益者川辺八幡宮カ 「為本領之条、文書分明」「今度忠」	磐城川辺八幡神社文書
状如件		「相伝」	岩代法用寺文書
依仰執達如件		「相伝当知行」	東京大学文学部所蔵結城白川文書
依仰執達如件		「相伝当知行」	秋田藩家蔵文書４
状如件		差出署判欠 「相伝当知行」「致忠節」	奥州市立水沢図書館所蔵留守文書
状如件		「本理非落居之間、可被知行」	磐城相馬文書
依仰執達如件		「本知行」	東北大学日本史研究室所蔵鬼柳文書
状如件		諸公事免許	陸前名取熊野神社文書
依仰執達如件			仙台市博物館所蔵伊達家文書
状如件			磐城飯野文書

表2　奥州探題安堵文書一覧(含裁許・免除)

No.	発給年月日	状態	差　出	袖判	宛　所	所領名
1	暦応3.9.10	正	石塔義元		和賀鬼柳左衛門四郎	本領
2	貞和4.12.6	正	吉良貞家		和賀基義	陸奥国和賀郡鬼柳郷
3	観応2.2.27	写	吉良貞家		結城顕朝	建武二年以前知行地
4	観応2.4.7	正	吉良貞家		和賀鬼柳義綱	陸奥国和賀郡内新堰村
5	観応2.7.8	正	吉良貞家		なし	陸奥国行方郡岡田村内
6	観応2.9.15	正	吉良貞家		相馬岡田胤家	陸奥国行方郡院内村
7	観応2.9.26	正	吉良貞家		相馬親胤	陸奥国行方郡高□村
8	観応2.10.9	正	吉良貞家		相馬朝胤	陸奥国行内郡内小嶋田村
9	観応2.10.25	正	吉良貞家		相馬岡田胤家	陸奥国竹城保内波多谷村
10	観応2.10.25	案	吉良貞家		結城朝常	陸奥国高野郡内当知行分
11	観応2.10.25	案	吉良貞家		武石但馬守	亘理郡坂本郷
12	観応2.12.23	正	吉良貞家	★	塩竈社恒高	陸奥国竹城保内
13	観応3.7.23	写	吉良貞家	★	石河蒲田兼光	陸奥国岩城郡片寄村内
14	観応3.8.3	正	吉良貞家	★	なし	陸奥国石河庄内下千石村・板橋村他
15	観応3.10.24	正	吉良貞家		葦名禅師	陸奥国会津大沼郡法用寺別当職
16	文和元.12.7	正	吉良貞家		石河蒲田兼光	陸奥国石河庄内蒲田村他
17	文和元.12.7	写	吉良貞家		石河蒲田兵庫助	陸奥国石河庄内蒲田村三分壱
18	文和元.12.23	正	吉良貞家ヵ		留守持家	陸奥国宮城郡余目郷岩切他
19	文和2.4.20	案	吉良貞家		武石但馬守	陸奥国曰理郡坂本郷内給所村他
20	文和2.11.1	正	吉良貞家		和賀彦次郎	陸奥国和賀郡内新田村
21	文和4.3.15	正	吉良満家		熊野堂	名取郡南方神領分
22	延文元.6.6	正	吉良満家		伊達政長	陸奥国伊達郡桑折郷
23	延文元.10.17	正	吉良満家		伊賀盛光	本領当知行地

書止文言	施行状	備　考	出　典
状如件		公事課役免除	岩城文書抄出・上磐前野田禅福寺所蔵
状如件		諸御公事免除	磐城国魂文書
依仰執達如件		「代々寄付状」	磐城飯野文書
依仰執達如件		「相伝」「軍忠」「御下文」	奥州市立水沢図書館所蔵留守文書
状如件		裁許 貞治３.12.29岩城周防前司宛直持保障依頼	磐城飯野文書
状如件		「相伝」	磐城国魂文書
状如件		「京都御左右」 貞治６．２.19将軍義詮安堵御判御教書	楓軒文書纂91白河証古文書巻之二
依仰執達如件		「観応元年七月廿八日御寄進状・同年八月三日安堵状等」	板橋幸一氏所蔵板橋文書
依仰執達如件		「先日御教書」	磐城相馬文書
依仰執達如件		「本知行」	磐城相馬文書
依仰執達如件		「勲功之賞」	陸奥阿保文書
依仰執達如件			相馬市教育委員会寄託相馬岡田文書
依仰執達如件			和賀稗貫両家記録坤
依仰執達如件		「譲状」	和賀稗貫両家記録坤
依仰執達如件		「相伝」	東京大学文学部所蔵結城白川文書
依仰執達如件		「文和元年十二月三日将軍家御判」	羽後岩城文書
依仰執達如件			秋田藩家蔵文書20
依仰執達如件		前欠	名取熊野神社文書
依仰執達如件		「由緒」	磐城相馬文書
依仰執達如件		「譲状」	奥州市立水沢図書館所蔵留守文書
状如件		裁許	楓軒文書纂所収白河証古文書

No.	発給年月日	状態	差　出	袖判	宛　所	所領名
24	康安元．9．30	写	斯波直持		禅福寺長老	陸奥国岩崎郡野田村内
25	康安元．12．15	正	吉良治家		大国魂神主山名下野守	陸奥国岩城郡平窪村他国衙正税以下年貢
26	貞治2．10．13	正	斯波直持		飯野八幡宮神主	陸奥国岩城郡内中平窪村他
27	貞治3．11．10	正	斯波直持		留守持家	陸奥国宮城郡内余目保他地頭職
28	貞治3．12．26	正	斯波直持		飯野八幡宮神主盛光	陸奥国岩城郡好嶋田打引
29	貞治5．12．9	正	吉良治家		国魂新左衛門尉	陸奥国岩城郡国魂村地頭職
30	貞治5．12．23	正	斯波直持		結城顕朝	陸奥国高野郡
31	貞治6．1．22	正	吉良治家		石河板橋信濃入道	陸奥国石河庄内下千石村他
32	貞治6．4．28	正	兵部大輔某		相馬胤頼	陸奥国高城保一族等知行分
33	貞治6．4．28	正	兵部大輔某		相馬胤頼	陸奥国宇多□
34	貞治6．7．12	正	石橋棟義		結城朝常	陸奥国石河庄内泉郷内
35	貞治6．9．21	正	石橋棟義		相馬胤家	陸奥国竹城保内
36	応安3．8．22	写	石橋和義		鬼柳式部大夫	本領当知行地
37	応安3．10．8	写	石橋棟義		鬼柳式部大夫	陸奥国和賀郡黒岩郷内和賀左近将監跡
38	応安5．12．17	正	斯波詮持		赤坂賀尾	陸奥国石川庄内蒲田村
39	応安8．1．23	正	石橋棟義		岩崎宮内少輔	陸奥国岩城郡小泉村内
40	永和4．1．16	正	石橋棟義		石河蒲田兼光	本領当知行地
41	永和4．10．9	正	石橋棟義		熊野堂衆徒之中	？
42	永徳元．8．17	正	石橋和義		相馬憲胤	陸奥国行方郡内小谷木村他
43	嘉慶2．11．14	正	斯波詮持		留守重家	重家亡父留守持家遺領
44	明徳5．7．1	案	斯波詮持		大寺道悦	石川郡吉村

施行状が執行する先行奥州探題発給充行等文書の発給年月日・発給奥州探題氏名・文書番号の情報を記す。将軍足利尊氏の袖判が据えられている場合、探題氏名の後に「★」を記す。

・「打渡状」欄：打渡状が現存する場合、その発給年月日・発給者氏名を記す。

・「備考」欄：施行状に記載された先行奥州探題発給文書の名称を記す。打渡状・吹挙状等関連文書がある場合、それも記す。

・横太線：本章で示した奥州探題の時期区分を示す。

書式	書止文言	先行文書情報	打渡状	備　考	出　典
○	仍執達如件	暦応５．６．17 石塔義房 表１-３	暦応５．７．３ 家頼	「御下文」	磐城飯野文書
○	仍執達如件	貞和４．５．16 奥州探題ヵ		両使遵行 「御教書」 B	磐城相馬文書
○	状如件	観応３．７．23 吉良貞家★ 表２-13		両使遵行 「関東御下文」 B	秋田藩家蔵文書20
●	状如件	観応３．10．１ 吉良貞家★ 表１-15		両使遵行 「御下文」 B 観応３．10．２吉良貞家吹挙状案	東北大学日本史研究室所蔵鬼柳文書
●	仍執達如件	文和２．４．12 吉良貞家 表１-19	文和２．７．25 桜井季経	両使遵行 「御教書」 B	東京大学文学部所蔵結城白川文書
○	依仰執達如件	観応３．10．７ 吉良貞家★ 表１-16		当事者宛 「御下文」 同日吉良貞家充行奉書(表１-21)	東北大学日本史研究室所蔵鬼柳文書
○	依仰執達如件	観応３．10．７ 吉良貞家★ 表１-16		当事者宛 「御下文」	東北大学日本史研究室所蔵鬼柳文書
●☆	状如件	観応３．５．15 吉良貞家★ 表１-14	文和３．２．４ 佐竹義雄	両使遵行 B	磐城国魂文書
○	仍執達如件	文和４．４．15 斯波家兼 表１-26		両使遵行 「安堵状」	奥州市立水沢図書館所蔵留守文書

○表3の見方

※本書第2部第1章所掲「尊氏下文施行状一覧(観応の擾乱以前)」の見方と基本的に同じであるが、以下の点で異なる。
・「書式」欄：施行文言が存在しない場合、「☆」と記す。
・「書止文言」欄：書止文言を記す。
・「先行文書情報」欄

表3　奥州探題発給文書施行状一覧

No.	発給年月日	状態	差　出	宛　所	所領名	拝領者
1	暦応5.6.19	正	奉行人連署	加治十郎五郎	岩城郡飯野郷内今新田村	伊賀盛光
2	貞和4.5.19	正	奉行人連署	相馬某 伊東五郎左衛門尉	陸奥国岩城郡内平窪村	木内胤有
3	文和2.2.19	写	吉良貞家	岩崎土佐権守 田村能登守	陸奥国岩城郡片寄村内	石河蒲田兼光
4	文和2.2.22	正	吉良貞家	山下壱岐守 薭貫禰子兵庫助	和賀郡三戸部村	和賀鬼柳義綱
5	文和2.4.27	正	奉行人連署	都筑山城権守 桜井季経	宮城郡南目村	石河蒲田兼光
6	文和2.11.3	正	和賀基義	和賀彦次郎	陸奥国和賀郡内阿禰内嶋半分他	和賀彦次郎
7	文和2.11.3	正	和賀基義	和賀常陸介	陸奥国和賀郡内下藤村他	和賀常陸介
8	文和2.12.4	正	吉良貞家	伊東右京亮 佐竹義雄	陸奥国岩城郡国魂村半分	国魂隆秀
9	文和4.4.27	正	奉行人連署	東福地刑部左衛門尉 大拯下総守	陸奥国宮城郡内余目郷内他	留守持家

書式	書止文言	先行文書情報	打渡状	備　考	出　典
●	状如件	文和4．4．15 斯波家兼 表1-26		両使遵行 「安堵状」 9のA・B	奥州市立水沢図書館所蔵 留守文書
○	依仰執達如件	同日ヵ ？		両使遵行 「御下文」 B	東北大学日本史研究室所 蔵鬼柳文書
○	依仰執達如件	？ 斯波詮持ヵ		当事者宛 「御判」	磐城相馬文書

No.	発給年月日	状態	差　出	宛　所	所領名	拝領者
10	延文元.10.22	正	斯波直持	大拯下総守 氏家彦十郎	宮城郡内余目郷岩切他	留守持家
11	応安4.10.13	正	沙弥某	鬼柳陸常入道 稗貫下総守	陸奥国和賀郡内黒岩郷	黒岩五郎
12	応安6.5.2	正	左衛門尉持継	相馬讃岐次郎	陸奥国高城保内	相馬胤弘

○表４の見方

※本書第２部第１章所掲「尊氏下文施行状一覧(観応の擾乱以前)」の見方と基本的に同じであるが、以下の点で異なる。
・「所領名」欄：存在しない。
・「推挙者」欄：奥州探題が恩賞等を推挙する者の氏名を記す。
・「推挙の内容」欄
　恩賞・当知行安堵等、推挙の内容を記す。
・「書式」欄：存在しない。
・「下文発給年月日」欄：存在しない。
・「備考」欄：申状等関連文書がある場合、それを記す。

表４　吉良貞家・畠山国氏推挙状一覧

No.	発給年月日	状態	差出	宛所	推挙者	推挙の内容	備考	出典
1	貞和２.閏９.17	正	吉良貞家 畠山国氏	執事高師直	佐藤清親	恩賞	貞和２．４佐藤清親申状	石水博物館所蔵佐藤文書
2	貞和３．４．２	正	吉良貞家 畠山国氏	執事高師直	相馬朝胤	恩賞		相馬胤道氏所蔵大悲山文書
3	貞和４．３.16	写	吉良貞家 畠山国氏	執事高師直	結城顕朝父子	安堵延引	貞和４．２結城顕朝申状	結城古文書写有造館本坤白河集古苑所蔵白河結城文書
4	貞和４ヵ．４．８	案	吉良貞家	上杉重能	結城顕朝父子	所領安堵	貞和４．２結城顕朝申状 ３のA 無年号	白河集古苑所蔵白河結城文書
5	貞和４ヵ．４．８	案	吉良貞家	飯尾貞兼	結城顕朝父子	所領安堵	貞和４．２結城顕朝申状 ３のA 無年号	白河集古苑所蔵白河結城文書
6	貞和４ヵ．４．８	案	吉良貞家	？	結城顕朝父子	所領安堵	貞和４．２結城顕朝申状 ３のA 無年号・宛所欠	白河集古苑所蔵白河結城文書
7	貞和４．８.12	正	吉良貞家 畠山国氏	執事高師直	三浦盛通妻平氏	当知行安堵		岩代示現寺文書
8	観応元．５.17	正	畠山国氏	執事高師直	留守家任	恩賞遅々	観応元．５留守家任申状	奥州市立水沢図書館所蔵留守文書
9	観応元．７．６	正	吉良貞家	執事高師直	留守家任	恩賞遅々	観応元．５留守家任申状 ８のA	奥州市立水沢図書館所蔵留守文書

第四部

室町幕府管領施行システムの展開

第一章　室町幕府安堵施行状の形成と展開

はじめに

室町幕府が南北朝期以降守護遵行システムを徐々に発展させ、三代将軍足利義満期以降管領制度を成立させるとともに、将軍御判御教書→管領施行状→守護遵行状→守護代遵行状……という命令の下達系統を確立させて、室町時代前期においてはこの施行システムを根幹の制度とした事実は広く知られている。(1)

本章は、室町幕府の施行システムの中でも、将軍権力の根幹であり、幕府と武士をつなぐきわめて重要な権限であった安堵の御判御教書に付された管領施行状に注目して、その本質や意義を解明することを目指すものである。

佐藤進一氏が解明したように、観応の擾乱以前の室町幕府は初代将軍足利尊氏と弟直義の二頭政治であった。そこでは尊氏が恩賞充行、直義が所領安堵と権限を分割して統治しており、充行・安堵はそれぞれ尊氏と直義が発給する下文形式の文書で行われていた。(2)

このうち尊氏の恩賞充行の下文や寄進状については、室町幕府発足当初から執事施行状に代表される下文施行状が大量に発給された。本書第二部第一章において筆者はこの文書を検討し、守護に下文の執行を命じることによって恩賞充行・寄進の貫徹に威力を発揮し、下文・寄進状拝領者の幕府への求心力を高め、幕府の政権基盤を強化することに貢献したと結論づけた。

だが、室町幕府のもう一方の重要な権限である直義の所領安堵下文については、上島有氏が「直義の所領安堵には施行状ないしそれに相当する文書がみられない」と述べているように、施行状がつかないのが原則であった。(3)この理由は何なのであろうか。

また、本論で検討するように、直義下文にもごくまれに施行状がつく場合もあったし、上島氏も「後代の例からすれば、武士に対する所領安堵には施行状がともなうのが普通である」と指摘するように、室町前期には将軍発給の安堵御判御教書に管領が施行状をつけている事例が多数見られる。こうした安堵施行の沿革や意義についても十分に解明されたとは言い難い。これらの問題について考察することは、「安堵」や「施行」の本質についての理解をさらに深化させることはもとより、室町幕府の権力構造の変化を解明する上でも重要な作業であると考える。

室町幕府の安堵に関する研究のうち、中央の幕府によってなされた安堵については、政治史的観点から前述の佐藤氏の研究によって先鞭がつけられ、岩元修一氏が所領安堵の手続や安堵方の構成員等に関する実証的な研究を行った。(4)擾乱以降の安堵については、森茂暁氏・小要博氏によって政治史を論じる中で触れられている。(5)

一方で、伝統的な荘園制史的視点からなされた研究としては、室町幕府が由緒を争う訴訟に消極的であり、当知行を非常に重視したとする吉田徳夫氏の見解が管見に入る。(6)また、「安堵」そのものの歴史的・根元的な意味を鋭く考察した笠松宏至氏の論考や、幕府―守護体制論に関連し、守護による安堵を分析した川岡勉氏の研究、そして「由緒」と「施行」の分離について考察を加えた新田一郎氏の研究も重要である。(7)

最近では、吉田俊右氏によって、施行状の文言の検討を通じて充行や安堵等に対する幕府の意識が考察され、また吉田賢司氏によって室町幕府の安堵手続が「即時型」安堵と「調査型」安堵に分けられる事実が解明され、それを基に研究が進められるなど、さらに詳細な分析がなされている(8)。

これらの研究のうち、安堵施行状に注目した論考としては新田氏と吉田賢司氏の論文があげられる。新田氏の研究は、室町幕府において将軍親裁が成立した条件として、「由緒」の相対性をそのつど一回的に整序した手続である「施行」の持つ形式性に注目したもので、安堵施行も含めた施行システム全般に意義を見いだした重要な論考であり、大枠では妥当な見解であろう。しかし、必ずしも実証的な裏付けが豊富であるとはいえないし、一口に「由緒」といっても、将軍の下す命令だけに限定しても充行・当知行安堵・不知行安堵・課役免除等々と多種多彩な内容を含んでおり、かかる命令の差異に注意を払わずにすべての施行状を同質のものとして一括して論じる点にも疑問が残る。

吉田賢司氏の論文は、安堵施行状に関しては、義持期の安堵施行の廃絶に論点を集中させ、一五世紀後半に守護による一元的な安堵が確立した要因を中央の幕府の安堵体制から分析している。したがって本章の議論と重複する部分も多いが、吉田氏が主に幕府―守護権力の関係を重視するのに対して、本章では当知行所領に対して不知行所領の沙汰付を命じる施行状を発給する行為そのものが有する本質的な矛盾を中心に論じたい。また、氏の研究は、安堵施行の沿革を南北朝期から俯瞰して全体的に検討してはいないし、安堵施行状の発給主体である管領の立場や、安堵施行状の文言の変化といった実証的レベルでの検討でも付け加えることは十分にあると考える。

第一節　直義期の安堵下文施行状

「はじめに」でも述べたように、直義下文にも施行状が出される例がごくわずかながら散見する。章末の表1には、直義、もしくは直義発給のものと推定できる下文・寄進状の施行状を集めた。

発給者は、九州探題一色道猷（表1-1・2）、執事高師直（表1-3・4・6）、引付頭人と推定できる沙弥（表

1-5）、内談頭人上杉重能（表1-7）である。観応の擾乱以前の尊氏下文施行状がほとんどすべて執事師直によって発給されている事実と比較すると、[9]残存例が非常に少ない割には発給者の顔ぶれは多彩であるといえよう。加えて、簡易方式である表1-6を除き、すべて申状方式で発給されている事実は、[10]直義下文にやはり施行状がつかない原則であったことを暗示しているといえよう。

問題は、直義下文にはなぜ施行状が存在しないのが原則であったのか、反面、まれであったとはいえ、なぜ施行状が発給される場合があったのかであろう。これらの問題を解くためには、直義下文施行状が発給された具体的な事例について、直義が所領安堵を行った名目について検討する手法が適切であると考える。

〔史料二〕建武四年（一三三七）九月二六日付執事高師直施行状（表1-3）

　　穂田大輔房有快申、豊後国穂田庄霊山寺執行職・上義・乙犬・上乙犬・下永富・吉上義・福重・渡地等地頭職知行分半分事、所レ被ニ返付一也、糺ニ明知行証目一、任ニ去廿三日御下文一、可レ被レ沙ニ汰-付于有快一之状、依レ仰執達如レ件、

　　建武四年九月廿六日　　武蔵権守（高師直）（花押）

　　大友孫太郎（氏泰）殿

〔史料二〕は、建武四年九月二三日に直義が穂田有快に対して発給した所領安堵下文の施行状である。[11]その直義下文には「元弘三年以来依レ被レ分ニ付領家一、如レ元所ニ充行一也」と明記されている。よって、有快に対する直義の安堵は、元弘没収地返付令に基づいてなされたことがわかる。

元弘没収地返付令とは、建武三年（一三三六）二月に尊氏が兵庫で発布した法令で、足利方に味方した者には建武政権が元弘三年（一三三三）以降に没収した所領を無条件で返還することを定めたものである。[12]このように一度没収した所領を返還する内容の安堵下文を「還補下文」と呼んだ。つまり、本史料は還補下文の施行状なの

である。直義のものと考えられる還補下文が発給された後に施行状が出された例はもう一例確認できる（表1-4）。

これらは建武政権に一旦没収された所領の返還命令であるので、下文拝領者が拝領時に被安堵所領を実効支配していなかった可能性はきわめて高いのではないだろうか。そして、不知行であったからこそ、施行状を発給して守護に該所領の下文拝領者に対する打ち渡しを命じる必然性があったのではないだろうか。

〔史料二〕貞和四年（一三四八）一〇月八日付内談頭人上杉重能施行状（表1-7）

菊池越前権守武宗申、肥後国六ケ庄内小山村地頭職事、任二去月十七日御下文一、可レ被二沙汰付一之状、依レ仰執達如レ件、

貞和四年十月八日　伊豆守（上杉重能）（花押）

宮内少輔殿（一色直氏）

〔史料二〕は、貞和四年九月一七日に直義が菊池武宗に対して発給した所領安堵下文(13)の施行状である。この例では、直義下文に「依レ参二御方一」と明記されており、南朝方であった武宗が幕府に降参したことが安堵の理由であった(14)。つまり、この下文は、幕府方に帰順した南朝方の武士に対して、幕府が没収した所領の半分もしくは三分の一を返還する「降参半分法」なる慣習法に基づく安堵だったのである(15)。

これに先立つ康永三年（一三四四）八月二五日には、武宗が和与状を作成して当該地頭職三分の一を早岐秀政に割譲した事実が知られる(16)。また、正平二年（一三四七）九月二〇日に南朝方の恵良惟澄が恩賞申請のために南朝に提出した闕所地注文にもこの所領は記載されている(17)。これは、武宗が幕府に帰参したために、逆に南朝から該所領を没収されたものであろうか。これらの傍証からも、小山村地頭職は、少なくとも武宗が直義から安堵された時点では彼の不知行であった可能性がきわめて高いと考えられる。故に〔史料一〕の事例と同様に、九州探

題一色直氏に宛てて施行状を発給し、沙汰付を命じて当知行状態にさせる必要があったと考えられるのである。

ほかの例も検討してみよう。表1-6は直義寄進状を施行した例であるので、当然不知行であった可能性が高いであろう。表1-1・2は譲与安堵を施行した例である。譲状に記載される所領の中には不知行所領が含まれる場合も多くあった(18)。本事例も実態としては不知行であった可能性が高いのではないか。また、表1-5は、先行する安堵下文が現存していないのでいかなる名目によって安堵されたか不明である。しかし、文中に「若使節緩怠者、可レ有二其咎一」と通常の施行状には見られない使節緩怠を戒める文言が記されているところなどを見ると、やはり不知行所領に対してなされた安堵であったと考えられる。

合戦で勲功をあげた武士に恩賞として所領を与えるために、ほとんどの場合は不知行所領であったと考えられる尊氏の恩賞充行袖判下文に施行状が付されることで明らかなように、施行状等の遵行命令は、本来不知行所領を沙汰付させ、当知行化することが最大の目的であったと考えられる(19)。

しかし、直義が行った所領安堵は、安堵申請者が相伝の由緒を持ち、当知行の事実がある所領に対してなされる原則であった(20)。であるからこそ、直義安堵下文拝領者が拝領以前からすでに実効支配している所領に施行状が出されないのは論理的にも現実的にも当然であり、その必要がなかったに違いあるまい。

しかしながら、右の事例に見るように、還補・幕府方帰参といった名目で直義も不知行地に対して安堵を行う場合があった。そのような場合は下文拝領者の申請に応じて、時に施行状が出されることもあったと考えられるのである。これを直義の安堵下文に施行状がつく場合が存在する理由に対する筆者の結論としたい。

第二節　室町期の安堵施行状

吉田賢司氏によれば、所領安堵下文は、尊氏・直義の二頭政治期には尊氏＝「即時型」旧領安堵、直義＝「調査型」当知行安堵という方式で発給されていたが、観応の擾乱以降は旧領・当知行地にかかわらず「即時型」で出されるようになる。[21] しかし、義満治世初期までに室町幕府が発給した安堵下文施行状については一例しか管見に入らない。[22] 所領安堵の発給手続の変化は施行システムにまでは影響をおよぼさず、やはり直義期と同様に施行状はつかない原則だったのである。

しかし、康暦元年（一三七九）、管領細川頼之が失脚した政治的事件、いわゆる康暦の政変を契機として、[23] それまでまったく見られなかった施行文言「任二安堵(之旨)一」を持つ管領施行状が初めて出現する（表2-1）。[24] そして、至徳二年（一三八五）頃に、将軍発給の所領安堵文書が袖判下文形式から御判御教書形式に変化したあたりから、[25] こうした所領安堵の管領施行状、いわゆる安堵施行状の発給が本格化する。

〔史料三〕応永七年（一四〇〇）八月二四日付管領畠山基国施行状（表2-47）

伊予国散在徳重・新大嶋事、任二去三月廿三日安堵一、可レ被レ沙二汰-付細河刑部大輔(頼長)代一之由、所レ被二仰下一也、

仍執達如レ件、

応永七年八月廿四日　沙弥(畠山基国)（花押）

細河右京大夫(満元)殿

〔史料三〕は、応永七年三月二三日に義満が細川頼長に対して発給した「阿波・讃岐・伊与(予)三ケ国当知行之所領」を安堵した御判御教書に基づいて、[26] 同年八月二四日に管領畠山基国が伊予分郡守護細川満元に宛てて発給した施行状である。同日付で讃岐守護満元・阿波守護細川義之に対して出された施行状もそれぞれ残存している（表2-46・48）。管領細川氏が一族で守護を務める四国に同氏の被安堵所領が存在する事実を考慮に入れても、当該所領は実態としても頼長の当知行であったと考えられる。[27]

南北朝末期から室町前期にかけては、このように当知行・不知行にかかわらず、「任二安堵(之旨)一」せて管領

施行状が付されるようになるのである。

章末の表2には、そうした安堵施行状、すなわち将軍発給所領安堵文書を執行する管領および将軍発給の施行状で、施行文言「任二安堵(之旨)一」を持つものを収集した。ただし、施行文言が「任二安堵(之旨)一」でなくとも、将軍の所領安堵文書を施行した事実が判明する施行状も収録した。

康暦元年から応永二九年（一四二二）までの四四年間に、案文・写を含めて一〇〇件もの施行状が確認できる。残存例の多さと、ほとんどの安堵施行状が簡易方式でほぼすべて管領によって発給されている事実から、当該期は安堵に管領施行状をつけることが原則化していたと考えて差し支えないであろう。以下、この表を基に考察を進めたい。

安堵施行状の文言は時期によって変化が見られ、それにともなって命令内容も変化する。大別して三期に分けられる。文言の変化は安堵施行の実態を推定し、その本質を解明する手がかりになると考えられる。よって、以下それを検討したい。なお、施行状の命令内容に相違が見られる点についてはすでに吉田賢司氏が言及している(28)が、本節はこの点をさらに詳細に解明するものである。

第一期　康暦元（一三七九）～応永一二年（一四〇五）「沙汰付」型施行の時代

この時期は義満治世の後半にあたり、管領は第一次斯波義将・細川頼元・第二次斯波義将・畠山基国の時代に相当する。この時期の安堵施行状の文言は、大半が〔史料三〕のように守護に対して沙汰付を命じる方式である。

これは、室町幕府の従来の各種施行状と同一の文言である。安堵の実態が当知行であるか不知行であるかを区別せずに、機械的に守護に遵行を命じていた事実を裏づけるものであろう。こうした施行状を、便宜的に「「沙汰付」型施行状」と名づけておこう。

第二期　応永一二（一四〇五）～応永一九年（一四一二）　所務保全型施行の時代

この時期は義満治世末期・四代義持治世初期に相当し、管領斯波義教・第一次畠山満家の施行状が残っている。この時期の施行状には次に掲げるタイプのものが集中して見られるようになる。

〔史料四〕応永一三年（一四〇六）閏六月一七日付管領斯波義教施行状（表2-59）

祇園社領美濃国深田・富永幷下野村事、早任二去年二月六日安堵幷当知行之旨一、可レ全二宝寿院玉寿丸代所務一之由、所レ被二仰下一也、仍執達如レ件、

応永十三年閏六月十七日　沙弥（斯波義教）（花押）

土岐（頼益）美濃入道殿

守護宛の命令であることには変わりないが、命令内容が沙汰付から施行状拝領者に被安堵所領の所務を「全」うさせる、つまり「完全に果たさせる」ことに変化している。表2-83の管領畠山満家施行状を承けた応永一九年（一四一二）三月九日付石見守護山名教清遵行状など[29]、守護以下の遵行状が確認できる事例が数通管見に入るが、これも施行状と同様、所務を「全」うさせることを守護代以下に命じるものに変化している。

吉田賢司氏は、こうした施行状を「所務保全を命じる当知行安堵施行」と呼んでいる。そこで、筆者もそれに従って「所務保全型施行状」と名づけることにするが、当知行安堵地に対する「所務保全」とは具体的にどのような機能を意味しているのかについては、必ずしも判然とした説明はなされていない。また一方では、従来の「沙汰付」型施行状も依然として散見する。同じ安堵の施行であっても「沙汰付」型とこのタイプに分かれる基準も明確には言及されていない。

そこで、施行状に先立って発給される将軍の安堵御教書がいかなる名目によって安堵を行っているのかに着目して、守護が所務を「全」うさせる＝完全に果たさせるとは、具体的にどのような機能を意味するかについて考

察してみたい。

表2の「先行文書発給者／発給の名目」欄に注目すると、所務保全型施行状は、ほとんどすべて当知行安堵の施行であることが御教書・施行状から判明するのである。逆に「沙汰付」型施行状の場合は、大半が譲与・相伝や還補である事実が確認できる。還補が不知行安堵であったことは確実であろうし、この場合の譲与・相伝安堵は、おそらくは第一節で論じた不知行地の安堵だったのではないか。

このことから、

・当知行安堵→所務保全型施行状

・（実態として）不知行安堵→「沙汰付」型施行状

という発給原則の存在がうかがえるのではないだろうか。

この推定が正しいとすれば、守護に対して当知行安堵地に「所務を全うさせる」ことを命じる施行状の具体的な機能とは、たとえば、当知行安堵御教書拝領者が当知行している所領に侵略者が出現するなどして将来的に知行が脅かされた場合、侵略者に対して御教書と並べて施行状や遵行状を提示して将軍・管領・守護の権威によって侵害を阻止したり、守護の軍事力等による介入によって侵略者を撃退することが想定されるのではないだろうか。あるいは、守護勢力に連なる国人の侵入を未然に防ぐなどの効果も期待できたであろう。室町幕府は、すでに南北朝初期の貞和二年（一三四六）一二月一三日制定追加法第二七条で、他人の所領を押領する輩について、「縦雖下不レ遣二奉書一、未上及二喧嘩一、先馳二向其場一、追二出彼輩一、沙二汰-付本知行一後、可レ注二進子細一」きこと、つまり、幕府の命令がなく、戦闘が勃発していない状態であっても、現地に向かって押領者を撃退することを守護に命じている。[30] かかる守護の職権が、室町初期の安堵施行状にも内包されていたことは容易に推定できよう。

つまり、こうしたタイプの施行状は、守護権力に将軍家の安堵の事実を伝達することによって、当知行安堵地に将来的に想定される知行の動揺を主として守護の力で未然に阻止する役割を担っていたと考えられるのである。

第三期　応永一九（一四一二）～応永二九年（一四二二）　当事者宛施行の時代

この時期は義持治世の中期であり、管領は細川満元・第二次畠山満家の時代に相当する。当該期には第二期の所務保全型施行状が姿を消し、守護・守護代や両使等ではなく、将軍から所領安堵を受けた当事者に直接宛てるタイプの施行状が主流となる。

〔史料五〕応永一九年（一四一二）九月六日付管領細川満元施行状案（表2-87）

官(管)領施行

丹波国河北保・備後国奴可東条内鉄山村・阿波国河輪田庄・教令院田畠等事、早任二今年八月四日安堵之旨一、寺家(東寺)領掌不レ可レ有二相違一之由、所二仰下一也、仍執達如レ件、

応永十九年九月六日　沙弥(細川満元)判

光明照院僧正御房

このタイプの施行状が従来の室町幕府の施行状と最も異なる点は、宛所が守護等の第三者ではなく、安堵御教書を拝領した当事者に直接宛てて発給されている点である。内容的には、将軍の安堵の命令を管領が繰り返しているにとどまる。また、このタイプの施行状には、施行状の命令に基づく守護以下の遵行状も管見の限りで存在しない。この種の施行状を「当事者宛施行状」と名づけることにしよう。

この時期、所務保全型施行状は姿を消すが、「沙汰付」型施行状は依然として存在している。両タイプの施行状がいかなる基準で使い分けられていたのか、第二期と同様に発給の名目を調べてみよう。当事者宛施行状は、所務保全型施行状と同様に当知行安堵に対して出されている例が大半である。逆に、「沙汰付」型施行状で、当

知行安堵であることを明言した安堵はこの時期は一例も管見に入らない。

要するに、当事者宛施行状が第二期の所務保全型施行状に取って代わって、

・当知行安堵→当事者宛施行状
・（実態として）不知行安堵→「沙汰付」型施行状

という発給の原則が存在したと推定できるのである。

施行状には下文や御判御教書を再調査し、権原文書としての価値を高める機能も存在したと考えられるので、(31)当事者宛施行状は主として、訴訟の場における役割を期待されていたと思われる。

第四期　応永二九（一四二二）年〜　当知行安堵施行状消滅の時代

応永二〇年代は、表2に明らかなように施行状の発給頻度も徐々に低下し、特に応永二五年（一四一八）以降は一通も管見に入らなくなる。そして、畠山満家が二度目の管領に在任中の応永二九年（一四二二）、次に掲げる法令が発布される。

〔史料六〕応永二九年（一四二二）制定室町幕府追加法第一七七条

右筆治部越前守宗秀奉行
御成敗条々　　応永廿九　七　廿六公人奉行
松田丹後入道浄胄満秀

（中略）

一　諸人安堵事

就㆓当知行㆒、被㆑下㆓安堵御判㆒者、普通之儀也、望㆔申御施行㆒之条、以㆑次構㆓私曲㆒歟、慥可㆑被㆓停止㆒也、

（後略）(32)

この法令は今までも多数の先学によって考察されてきたが、(33)筆者も今一度検討を加えてみよう。本法は、当知

行地に下された安堵の御判御教書に施行状を付すことを停止することを宣言した法令である。すなわち、この法令によって、当知行安堵の施行状が幕府みずからの手によって停止されたのである。

章末の表3には、本法制定以降に発給された、制定以前は安堵施行状の範疇に含まれていた管領施行状を収録した。嘉吉の乱で六代将軍足利義教が暗殺されたのち、後を継いだ幼少の将軍たちの権限を管領が下知状形式文書で代行した時期の管領施行状も含む(34)。本表に明らかであるように、本法制定以降は少なくとも純粋な形の当知行安堵施行状は姿を消す。残ったのはほとんどすべて還補・返付といった不知行所領の給付で、命令内容もほぼ全部「沙汰付」型である。

つまり、一七七条制定後は、

・当知行安堵→施行状なし

・(実態として)不知行所領給付→「沙汰付」型施行状

という原則が確立したと考えられるのである(35)。

そして、施行文言も「任㆓安堵(之旨)㆒」が消滅し、「任㆓(還補)御判(之旨)㆒」が主流になる(表3「備考」欄)。これも「当知行」と「安堵」の語が事実上同義となって(36)、安堵(=当知行)所領に対しては施行状を出さないとする義持後期以降における幕府の意識の表れなのではないだろうか。この点、従来はともに「安堵」と呼ばれる場合もあった当知行安堵と旧領返付がそれぞれ「安堵」と「還補」に区別されるとする松園潤一朗氏の指摘も参考となる(37)。

第三節　安堵施行状の意義

以上、室町幕府の安堵施行の沿革について実証的に検討を加えた。本節では、その成果を踏まえて安堵施行状をめぐる問題について順に考察を加えたい。

まず、初期の室町幕府に安堵施行状が存在しなかった理由であるが、これについては第一節ですでに答えている。すなわち、当知行地の所領安堵には施行状を発給する必要性がそもそも存在しなかったためであると考えられる。南北朝期においては、被安堵者の一族を中心とし、近隣の国人クラスの武士を含んだ一揆が契約されて所領保全がなされていた。(38)

しかし、南北朝末期にいたって突如安堵施行状が出現した理由については従来まったく論じられていない。そこで、安堵施行状がその発給者である管領、遵行の主体である守護、施行状を受給する被安堵者それぞれにもたらした利益について考察し、右の問題に答えることを試みたい。

初代執事高師直の発給奉書の過半数が執事施行状である事実に示されるように、(39)本来執事・管領の権限の中核は充行下文・寄進状の施行状の発給であったと考えられる。その施行状の発給数が観応の擾乱をピークにして徐々に減少しているのである。(40)これが、内乱の鎮静化にともなって恩賞や寄進を行う機会を提供する合戦が減少したことによる充行下文・寄進状の発給数自体の減少を反映していることは確実であろう。だが、これによって施行状の発給で維持してきた管領権力が弱体化する危険性が増大したのではないだろうか。施行状がなくなれば、管領が全国の守護や国人、寺社に対して命令を与えて求心力を維持する機会が激減するのはあきらかであるからである。

そこで管領は、己の権力の弱体化を回避するため、従来行使していなかった権限まで行使し始めたと考えられる。実際、管領細川頼之期から引付頭人の権限の吸収が始まり、(41)永徳元年（一三八一）頃からは安堵と同様に施行状がつかなかった所務相論裁許の下知状にも施行状が発給されるようになるなど、(42)管領の権限の増大がこの時期に集中して見られる。

安堵施行とは、そうした南北朝後期に見られた管領の権限拡張政策の一環として捉えることができると考えられるのである。従来、当該期は管領制度の最終的な確立期と評価されており、無論これに異論はない。しかし、右に論じるように、この時期における管領の権限の整備は、社会情勢の変化によって生じた管領権力の危機に対する対策であった側面も見落としてはならないと考える。

一方守護は、南北朝期にはすでに任国の遵行を一元的に担当していた。[43]また、観応の擾乱以降の幕府の安堵手続が守護の挙状を受動的に受け容れて安堵を下す「即時型」安堵となるなど、安堵所領に介入する度合いを強めており、一五世紀前半には任国の行政機構を整備し、国郡をかなめとする支配体制を確立していた。[44]このような状況において、さらに安堵施行状の宛所とされ遵行の主体となったことは、前代以上に国人に対する介入を強化する制度を与えられたこととなり、任国支配が安定してきた時期に国内の国人や寺社に対する影響力をさらに強化する効果を期待できたと考えられる。

被安堵者もまた、管領や守護から施行状・遵行状で領有を保証されることによって、一層自分の所領支配が安定することを望んだであろう。また、将軍の当知行安堵御判御教書には、前節で掲げた細川頼長の事例のように「当知行」とのみ記され、具体的な所領名が記載されていない例も多い。そうした場合には、〔史料三〕のように施行状で具体的な所領名を明記して権原文書としての不備を補う役割もあったと考えられる。

このように、内乱の終結と室町幕府の安定という政治的・社会的状況の変化にともなう管領の権力拡張志向に、守護と被安堵者の利害が一致して、安堵を安定させることにある程度の効果が見込まれたために安堵施行が出現したと考えられる。さらに安堵施行状は、管領斯波義将の「目玉政策」であった可能性もあるのではないだろうか。前任の管領細川頼之をクーデタで打倒して発足した斯波政権は、細川時代までにはまったく存在しなかった新しいタイプの管領施行状を発明し、それを大量に発給する政策を展開することで前政権との明確な相違点を打ち出し、諸国の守護や国人の新政権に対する広範な支持を集めることを目指したのかもしれない。

ともかく、安堵施行が室町初期の所領秩序の安定と維持に果たした一定の役割は評価するべきであろう。しかし、このようにして出現した当知行安堵の施行システムが、なぜ約四〇年という比較的短期間で消滅したのであろうか。

当知行安堵施行が消滅した理由を問うことは、幕府が追加一七七条（〔史料六〕）を制定した理由を問うことに等しい。本法制定の目的については、吉田賢司氏が述べるように「不知行者による当知行地安堵の虚偽申請を予防」することを、「安堵施行の廃止によって実現しようとした」とするのが伝統的な見解である。(45)

筆者もかかる目的が本法制定の直接的な契機であったと考える。しかし、当知行安堵の施行状を全面的に廃止すれば、正当な当知行安堵を受けた者までもが施行状を拝領できなくなる問題が発生する。また、不知行所領安堵の場合も、由緒を捏造するなどして不当に安堵御教書を拝領しようとする輩は当然存在したであろう。

当知行安堵施行状の廃止には、単に不知行者による偽りの当知行申請を予防するだけにとどまらない、より本質的な原因が内在していたと考える。以下、この点について考察を加えてみたい。

再三述べるように、室町幕府の施行状の最大の機能は本来、守護の使節が沙汰付を行い、不知行所領を当知行化する作業である。しかし、正当な当知行安堵御教書拝領者が安定した支配を継続している所領に、施行状の命令に従って守護の使節が赴いたところで、使節は具体的に何をするのであろうか。

沙汰付を行う必要のない当知行所領に沙汰付を命じる、これが当知行安堵施行が必然的に抱える論理的・構造的な矛盾であったと考える。そもそも、不知行であるのに当知行と偽って施行状を獲得し、実力行使に及ぼうとする輩が出現するのも、単なる施行状の恣意的な悪用とするべきではなく、その行為こそが施行状本来の機能であったためではないだろうか。吉田氏があげた阿蘇惟郷の事例のように（表2-96）、「沙汰付」文言を欠いた当事者宛施行状を拝領した者ですら現地に入部して違乱に及んだケースが存在した事実も、(46) このような施行状に対する意識が国人層に根強く残存していたことの反映なのではないだろうか。

もちろん施行状には、第二節で論じたように守護に不知行地の沙汰付を命じること以外の機能も存在したと考えられる。

当知行安堵施行状の命令の内容が「沙汰付」型から所務保全型へ変化する現象は、正当な当知行安堵施行状が現実には「沙汰付」という物理的強制力をともなわなかったために、施行状から「沙汰付」文言を外し、その機能を将来的に発生するかもしれない侵害を未然に予防することに限定した制度改革であったと解される。しかし、そうした役割は、将軍の発給する安堵下文・御教書に鎌倉期からもともと内包されていた。(47) また、前節言及の幕府追加法第二七条の存在からも明らかであるように、それはすでに南北朝期から守護の権限として付与されてもいたので、将軍の安堵御教書単独でも十分に発揮される権限であったと考えられる。

そこで幕府は当知行安堵施行状を当事者宛へさらに変化させ、幕府や守護法廷における証拠文書としての施行状の機能をより明確にしたと考えられる。だが、訴訟においても将軍の安堵御判御教書が最重要文書であったことは疑いないから、訴訟文書としての機能しか持たない当事者宛施行状の役割は必然的に限定的・副次的なものにとどまらざるを得なかったと思われる。

要するに、当知行安堵施行状は絶対に必要不可欠な存在ではなかったと考えられる。何より、幕府の権力基盤が弱く、動乱によってより社会が不安定で混乱しており、当知行所領の動揺もはるかに激しかったであろう南北朝期においてすら、当知行安堵による所領維持が五〇年間にわたって下文単独で施行状がなくとも保障されていた事実は右の推定を裏づけるであろう。

構造的に根本的な矛盾を抱えているために、当知行安堵御判御教書の正当な拝領者は施行状がなくとも明白な不利益を被らず、不当な拝領者にはかえって濫用の機会を与えてしまう。しかも、「沙汰付」が最大の機能であった施行状から「沙汰付」の要素を除去することは、施行状の機能を弱体化させ、その存在意義を否定することになった。だからこそ、応永二九年にいたって幕府は追加法一七七条を制定し、安堵施行状がなかった南北朝期の体制に回帰したと推定できるのである。

ただ、表面的には南北朝期と同様の施行状なしの体制であっても、前述したように守護以外の国人のネットワークによっても当知行を維持していたと考えられる南北朝期と、管領施行状を介さない守護遵行状が出現したり、(48)将軍の安堵御判御教書さえも拝領しなくなり、守護から一元的に知行を保証される国人も出現するなど、(49)相対的により強く守護の力に依存していた室町中期以降とでは、安堵所領を保障する具体的なあり方にはやはり相当の差異があったと評価せざるを得ず、注意を払うべきであろう。

先学の所論も踏まえてまとめれば、当知行安堵施行状は一定の役割を見込まれて出現した。しかし、もともと構造的に矛盾を抱えて存在意義に乏しかったことに加え、室町初期を通じて国人が守護に大きく依存して所領支配を維持するシステムが発展したので、義持中期に廃絶するにいたったと結論づけたい。

おわりに

室町幕府では当初、所領安堵の下文には、不知行所領の場合を除いて施行状がつかないのが原則であった。しかし、康暦元年（一三七九）の康暦の政変を契機として所領安堵にも管領施行状が発給される体制となった。このいわゆる安堵施行状の発給は、将軍発給所領安堵文書の様式が下文から御判御教書へと変化した至徳二年（一三八五）頃から本格化した。安堵施行状の出現は、恩賞充行の衰退によって影響力低下が懸念された管領の権限拡張政策であったと推定される。しかし、安堵施行状は、特に当知行安堵に関してはすでに実効支配を達成している所領に沙汰付を命じる構造的矛盾を抱えていた。そのため、その矛盾を解消するため、当知行安堵施行状は管領交代を契機として、当初の「沙汰付」型から所務保全型、次いで当事者宛とその命令内容を変化させていく。しかし、そうした改革はその存在意義をかえって低下させ、応永二九年（一四二二）制定の幕府追加法第一七七条によって当知行安堵の施行状は廃止されたのである。

当知行安堵施行状が消滅した後、管領施行状は段銭免除・守護不入化などを命じる御判御教書の施行状が主流となる。この変化が管領権力にいかなる影響を与えたのか、またそれが幕府―守護体制や中世国家全体にどのような変動を及ぼしたのかについての検討は、本書第四部第三章で行う。

（1）　小川信『足利一門守護発展史の研究』（吉川弘文館、一九八〇年）七六一頁など。
（2）　佐藤進一「室町幕府開創期の官制体系」（同『日本中世史論集』岩波書店、一九九〇年、初出一九六〇年）、同「室町幕府論」（同書、初出一九六三年）一一七～一二〇頁。
（3）　上島有「室町幕府文書」（『日本古文書学講座4　中世編Ⅰ』雄山閣出版、一九八〇年）六五頁。
（4）　岩元修一「南北朝前期室町幕府の安堵について」（『九州史学』九五、一九八九年）。
（5）　森茂暁「室町幕府成立期における将軍権力の推移」（『日本古文書学論集7　中世Ⅲ』吉川弘文館、一九八六年、初出一九七五年）五五～六〇頁。小要博「発給文書よりみたる足利義詮の地位と権限」（同書、初出一九七六年）。
（6）　吉田徳夫「室町幕府知行制の一考察」（『ヒストリア』九四、一九八二年）。
（7）　笠松宏至「安堵の機能」（同『中世人との対話』東京大学出版会、一九九七年、初出一九八六年）。川岡勉「中世後期の守護と国人」（同『室町幕府と守護権力』吉川弘文館、二〇〇二年、初出一九八六年）一五一～一五八頁、新田一郎「「由緒」と「施行」」（勝俣鎮夫編『中世人の生活世界』山川出版社、一九九六年）。
（8）　吉田俊右「前期室町幕府の「下文」と「安堵」」（『日本史研究』五〇三、二〇〇四年）、吉田賢司「室町幕府の国人所領安堵」（同『室町幕府軍制の構造と展開』吉川弘文館、二〇一〇年、初出二〇〇四年）。

(9)　本書第二部第一章第一節所掲「尊氏下文施行状一覧(観応の擾乱以前)」を参照されたい。

(10)　施行状に申状方式・簡易方式という二種類の発給手続があることについては、本書第二部第一章第二節を参照されたい。

(11)　正文、浅井文書(『九』一〇四八)。この史料については岩元修一氏の指摘がある(同「初期室町幕府における庭中と恩賞充行について」(『日本歴史』五五六、一九九四年)三二頁)。

(12)　佐藤進一『南北朝の動乱』(中央公論社、一九七四年、初出一九六五年)一二三～一二四頁、上島有「室町幕府草創期の権力のあり方について」(『古文書研究』一一、一九七七年)三、五～六頁、今谷明「尊氏兄弟と寺社」(同『室町時代政治史論』塙書房、二〇〇〇年)一三二～一三四頁。

上島・今谷両氏は、元弘没収地返付令を適用する権限は尊氏が一元的に保持し、建武三年一二月以降は適用例は見えなくなるとするが、実際には註(11)所引史料のように建武四年以降直義が返付令を行使した事実が知られる。

(13)　正文、豊後詫摩文書(『九』一五二三)。

(14)　この安堵については、矢部健太郎「足利直義管下の三方制内談方と二階堂道本」(今江廣道編『前田本『玉燭宝典』紙背文書とその研究』続群書類従完成会、二〇〇二年)二六四～二六六頁でも論じられている。また、小山村地頭職の相伝については、阿蘇品保夫「小山村地頭職の行方」(『新熊本市史　通史編　第二巻　中世』(一九九八年)六〇八～六一六頁)が参考となる。

(15)　笠松宏至「中世闕所地給与に関する一考察」(同『日本中世法史論』東京大学出版会、一九七九年、初出一九六〇年)二二五頁、註(12)所掲佐藤著書一八一頁など。

(16)　案文、豊後詫摩文書(『九』二〇五二)。

(17)　案文写、肥後阿蘇家文書上(『大日本古文書　家わけ第十三』一一四号)。ただし、当該所領は見消で抹消され、「養父小山越前権守武宗跡本領新恩事」と表記されているが、当然「本領新恩」に含まれていると考えるべきだろう。

(18)　一例をあげれば、暦応三年(一三四〇)正月二四日付安保光阿譲状正文、信濃安保文書(『中四』九二五)に記載されている備中国那々智村は、割註で「他人非分押領間、訴訟最中也、度々御施行幷被ㇾ成ニ御教書一畢」と付され、譲状発給時には安保氏の不知行状態であった事実が知られる。
(19) 本書第二部第一章第一節。
(20) 註(4)所掲岩元論文二～五頁など。
(21) 註(8)所掲吉田賢司論文七一～七七頁。
(22) 永和二年（一三七六）九月二二日付管領細川頼之施行状正文、近江朽木文書（『史料纂集』四六号）。
(23) 康暦の政変については、小川信『細川頼之』（吉川弘文館、一九八九年、初出一九七二年）一八七～一九六頁などを参照されたい。
(24) 本章の基となった旧稿において筆者は、安堵の管領施行状の出現を、至徳二年（一三八五）頃とした（「室町幕府安堵施行状の形成と展開」『日本史研究』五二〇、二〇〇五年）三九頁）。しかしその後、松園潤一朗氏によって、安堵施行状の出現は永和三年（一三七七）まで遡る事実が指摘されている（同「室町幕府法における「安堵」（池享編『室町戦国期の社会構造』吉川弘文館、二〇一〇年）九五頁）。よって、氏の批判に従い見解を訂正した。ただし松園氏は、永和三年七月晦日付管領細川頼之施行状正文、長門毛利家文書（『大日本古文書　家分け第八』一一号）を安堵施行状の初期の事例として掲げている。しかし、これに先行する貞治六年（一三六七）三月五日付足利義詮御判御教書正文、同文書（同六号）の内容は、毛利元春に対し義詮に味方して忠節を尽くせば本領を安堵することを約束するものである。料紙も切紙であることから、この文書は少なくとも発給段階では軍勢催促状として機能したと見るべきであろう。『中四』も本文書を軍勢催促状としている。したがって本例は、康暦の政変後に一般化した通常の所領安堵の施行には分類できない特殊な事例であると考えられる。
(25) 管見の限りで所領安堵が袖判下文形式文書で行われた下限は、至徳元年（一三八四）八月三日付正文、中川四郎氏所蔵文書（『中四』四八七三）である。
(26) 正文、肥後細川家文書（『細』鎌倉・室町期文書三四）。
(27) この当知行安堵も含めた細川氏の四国の所領に関する構造的分析に関しては、小川信「世襲分国の確立」（註(1)所掲同氏著書、初出一九六八年）三二五～三三二頁を参照されたい。
(28) 註(8)所掲吉田賢司論文八五～八六頁。

(29)　正文、石見益田家文書（『大日本古文書　家わけ第二十二』八八号）。
(30)　『法』二三頁。
(31)　本書第二部第一章第一節。
(32)　『法』六四～六六頁。
(33)　石井良助『中世武家不動産訴訟法の研究』（弘文堂書房、一九三八年）五三〇、五三一～五三二頁、石井進他編『中世政治社会思想　上』（岩波書店、一九九四年、初出一九七二年）一七二、一七三頁、註(6)所掲吉田徳夫論文四一頁、註(8)所掲吉田賢司論文七八～八六頁。なお、本章の基となった註(24)所掲旧稿においては、一七七条と同時に制定された一七六条を、不知行所領に関しては今後も施行状を発給する方針であることを確認した法令であると解釈した（五〇～五一頁）。しかし、これについては、文書年紀法との関わりで理解するべきだとする松園氏の批判が妥当である（註(24)所掲同氏論文九六頁）。したがって、この部分の理解を訂正した。
(34)　註(3)所掲上島古文書学解説書一一八～一一九頁。
(35)　ただし、表3-18～22は石清水八幡宮の善法寺阿子々丸に一括して安堵した所領の施行状群であるが、これらの所領がすべて不知行であったとは到底考えられず、当知行の所領も含まれていたと推測される。しかし、この安堵は、足利将軍家と石清水の善法寺家との特別な関係が背景にあったと考えられる。義満の母は石清水八幡宮社務善法寺通清の娘紀良子であり、義満以降の将軍の御判始のときには、儀礼的に善法寺家に所領を寄進することが通例となっていたとおぼしい（『延徳二年将軍宣下記』・『蔭涼軒日録』延徳二年（一四九〇）七月八日条）。したがって、通常の当知行安堵とは同列には扱えないと思われる。
(36)　室町後期から戦国期にかけて、「当知行」の語が安堵とその効力を意味する場合があった事実については、註(6)所掲吉田徳夫論文四九～五〇頁を参照されたい。
(37)　註(24)所掲松園論文八九～九〇頁。同註所掲旧稿発表時においては一七七条制定後も旧領返付は所領安堵に含まれると考えていたが、松園氏の指摘を承けて修正した。
(38)　小林一岳「鎌倉～南北朝期の領主一揆と当知行」（同『日本中世の一揆と戦争』校倉書房、二〇〇一年、初出一九九二年）一九二～一九五頁。

(39) 小川信「室町幕府管領制成立の前提」(註(1)所掲同氏著書、初出一九七八年)一八七～一八八頁。
(40) 本書第二部第一章・第二章所掲の各将軍下文施行状一覧を参照されたい。
(41) 小川信「管領頼之在任時の評定衆・引付頭人・奉行人」(註(1)所掲同氏著書)二六〇～二六一頁など。
(42) 下知状の施行状は、永徳元年一二月二七日付管領斯波義将施行状正文(『菊』六九)を初見として、数通が管見に入る。
(43) 外岡慎一郎「使節遵行と在地社会」(佐藤和彦他編『南北朝内乱』東京堂出版、二〇〇〇年、初出一九九六年)三一〇～三一三頁など。
(44) 今谷明「鎌倉・室町幕府と国郡の機構」(註(12)所掲同氏著書、初出一九八七年)八二～八七頁。
(45) 註(7)所掲笠松論文五二頁、註(8)所掲吉田賢司論文八六頁。なお、本法に関する諸先学に対する批判は吉田氏の見解に従う(同八三～八四頁)。
(46) 応永三〇年(一四二三)三月日付阿蘇惟郷雑掌申状写、肥後阿蘇家文書下(『大日本古文書　家わけ第十三』)。
(47) 山本博也「頼朝と本領安堵」(石井進編『都と鄙の中世史』吉川弘文館、一九九二年)二一二頁。
(48) 註(8)所掲吉田賢司論文八六～八九頁。
(49) 註(7)所掲川岡論文一四九～一五〇頁。

〔付記〕　脱稿後、室町幕府の所領安堵と施行に関する研究として、松園潤一朗「室町幕府の安堵と施行」(『法制史研究』六一、二〇一二年)、同「足利義満期の安堵政策」(『日本歴史』七七五、同年)が発表された。これらの論文の内容は特に本章と次章に深く関わり、筆者の見解と異なる主張もある。しかし、本書ではこの論文に十分に言及することができなかった。その点を松園氏にお詫びするとともに、読者には本書と併せて松園論文を参照されることをお願いしたい。
　ただし、安堵施行状の出現を管領の権限拡張政策とする私見に対する氏の御批判(「足利義満期の安堵政策」三二一、三八頁)に関しては所見を述べたい。松園氏は、安堵施行状出現における将軍義満の主導を強調する。しかし、筆者も将軍発給所領安堵文書の様式の変化を画期として重視するように、義満の影響を完全に否定するつもりは毛頭ない。

どの程度関与したのかはさておき、将軍の許可が当然あったであろうことはあまりにも自明であるのでわざわざ言及するまでもないと判断したのである。義満主導であったとしても、残存史料による限り、恩賞充行施行状の衰退によって影響力が低下した管領を救済する要素が存在したことは否定し得ないと考える。

・「先行文書発給年月日」欄

施行状に先行する将軍発給御判御教書が発給された年月日を判明する限りで記す。先行文書が御判御教書ではなく下文・御内書・下知状形式である場合、その旨を記す。

「先行文書発給者／発給の名目」欄と同様、複数の安堵施行状に先行して発給された所領安堵の御判御教書が同一の文書である場合には、欄を一括して表示する。

・「備考」欄：記号の意味は、以下のとおりである。

い：「沙汰付」型施行状　ろ：所務保全型施行状　は：当事者宛施行状

施行文言が「任㆓安堵(之旨)㆒」でない場合、施行状記載の先行文書の名称を記す。

・横太破線：安堵施行状の書止文言が、「依㆑仰執達如㆑件」から「所㆑被㆓仰下㆒也、仍執達如㆑件」に変化した時点を示す。

・横太線：本章第２節で指摘した、安堵施行状の命令内容が変化した画期を示す。

拝領者	書式	下文発給年月日 下文の名目	備考	出　典
松浦山代弘	●	建武４．４．３ ※譲与安堵	直状形式	肥前山代文書
松浦山代弘	●	建武４．４．３ ※譲与安堵	直状形式	肥前山代文書
稙田有快	●	建武４．９．23 ※還補	C	広島大学文学部所蔵文書
俣野明一	●	建武４．９．27 ※直義還補ヵ		尊経閣文庫所蔵文書
浄光明寺	●	暦応２．６．21 ※所領安堵	両使遵行 B	相模浄光明寺文書
高野山金剛三昧院	○	同日 ※所領寄進		紀伊高野山文書
菊池武宗	●	貞和４．９．17 ※参御方		豊後詫摩文書

拝 領 者	書式	先行文書発給者 発給の名目	先行文書 発給年月日	備　考	出　典
京極高秀	○	将軍義満 ？	？ ※下文形式ヵ	い	佐々木寅介氏文書
河野信益	○	将軍義満 ？	？	い	出雲成相寺文書

○表の見方

※本書第2部第1章所掲「尊氏下文施行状一覧(観応の擾乱以前)」の見方と基本的に同じである。ただし、表2・表3は以下の点で異なる。

・「書式」欄

「☆」は施行文言を有しない場合を表す。「◇」は領有者明記方式を表す。領有者明記方式については、本書第4部第3章第2節を参照されたい。

・「先行文書発給者／発給の名目」欄

所領安堵の御判御教書等を発給した将軍(あるいは前将軍)を記す。発給を行った名目が明らかである場合には、その名目を記す。

複数の安堵施行状に先行して発給された所領安堵の御判御教書が同一の文書である場合には、欄を一括して表示する。

表1　直義下文施行状一覧

No.	発給年月日	状態	差　出	宛　所	所　領　名
1	建武4.5.28	正	九州探題一色道猷	守護代	筑後国八院村地頭職
2	建武4.5.28	正	九州探題一色道猷	守護代	肥前国宇野御厨内
3	建武4.9.26	正	執事高師直	守護大友氏泰	豊後国稙田庄霊山寺執行職他
4	建武4.10.2	正	執事高師直	守護仁木頼章	丹波国小野庄壱方地頭職
5	暦応2.6.23	案	引付頭人ヵ沙弥某	英比左衛門次郎筑後道全房	相模国白根郷内諏方給他
6	貞和2.4.23	案	執事高師直	守護細川顕氏	河内国岸和田庄
7	貞和4.10.8	正	内談頭人上杉重能	九州探題一色直氏	肥後国六ケ庄内小山村地頭職

表2　室町幕府安堵施行状一覧

No.	発給年月日	状態	差　出	宛　所	所　領　名
1	康暦元.8.21	案	管領斯波義将	守護一色範光	参河国渥美郡他
2	至徳2.4.27	正	管領斯波義将	守護山名義幸	出雲国成相寺地頭職

拝 領 者	書式	先行文書発給者 発給の名目	先行文書 発給年月日	備　考	出　典
藤原氏女〈字弥徳〉	●	将軍義満 譲与	永徳 3 .12.21 ※下文形式	い 両使遵行	周防吉川家文書
毛利広世	○	将軍義満 「任支配」	至徳 3 .11.25	い	長門福原家文書
毛利広内	○	将軍義満 「任支配」	至徳 3 .11.25	い	長門毛利家文書
毛利亀若丸	○	将軍義満 「任支配」	至徳 3 .11.25	い	長門毛利家文書
性海和尚	◇	将軍義満 文書紛失・当知行	至徳 3 .12.25	は	山城東福寺海蔵院文書
摂津能連	○	将軍義満 譲与	康暦元. 4 .21 ※下文形式	い	美吉文書
小早川宗平	○	将軍義満 下文・下知状等	康応元.12.26	い	周防吉川家中并寺社文書
高野山	○	将軍義満 ?	?	い	紀伊高野山宝簡集23
等持寺大仏師院誉	○	将軍義満 返付	明徳 4 . 6 .29	い	雨森善四郎氏所蔵文書
宮鶴丸	○	将軍義満 譲与	明徳 4 . 6 .21	い	鳥居大路古文書
片岡禰宜男平	○	将軍義満 ?	応永元.11.24	い	鳥居大路古文書
普門寺	◇	将軍義満 文書紛失・当知行	応永元.12. 5	い	加賀前田家所蔵文書
普門寺	◇			い	加賀前田家所蔵文書
青蓮院尊満大僧都	○☆	前将軍義満 譲与	応永 2 .10. 5	御内書形式 い	山城青蓮院文書
新日吉社	○	前将軍義満 ?	応永 3 . 3 .23	い	山城妙法院文書
水本僧正	◇	前将軍義満 ?	応永 3 . 4 .29	い	山城醍醐寺文書第18函
京極高詮	○	前将軍義満 返付	応永 3 . 5 .28	い	佐々木寅介氏文書
京極高詮	○	前将軍義満 買得地安堵	応永 2 . 9 .23	は	佐々木寅介氏文書
上杉憲定	○	前将軍義満 相伝	応永 2 . 7 .24	い	出羽上杉家文書六之段チ印

No.	発給年月日	状態	差　出	宛　所	所 領 名
3	至徳２．７．29	案	管領斯波義将	宮下野守 松田備前守	安芸国大朝本庄枝村他
4	嘉慶元．12．18	正	管領斯波義将	守護今川了俊	安芸国内部庄内福原村
5	嘉慶元．12．18	正	管領斯波義将	守護今川了俊	安芸国内部庄内山手村
6	嘉慶元．12．18	正	管領斯波義将	守護今川了俊	安芸国内部庄河本村
7	康応元．７．４	正	管領斯波義将	性海和尚	鳥羽田他
8	康応元．11．16	正	管領斯波義将	関東管領上杉憲方	常陸国鳴山
9	康応２．２．30	写	管領斯波義将	守護今川了俊	安芸国豊田郡内造果保
10	明徳３．12．19	正	管領細川頼元	守護大内義弘	紀伊国南部庄年貢伍百石
11	明徳４．７．16	正	管領斯波義将	守護細川頼元	丹波国々分寺半分
12	明徳４．10．７	正	管領斯波義将	守護赤松義則	播磨国三ヶ御厨
13	応永元．11．26	正	管領斯波義将	守護細川頼元	丹波国由良庄本家職
14	応永２．３．６	正	管領斯波義将	守護細川義之	阿波国大野本庄
15	応永２．３．６	正	管領斯波義将	守護六角満高	近江国大原庄内大宝園名田畠
16	応永２．10．13	案	前将軍義満	鎌倉公方氏満	明王院快季僧正遺跡他
17	応永３．４．22	正	管領斯波義将	守護大内義弘	長門国向津奥庄
18	応永３．５．25	正	管領斯波義将	守護細川頼元	讃岐国陶保
19	応永３．６．１	案	管領斯波義将	守護一色詮範	参河国渥美郡
20	応永３．７．12	案	管領斯波義将	京極高詮	隠岐国那具村地頭職
21	応永３．７．23	正	管領斯波義将	守護上杉房方	越後国々領半分他

拝 領 者	書式	先行文書発給者 発給の名目	先行文書 発給年月日	備　考	出　典
上杉憲定	○	前将軍義満 相伝	応永２．７．24	い	出羽上杉家文書二之段れ印
上杉憲定	○			い	出羽上杉家文書六之段チ印
上杉憲定	○			い	出羽上杉家文書六之段チ印
上杉憲定	○			い	出羽上杉家文書六之段チ印
上杉憲定	○			い	出羽上杉家文書六之段チ印
十楽院入道尊道親王	○	前将軍義満 相伝	応永３．12．９ ※御内書形式	い 「御書」	東寺百合文書ミ函87-2
平賀時宗	●	前将軍義満 譲与	応永２．４．10	い	長門平賀家文書
京極高詮	○	前将軍義満 返付	同日	御判御教書形式 い	佐々木寅介氏文書
楞厳寺	○	前将軍義満 ？	応永５．11．７	い	但馬楞厳寺文書
京極高詮	●	前将軍義満 守護不入化	応永５．11．21	い 両使遵行	佐々木寅介氏文書
山城国宝積寺衆徒等	●	前将軍義満 ？	応永５．12．８	い	加賀前田家所蔵宝積寺文書
遍照心院長老	◇	前将軍義満 文書紛失・当知行	応永５．12．６	は	山城六孫王神社文書
三宝院門跡	◇	前将軍義満 代々相承	応永６．３．22	い	山城醍醐寺文書第１函
三宝院門跡	◇			い	山城醍醐寺文書第１函
三宝院門跡	○			い	山城三宝院文書
三宝院門跡	◇			い	山城醍醐寺文書第26函
三宝院門跡	◇			い	山城三宝院文書
竜寿山永安寺	◇	前将軍義満 他者寄進追認	応永５．２．27	い	尊経閣古文書纂

No.	発給年月日	状態	差　出	宛　所	所 領 名
22	応永 3 . 7 .23	正	管領斯波義将	守護一色詮範	参河国吉良庄内家武名
23	応永 3 . 7 .23	正	管領斯波義将	関東管領兼守護上杉朝宗	伊豆国鶴喰郷他
24	応永 3 . 7 .23	正	管領斯波義将	関東管領兼守護上杉朝宗	武蔵国大窪郷領家職他
25	応永 3 . 7 .23	正	管領斯波義将	関東管領兼守護上杉朝宗	上野国鳥屋郷他
26	応永 3 . 7 .23	正	管領斯波義将	関東管領上杉朝宗	下総国葛西御厨内他
27	応永 3 .12.14	案	管領斯波義将	守護結城満藤	山城国東西九条
28	応永 5 . 3 .12	正	管領斯波義将	守護渋川満頼	安芸国高屋保半分他地頭職
29	応永 5 . 6 .11	案	前将軍義満	守護六角満高	近江国伊香中庄
30	応永 5 .11. 9	正	管領畠山基国	守護山名氏家	因幡国服部庄領家職
31	応永 5 .11.22	案	管領畠山基国	真下加賀入道 中条大夫判官	参河国渥美郡内所々
32	応永 5 .12.23	写	管領畠山基国	守護結城満藤	山城国宝積寺堂舎他
33	応永 6 . 4 .10	正	管領畠山基国	遍照心院長老	遍照心院当知行寺領他
34	応永 6 . 4 .13	正	管領畠山基国	守護結城満藤	山城国笠取庄
35	応永 6 . 4 .13	正	管領畠山基国	守護細川満元	丹波国篠村庄他
36	応永 6 . 4 .13	正	管領畠山基国	守護一色満範	丹後国朝来村
37	応永 6 . 4 .13	正	管領畠山基国	守護山名時熙	但馬国朝倉庄福元方
38	応永 6 . 4 .13	正	管領畠山基国	守護細川満元	讃岐国長尾・造太両庄
39	応永 6 . 6 . 9	正	管領畠山基国	半国守護今川仲秋	遠江国日吉本免内他

拝 領 者	書式	先行文書発給者 発給の名目	先行文書 発給年月日	備　考	出　典
惣持寺	○	前将軍義満 「為祈願寺」	応永６.６.17	直状形式 い	能登惣持寺文書
儀俄元林	○	前将軍義満 ?	応永６.12.12	い	出雲蒲生文書
本郷詮泰	○	前将軍義満 本知行	応永６.12.12	い	若狭本郷氏関係文書
彦竜西堂	○	前将軍義満 他者寄進追認	応永７.６.５	い 「御判」	東寺百合文書そ函26-3
北野宮寺	●	前将軍義満 他者寄進追認	同日	い	山城北野神社文書
臨川寺	●	前将軍義満 返付	応永７.６.25	い	山城天竜寺文書
細川頼長	○	前将軍義満 当知行	応永７.３.23	い	肥後細川家文書
細川頼長	○			い	肥後細川家文書
細川頼長	○			い	肥後細川家文書
摂津幸夜叉丸	○	前将軍義満 ?	応永７.10.19	い	美吉文書
摂津幸夜叉丸	○			い	美吉文書
周布兼宗	○	前将軍義満 相伝当知行	応永９.９.16	ろ	萩藩閥閲録巻121-２
多武峰妙楽寺	○	前将軍義満 ?	応永10.４.21	い 宛所欠	内閣文庫所蔵大乗院文書寺門事条々聞書１
佐竹常尚	○	前将軍義満 ?	応永11.７.24	は	秋田藩家蔵文書５
宗像氏経	○	前将軍義満 ?	応永11.７.29	い	筑前宗像文書
大覚寺不壊化身院	○	前将軍義満 ?	応永12.９.17	い	近江沙々貴神社文書
宝寿院玉寿丸	○	前将軍義満 当知行等	応永12.２.６	は	新修八坂神社文書
宝寿院玉寿丸	◇			ろ	祇園社記第23

No.	発給年月日	状態	差　出	宛　所	所 領 名
40	応永６．７．23	正	管領畠山基国	守護代神保孫次郎	能登国惣持寺敷地他
41	応永７．１．23	正	管領畠山基国	守護六角満高	近江国麻生庄
42	応永７．２．３	写	管領畠山基国	守護一色詮範	若狭国本郷
43	応永７．６．９	案	管領畠山基国	守護結城満藤	山城国下久世庄内大慈庵
44	応永７．８．11	案	管領畠山基国	守護斯波義教	尾張国本神戸散在
45	応永７．８．21	正	管領畠山基国	守護一色詮範	若狭国耳西郷
46	応永７．８．24	正	管領畠山基国	守護細川満元	讃岐国神部庄地頭職他
47	応永７．８．24	正	管領畠山基国	分郡守護細川満元	伊予国散在徳重・新大嶋
48	応永７．８．24	正	管領畠山基国	守護細川義之	阿波国高落御庄他
49	応永７．11．13	正	管領畠山基国	守護今川泰範	駿河国益頭庄
50	応永７．11．13	正	管領畠山基国	守護斯波義種	加賀国倉月庄他
51	応永９．12．19	案	管領畠山基国	守護山名氏利	石見国周布郷他
52	応永10．６．23	案	管領畠山基国	守護興福寺大乗院	大和国宇多郡上中富庄他
53	応永11．７．26	写	管領畠山基国	佐竹常尚	丹波国報恩寺地頭職他
54	応永11．８．11	正	管領畠山基国	右兵衛佐	筑前国宗像社大宮司職
55	応永12．10．３	正	管領斯波義教	守護六角満高	近江国田河庄内伊部郷
56	応永13．閏６．17	案	管領斯波義教	宝寿院玉寿丸	祇園社執行職
57	応永13．閏６．17	案	管領斯波義教	侍所赤松義則	祇園社領境内敷地田畠等他

拝 領 者	書式	先行文書発給者 発給の名目	先行文書 発給年月日	備　考	出　典
宝寿院玉寿丸	○	前将軍義満 当知行等	応永12．2．6	い	早稲田大学所蔵荻野研究室収集祇園社文書
宝寿院玉寿丸	◇			ろ	増補八坂神社文書
宝寿院玉寿丸	◇			ろ	増補八坂神社文書
宝寿院玉寿丸	◇			ろ	祇園社記御神領部第15
宝寿院玉寿丸	◇			ろ	祇園社記続録第10
宝寿院玉寿丸	◇			ろ	祇園社記御神領部第４
宝寿院玉寿丸	◇			ろ	祇園社記御神領部第14
宝寿院玉寿丸	◇			直状形式 ろ	祇園社記御神領部第14
松尾社権禰宜相量	◇	前将軍義満 譲与	応永12.10.27	い	山城松尾神社文書
上杉憲定	○	前将軍義満 相伝	応永13．4．23	は 「相伝安堵」	出羽上杉家文書六之段チ印
等持院	○	前将軍義満 他者寄進追認	応永13.11.21	い	山城等持院文書
理覚院尊順	○	前将軍義満 裁許	応永14.10．4	ろ	冷泉家古文書
佐竹常尚	○	将軍義持 還補	応永15．9．27	い 「還補安堵」	秋田藩家蔵文書５
儀俄元林	○	将軍義持 相伝知行	応永15.10．3	ろ	出雲蒲生文書
本郷持泰	○	将軍義持 「任還補御下文」	応永15.10.20	い 「度々御判」	若狭本郷氏関係文書
法住院	○	将軍義持 当知行	応永15.11.26	ろ	東寺百合文書ユ函58-6
深恩院	◇	将軍義持 当知行	応永15.12．7	ろ	三河総持尼寺文書
松原八幡宮社家	○	将軍義持 ？	応永15.12．9	ろ	播磨松原神社文書

No.	発給年月日	状態	差　出	宛　所	所 領 名
58	応永13.閏６.17	案	管領斯波義教	侍所赤松義則	祇園末社五条天神社奉行職
59	応永13.閏６.17	正	管領斯波義教	守護土岐頼益	美濃国深田・富永他
60	応永13.閏６.17	正	管領斯波義教	守護山名時熙	備後国小童保
61	応永13.閏６.17	案	管領斯波義教	守護細川満元	讃岐国西大野郷他
62	応永13.閏６.17	案	管領斯波義教	守護畠山満慶	越中国堀江庄地頭職他
63	応永13.閏６.17	案	管領斯波義教	守護六角満高	近江国成安保他
64	応永13.閏６.17	案	管領斯波義教	守護斯波義種	加賀国萱野保内真野名他
65	応永13.閏６.17	正	管領斯波義教	守護代甲斐美濃入道	越前国榾崎三ヶ村
66	応永13.７.13	正	管領斯波義教	守護高師英	山城国河原田新田他
67	応永13.８.17	正	管領斯波義教	上杉憲定	相模国野比村
68	応永13.11.27	案	管領斯波義教	守護上杉房方	越後国蒲原郡内吉田保他
69	応永14.11.４	正	管領斯波義教	守護赤松義則	備前国吉永保
70	応永15.10.２	写	管領斯波義教	下守護細川基之 上守護細川頼長	和泉国日根郡鶴原庄地頭領家両職
71	応永15.10.８	正	管領斯波義教	守護六角満高	近江国儀俄庄他
72	応永15.10.29	写	管領斯波義教	守護一色満範	若狭国本郷
73	応永15.12.３	案	管領斯波義教	侍所赤松義則	山城国九条院田他
74	応永15.12.20	正	管領斯波義教	守護一色満範	参河国菅生郷他
75	応永15.12.25	正	管領斯波義教	守護赤松義則	播磨国松原八幡宮御敷地

拝領者	書式	先行文書発給者 発給の名目	先行文書 発給年月日	備考	出典
東寺	○	将軍義持 当知行	応永17.8.6	は	東寺百合文書せ函武家御教書并達70
大伝法院	○	将軍義持 ?	応永17.9.24	い	山城醍醐寺文書第4函
東寺	○	将軍義持 当知行	応永17.12.3	ろ	東寺百合文書め函42-2
東寺八幡宮	●	将軍義持 当知行	応永17.12.24	ろ	東寺文書六芸之部射17-6
三宝院	●	将軍義持 代々相承	応永17.12.26	直状形式 ろ	山城醍醐寺文書第25函
右大弁宰相家	○	将軍義持 相伝・裁許	応永18.8.24	い	山城醍醐寺文書第6函
宗像氏経	○	将軍義持 ?	?	ろ	筑前宗像文書
益田周兼	○	将軍義持 当知行	応永18.12.13	ろ 「御判」	石見益田家文書
周布観心	○	将軍義持 当知行	応永18.12.13	ろ 「御判」	萩藩閥閲録巻121-1
波多野氏秀	○	将軍義持 相伝当知行	応永18.12.13	ろ 「御判」	石見益田家文書
尊賢僧正	○	将軍義持 譲与	応永19.4.27	い	山城醍醐寺文書第18函
光明照院僧正御房	○	将軍義持 当知行	応永19.8.4	は	東寺文書六芸之部書
赤司性淳	●	将軍義持 ?	応永19.10.19	い	筑後草野文書
赤堀孫次郎	○	将軍義持 ?	応永19.11.27	は	国立国会図書館所蔵足利時代古文書
建仁寺永源庵塔主	◇	将軍義持 当知行	応永19.12.26	は	永源師壇紀年録
本郷三郎	○	将軍義持 「応永六年・同十五年両度安堵」	応永20.9.16	い	若狭本郷氏関係文書
西山地蔵院	◇	将軍義持 当知行	応永20.10.20	は	京都大学所蔵地蔵院文書
寒川常文	○	将軍義持 相伝	応永21.7.26	い 「御判」	東寺百合文書ワ函30

No.	発給年月日	状態	差　出	宛　所	所 領 名
76	応永17. 8 .15	正	管領畠山満家	東寺供僧	山城国植松庄地頭職
77	応永17.10. 8	案	管領畠山満家	上守護細川頼長 下守護細川基之	和泉国信達庄・同加納入地
78	応永18. 2 .23	案	管領畠山満家	守護高師英	東寺敷地花園町内北七段
79	応永18. 2 .23	正	管領畠山満家	守護高師英	山城国久世上下庄公文職
80	応永18. 4 .15	正	管領畠山満家	守護代遊佐筑前守	紀伊国伝法院座主職幷寺領
81	応永18. 9 . 4	案	管領畠山満家	半国守護土岐康政	伊勢国智積御厨
82	応永18.11.19	正	管領畠山満家	九州探題渋川満頼	筑前国宗像大宮司職
83	応永18.12.26	正	管領畠山満家	守護山名教清	石見国益田庄本郷他
84	応永18.12.26	案	管領畠山満家	守護山名教清	石見国周布郷他
85	応永18.12.26	正	管領畠山満家	守護山名教清	石見国長野庄内黒谷郷地頭職他
86	応永19. 6 . 2	案	管領細川満元	関東管領上杉禅秀	伊豆国走湯山密厳院別当職
87	応永19. 9 . 6	案	管領細川満元	光明照院僧正御房	丹波国河北保他
88	応永19.11.12	正	管領細川満元	九州探題渋川満頼	筑後国河北郷内安永名他
89	応永20. 4 .13	案	管領細川満元	赤堀孫次郎	伊勢国玉垣他
90	応永20. 6 .15	案	管領細川満元	建仁寺永源庵塔主	阿波国河田公文職参分一他
91	応永20. 9 .18	写	管領細川満元	守護一色義貫	若狭国本郷
92	応永20.11.26	案	管領細川満元	西山地蔵院住持	西山地蔵院領所々他
93	応永21.閏 7 . 8	案	管領細川満元	守護高師英	山城国上久世庄公文職他

拝 領 者	書式	先行文書発給者 発給の名目	先行文書 発給年月日	備　考	出　典
冷泉為之	○	将軍義持 当知行・譲与	応永21.6.18	は	冷泉家古文書
小川弘氏	○	将軍義持 本知行之地	応永22.6.18	い	『大乗院寺社雑事記第8冊』紙背文書
阿蘇惟郷	○	将軍義持 当知行	応永24.5.13	は	肥後阿蘇家文書
鄂隠和尚	○	将軍義持 譲与	応永24.10.19	い	長門平賀家文書
直叙法眼御房	○	将軍義持 譲与	応永20.11.18	は	山城醍醐寺文書第18函
土岐祐円	●	将軍義持 返付	応永25.11.19	い 「御判」	美濃瑞巌寺文書
三宝院	○	将軍義持 由緒	応永26.11.12 ※御内書形式	い 「御書」	山城醍醐寺文書第11函

書式	先行文書発給者 発給の名目	先行文書 発給年月日	備　考	出　典
○	前将軍義持 返付	応永31.9.10	い 「御判」	山城大徳寺真珠庵文書
○	前将軍義持 文書紛失・当知行	応永34.5.4	は 「御判」	内閣文庫所蔵御感状之写并書翰
○	管領畠山満家 返付	正長元.7.7 ※下知状形式	い 「還補安堵」	岡山県立博物館所蔵赤松(春日部)文書
◇	将軍義教 還補	永享2.8.28	い B 「還補御判」	山城天竜寺文書
◇	将軍義教 還補	永享2.10.11	い 「還補御判」	早稲田大学所蔵荻野研究室収集上賀茂神社文書
◇	将軍義教 ?	永享6.7.20	い 「御判」	山城菊大路家文書
○	将軍義教 返付	永享10.11.9	い 「還補御判」	秋田藩家蔵文書
○	管領細川持之 還補	嘉吉元.12.23 ※下知状形式	直状形式 いヵ 「還補下知状」	雨森善四郎氏所蔵文書

No.	発給年月日	状態	差　出	宛　所	所 領 名
94	応永21.閏７.10	案	管領細川満元	冷泉侍従	和歌所文書・近江国小野庄領家職他
95	応永22.10.５	案	管領細川満元	守護興福寺	大和国吉野・宇多両郡内
96	応永24.閏５.16	案	管領細川満元	阿蘇太宮司	阿蘇四ヶ社太宮司職他
97	応永25.３.２	正	管領細川満元	守護山名教孝	安芸国高屋保半分内参分壱
98	応永25.11.２	案	管領細川満元	直叙法眼御房	伊豆国走湯山密厳院別当職
99	応永25.12.18	正	管領細川満元	守護土岐持益	美濃国大野郡揖斐庄内深坂保他
100	応永26.11.19	案	管領細川満元	守護一色義貫	山城国山科庄地頭職

表３　室町幕府還補等施行状一覧(幕府追加法第177条制定以降)

No.	発給年月日	状態	差　出	宛　所	所 領 名	拝 領 者
1	応永31.９.26	案	管領畠山満家	守護ヵ京極持光	山城国奈良社神主職他	幸寿丸
2	応永34.６.26	写	管領畠山満家	由比左衛門入道	駿河国由比郷惣領職西方他	由比常栄
3	正長元.７.16	正	管領畠山満家	守護細川持之	摂津国鳥養牧・丹波国春日部庄内	赤松貞村
4	永享２.９.２	正	管領斯波義淳	守護一色義貫	若狭国耳西郷半分地頭職	臨川寺
5	永享２.10.20	正	管領斯波義淳	守護一色義貫	若狭国宮河庄本家職	片岡禰宜富久
6	永享６.９.２	正	管領細川持之	守護細川持常	阿波国萱嶋庄	善法寺法印
7	永享11.11.12	写	管領細川持之	守護土岐持益	美濃国山口郷東方	佐竹基永
8	嘉吉元.12.27	正	管領細川持之	守護代内藤信承	丹波国国分寺	大仏師法眼院実

書式	先行文書発給者 発給の名目	先行文書 発給年月日	備　考	出　典
○	管領細川持之 還補	嘉吉元.12.24 ※下知状形式	い 「還補之下知状」	佐々木寅介氏文書
●	管領畠山持国 本知行	嘉吉３.12.26 ※下知状形式	い B 「下知状」	萩藩閥閲録巻121-２
○	管領畠山持国 返付	文安元．８.28 ※下知状形式	い 「下知状」	慈眼寺文書
●	将軍義政 返付	？	い 「還補御判」	美吉文書
◇	将軍義政 返付	同日	い 「還補御判」	山城清和院文書
○	将軍義政 還補	長禄２．５．７	い 「還補御判」	山城鹿王院文書
○	将軍義政 還補	長禄２．５．７	い 「還補御判」	阿波田所市太氏所蔵文書
○	将軍義政 返付	長禄２．５．６	い 「還補御判」	冷泉家古文書
○	将軍義政 還補	長禄３．８.16	直状形式 い 「還補」	紀伊高野山金剛三昧院文書
◇	将軍義政 先例	同日	い 「御判」	山城菊大路家文書
◇	将軍義政 先例	同日	い 「御判」	山城菊大路家文書
◇	将軍義政 先例	同日	い 「御判」	山城菊大路家文書
◇	将軍義政 先例	同日	い 「御判」	山城菊大路家文書
◇	将軍義政 先例	同日	い 「御判」	山城菊大路家文書
○	将軍義政 他者寄進追認	長禄２．７．５	直状形式 は 「御判」	摂津崇禅寺文書
◇	将軍義政 返付	寛正５．１.14	い 「御判」	『大乗院寺社雑事記第８冊』紙背文書
●	将軍義政 返付	寛正５．９．２	直状形式 い 「還補御判」	友淵楠麿氏旧蔵赤松(春日部)文書
◇	将軍義政 勅裁	文明元.10．９	直状形式 い 「御判」	東京国立博物館所蔵土佐家文書

No.	発給年月日	状態	差　出	宛　所	所領名	拝領者
9	嘉吉元.12.29	案	管領細川持之	守護六角持綱	近江国馬渕庄北方	京極持清
10	嘉吉3.12.29	案	管領畠山持国	守護山名教清	石見国周布郷・来原郷他	周布和兼
11	文安元.8.29	案	管領畠山持国	守護細川勝元	摂津国昆陽寺庄西方他	高野山安養院
12	康正元.12.23	正	管領細川勝元	守護山名教豊	備後国重永本新庄	摂津之親
13	長禄2.4.5	正	管領細川勝元	守護畠山義就	山城国西岡富坂庄半分	清和院
14	長禄2.5.13	正	管領細川勝元	守護畠山義就	越中国小佐味庄二方参分壱他	鹿王院
15	長禄2.5.13	写	管領細川勝元	守護武田信賢	若狭国倉見庄内黒田名他	鹿王院
16	長禄2.5.19	正	管領細川勝元	守護六角高頼	近江国小野庄領家職他	冷泉為当
17	長禄3.9.28	案	管領細川勝元	守護大内教弘	筑前国粥田庄半済分	高野山金剛三昧院
18	長禄3.11.10	正	管領細川勝元	上守護細川常有	和泉国岸和田	善法寺阿子々丸
19	長禄3.11.10	正	管領細川勝元	守護畠山義就	紀伊国岩橋庄・越中国姫野保他	善法寺阿子々丸
20	長禄3.11.10	正	管領細川勝元	守護細川氏久	備中国水内庄	善法寺阿子々丸
21	長禄3.11.10	正	管領細川勝元	守護細川成之	阿波国萱嶋庄	善法寺阿子々丸
22	長禄3.11.10	正	管領細川勝元	守護畠山義就	山城国降目郷他	善法寺阿子々丸
23	長禄4.3.20	正	管領細川勝元	崇禅寺住持	摂津国中嶋崇禅寺領	崇禅寺住持
24	寛正5.1.20	案	管領細川勝元	守護斯波義廉	越前国坪江郷内藤沢名	興福寺大乗院
25	寛正5.9.11	正	管領細川勝元	守護代内藤元貞	丹波国春日部庄内黒井村	赤松貞祐
26	文明元.11.28	正	管領細川勝元	守護代内藤元貞	丹波国大芋社	土佐光信

第二章　寄進状施行状の施行文言の分化に関する一考察

はじめに

室町幕府において、将軍御判御教書→管領施行状→守護遵行状→……といった命令の上意下達系統が存在した事実はよく知られている。(1)管領施行状は、幕府初代執事高師直が発給した執事施行状を起源としている。

本書第二部第一章などで論じたように、執事施行状は師直発給文書の過半を占め、将軍の恩賞充行命令の実現に威力を発揮した。それによって幕府に軍事的に貢献した武士に新たな権益を与え、彼らの将軍への忠誠心を高め、幕府の政権基盤を強化した。そして第二部第二章第三節で指摘したように、南北朝後期に執事の後身である管領制度が確立すると、執事施行状は管領施行状に発展的に継承され、管領発給文書の中核を占めたのである。すなわち、応仁・文明の乱で消滅するまで、(2)管領施行システムは室町幕府の基軸となった制度であったと評価できる。したがって、このシステムの実証的な分析は室町幕府の政治史・法制史を解明する上で必須の作業であると筆者は考えている。

しかし厖大な文書現存数にもかかわらず、執事（管領）施行状に関する専論は、本書収録の筆者の論考を除いては意外に少ない。(3)特に、施行状が伝達する将軍発給文書の命令内容が時期的に変遷した事実はこれまで注目されてこなかった。本書第二部第一章・第二章・第四部第一章・第三章で論じた内容を時間軸に沿って要約すると、室町幕府の政治構造の変化にともない、大まかに見てそれは恩賞充行・所領寄進→所領安堵→段銭免除＋守護不入と推移していった。

　この事実を前提として、本章では寄進状を執行する管領施行状の施行文言について論じたい。寄進状につく施行状の施行文言は、「任二御寄進状（之旨）一」がほとんどであった。しかし、康暦元年（一三七九）、管領細川頼之が失脚して斯波義将が新たに管領に就任した政治的事件、いわゆる康暦の政変を契機として安堵施行状が出現すると、寄進状施行状の施行文言は、従来どおり「任二御寄進状（之旨）一」であるタイプと、安堵施行状の施行文言と同様「任二安堵（之旨）一」となるタイプの二種類に分化する。つまり、同じ寄進状の施行状であるのに、施行文言が異なる管領施行状が同時期に二種類存在したのである。本章で論じるように、この分化は恣意によるのではなく、寄進の原理に基づいて厳密な区別の基準が設けられていたと推定できる。

　ただし、こうした寄進状の管領施行状の施行文言の分化は、一四世紀末、二〇年弱の短期間にしか見られない。だが、これもまた、幕府法制史上決して軽視できない重要な事実であると筆者は考える。分化の基準や消滅の理由の解明は、寄進や安堵といった日本中世の武家政権の首長が行使した重大な支配権の分析に必要不可欠であるばかりではなく、室町幕府の権力構造の本質にもせまる基礎的作業ともなり得ると判断するからである。

　施行状の施行文言を手がかりに幕府法制を分析する手法による研究は、すでに吉田俊右氏の論考が存在する[4]。しかし、実証的にも理論的にもさらに付け加えるべき論点がいくつか存在すると思われる。特に、吉田論文は施行文言の時期的変遷に関してはほとんど論じていない。よって、その点も併せて考察するところに本章の意義があると考える。

第一節　寄進状の管領施行状の分析(1)——施行文言「任御寄進状(之旨)」「任御寄附(之旨)」——

〔史料一〕康暦二年(一三八〇)六月一日付将軍足利義満寄進状

奉寄

石清水八幡宮

近江国福能部庄(福能部式部入道跡)事

右、所ニ寄進一之状如レ件、

康暦二年六月一日

右近衛大将源朝臣(義満)(花押)(5)

〔史料二〕康暦二年六月二日付管領斯波義将施行状(表1-5)

近江国福能部庄(福能部式部入道跡)事、任ニ御寄進状一、可レ被レ沙ニ汰‐付石清水八幡宮雑掌一之状、依レ仰執達如レ件、

康暦二年六月二日

左衛門佐(斯波義将)(花押)

曽我美濃入道殿

〔史料一〕は、石清水八幡宮に近江国福能部荘を寄進する三代将軍足利義満寄進状である。〔史料二〕は、その翌日に発給された施行状である。曽我美濃入道に対して同地を石清水八幡宮に沙汰付することを命じている。(6) 傍線部に明白であるように、本史料は施行文言「任ニ御寄進状(之旨)一」を持つ、寄進状の管領施行状の典型事例である。

石清水八幡宮に寄進された近江国福能部荘とはいかなる荘園だったのだろうか。この問題に関しては、〔史料一〕〔史料二〕記載の所領名に付された割註(波線部)にいずれも「福能部式部入道跡」と記されているのが手

がかりとなる。すなわち、この福能部荘はもともと福能部式部入道が地頭として領有していたと考えられるが、(7)何らかの理由で幕府に没収され、石清水八幡宮に寄進された所領だったのである。

章末の表1には、康暦の政変以降に発給された〔史料二〕に類する施行文言「任二御寄進状(之旨)一」「任二御寄附(之旨)一」文言を持つ義満期の管領施行状を収録した。〔史料二〕以外にも、このタイプの管領施行状には、別人から没収した所領、すなわち闕所地を寺社に寄進したことが判明する事例が多い(表1「寄進状発給年月日/寄進の名目」欄)。

また、寺社に荘園を寄進したものの、何らかの理由で寺社がその荘園の実効支配を貫徹できなかったために改めて別の荘園を寄進する行為、いわゆる替地寄進の事例も多い。替地寄進と闕所地の寄進が重複する事例も散見する。そもそも、ここでとりあげた福能部荘の寄進も福能部式部入道から没収した所領の寄進であると同時に、明記はされていないものの、表1-1・2より越前国河南郷半分の替地寄進であった事実が判明する。替地寄進も、実態としては闕所地の寄進であったケースが大半だったのではないだろうか。寄進の名目が記されていない表1の残りの事例も、闕所地の寄進であった可能性が高いと考えられる。

すなわち、「任二御寄進状(之旨)一」「任二御寄附(之旨)一」文言を持つ管領施行状は、大半が将軍が寺社に寄進した闕所地の施行であったとおぼしい。そこで、このような寄進を「闕所地型寄進」と名づけて論じたい。逆にいえば、将軍が闕所地型寄進を行った場合に、管領施行状の施行文言を「任二御寄進状(之旨)一」「任二御寄附(之旨)一」とする原則が存在したと推定できるのである。

闕所地型寄進の場合、当然ほとんどのケースにおいて、その別人か、別人の関係者が従来からそこを実効支配していたと考えられる。つまり、寺社が寄進を受けた時点では、寺社はその荘園を領有していない、いわゆる不知行の状態である。だからこそ、そうした寄進では管領が施行状を発給し、守護に遵行を命じて実質的な荘園支配者を排除し、寺社による荘園の領有を目指す必要があったのだろう。
なお、寄進状の管領施行状の施行文言は、室町幕府発足以来、原則として「任二御寄進状（之旨）一」であった。しかし、明徳四年（一三九三）、細川頼元から第二次斯波義将への管領交代を契機として「任二御寄附（之旨）一」に変更された模様である（表1「施行文言」欄）。[8] 細かい点であるが事実として指摘しておきたい。[9]

第二節　寄進状の管領施行状の分析(2)――施行文言「任安堵(之旨)」――

章末の表2には、施行文言「任二安堵（之旨）一」文言を持つ寄進状の管領施行状を収録した。このタイプの施行状は至徳四年（一三八七）から見られる。しかし、「はじめに」で述べたように、施行文言「任二安堵（之旨）一」を持つ将軍の所領安堵文書の管領施行状が出現するのは康暦の政変後である。したがって、現存例は存在しないものの、同じ文言を持つ寄進状の管領施行状も康暦の政変を契機として出現したと筆者は推定している。少なくとも、政変以前にこうした施行状がまったく見られないのは確かである。

結論から先に述べれば、寄進状の管領施行状の施行文言が、「任二安堵（之旨）一」となる場合、大別して二種類のケースが存在した。第一に、寺社が以前支配していたが、何らかの理由で寺社の手を離れた所領を幕府が返還するケースである（返付型）。第二に、将軍以外の他者が行った寺社への寄進を将軍が追認したり、あるいは他者が寺社への寄進を将軍に申請したのを将軍が認可するケースである（追認型）。以下、それぞれのケースについて、表2も参照しながら具体的事例をあげて検討する。

（一）　返付型寄進状の管領施行状

〔史料三〕　至徳四年（一三八七）閏五月一二日付将軍足利義満寄進状

寄附　東寺
備後国因嶋地頭職事
右、所レ召二返小早河備後守貞平所レ給観応二年于時号正平六十二月十九日御下文一也者、早任二建武五年正月十日御寄進状一、如レ元所二寄附一之状如レ件、[10]
至徳四年閏五月十二日
左大臣源朝臣（義満）（花押）

〔史料四〕至徳四年六月一三日付管領斯波義将施行状（表2-1）

東寺雑掌申、備後国因嶋地頭職事、早任二去月十二日安堵一、可レ被二沙汰付一之状、依レ仰執達如レ件、
至徳四年六月十三日　左衛門佐（斯波義将）（花押）
山名伊与守（時義）殿

〔史料三〕は、備後国因嶋地頭職を東寺に寄進する義満寄進状である。〔史料四〕はそれに基づく施行状で、〔史料三〕の寄進状のとおりに因嶋地頭職を東寺に沙汰付するよう備後守護山名時義に命じる内容である。傍線部に見えるとおり、本事例は、施行文言が「任二安堵(之旨)一」となっている寄進状の管領施行状の一例である。至徳四年段階で幕府が東寺に因嶋を寄進するにいたった経緯を少し詳しく振り返ってみよう。

建武五年（一三三八）正月一〇日、初代将軍足利尊氏は寄進状を発給し、河内国新開荘の替地として、摂津国美作荘とともに、最後の鎌倉幕府得宗北条高時弟泰家が領有していた因嶋地頭職を東寺に寄進した。[11] このことから東寺と因嶋の関係は始まった。

南北朝期の寺社領荘園一般の例に漏れず、東寺の因嶋経営は、武士や悪党の濫妨や年貢犯用によりあまり順調ではなかったらしい。[12] とはいえ、小早川氏平を保証人とし、彼の縁者である千代松丸を因嶋荘代官に任命すると

いった対策により、[13]観応の擾乱が起きるまでは東寺は因嶋支配をともかく継続していた模様である。

だが、観応二年（一三五一）、のちの二代将軍足利義詮が同地頭職を小早川貞平に恩賞として給付した。それを示すのが、〔史料3〕の本文中波線部に見える「小早河備後守貞平所レ給観応二年于時号正平六十二月十九日御下文」である。この充行によって小早川氏の侵略を受ける事態を招き、[14]東寺は因嶋を実質的に知行できなくなってしまったらしい。もっともこれは東寺側の主張であり、小早川氏からすれば将軍から賜った正当な権利を行使して因嶋を実効支配していたことはいうまでもない。

そこで東寺は、同地頭職の返還を求める訴訟をたびたび幕府に起こした。貞治五年（一三六六）九月一四日に小早川貞平による同地の濫妨停止と同地頭職半分の東寺雑掌への沙汰付を命じる引付頭人山名時氏奉書が発給された。[15]次いで、この奉書に基づいて同年一一月三日には備後守護渋川義行遵行状、そして同年一二月一五日には尾崎加賀守打渡状が発給された。[16]翌六年一〇月一四日にもほぼ同内容の引付頭人山名時氏奉書が出されている。[17]しかし、一〇月一四日付時氏奉書に「小早河備後（貞平）入道立二還遵行之地一濫妨云々」と記されているように、東寺への返還を命じる幕府の判決はなかなか実現しなかった模様である。至徳三年（一三八六）八月七日にも管領斯波義将奉書が発給され、備後守護山名時義に遵行が命じられているが[18]効果はなかったらしい。

因嶋地頭職の東寺へ返還命令が実現しない最大の理由が、小早川氏への恩賞充行であったことは明白である。そのため至徳四年（一三八七）頃、改めて東寺は、幕府に小早川貞平の恩賞を無効化し、貞平の嫡子春平による同地頭職の押領停止とその返還を求める訴訟を提起した。[19]同年四月、春平は陳状を提出し、東寺の主張に反論した。[20]しかし、翌五月、東寺はふたたび申状を提出し、[21]これに応じて幕府は同地頭職の東寺への返還を寄進状形式で命じた。それが〔史料三〕の義満寄進状であり、その執行を守護に命じたのが〔史料四〕の管領施行状なのである。

　この事例に鑑みると、以前何らかの理由で寺社の手元を離れた、かつて寺社が領有していた所領を幕府が寺社に返還する内容の寄進状が発給された場合に、その施行状の施行文言が「任二安堵(之旨)一」になったと推定できよう。(22) 表2を見ると、本事例のほかにも、本例を再発給したものである表2-2や、山城国殖松荘を東寺に返還した表2-6の事例がこうした事例に分類できる。そこで、こうしたタイプの寄進を「返付型寄進」と名づけて論じたい。

（二）追認型寄進状の管領施行状

〔史料五〕明徳三年（一三九二）閏一〇月二八日付将軍足利義満寄進状

　寄附
　　北野宮寺
　　　丹波国法音寺沙汰人等跡事
右、任二（細川）右京大夫頼元今年四月十六日寄進状一、不レ可レ有二相違一之状如レ件、
　　　明徳三年潤十月廿八日
従一位源朝臣（義満）（花押）(23)

〔史料六〕明徳四年（一三九三）四月一五日付将軍足利義満施行状（表2-4）

北野宮寺領丹波国法音寺沙汰人等跡事、早任二明徳三年潤十月廿八日安堵一、可レ沙二汰‐付御師禅厳一之状如レ件、
　　明徳四年四月十五日　（義満）（花押）
　右京大夫殿（細川頼元）

〔史料五〕は、丹波国法音寺沙汰人等跡を北野宮寺に寄進する義満寄進状である。〔史料六〕は、〔史料五〕に

基づき、同地を北野宮寺に沙汰付することを丹波守護細川頼元に命じた義満施行状である。返付型寄進ではないが、本例も施行文言が「任二安堵（之旨）一」である。なお、管領ではなく将軍がみずから施行状を発給しているのは、細川頼元が管領を辞任した直後であった事情を反映している。

〔史料五〕波線部からうかがえるように、本例は、これ以前に発給された明徳三年閏四月一六日付細川頼元寄進状[24]を将軍義満が後で追認する形で行われた寄進である。本書では、このような形式の寄進を「他者寄進追認型寄進」、略して「追認型寄進」と名づけて論じたい。

表2-3も曽我満助の申請に応じて行われた寺社への寄進であり、追認型寄進と見なすことができる。

表2-5は、東寺長者領大和国弘福寺および同寺領河原城荘を、東寺長者金剛乗院俊尊が東寺廿一口方供僧に寄進するために発給した寄進状に義満が袖判を据えた事例である。[25]他人が発給した寄進状に将軍が袖判を加えるのは異例であるが、[26]これも追認型寄進の範疇に含めてよいであろう。

以上のような追認型寄進は、義満期のみならず尊氏期にも散見する。一例をあげれば、観応三年（一三五二）九月一五日付将軍尊氏寄進状は、[27]同年七月五日付渋川直頼寄進状[28]に基づいて遠江国吉美荘内内山郷を寄進したものである。さらにいえば神野潔氏が論じたように、追認型寄進は鎌倉幕府から見られた伝統的な寄進なのである。[29]

神野氏の研究によれば、鎌倉期におけるこのタイプの寄進は、元来御家人が将軍から恩賞として拝領した所領を寺社に寄進する場合に見られたものであり、恩賞地の散逸を防ぐ目的があった。しかし、鎌倉後期には私領や買得所領を寄進した事例も知られる。寄進文書の様式や発給手続も変化し、追認の目的も幕府権力の庇護によって寄進の効力を高めることに変化した。

とはいえ、室町幕府においても追認型寄進の対象は、やはり将軍恩賞地や将軍直轄領（御料所）を代官等として預け置いた所領の寄進が主流であったと考えられる。たとえば表2-3で曽我満助が伏見退蔵庵に寄進した備中国水田・砦部地頭・領家両職は、少なくともその一部が将軍の恩賞地であった事実を明確に裏づけることができる。

水田地頭職については、永正九年（一五一二）八月二五日に曽我満助の子孫元助に宛てて発給された室町幕府奉行人連署奉書に、「為二勲功之賞一之処、先祖彼庄半分令レ寄二進退蔵庵一、連輝軒相続段、被二聞食一訖」とあり[30]、曽我氏が将軍から恩賞として拝領した水田荘の半分を伏見退蔵庵へ寄進した事実が明記されている。よって、水田領家職については不明であるものの、同地頭職が将軍からの恩賞地であったことが判明する。

砦部に関しては、貞治四年（一三六五）、将軍義詮が、曽我満助の父か祖父と考えられる曽我氏助を将軍御料所備中国浅井郷内畠山丹波守跡の代官に任命した事実が知られる[31]。この地は、永正九年八月一二日付室町幕府奉行人連署奉書には「御料所備中国砦部庄畠山丹波守跡四分壱参拾柒貫五百文」と出てくる[32]。また、浅井は砦部（あざえ）の音に通じる。以上から、浅井は砦部の別表記であり、水田と同様領家職についてはよくわからないが、少なくとも砦部地頭職は将軍御料所であったと見るべきである。そして無論、将軍御料所の代官任命は恩賞充行に準じていたであろう。

以上の検討から、曽我満助は将軍恩賞地あるいは御料所代官として知行していた所領の一部を含む土地を伏見退蔵庵に寄進したために、幕府への申請とそれを承認する将軍の寄進状が必要とされたと推定できるのである。

〔史料五〕〔史料六〕（表2-4）に見える丹波国法音寺沙汰人等跡についても、前述の守護細川頼元寄進状もただ簡潔に寄進の事実を記すのみで、この所領の具体的な沿革は不明である。しかし、「法音寺沙汰人等跡」という所領表記から当該所領がもともと闕所地であったことは確かであろう。

田中淳子氏によれば、闕所地を将軍御料所としたものが多く、また御料所をいったん武士に預け置き、のちに最終的な判断として充行や安堵がなされた事例も散見する[33]。したがって、当該所領は御料所として頼元に預け置かれたか、あるいは一度御料所とされ、次いで恩賞地として頼元に給付された所領であった可能性が高いのではないだろうか。

表2-5の弘福寺は、寄進状の本文に「当寺者、天武天皇御願、弘法大師勅給之聖跡也」と記されているように、東寺開祖弘法大師空海以来東寺の末寺であったとされる寺院である。(34) また、弘福寺領河原城荘も東寺長者が代々相伝してきた所領である。いずれも将軍の恩賞ではない。

しかし、寄進状の本文に「今年准三后（義満）殿下為㆓御重厄㆒、奉㆓為御祈禱㆒、於㆓講堂㆒、令㆑始㆓行仁王経御読経㆒、永以㆓此地㆒、為㆓料所㆒」と記されているとおり、本事例は、義満の重厄祈禱の目的で東寺講堂で仁王経を読経するための料所として寄進されたものである。将軍に密接に関連する寄進であったため、将軍の袖判が特別に据えられ、管領施行状が発給されて遵行が命じられたのであろう。したがって、その点において本例は、将軍の恩賞地に準じるものと見なしてよいのではないだろうか。

追認型寄進の特徴は、闕所地型寄進や返付型寄進と比較して、命令の実効性が非常に強かったと推定できる点である。もっといえば、将軍の寄進が行われた時点ですでに寺社がその寄進地を実効支配しているケースが大半であったと思われる。

恩賞地にせよ、将軍御料所にせよ、あるいは私領や買得地にせよ、寄進者が不知行所領を形式的に寺社に寄進することは想定しづらい。しかも、多くの場合は寄進者の自発的な意志で寄進が行われたと考えられるから、旧主たる寄進者が将軍の命令を無視し、みずからの寄進を妨害することなど論理的にあり得ないだろう。

実例を検討してみよう。〔史料五〕〔史料六〕（表2-4）は、丹波守護細川頼元が寄進した分国内の自身の所領の沙汰付を、将軍が守護頼元自身に命じたものである。数か国を領有する幕府の有力守護で、時に管領も兼ねた細川氏が分国の自領を知行していなかったとは考えづらい。また頼元が、自身が寄進し、主君である将軍も認めた所領の遵行命令を拒否することなどあるわけがない。事実、明徳四年六月二五日には義満施行状に基づく頼元遵行状が守護代小笠原成明宛に出され、同月二七日付成明打渡状も残存している。[35] 遵行手続はおおむね順調に実行されたと見てよいのではないだろうか。

何より、はるか後年の戦国期、北野宮寺僧と見られる法印禅慶が作成した永正元年（一五〇四）七月一八日付禅慶譲状に[36]この法音寺沙汰人跡が見える。これから、北野宮寺が少なくとも一六世紀初頭までこの所領を維持していた事実が判明するのである。

さらにいえば、義満が寄進状を発給したのは頼元寄進状が出された約七か月も後である。ここまで間が空いた理由は不明だが、この間北野宮寺が寄進地の経営にまったく関与できなかった事態も考えられない。おそらく、義満寄進の時点で北野宮寺は当該所領をすでに事実上実効支配しており、施行状や遵行状の発給は形式的だったのではないだろうか。なお、将軍義満の北野社に対する深い信仰も看過できないであろう。[37]

表2‐3も将軍直轄領の代官が申請した寄進を将軍が承認したものである。やはりその効力は強力で、将軍寄進状発給時には寄進地は寺社知行となっていたとおぼしい。そして、少なくとも水田地頭職に関しては前述の永正九年八月二五日付幕府奉行人連署奉書に記されているとおり、戦国期においても退蔵庵の寺僧と考えられる連輝軒が知行を継続していた事実が明白である。[38]

表2‐5に関しては、施行状が発給されたのち、応永六年（一三九九）七月二〇日付管領畠山基国奉書が残っている。[39] これは、管領施行状の命令を弘福寺の住僧が遵守しなかったために、東寺僧侶への沙汰付をふたたび命じたものである。となると、東寺僧侶は必ずしも円滑には寄進地を実効支配できなかったとおぼしい。しかし前述のとおり、本例は東寺長者発給の寄進状に義満が袖判を加えた特殊な事例である。他の二例とは同列に並べることはできないのではないだろうか。

河原城荘はこののち、義満の近習奥御賀丸に充行われる。義満の死後、御賀丸から同荘を奪回した後も、東寺は年貢未進に悩まされ、頻繁に代官を交代するなどその支配は不安定であったらしい。しかし、それでも東寺は一応一六世紀半ばまでは同荘の知行を維持した。[40] したがって、この寄進も無効の空手形だったわけではない。

以上の検討をまとめると、返付型寄進と同様、追認型寄進も、その管領施行状の施行文言は「任二安堵(之旨)一」となる。[41] そしてこうした寄進は、その性質上効力が非常に強かった。そして多くの場合、将軍寄進時には寺社が寄進地を実効支配していたと推定できるのである。

なお、返付型寄進の施行状も追認型寄進の施行状も、当知行・不知行にかかわらず、命令内容はすべて前章第二節で論じた「沙汰付」型である（表2「備考」欄）。これは無論、これらの施行状が発給された年代が、同じく前章第二節で指摘した安堵施行状の第一期、すなわち「沙汰付」型施行の時代に含まれるからである。

第三節　寄進状の管領施行状の消滅

以上、「任二御寄進状(之旨)一」「任二御寄附(之旨)一」文言を持つ寄進状の管領施行状と「任二安堵(之旨)一」文言を持つそれを、それぞれ個別に実証的に検討した。前述のように、こうした寄進状の管領施行状における施行文言の分化は早ければ康暦の政変時に遡る。しかし、分化が見られる時期はごく短く、義満期、それも一四世紀末までしか確認できない。この間わずか二〇年弱にすぎないのである。

まず、表1に応永七年（一四〇〇）以降の事例がみられないように、「任二御寄附(之旨)一」型の寄進状管領施行状は一五世紀に入ってから激減する。これは、このタイプの管領施行状を生み出す元となる闕所地型寄進そのものが行われる機会が非常に少なくなったためである。

もっとも、闕所地型寄進は完全に消滅したわけではない。一例をあげると、はるか後年の戦国時代、延徳二年

（一四九〇）七月五日、一〇代将軍足利義材（義稙）の御判始が行われた。その儀式の詳細な模様が『延徳二年将軍宣下記』に詳しく記録されている。ここで、新将軍義材の寄進状が発給され、石清水八幡宮に対し山城国上桂薦淵跡名田畠が寄進されている。同時に管領細川政元施行状も発給されている。だが、これは衰退期の幕府で行われた寄進であり、実効性がともなっていたとは考えにくい。おそらく、この寄進は将軍就任式における儀礼的なものに過ぎなかったであろう。

このような石清水に対する代始の寄進は、義材のほかに、三代義満・八代義政・一一代義澄・一二代義晴・一三代義輝の各将軍で確認できる。[42] このように、闕所地型寄進の事例は、将軍就任当初に行われる石清水八幡宮への儀礼的な寄進が大半となるのである。なお、この儀礼が義満御判始を先例としており、この先例が石清水社務善法寺通清娘紀良子が義満の母であったことと深く関係していることは容易に推察できるであろう。

次に、「任二安堵（之旨）一」型寄進状管領施行状の源である返付型寄進や追認型寄進は、応永以降、寄進状形式ではなく、ほとんど所領安堵の御判御教書で行われるようになる。

〔史料七〕応永七年（一四〇〇）六月二五日付将軍義満御判御教書

若狭国耳西郷半分地頭職長井掃部助跡事、所レ返二付臨川寺一也、早如レ元領掌不レ可レ有二相違一之状如レ件、

応永七年六月廿五日

入道准《（義満）》三宮前太政大臣（花押）[43]

〔史料七〕は、長井掃部助跡である若狭国耳西郷地頭職を臨川寺に返還する文書である。この返還命令に基づいて、同年八月二一日に管領畠山基国施行状、翌二二日に若狭守護一色詮範遵行状が発給されている。[44] 施行状・遵行状ともに、〔史料七〕を「安堵」と呼んでいる。

〔史料八〕応永五年（一三九八）二月二七日付将軍義満御判御教書

竜寿山永安寺領遠江国日吉本免内田畠在家山河・両新免内田地弁野部郷内山香田畠在家等事、早任二康暦二年二月十六日今河入道《範国》心省状一、領掌不レ可レ有二相違一之状如レ件、

応永五年二月廿七日

入道准《義満》三后前太政大臣（花押）[45]

〔史料八〕は、康暦二年（一三八〇）に出された当時の遠江守護今川範国の状（現存しないがおそらく寄進状であろう）のとおりに、同国日吉本免内田畠在家山河両新免内田地弁野部郷内田畠在家等を竜寿山永安寺が領有することを義満が承認する御判御教書である。こちらも、翌応永六年（一三九九）六月九日に管領畠山基国施行状が守護今川仲秋（範国子息）宛に出ており、施行文言は「任二去年二月廿七日安堵一」である。[46] 守護が寄進した所領を将軍が追認し、当の守護宛に遵行が命じられる点において、この寄進は〔史料五〕〔史料六〕（表2-4）の追認型寄進とまったく同じ構造を持っている。

以上検討したように、闕所地型寄進は一五世紀になると激減し、返付型寄進・追認型寄進を行う将軍発給文書もおおよそ一四世紀末を境に寄進状から御判御教書に変化する。[47] すなわち、将軍の寄進状という文書形式自体が一五世紀に入ってからは実質的に消滅してしまう。そのため、寄進状の管領施行状も必然的に消滅し、寄進状の管領施行状の施行文言の分化も自然消滅したのである。

なお、応永二九年（一四二二）制定室町幕府追加法第一七七条によって、所領安堵のうち、御判御教書・施行状発給時点で拝領者がすでに安堵地を実効支配しているタイプの施行状、すなわち当知行安堵施行状の発給が廃止された。以降は、不知行所領の返還命令、つまり還補のみに施行状が付されるシステムに変更される。[48] この事実も幕府法制史を考察する上で看過できないので、併せて指摘しておこう。

第四節　管領施行状の施行文言分化の意義

以上の検討と考察により、次に掲げる二つの問題が論点となるであろう。

①寄進状の管領施行状の施行文言の分化が、康暦の政変を契機として起こった理由

②その分化が、わずか二〇年たらずで消滅した理由

まず、問題①について検討しよう。その前提として、第一節と第二節で検討した寄進の原理を改めて再確認し、武士への充行や安堵と比較してみよう。

第一節で論じた闕所地型寄進（施行文言「任㆓御寄進状（之旨）㆒」「任㆓御寄附（之旨）㆒」）は、別人から没収した所領を寺社に給付する構造において、武士に対する新恩給与の袖判下文・御判御教書と同等に位置づけることができる。そうした恩賞充行の施行状の施行文言は、「任㆓御下文（之旨）㆒」であった。

第二節第一項で論じた返付型寄進（施行文言「任㆓安堵（之旨）㆒」）は、寺社がかつて領有しており、何らかの理由で失った所領を幕府が返還する寄進である。これは、武士に対する返付・還補の袖判下文や御判御教書に相当する。このタイプの施行状の施行文言は、室町幕府発足当初は、新恩給与の施行状と同様「任㆓御下文（之旨）㆒」であった。しかし、返付型寄進の変化からは若干遅れると思われるものの、およそ一四世紀末を境に「任㆓安堵（之旨）㆒」に変化する。そして、応永二九年の幕府追加法第一七七条制定後は「任㆓還補御判（之旨）㆒」となる。

第二節第二項でとりあげた追認型寄進（施行文言「任㆓安堵（之旨）㆒」）は、多くの場合、寄進状拝領者がすでに実効支配を達成している所領（当知行所領）に出されたと推定できる。これは、少なくとも実態としては、武士に対する当知行安堵に対応する。その施行文言も「任㆓安堵（之旨）㆒」であった。

すなわち、一口に寄進状といっても、将軍が行使した寄進は、その名目や実態において三種類に大別すること

ができる。そして、闕所地型寄進は武士への新恩給与、返付型寄進は武士への返付・還補、追認型寄進は武士への当知行安堵にそれぞれ対応していたと推定できるのである。

もちろん、この三種類の寄進の区分は、康暦の政変以降に突然発生したのではなく、それ以前からも存在していた。しかし、政変以前の寄進状の執事（管領）施行状の施行文言は、原則としてすべて「任二御寄進状（之旨）一」であった(49)。

具体例をあげれば、観応元年（一三五〇）一〇月二五日、将軍尊氏寄進状が発給された例がある。これは、前年の貞和五年（一三四九）九月二四日付但馬国太田荘地頭源氏寄進状に任せて、同荘内坂本村を臨川寺三会院に寄進する内容である。本例は、典型的な追認型寄進であるが、これを承けて、但馬守護今川頼貞宛に出された同日付執事高師直施行状の施行文言は「任二御寄進状之旨一」である(50)。

安堵下文・御判御教書	追認型寄進状	段銭免除・守護不入の御判御教書
×	御寄進状	×
安堵	安堵	×
安堵	×	御判
×	×	御判

返付型寄進に関しては、厳密にいえば寄進状ではないが、山城国東西九条を東寺に返還することを命じた応安元年（一三六八）五月二日付管領細川頼之奉書は、これを執行した同年閏六月一四日付引付頭人山名氏冬施行状で「御寄進状」と呼ばれている(51)。

以上に述べた検討結果を図示したのが、表3である。表中の「△」は将軍発給文書・施行状の残存量の激減、「×」は存在しなかった、あるいは消滅を示す。なお、次章で論じる段銭免除・守護使不入を命じる御判御教書を執行する管領施行状の施行文言も参考までに掲げた。

さて、「任二御寄進状（之旨）一」に統一されていた寄進状の管領施行状の施行文言が、康暦の政変後に「任二御寄進状(之旨)一」と「任二安

表3　将軍発給文書と施行状の施行文言対応図

	充行袖判下文・御判御教書	闕所地型寄進状	返付袖判下文・御判御教書	返付型寄進状
1338年(開幕)～1379年	御下文	御寄進状	御下文	御寄進状カ
1379年(康暦の政変)～1400年頃	御下文	御寄進状 ↓ 御寄附	御下文 ↓ 安堵	安堵
1401年頃～1422年	御下文	△	安堵	×
1422年(室町幕府追加法第177条制定)～	△	△	還補御判	×

堵(之旨)」の二系統に分化した事実が、同時期における施行文言「任ニ安堵(之旨)」を持つ所領安堵の管領施行状、すなわち安堵施行状の出現と密接に関連していることは容易に推察できよう。

本書第四部第一章第三節で考察したように、安堵施行状は当初は政治的な目的を契機として出現したと考えられる。しかし法制上、それまで漠然と「任ニ御寄進状(之旨)」と一括して記載していた寺社への寄進状の管領施行状の中にも、返付型寄進や追認型寄進といった、武士に対する所領返付や当知行安堵とよく似た安堵の要素を内包する寄進が存在する。安堵施行状を発給し始めたとき、その構造を幕府は『発見』したのではないだろうか。

そのために、それらの寄進状は安堵に準じる寄進であると見なされて、その管領施行状の施行文言は、武士に対する所領安堵の施行状と同様、「任ニ安堵(之旨)」に変更されたと考えられる。政治的契機で行われた制度改革が幕府法制に関する意識にも変革をもたらし、寄進状の管領施行状の施行文言の分化をもたらしたと推定できるのである。これが問題①に対する筆者の解答である。

それでは問題②、すなわちこうした施行文言の分化が短期間で消滅した理由は何であろうか。

施行文言「任ニ御寄附(之旨)」を持つ管領施行状、すなわち、闕所地型寄進の施行状に関しては、第三節で指摘したとおり、闕所地を寄進する行為自体が衰退したからである。

返付型寄進や追認型寄進については、これも第三節で論じたとおり、将軍の発給文書の様式が寄進状から御判御教書に変更された事実を反映している。この変化は、これらのタイプの寄進が通常の武士や寺社に対する返付や安堵と完全に同質なものと見なされたから発生したのではないだろうか。すなわち、施行文言を分化させたときにはこれらの寄進は部分的に安堵の要素を持つと見なされていたのが、およそ二〇年後には所領安堵そのものと認識されるにいたったのである。問題②についてはこのように考えている。

このような施行文言の分化と消滅は一見正反対の現象に見える。しかし、その根底に流れる意識の変化の方向性は一貫しているといえるのではないだろうか。返付型寄進や追認型寄進は、武士や寺社に対する一般的な所領安堵に等しい。一四世紀末期から一五世紀初頭にかけて幕府当局が年を追うごとにその認識を強めていった形跡を、施行文言の一連の変化から跡づけることができるのである。

ところで第三節の最後で指摘したように、応永二九年に幕府追加法第一七七条によって当知行安堵施行状の発給が廃止され、還補安堵のみに施行状が付されるシステムに変更される。前述のように還補の御判御教書の施行文言も「任二安堵(之旨)一」から「任二還補御判(之旨)一」に変化する。松園潤一朗氏が論じたように、ここにいたって還補・返付が安堵と見なされなくなるという幕府法制における意識の変化が再度起きたのである[52]。

さらにいえばこの時期には、武士に対する新恩充行がほぼ消滅する。以降、武士への所領関連の権益供与はほとんどすべてが還補となる。実質的に還補が充行と同質化する構造となったことが、このような意識変化をもたらした大きな要因であるといえよう。

ところで、吉田俊右氏は、「当事者が既に何らかの知行根拠を有しており、(幕府が——引用者)それを承認する形で当該地の知行を認めている」管領施行状が施行文言「任二安堵(之旨)一」を持つと述べている[53]。

しかし、父祖の譲状に基づく譲与安堵や過去の将軍の充行・安堵等の「相伝の由緒」によってなされる返付・還補と、被安堵者が対象所領を実効支配しているという理由で下される当知行安堵は、本来は別次元の論理であるはずである。譲状等の由緒を持っていても当知行であるとは限らない。もちろん、その逆のケースも頻繁にあった。由緒と当知行はしばしば競合・対立し、そのため紛争の要因となり、訴訟の争点ともなったのである。

所領安堵の手続が整備された鎌倉末期の元亨年間（一三二一～二四）から南北朝初期においては、原則として、安堵申請者の主張する由緒が事前に調査され、さらに当知行の事実と異議申し立て人が存在しないことが確認されてはじめて所領安堵がなされた[54]。このように由緒と当知行が別々に審査されたのも、両者が本来別個である事情に基づくのであろう。また、吉田氏の定義では、特に返付・還補系施行状の施行文言がしばしば変更された理由の説明が困難なのではないだろうか。

したがって、すべての安堵を「何らかの知行根拠」と一括して論じる吉田氏の見解には違和感を感じる。管領施行状の施行文言の相違や変化をより適切に説明できる論理が存在するのではないだろうか。以下、それを筆者なりにまとめてみよう。

充行・寄進とは、かつて存在しなかった知行体系を足利将軍が新たに生み出す機能である。いわば「創造」の政治機能として位置づけることができよう。

これに対し安堵とは、室町幕府においては、基本的には現存の知行（当知行）の秩序を維持する機能であった。これは「保全」の政治と呼び得るであろう。一四世紀後半の幕府は、管領施行状の施行文言を使い分けることで充行と安堵の機能を区別し、表現したのである。

そして返付は、現在は失われている知行秩序を回復する機能と定義することができる。すなわち「復古」の政治といえよう。これは、不知行所領を給付する点においては充行に分類できるが、過去に存在した当知行の事実

（由緒）に基づいて領有を承認する点では安堵とも解釈できる。つまり返付とは、充行と安堵両方の性質を併せ持つ機能なのである。

この返付が充行であるか安堵であるかという法制上の問題は、実は当の幕府自身も分類に悩み、社会情勢の変化にも応じてしばしば解答を変更していたと思われる。

室町幕府発足当初は、内乱期の混乱した社会情勢も反映し、返付は事実上の恩賞充行の側面が強かった。そのため、通常の恩賞充行・所領寄進と同様施行状が発給され、(55)施行文言も「任二御下文(之旨)一」「任二御寄進状(之旨)一」であった。しかし、前述のごとく、康暦の政変後の安堵施行状の出現を契機として、返付が内包する安堵の要素が注目され、返付系施行状の施行文言は寺社から武士の順に「任二安堵(之旨)一」に変更された。一四世紀末にはその意識が一層強まり、返付寄進は安堵そのものと見なされ、通常の安堵と同じ御判御教書形式に将軍発給文書が変更された。

ところで室町幕府においては、所領安堵の基準として、もともと過去の秩序（由緒）よりも現存の秩序（当知行）が重視される傾向が存在したが、時代を下るとともにそれは一層強まっていった。(56)前述したように新恩給与の衰退も相俟って、応永二九年の追加法一七七条によって由緒に基づきなされる不知行地の返付はふたたび充行の範疇に入れられ、返付の施行状の施行文言も「任二安堵(之旨)一」から「任二還補御判(之旨)一」に変化するのである。

このように管領施行状の施行文言の分化や変化は、社会情勢の変化や幕府の法意識の「迷走」を暗示しているのである。

おわりに

本章は、一四世紀末期の管領施行状の施行文言の変化という一見些末な問題の分析から始まった。しかし最後には、幕府法制上における充行と安堵の位置づけという中世日本の武家権力の本質的問題にせまった。

ここまで来ると、佐藤進一氏のあの有名な将軍権力の二元論をも検討対象に入れざるを得なくなるであろう。いうまでもなく、将軍権力は恩賞充行に代表される主従制的支配権と所領安堵や所務沙汰裁許に象徴される統治権的支配権の二元性を有するという理論である。(57)

この理論に従って本章の検討結果をあてはめると、寺社に対する所領寄進と武士に対する所領返付は、尊氏から義満前期にかけては一括して準恩賞充行、すなわち主従制的支配権に属する行為と見なされていたことになる。しかし、康暦の政変を契機として、所領寄進のうち返付型寄進や追認型寄進、そして武士への所領返付は所領安堵＝統治権的支配権と認識されることとなった。そして、応永二九年（一四二二）の幕府追加法第一七七条制定を契機として返付は安堵の範疇から外され、ふたたび準充行＝主従制的支配権に戻されたということになろう。だが、将軍権力を構成する支配権に属する重要な政治的機能がこうも頻繁に移動するということなどあり得るのであろうか。

そもそも安堵とは、元来は人に加えられた「牢籠」の回復を意味していた。(58)実態を見ても、鎌倉幕府草創期には人を安堵させる原義から派生した妨害排除や旧領回復の安堵が主流で、新恩給与に匹敵するほどの御恩と認識されており、主従制的性格を強く有していた事実が指摘されている。(59)つまり、知行の事実を追加承認する当知行安堵ではなく、知行秩序を「元に戻す」返付・還補こそが本来の安堵だったのである。

ここにいたって、将軍権力の二元論自体を再検討する必要性を筆者は痛感するのである。しかし、その問題の検討は本書のテーマを大きく越えている。今後の課題としたい。

(1) 小川信『足利一門守護発展史の研究』(吉川弘文館、一九八〇年) 七六一頁など。
(2) 今谷明「管領代奉書の成立」(同『守護領国支配機構の研究』法政大学出版局、一九八六年、初出一九七五年) 七四～七八頁。
(3) 足利義教期の管領施行状や奉書に関しては、吉田賢司「足利義教期の管領奉書」(同『室町幕府軍制の構造と展開』吉川弘文館、二〇一〇年、初出二〇〇三年) が管見に入る。また、鳥居和之氏は、義政期の管領施行状の発給手続に関して部分的に言及している (同「将軍家御判御教書・御内書の発給手続」(『年報中世史研究』七、一九八二年) 一一七頁)。
(4) 吉田俊右「前期室町幕府の「下文」と「安堵」」(『日本史研究』五〇三、二〇〇四年)。
(5) 山城菊大路家文書 (『菊』一五五)。
(6) 一般的に、室町幕府においては、施行状をはじめとする所務沙汰遵行命令の宛所は守護である。福能部荘が存在する近江国の守護は当時六角満高であった。しかし〔史料二〕では、満高ではなく曽我美濃入道になっている。
その理由については以下のように考えられる。福能部荘では、本例に先立つ康暦元年 (一三七九) 四月二八日にも義満寄進状が出されている (正文、山城菊大路家文書 (『菊』一三〇))。このときは所領名が「近江国福能部庄地頭職」となっており、〔史料一〕〔史料二〕記載の所領名とは若干異なっているが、同じ所領と見なして差し支えないと思う。福能部式部入道は同荘の地頭だったのではないだろうか。そして、同年五月九日に将軍義満、六月二五日に管領斯波義将の施行状が発給されている (表1-1・2)。この時点での宛所は通常どおり守護六角満高である。

すなわち、一度は守護満高に遵行が命じられたものの、満高は命令を実行しなかったか、あるいはできなかった。そのため、翌康暦二年に改めて寄進状が発給され、施行状では満高ではなく曽我美濃入道に遵行が命じられたのだと推定できるのである。

そもそも、近江国では、康暦の政変直前に京極高秀が当時の管領細川頼之に敵対して挙兵し、頼之派の六角氏の軍勢と国内で交戦している（小川信「斯波義将の分国支配と管領斯波氏の成立」〔註(1)所掲同氏著書〕四五七～四五八頁など）。表1-1・2は政変直後に発給されたものである。管領失脚直後であったため、1-1では将軍がみずから施行状を発給している。このように近江国内が戦争で混乱状態にあったことも、守護六角氏による福能部荘の遵行が円滑に行われなかった理由の一端であったと考えられる。

(7)　福能部式部入道が福能部荘地頭であったと推定できる根拠は、註(6)所掲『菊』一三〇である。

(8)　表1-11・12が例外であるが、これらはそれぞれ写と案文であるので考慮からはずして差し支えないであろう。なお、将軍が発給する寄進状の書出文言も「奉寄」「寄進」から「寄附」に変化する傾向が見られる。しかし、管領施行状の施行文言ほど変化の画期は明瞭ではない。

(9)　ただし、将軍が就任以降初めて沙汰を行う代始の儀式のときに発給される寄進状の管領施行状の施行文言は、「任₂御寄進状之旨₁」となるのが普通だったようである。『延徳二年将軍宣下記』所収管領細川政元施行状写および註(42)所掲各施行状を参照されたい。

(10)　東寺百合文書せ函足利将軍家下文二三。

(11)　正文、東寺文書六芸之部射一三―一（『中四』七〇四）。

(12)　暦応三年（一三四〇）から翌四年にかけては広沢五郎や悪党が因嶋で濫妨を行った事実が、暦応四年三月二八日付引付頭人吉良貞家奉書案、備後浄土寺文書（『中四』一〇五四、一〇五五）によって知られる。また、貞和三年（一三四七）にも安芸国竹原荘住人茂重と彼の子息愛鶴丸が因嶋の年貢を犯用する事件が起きたらしい（同年六月日付禅律頭人藤原有範奉書案、同文書〔『中四』一五五六〕）。

(13)　貞和四年（一三四八）六月一四日付小早川氏平因嶋荘代官職請人請文正文、東寺百合文書り函四五、同年六月日付千代松丸因嶋荘代官職条々請文正文、関西学院大学図書館所蔵東寺文書（『中四』一六四九）。

(14)　小早川貞平父子を出した沼田小早川氏については、呉座勇一「室町期武家の一族分業」（阿部猛編『中世政治史の研究』日本史史料研究会、二〇一〇年）を参照されたい。

(15)　正文、東寺百合文書オ函四四。

(16) いずれも正文、東寺百合文書マ函六五—一、二。
(17) 正文、東寺百合文書マ函六五—三。
(18) 案文、東寺百合文書京函八一—六。
(19) 至徳四年五月日付東寺雑掌頼勝重申状正文、東寺百合文書ア函九七—一にその旨が述べられている。
(20) 至徳四年四月日付小早川春平代春宣陳状案、東寺百合文書あ函二八。
(21) 註(19)所掲頼勝重申状正文。
(22) なお、吉田俊右氏は、本事例における寄進状発給を所務沙汰裁許に分類する（註(4)所掲同氏論文七二〜七三頁）。本文で論じたように、本例においては寄進状発給に先立ち、訴人東寺と論人小早川春平との間で訴陳状の応酬がなされている。したがって裁許と見なすことも可能である。しかし、本文で述べた因嶋地頭職の沿革を踏まえれば、返付に分類する方が適切であると筆者は判断した。通常の所務沙汰裁許は下知状や御判御教書形式の文書でなされるのであるが、本例が寄進状で決着したのは、通常の裁許とは異質であるとする幕府の意識が影響したのではないだろうか。
(23) 筑波大学所蔵北野神社文書（『北野』四八）。
(24) 正文、筑波大学所蔵北野神社文書（『北野』四七）。
(25) 東寺文書五常之部信九（『大』応永六年（一三九九）二月三日条）。なお、本寄進状および施行状に「河原庄」と記載されているように、河原城荘は河原荘とも呼ばれた。研究史上では「河原城荘」とすることが一般的であるので（黒川直則「東寺領大和国河原城荘の代官職」（『京都府立総合資料館紀要』二七、一九九九年）、これに従う。
(26) 厳密にいえば、この寄進状が発給された応永六年（一三九九）段階では義満は将軍を辞任している。が、周知のごとく、義満はその後も室町幕府の実質的な最高権力者であり続けた。よって本章では混乱を避けるため、義満を一貫して将軍と表現することにする。
(27) 案、山城三会院重書案（『天』一二四）。
(28) 案、山城三会院重書案（『天』一二〇）。
(29) 神野潔「鎌倉幕府の寄進安堵について」（『古文書研究』六二、二〇〇六年）。

(30) 写、肥後細川家文書（『細』鎌倉・室町期文書八八）。
(31) 貞治四年（一三六五）七月一〇日付義詮御判御教書正文、肥前士林証文（『中四』三四〇三）、同日付義詮施行状写、肥後細川家文書（『細』鎌倉・室町期文書二三）など。後者の施行状写によれば、当該所領は畠山丹波守（頼継）の所領であったが幕府に没収された。その後、細川義兼に恩賞として充行われたものの、義兼死後に空白地帯となったために将軍御料所とされ、曽我氏助に代官職として預け置かれたとのことである。畠山頼継が所領を没収されたのは、彼が足利直冬党として幕府に敵対したためであろう（小川信「源姓畠山氏の興起」（註(1)所掲同氏著書、初出一九七六年）六三五〜六三六頁）。
(32) 写、肥後細川家文書（『細』鎌倉・室町期文書八七）。
(33) 田中淳子「室町幕府御料所の構造とその展開」（大山喬平教授退官記念会編『日本国家の史的特質』思文閣出版、一九九七年）六七一〜六七五頁。
(34) 川原寺とも呼ばれた弘福寺の沿革については、福山敏男『奈良朝寺院の研究』（綜芸舎、一九七八年、初出一九四八年）八七〜一〇九頁を参照されたい。
(35) それぞれ正文、筑波大学所蔵北野神社文書（『北野』四九・五〇）。
(36) 正文、筑波大学所蔵北野神社文書（『北野』九六）。
(37) 細川武稔「足利義満の北山新都心構想」（中世都市研究会編『都市を区切る』山川出版社、二〇一〇年）九七頁。
(38) 砦部については、永正九年に曽我元助に当知行安堵されている（註(32)所掲奉行人連署奉書写）。本文で述べたとおり、このときの所領名が「御料所備中国砦部庄畠山丹波守跡四分壱（破線部筆者）」とあるので、水田地頭職と同様、砦部においても所領の一部を退蔵庵に寄進し、残りが戦国期に元助に安堵された可能性が高いと考える。
(39) 正文、東寺百合文書ホ函四一―一。
(40) 以上、河原城荘の詳細な沿革については、註(25)所掲黒川論文を参照されたい。
(41) ただし、近江国柿御園内熊原村を同国永源寺に寄進した応永二年（一三九五）三月五日付足利義満御判御教書正文、近江永源寺文書（『永源寺関係寺院古文書等調査報告書』五四号）を執行した同年五月三日付管領斯波義将施行状、同文書（同五五号）の施行文言は、近衛大納言家の寄進を追認する寄進であるにもかかわらず「任二去三月五日御寄附」となっている。管見の限りでこれが唯一の例外である。なお、本例は、義満発給文書が寄進状ではなく御判御教書形式を採っているので表2には収録しなかった。

(42) 義満は応安五年（一三七二）一一月二二日付義満寄進状正文、山城菊大路家文書（『菊』一二九）、『花営三代記』同日条など、義政は文安六年（一四四九）四月二九日付義政寄進状正文、同文書（『菊』一六七）、同日付管領細川勝元施行状正文、同文書（同八二）、義澄は明応三年（一四九四）一二月二七日付細川政元施行状案、同文書（同拾遺四八）、義晴は大永元年（一五二一）一二月二五日付義晴寄進状正文、同文書（同一七一）、同日付管領細川高国施行状正文、同文書（同九七）、義輝は天文一五年（一五四六）一二月二〇日付義輝寄進状正文、同文書（同一七二）をそれぞれ参照されたい。

(43) 山城天竜寺文書（『天』三一九）。

(44) いずれも正文、山城天竜寺文書（『天』三二〇、三二一）。

(45) 尊経閣古文書纂（『静』一二二五）。

(46) 正文、尊経閣古文書纂（『静』一二四四）。

(47) ただし、返付型寄進と追認型寄進が御判御教書形式でなされた事例自体はこれ以前にも散見する（註(41)所掲義満御判御教書正文など）。

(48) 本書第四部第一章第二節。

(49) ただし、東福寺に対する寄進状の施行状の施行文言だけは例外的に「任ニ御下文一」であった。正平六年（一三五一）一二月二三日付足利義詮寄進状正文、加賀前田家所蔵文書古蹟文徴三（『中四』二一八九）を執行した観応三年（一三五二）九月二五日付引付頭人沙弥某施行状案、山城東福寺文書（同二三五三）、および文和元年（一三五二）一二月二二日付義詮寄進状正文、加賀前田家所蔵文書古蹟文徴三（同二四一九）を執行した文和二年（一三五三）正月一八日付引付頭人二階堂行譚施行状正文、尊経閣文庫所蔵東福寺文書（同二四二九）は、いずれも先行する義詮寄進状を「御下文」と称している。また、室町幕府だけではなく鎌倉幕府においても、東福寺に発給された所領寄進の関東下知状は、武士に対して出された充行・安堵の関東下知状と同様、それを執行する六波羅施行状に「関東御下文」と呼ばれるのが普通だった模様である。弘安三年（一二八〇）九月一七日付六波羅施行状正文、尊

経閣武家手鑑（『鎌』一四一〇四）、永仁四年（一二九六）一一月七日付六波羅施行状正文、尊経閣文庫所蔵東福寺文書（『兵』同文書六）、永仁五年（一二九七）三月二九日付六波羅施行状案、宮内庁書陵部所蔵九条家文書（『兵』淡路国所領関係同文書六）。この理由の検討は今後の課題としたい。

(50) 以上すべて案文、山城三会院重書案（『天』八九、八七、九〇）。

(51) それぞれ正文、東寺百合文書せ函武家御教書并達四五、ヒ函五七―一。なお、このとき将軍義満ではなく管領頼之が所領寄進を行ったのは、義満幼少のため管領が権限を代行していたためである。

(52) 松園潤一朗「室町幕府法における「安堵」」（池享編『室町戦国期の社会構造』吉川弘文館、二〇一〇年）八九～九〇頁。

(53) 註(4)所掲吉田俊右論文七六～七七頁。

(54) 笠松宏至「安堵の機能」（同『中世人との対話』東京大学出版会、一九九七年、初出一九八六年）三七頁、岩元修一「南北朝前期室町幕府の安堵について」（『九州史学』九五、一九八九年）一～五頁。なお、これは吉田賢司氏が「調査型」安堵と名づけた所領安堵方式である（同「室町幕府の国人所領安堵」（註(3)所掲同氏著書、初出二〇〇四年）五三頁）。

(55) 本書第四部第一章第一節。

(56) 吉田徳夫「室町幕府知行制の一考察」（『ヒストリア』九四、一九八二年）四一～五〇頁。吉田氏は長禄二年（一四五八）をその画期としているようであるが、本章でも検討したようにその傾向は以前からあったとおぼしい。

(57) 佐藤「室町幕府論」（同『日本中世史論集』岩波書店、一九九〇年、初出一九六三年）一一七～一二〇頁など。

(58) 註(54)所掲笠松論文四四～五四、六〇～六四頁。

(59) 工藤勝彦「鎌倉幕府による安堵の成立と整備」（『古文書研究』二九、一九八八年）五～八頁。

寄進状の管領施行状に先行する寄進状が発給された年月日および寄進が行われた名目を判明する限りで記す。

・「施行文言」欄：表1において、施行状記載の先行寄進状の名称を記す。
・横太線：表1において、施行文言が「任二御寄進状(之旨)一」から「任二御寄附(之旨)一」に変化した時点を示す。
・横太破線：寄進状の管領施行状の書止文言が「依レ仰執達如レ件」から「所レ被二仰下一也、仍執達如レ件」に変化した時点を示す。

暦の政変以降)

書式	寄進状発給年月日 寄進の名目	施行文言	備　考	出　典
○	康暦元．4．28 替地寄進	寄進状	御判御教書形式	山城菊大路家文書
●	康暦元．4．28 替地寄進	御寄進状	1のA・C	山城菊大路家文書
○	? ?	御寄進状		国立公文書館内閣文庫所蔵曇花院殿古文書
○	康暦2．6．1 寄進	御寄進状		山城鹿王院文書
○	康暦2．6．1 闕所地寄進	御寄進状		山城菊大路家文書
○	永徳元．4．7 闕所地を替地寄進	御寄進状		山城天竜寺重書目録
○	永徳4．2．24 一円神領寄進	御寄進状	同日後円融上皇院宣	吉田良兼氏原蔵吉田文書
○	嘉慶元.12．5 闕所地を替地寄進	御寄進状		山城臨川寺重書案文
○	明徳元．5．22 闕所地を替地寄進	御寄進状	両使遵行	祇園社記御神領部第13
○	明徳元.10．8 寄進	御寄進之状		祇園社記御神領部第13
○	明徳元.12.25 寄進	御寄附状		東福寺霊雲院所蔵棘林志5
○	明徳2．8．30 闕所地を替地寄進	御寄附		祇園社記続録第7
○	明徳2．12.29 闕所地寄進	御寄進状		山城菊大路家文書

○表１・表２の見方

※本書第２部第１章所掲「尊氏下文施行状一覧(観応の擾乱以前)」の見方と基本的に同じであるが、以下の点で異なる。

・「書式」欄：「◇」は領有者明記方式を表す。領有者明記方式については、本書第４部第３章第２節を参照されたい。

・「寄進状発給年月日／寄進の名目」欄

表１　義満期における、施行文言「任御寄進状」「任御寄附」を持つ寄進状の管領施行状一覧(康

No.	発給年月日	状態	差　出	宛　所	所 領 名	拝 領 者
1	康暦元．５．９	正	将軍義満	守護六角満高	近江国福能部庄地頭職	石清水八幡宮
2	康暦元．６．25	正	管領斯波義将	守護六角満高	近江国福能部庄地頭職	石清水八幡宮
3	康暦２．２．23	写	管領斯波義将	守護富樫昌家	加賀国味智郷	保善寺
4	康暦２．６．２	正	管領斯波義将	真下勘解由左衛門尉	摂津国多田院内他	大福田宝幢寺
5	康暦２．６．２	正	管領斯波義将	曽我美濃入道	近江国福能部庄	石清水八幡宮
6	永徳元．４．23	案	管領斯波義将	分郡守護石塔頼房	備中国成羽庄	天竜寺
7	永徳４．２．25	正	管領斯波義将	侍所山名満幸	吉田社境内敷地幷泉殿散在	吉田社
8	嘉慶２．８．30	案	管領斯波義将	守護六角満高	近江国榎木庄地頭職	臨川寺
9	明徳元．５．26	案	管領斯波義将	飯尾為永 中沢氏綱	美濃国深田・富永	祇園社
10	明徳元．10．19	案	管領斯波義将	守護土岐頼世	美濃国春近内吉家郷地頭職	祇園社
11	明徳２．２．９	写	管領斯波義将	守護畠山基国	能登国志津良庄	東福寺栗棘庵
12	明徳２．９．９	案	管領細川頼元	守護六角満高	近江国伊香郡小山以下散在田畠	祇園社宝寿院法印顕深
13	明徳３．１．７	正	管領細川頼元	守護一色満範	丹後国成久・末成・益富保	石清水八幡宮

書式	寄進状発給年月日 寄進の名目	施行文言	備　考	出　典
○	? ?	御寄進状		尊経閣文庫蔵武家手鑑
○	明徳５．４．19 寄進	御寄附	宛所欠	但馬円通寺文書
○	応永元．12．23 寄進	御寄附		近江永源寺文書
○	応永２．３．５ 寄進	御寄附		紀伊高野山宝簡集28
○	? 闕所地寄進	寄附状	御判御教書形式	筑波大学所蔵北野神社文書
○	応永５．12．８ 闕所地寄進	御寄附	直状形式	山城大覚寺文書
○	応永６．11．12 寄進	御寄附		大通寺文書
●	同日 寄進	御寄附		山城菊大路家文書

拝 領 者	書式	寄進状発給年月日 寄進の名目	備　考	出　典
東寺	●	至徳４．閏５．12 返付		東寺百合文書ヤ函44
東寺	●	至徳４．閏５．12 返付	１のＡ・Ｂ	東寺百合文書京函81－5
伏見退蔵庵	◇	明徳元．12．３ 曽我満助申請に応じ寄進		成簣堂古文書所収退蔵庵文書
北野宮寺御師禅厳	◇	明徳３．閏10．28 細川頼元寄進を承認	御判御教書形式	筑波大学所蔵北野神社文書
東寺僧侶等	●	応永６．２．３ 東寺長者俊尊寄進状に加袖判		東寺百合文書せ函武家御教書并達66
東寺	●	同日 返付		東寺文書六芸之部数10-11

No.	発給年月日	状態	差　出	宛　所	所領名	拝領者
14	明徳３.10.16	正	管領細川頼元	守護山名氏家	因幡国智頭郡千土師郷西方内	光恩寺
15	明徳５.６.５	案	管領斯波義将	守護山名氏家ヵ	因幡国津井郷	但州円通寺
16	応永元.12.29	正	管領斯波義将	守護六角満高	近江国栗本南郡田上中庄下司職他	近江国永源寺
17	応永２.４.５	正	管領斯波義将	上守護細川頼長 下守護細川基之	備後国桑原方六ケ郷地頭職他	高野山西塔
18	応永５.５.２	正	前将軍義満	守護斯波義教	越前国社庄	北野御霊社
19	応永５.12.17	正	管領畠山基国	守護代遊佐河内入道	越中国太田保内富山郷	東岩蔵寺
20	応永６.11.13	正	管領畠山基国	分郡守護細川満元	伊予国新居西条地頭職	西八条遍照心院
21	応永７.９.28	正	管領畠山基国	守護仁木義員	和泉国岸和田庄半分	石清水八幡宮寺

表２　義満期における、施行文言「任安堵」を持つ寄進状の管領施行状一覧（康暦の政変以降）

No.	発給年月日	状態	差　出	宛　所	所領名
1	至徳４.６.13	正	管領斯波義将	守護山名時義	備後国因嶋地頭職
2	康応元.９.６	案	管領斯波義将	守護山名義熙	備後国因嶋地頭職
3	明徳元.12.６	案	管領斯波義将	分郡守護細川頼之	備中国水田・呰部地頭・領家両職
4	明徳４.４.15	正	将軍義満	守護細川頼元	丹波国法音寺沙汰人等跡
5	応永６.２.21	正	管領畠山基国	守護興福寺一乗院	大和国弘福寺・同寺領河原庄
6	応永６.11.10	正	管領畠山基国	侍所赤松義則	山城国殖松庄

第三章　室町幕府管領施行状の展開——段銭免除・守護使不入化命令を中心として——

はじめに

初代将軍足利尊氏—執事高師直以来、室町幕府は執事施行状に代表される将軍恩賞充行袖判下文の施行状を全国に大量に発給し、守護や両使に遵行を命じることによって、将軍の主従制的支配権の根幹を占める恩賞充行の実効力を強化・貫徹し、幕府の政権基盤を固めた（本書第二部第一章）。執事施行状は、管領制度の確立とともに管領施行状に発展して、三代将軍足利義満初期には将軍御判御教書→管領施行状→守護遵行状→守護代打渡状……という命令の下達系統が確立した(1)。

本書第二部第二章第三節などで論じたように、室町幕府の管領は、少なくとも全盛期においては、所務沙汰以下の各種遵行命令を原則一元的に行使する存在であったと筆者は考えている。将軍と守護をつなぎ、将軍の意志の実現をはかることが将軍補佐役たる管領の役割だったのである。何より開幕以来、執事・管領がほぼ一貫して行使してきた施行状発給業務は、幕府の根幹を支える重要な制度であったに違いない。

しかし、管領施行状は応仁・文明の大乱の勃発とほぼ同時に消滅した(2)。管領施行状の消滅が室町幕府体制の大きな変化であったことは疑いなく、幕府研究を深化させるためにこの理由を解明することは重要な作業であると考えている。また、室町時代の国家体制を説明する理論として現在大きな位置を占めるいわゆる「幕府—守護体るであろう。

制」を再検討する上でも、[3]管領が将軍の命令を守護に実行させる管領施行システムは必須の研究テーマとなり得るであろう。

そこで筆者が注目するのが、守護に対して段銭免除や守護の使者入部停止を命じる将軍御判御教書を施行する管領施行状である。本文で論じるように、このタイプの管領施行状は義満治世下の応永二年（一三九五）から出現し、義教・義政期には管領施行状の主流となったが、従来ほとんど検討がなされなかった。本章では以下、これらの管領施行状をその機能に着目して、便宜的に「免除・不入の管領施行状」と名づけて分析と検討を試みたい。

第一節　室町幕府の段銭免除システム

室町幕府による段銭や守護役の免除はさまざまな文書で行われ、免除の内容も多様であった。また時期的な制度の変遷も大きい。そこで論旨を明確にするために、まずは本節で室町幕府の免除システムおよびその沿革を包括的に概観したい。

段銭免除を行う権限の朝廷から幕府への移行に関しては、武家領についてはすでに康暦年間（一三七九〜八一）以前に掌握していた。[4]そして、康暦年間に権限の朝廷から幕府への全面的な移行がなされたと推定されている。[5]

至徳四年（一三八七）四月二一日に、諸役免除の将軍足利義満御判御教書が初めて発給された。[6]このころから幕府と関係の深い寺社に対して将軍御判御教書で諸役の免除が行われている事実が知られる。[7]そして小林保夫氏によって、奉行人奉書の単署から連署への本格的な移行が成立したと思われる応永末年から永享初年（一四二八〜二九）に室町幕府の段銭制度が確立したと評価されている。[8]

段銭免除は、本章で論じるⒶ「将軍御判御教書（→管領施行状）」の命令系統のほかにも、Ⓑ「管領奉書（御判御教書を前提としない）」、Ⓒ「奉行人奉書」、Ⓓ「守護方から発給される書下・奉書等の文書」と四種の命令系統を有していた。[9]

また、免除の命令内容は、大別して二種類存在していた。第一は、拝領者が領有する複数の荘園を一括して（単独の荘園の場合もある）、段銭・守護使入部といった課税・介入のすべてを永続的に禁じる内容である。第二は、以前に朝廷や幕府から永続的な免除の特権を獲得したにもかかわらず、天皇即位や寺社造営等の特定の事業に際して朝廷・幕府が段銭を個別に賦課したり、あるいは守護が不当に段銭や守護役を賦課・譴責したときに、そのつど荘園領主による幕府や守護に対する提訴・交渉を承けて、催促を一時的に停止したり、現地の荘園ではなく京都で直接段銭を納入する、いわゆる京済にすることを決定する内容である。[10]

今谷明氏は、前者を「惣免除」、後者を「個別荘園の個別課役の免除」と呼んでいる。[11] しかし、後者はあくまでも特定の段銭賦課に際して、そのつど催促停止を決定するものであるので、この呼称では永続的な効力を有する惣免除との相違が不明確であるように見受けられる。そこで筆者は、後者の命令の多くが史料上「可レ被レ停ニ止催促一」あるいはそれに類する文言で表現されている事実を踏まえて、これを「催促停止」と呼びたい。

幕府や守護による四系統の命令体系と惣免除・催促停止の命令内容は、どのように対応していたのであろうか。まずは惣免除から検討してみよう。

〔史料一〕永享六年（一四三四）三月二六日付将軍足利義教御判御教書

東寺領丹波国大山庄・播磨国矢野庄例名方・若狭国太良庄段銭以下課役事、悉所ニ免除一也、早可レ令レ為ニ守護使不入地一之状如レ件、

永享六年三月廿六日

左大臣源朝臣（足利義教）（花押）[12]

〔史料一〕は、東寺領丹波国大山荘・播磨国矢野荘例名方・若狭国太良荘に対して発給された、段銭以下の課役を免除し、併せて守護使不入地とすることを認めた義教の御判御教書である。文中に「悉所㆓免除㆒也」とあるように、典型的な惣免除の命令である。このように惣免除命令はほとんど将軍が発し、Ⓐ「将軍御判御教書」でなされた。

ただし、義持期においては下知状形式の文書で惣免除がなされた事例も存在する。[13] また嘉吉元年（一四四一）年の嘉吉の乱後、康正元年（一四五五）までは将軍足利義勝・義政が幼少だったため、管領が将軍の権限を代行したので、[14] 管領下知状で惣免除が行われている。

大半の惣免除の御判御教書は、惣免除とともに守護の使者入部を禁止する内容であり、〔史料一〕は拝領者東寺から「守護不入御判」と呼ばれた。[15] この呼称からうかがえるように惣免除の御判御教書は、拝領者にとっては段銭を免除されるよりも、守護使不入の特権を獲得する方が大きな目的であったと考えられる。この点については第三節で詳しく論じたい。

一方、Ⓑ「管領奉書（御判御教書を前提としない）」でなされる免除命令は、従来の研究ではすべて催促停止とされている。[16] 確かに大半が催促停止であるが、中には惣免除の命令と解釈できるものも若干存在する。

〔史料二〕応永一九年（一四一二）一〇月二六日付管領細川満元奉書（表1-7）

（付箋）「勝定院殿義持公寺領御教書」
近江国山上永源寺領同国散在所々田畠（目録在別紙）、諸公事・臨時課役・段銭・守護役等事、所㆑有㆓免許㆒也、可㆑被㆓存知㆒之由、所㆑被㆓仰下㆒也、仍執達如㆑件、

応永十九年十月廿六日　沙弥（付箋）「細川満元」（花押）

当寺住持（祖芳）

〔史料二〕は、近江国山上永源寺に対して出された管領奉書である。本文書は特定の事業による段銭等賦課の一時的な停止命令ではなく、惣免除の将軍御判御教書と等しく、寺領を一括して諸公事・臨時課役・段銭・守護役をすべて免除する内容である。また、これに先行する御判御教書も存在せず、施行文言もない。何より、通常の催促停止の管領奉書は催促する主体である守護に宛てて出されるのであるが、この管領奉書は守護宛ではなく、当事者である永源寺住持祖芳に直接宛てて発給されている文書であり、この点でも惣免除の御判御教書と同じである。以上の考察から、本文書は施行状でもなければ催促停止の管領奉書でもなく、惣免除の管領奉書であると見なせるのである。

章末の表1には、惣免除と考えられる管領奉書を採録した。[17] 義満期から義持期前半の管領細川満元期まで一〇件が管見に入った。この時期は、御判御教書と管領奉書の権限に重複している部分があり、制度的に未成熟な部分を残していたと考えられる。ただ、惣免除の御判御教書の大半が守護不入化命令も兼ねているのに対し、「命令内容」欄に見えるように、管領奉書は表1-2を例外として守護不入化を命じたものがないので、この有無が文書形式を分ける一応の基準であったのかもしれない。

催促停止命令については、義満・義持期を通じてⒷⒸⒹ系統が併用して発給されている。このうちⒷ「管領奉書」による催促停止命令は管領奉書による惣免除命令と同様、義持時代の管領細川満元期を最後として、応永二八年（一四二一）に畠山満家が二度目の管領に就任して以降は一通も見られなくなり、Ⓒ「奉行人奉書」による命令が増加する。[18]

同時期には当知行安堵の管領施行状が消滅する。また、所務沙汰において論人奉行制が形成されるのもこの頃である。[19] すなわち、この時期に一連の制度改革が行われ、若干不分明であった管領の権限がより明確化されたと推定できるのである。かかる変化がこの時期に起こった理由は不明である。しかし、応永三〇年（一四二三）の足利義量の五代将軍就任が関係している可能性は考えられる。新将軍への代替わり決定を契機として、従来の制度を再検討する気運が当時の幕閣で生じたのかもしれない。

Ⓓ「守護方からの命令」の存在は、荘園領主が惣免除や催促停止を幕府だけではなく守護に対しても申請するケースもあった事実を反映しており、すでに南北朝期から比較的広範に見られる。[20] 荘園現地の情勢や幕府・守護との利害関係等、さまざまな状況に応じて申請先や命令発給元が決定されていたと推測される。

以上の考察をまとめれば、免除には大まかに分けて惣免除と催促停止の二種類があった。当初管領は、将軍による惣免除の施行、みずから行う惣免除、催促停止をすべて行っていた。しかし、義持中期に畠山満家が二度目の管領に就任して以降は、惣免除に関しては将軍御判御教書→管領施行状が、催促停止については幕府奉行人奉書が命令を発する体制が確立した。一方、それ以前から守護も状況に応じて書下や奉書で惣免除や催促停止を行っていたと結論づけられる。

第二節　免除・不入の管領施行状の基礎的分析

では、本章の本題である免除・不入の管領施行状の検討に入ろう。

〔史料三〕永享六年（一四三四）七月二日付管領細川持之施行状（表2-52）

東寺領播磨国矢野庄例名方段銭以下課役事、悉被㆓免除㆒畢、早任㆓去三月廿六日御判之旨㆒、可㆑被㆑停㆓止使者入部㆒之由所㆑被㆓仰下㆒也、仍執達如㆑件、

永享六年七月二日　右京大夫(細川持之)（花押）

赤松(満祐)大膳大夫入道殿

〔史料三〕は、前節所掲〔史料一〕の御判御教書を承けて、矢野荘に関して播磨守護赤松満祐に宛てて出された管領施行状である。太良荘についても同日に若狭守護一色義貫に宛てて施行状が発給されている（表2-53）。しかし、管領が守護を兼ねていた丹波国所在の大山荘には施行状以下の関係文書が確認できない。こうした免除・不入の管領施行状は大半が「任二御判（之旨）一」という施行文言を持つ。この施行状が発給された後、同年九月一七日に守護遵行状、同月二〇日に守護奉行人連署奉書が出されている[21]。

章末の表2には、このような免除・不入の管領施行状管領施行状を採録した。この種の管領施行状は将軍義満治世後期から将軍義政中期まで一〇八件と多数確認できる[22]。このように、免除・不入の管領施行状は中期室町幕府を代表する文書の一種なのである。

ただし、至徳四年（一三八七）に将軍による惣免除の御判御教書発給が開始された後も、それを施行する管領施行状はしばらく管見に入らない。免除・不入の管領施行状が初めて出現するのは、八年後の応永二年（一三九五）一一月一九日である（表2-1・2）。当初は惣免除の御判御教書は単独で機能し、施行状はつかなかったのではないだろうか。

応永二年に免除・不入の管領施行状が出現したのは、同年六月二〇日の義満の出家が契機であったと筆者は考える。同じく義満出家を機に、管領施行状・管領奉書の書止文言が武家様の「依レ仰執達如レ件」から公家様の「所レ被二仰下一也、仍執達如レ件」へと変化した事実もこの推定の傍証となろう[23]。

義満期・義持初期には施行文言が存在しないものが散見し、存在する場合でも「任二御判（之旨）一」に一定していないものも多い。また、段銭・守護役免除と守護使不入化の一方しか命じていない管領施行状や、惣免除ではなく特定の課役の免除や催促停止等と見なせるもの、守護宛ではなく両使宛・当事者宛であるものもこの時期に集中して見られる傾向がある。これらの現象は、免除・不入の御判御教書と管領施行状が制度的に固定化したものではなく、徐々に整備されていく過程にあったことをうかがわせる。

加えて、前節でも指摘したように、将軍義持や管領が御判御教書ではなく下知状で惣免除命令を発給し、それを管領が「任二御下知之旨一」等の施行文言を付して施行した例も存在する。嘉吉の乱以降管領が下知状で惣免除を行ったのは、管領が幼少の将軍の権限を代行したためである。しかし、義持が一部の惣免除に下知状形式を採用した理由は不明である。ともかく、惣免除関係文書の文言や命令内容の整備が、義満・義持期を通じて徐々に進行していったことは確かであろう。

さて、免除・不入の管領施行状には、従来の施行状と比較すると文書様式と遵行のあり方において相違点が二点ほど見られる。

まず、大半の免除・不入の管領施行状の書出は、「□□申」から始まる申状方式、その文言を持たず「○○国△△荘」で始まる簡易方式のいずれでもなく、[24]「□□領○○国△△荘」である。国人に対して出された施行状では「□□知行分○○国△△荘」で始まるものもある（表2-8など）。こうした書出文言は該所領の所有者を冒頭に明記する書式と形容できる。そこで、このタイプの施行状を便宜的に「領有者明記方式」と呼んでおこう。この書式は安堵等の管領施行状にも散見するが、[25]量的に見てやはり免除・不入の管領施行状に特有のものであったと評価できよう。領有者明記方式の施行状もおそらく簡易方式と同様の手続で発給されたと考えられるが、こうしたタイプの施行状が出現した事実は何を意味するのであろうか。

当知行安堵施行状を別にして、従来の恩賞充行や所領寄進の施行状は、不知行の所領を沙汰付し当知行化することを守護に命じるタイプが主流であった。[26]つまり、施行状を拝領した時点では、少なくとも形式上は拝領者は該所領を実効支配しておらず、領有者が確定していないのである。

これに対して、惣免除の御判御教書と免除・不入の管領施行状は、拝領者の実効支配＝当知行の既成事実の上に、段銭・諸公事免除および守護使不入の特権を与えるものである。つまり、これらの文書は、発給以前にすでに領有者が確定している所領に出される命令なのである。[27]事実、先行する御判御教書[28]の命令内容が当知行安堵である施行状も見える（表2-56・57）。また、長禄三年（一四五九）一二月二〇日付の二通の将軍足利義政御判御教書などのように、惣免除と当知行安堵の命令が別々に一通ずつ作成されて同日付で発給されている事例も存在する。[29]免除・不入の管領施行状に「当知行之上、為二御祈願寺一」と明記されている場合もある（表2-27）。

上島有氏は「所領安堵は、当然課役免除の特権を得て、さらに完全なものとなる」と述べ、[30]寺社に対する免除・不入の将軍御判御教書が寺社領安堵を命じるものと同じ様式であった事実を指摘している。文書様式の一致も、免除・不入命令が当知行安堵の延長に行われたことを示すものと考えられる。とすれば、領有者明記方式は、従来の不知行所領に対して出される施行状との構造上の相違を反映しているのではないだろうか。[31]

そして、書出の書式以上に免除・不入の管領施行状が従来の施行状と決定的に異なる点は命令内容である。守護の軍事力を係争地に積極的に投入して、押領者を排除することを命じる「沙汰付」型がその典型であるように、従来の施行状は「守護の介入」を前提としていた。[32]

しかし、ほとんどの免除・不入の管領施行状は、先行する御判御教書が守護不入を命じているため、それと同様に守護不入化を命じている。このように、守護権力を完全に排除する点で、従来の施行状とは完全に逆方向で決定的な断絶があると評価できるのではないだろうか。

第三節　免除・不入の管領施行状の歴史的意義

本節では、室町前期に免除・不入の管領施行状が出現した理由やその歴史的な意義を、免除・不入の御判御教書発給者である将軍、施行状発給者たる管領、両文書の拝領者である諸国の武士・寺社本所、そして現地で遵行にあたる守護の利害関係を考察することで論じたい。

観応の擾乱以降の軍事的緊張状態の中で、諸国の武士や寺社本所は、自己の所領・荘園の支配を維持するために執事施行状・引付頭人奉書等に基づく守護遵行状を獲得し、守護遵行システムを利用する代償として、守護によるさまざまな課役や軍役等の賦課に応じてきた。(33) こうした体制は「寺社本所一円領・武家領体制」と名づけられているが、段銭免除や守護使不入化は、そうした代償を免除する意味があったのであろう。

室町前期には、戦乱の終息にともなって、南北朝期と比較して恩賞充行・所領寄進が衰退した。(34) そうした事態に対応するために、将軍は段銭免除と守護不入化を一括して承認することによって、国人・寺社に対する新しい形の恩給とし、それを行使することによって将軍権力の一層の拡大を実現したのではないだろうか。また、惣免除の御判御教書は寺社本所領に多く出されているので、特に寺社に対する恩給であり、幕府の寺社本所領保護政策の側面を多大に有していた。

そして、従来将軍が発給した恩賞充行・所領安堵の命令に管領施行状を付されたのとまったく同様に、将軍は管領に自分の免除の命令を実現させることを命じる施行状を出させることによって、その実効性を高めようとしたのではないだろうか。

前節で指摘したように、免除・不入の管領施行状は応永二年（一三九五）の義満出家を契機として出現したと考えられ、同時に管領施行状の様式も公家様となった。また、義満の伝奏奉書もこの頃から出現している。(35)

これらの事実も踏まえると、免除・不入の管領施行状は、公家化・僧侶化した義満の明確な意図に基づいた強力な政治主導下に成立したのではないだろうか。義満出家およびそれにともなう管領施行状の公家文書化、そして免除・不入の施行状や伝奏奉書の出現は、室町幕府の政策基調そのものが南北朝期に増して寺社本所領保護優先へ転換する画期であったと評価できると考える。

管領も免除・不入の御判御教書に施行状を発給して守護に遵行を命じることによって、拝領者の自己に対する求心力を高めることを期待したであろうことは容易に想像できるであろう。本書第四部第一章で論じた安堵施行状と同様、免除・不入の管領施行状の発給も管領の権限拡大政策の一環と評価できるのである。

ここで、将軍が賦課する税でもある段銭や「公方役」とも呼ばれる諸公事を免除することが、幕府＝将軍権力にとって経済的な損失とならなかったのかという疑問が想起される。しかし、この点に関しては、実際は段銭は完全には免除されなかったという解答が先行研究によってすでに与えられている。荘園領主たちは「京済」、すなわち現地の荘園で守護が段銭を徴収するのではなく、京都で直接幕府に納入していた事実が古くから指摘されている。(36) 将軍にとっては、免除・不入の御判を発給しても京済という代替手段で収益を得ることができるので基本的には損失とはならなかったと考えられる。

免除・不入の御判御教書や施行状を拝領する勢力、特に寺社本所にとっては、それらの文書によって段銭や守護役を免除されるのみならず、第一節で指摘したように守護不入化、つまり当知行を継続している所領に対する守護勢力の介入を拒絶し、より一層支配力を強化することが期待されたであろう。

要するに、免除・不入の御判御教書とそれを執行する管領施行状は、戦乱が終息し、安定期に移行した室町期の情勢に対応した新たな権益の供与であった。それと同時に、義満の公家化・僧侶化および幕府の政策の寺社本所領保護路線への転換を象徴する画期的な変化であったと評価できるのである。

では、このような惣免除・守護使不入の御判御教書と管領施行状の現実の実効性はいかほどだったのであろうか。当該期の寺社領回復の御判御教書→管領施行状が実効力に乏しかったのと同様に、(37) 守護は惣免除の御判御教書や施行状をなかなか遵守しなかった。

〔史料四〕『東寺鎮守八幡宮供僧方引付』文安四年（一四四七）六月一日条

（前略）矢野・太良・大山三ヶ庄者、以前雖レ有二其御教書一、近年者有名無実歟、所詮重安堵可二申成一云々、[38]（後略）

本章第一節・第二節で述べたように、東寺領矢野・太良・大山三荘では、永享六年（一四三四）に義教の惣免除の御判御教書が出され、矢野・太良荘には管領施行状や守護遵行状も出された。しかし、それがわずか一三年後には「有名無実」と化している。〔史料四〕によれば、これが拝領者東寺の認識であった。

播磨国矢野荘に限って見ても、義教御判を拝領した翌永享七年（一四三五）八月には早くも守護使が播磨国書写山円教寺の修造を名目とした「書写段銭」を徴収しようとして荘園現地に入部したので、東寺は守護方と交渉して「免除折紙」を獲得している。[39]このように免除御判拝領後においても、拝領以前と同様に守護使がたびたび荘園に入部したり、段銭等の課役を賦課しようとし、そのつど東寺が幕府や守護と交渉して催促停止や京済の認定を受けなければならなかったのである。[40]

しかも、嘉吉の乱によって守護が赤松氏から山名氏に交替してからは、赤松氏時代には平均して二年に一度であった段銭賦課が毎年一度の頻度に上昇している。[41]まさに東寺が「近年者有名無実歟」と概嘆した状況が看取できるのである。

そこで、〔史料四〕に「重安堵可二申成一」と記されているとおり、東寺は幕府に申請して、改めて惣免除の文書を獲得しようとした。文安四年九月二一日には管領細川勝元下知状、続いて宝徳二年（一四五〇）三月二九日にも管領畠山持国下知状および同施行状（表2-80～83）、さらに長禄三年（一四五九）一二月二〇日にも将軍義政御判御教書が幕府から発給され、惣免除の指定を再三受けている。[42]このように免除・不入の御判御教書やその管領施行状が繰り返し発給されたのは、東寺領以外にも臨川寺領加賀国大野荘や南禅寺領備中国三成荘などで確認できる。特に表2-51には「為二免除之地一之処、動有二其煩一云々、不レ可レ然」と明記され、先行する御判御教書にも同様の事実が述べられており、(43)東寺領荘園と同じ事情で発給されたことがうかがえる。

しかし、それでも守護の段銭催促や荘園現地への入部がやまなかったことは、東寺に残存する多数の古文書や引付集からあきらかである。しかも、催促停止や京済を認められたとしても、必ずしも守護による荘園現地での暴力的な徴収がやむわけでなかった。(44)こうした状況は、東寺領以外の荘園一般についても大方同様であったであろう。

だが、免除・不入の御判御教書と管領施行状の効力が完全に存在しなかったと考えるのもまた一面的であろう。逆にこれらの文書を拝領しているからこそ、荘園領主はこれらを根拠として権利を主張し、催促停止や京済命令を獲得して、幕府や守護の度重なる段銭等の賦課や守護使入部の相当部分を阻止できた側面もあったのではないだろうか。

〔史料五〕『満済准后日記』正長二年（一四二九）二月五日条

丹波国土一揆以外蜂起之間、守護明日可レ遣レ人、仍寺社権門領等之領内ニ専此一揆在レ之、厳密ニ可レ致二沙汰一処、自二方々一被二歎申一時被レ閣者、不レ可レ有二正体一也、

本史料によれば、正長二年、丹波国の土一揆が国内の寺社本所領に逃れたため、守護細川持元の軍勢が立ち入って取り締まれない状況にあった。(45)守護軍が寺社領に入れない原因が守護不入権にあることは明白である。寺社本所領が保有する守護不入の特権を利用して、土一揆が守護に抵抗している状況が看取できるのである。免除・不入命令に一定の効力があり、それ故守護権力が抑制されていることがうかがえるであろう。

前節でも述べたように、守護にとって免除・不入の御判とその施行状は、段銭・諸公事免除と守護使不入化を命じることによって守護を牽制し、その勢力伸長を阻害する点で従来の施行状とは完全に方向性が逆である施行状だった。したがって、みずからの領国支配の進展を阻害する存在であったと考えられるのである。

そして何より、自身が数か国の守護を兼ねる管領にとって、免除・不入の管領施行状とは、受給者の自身に対する支持を期待できる反面、自身の守護領国支配の伸張を阻むことを将軍に強要される矛盾した命令であったと考えられる。

故に、管領が施行状を故意に発給しないこともあったのではないだろうか。具体例をあげれば、前節で述べたように、永享六年の東寺領に対する惣免除に基づいて、管領細川持之は播磨と若狭には施行状を出した。しかし、自身が守護を務める丹波国所在の大山荘には施行状以下の文書が一切現存しない。これは文書が紛失したのではなく、持之が自身の任国に施行状を発給しなかった可能性が高いと考える。

第四節　免除・不入の管領施行状の展開

本節では、室町殿の代替わりごとの免除・不入の管領施行状の全管領施行状に占める割合を算出し、管領施行状の命令内容の時期的変遷を詳細にたどり、管領施行システムが衰退していく過程を解明したい。

表3は、表2に基づいて、室町殿が統治した各時期における免除・不入の管領施行状の発給件数と、それが管領施行状全体に占める割合を算出した表である。(46) 管領施行状が事実上消滅した文明四年（一四七二）以降は除いた。文書の残存の問題や遺漏もあろうが、おおよその傾向はつかめると思う。

南北朝期、すなわち将軍尊氏・義詮および義満中期までは免除・不入の管領施行状が存在しなかった。本書第二部第一章・第二章および第四部第一章で論じたように、この時期の執事（管領）施行状は、ほとんどすべて諸国の国人や寺社に対して発給された恩賞充行・所領安堵の下文・御判御教書や寄進状を執行する命令であった。これらの命令は守護の利害と一致することが多く、守護が遵守する場合が比較的多かったと考えられる。

義満後期に免除・不入の管領施行状が初めて出現した。しかし、全管領施行状中に占める割合はわずか一五・

九％にすぎない。守護による段銭賦課も後年と比較するとまだそれほど頻繁ではなかったので、免除・不入の管領施行状の問題点はさほど顕在化しなかったと考えられる。

義持期には、免除・不入の管領施行状の管領施行状に占める割合が三四・一％に激増する。この時期には当知行安堵の施行状が廃止され、恩賞充行も義満後期よりも半減した。[47] その影響もあって免除・不入の施行状の存在感が増していることが数値的にも裏づけられる。また、第一節で述べたように、畠山満家が二度目の管領に就任した応永二八年（一四二一）以降は段銭免除のシステムが制度的に整備され、惣免除や催促停止の管領奉書が廃止されて管領の権限がより明確となることも看過できない。

義教期には免除・不入の管領施行状の全施行状に占める割合はさらに上昇し、四八・七％と半分近くとなっている。しかも義教の専制が顕著となった永享後半の七年間に限って見ると、実に五四・二％と半数以上の管領施行状が免除・不入を命じるものとなる。施行状の文言が定式化・固定化する傾向もうかがえる。

これは、この時期に守護が独自に領国に段銭を課すことが恒常化したことに対応して、[48] 寺社勢力が幕府に免除を要求する動きが活発化したことを反映していると考えられる。この頃から将軍権力と管領―守護権力との矛盾が顕在化し始めたのではないだろうか。実際、管領が経済的困窮を理由に就任を忌避する動きが出てくる。[49]

嘉吉の乱後、管領が幼少の将軍の権力を代行した時期には、管領下知状で惣免除・守護使不入命令が行われた。再三述べるように、管領は段銭免除・守護不入政策に消極的であったと考えられる。のみならず、当該期の幕府財政は

備　考
将軍・引付頭人等発給施行状・管領細川頼之下知状施行状も含む
将軍発給施行状も含む
管領畠山満家下知状施行状も含む

表3　免除・不入の管領施行状の発給割合一覧

将軍・室町殿	統治期間	統治年数	免除・不入の管領施行状発給件数	全管領施行状に占める免除・不入の管領施行状の割合(小数点以下第4位で四捨五入)
尊氏～義満中期	建武2～応永2 (1335～1395)	61	0	0.0
義満後期 (義満出家後)	応永2～応永15 (1395～1408)	14	16	15.9
義持期	応永15～応永35 (1408～1428)	21	31	34.1
義教期	(全体)正長元～嘉吉元 (1428～1441)	14	19	48.7
	(後半)永享7～嘉吉元 (1435～1441)	7	13	54.2
管領政治期	嘉吉元～康正2 (1441～1456)	16	17	58.6
義政期	康正2～文明3 (1456～1471)	16	25	46.3

極度に悪化しており、文安元年（一四四四）に内裏再建のために賦課された諸国段銭は寺社領の免除を認めない厳格な方針で行われた。(50) このように、管領政権が免除・不入政策を忌避しようと努力した形跡も確かにうかがえる。

ところが、それを執行する施行状の割合は、予想に反して五八・六％とさらに上昇している。ただし、この時期の免除・不入の管領施行状は大半が天竜寺と東寺にしか出されていない。一寺が領有する荘園が複数の国に散在する場合、惣免除の管領下知状は一通のみでも施行状は当然各国の守護宛に複数発給される。したがって、この数値はそれを差し引いて考慮する必要があると思われる。

とはいえ、この非常に高い比率は、免除・不入に批判的であったであろう管領でさえ、いざ政権を担当する段になるとそれに一層層依存せざるを得ない権力構造に陥っていたと見るべきではないだろうか。

義政期には、免除・不入の管領施行状の全施行状に占める割合は四六・三％と若干低下する。ただし、この時期においては、一方で将軍による守護の意向を無視した強引な軍事動員が度重なった。(51) 軍事動員は軍事費として分国への課役の賦課を必然的にともなう。したがって、免除・不入政策とは原理的に真っ向から矛盾する。事実、この時期には守護が幕府の動員命令に応じて軍事費を捻出するために、先例を破って諸役免除地に臨時課役を賦課した事例が散見する。(52)この指摘も踏まえれば、見かけの比率以上に免除・不入の御判御教書と管領施行状の矛盾や弊害が一層増大し、その実効力をさらに低下させたとおぼしい。

加えてこの時期には、義教期以上に管領が辞意を漏らして将軍に慰留される事件が毎年のように発生し、その原因も将軍と管領の対立であると考えられる場合が多い。(53)将軍による免除・不入命令およびそれと矛盾する軍事動員命令が頻繁となっていくにつれ、将軍と管領の対立が激化していった傾向がうかがえるのではないだろうか。

こうして俯瞰すると、南北朝・室町初期には将軍権力を補完・強化するだけではなく、管領・守護の領国支配も固める存在であった管領施行状が、時を経るごとに次第に管領・守護権力を抑制する役割しか果たさなくなっていく状況が看取できるのではないだろうか。義政期にいたって、寺社本所領や奉公衆を中心とした一部国人領の保全と強化を目指し、守護権力の抑圧を志向し、にもかかわらず一方では軍事動員をたびたび守護に強いる矛盾した政策を採る将軍と、それらの所領に対する支配力を強化し、領国制の伸長を志向する守護の政策の方向性がまったく逆となった。そして、自身守護たる管領が己の利害に反する命令の実行を将軍に頻繁に強要され、将軍と守護の両者の間で板挟みになり続けた結果、将軍と管領の権力バランスが崩れたと推定できる。

文正の政変後、管領施行状の発給頻度は著しく低下した。そして、従来からも指摘されているように、応仁・文明の大乱の最中に出された文明三年（一四七一）三月二七日付管領細川勝元施行状写（表2-108）を最後として実質的な機能を有していた管領施行状は姿を消し、施行状以外の管領奉書も同時期に消滅する。(54)これは、将軍御判御教書→管領施行状→守護遵行状……という管領施行システムの崩壊であった。

おわりに

応永初頭から、守護に対して段銭や諸公事の免除や使者入部停止を命じる将軍御判御教書を施行する管領施行状が出現した。これは、義教・義政期には主流となり、応仁・文明の乱まで存続し、中期室町幕府の代表的な文書の一つとなった。本章では、これを便宜的に「免除・不入の管領施行状」と名づけて論じた。

免除・不入の管領施行状の出現は応永二年（一三九五）の義満出家に関連していると推定でき、寺社・国人に対する幕府による新しい形の恩給であったと考えられる。しかし、これは寺社本所領保護に偏重し、特に守護の使者入部を禁止する点で従来の管領施行状とは逆方向の機能を有する施行状であり、守護の権益を損ねる上、自身守護たる管領に利害に反する命令の施行を強要するものであった。

義持期以降、管領施行状に占める免除・不入の施行状の割合は増加し、管領政治期には六割近くの管領施行状が免除・不入を命じるものとなった。義政期にいたり、守護の意向を無視し、免除・不入とは矛盾する強引な軍事動員命令が度重なったことも相俟って、将軍と管領の権力バランスが崩れ、管領施行状は応仁の乱を契機として廃絶した。

管領施行システム消滅の原因は、右に述べた過程で機能不全を起こしたことである。嘉吉の乱以降、室町幕府―守護体制が変質した事実が川岡勉氏によって指摘されている。(55)その原因はもっぱら、嘉吉以降、幼少の将軍が続いたことによる「上意不在の状況」に求められている。そうした政治史的要因に加えて、将軍の命令を守護に伝達することで両者を連結させる役割を果たした管領施行状を分析することで、変質の根本的な要因を社会構造の側面から具体的に解明し、幕府―守護体制の研究を一層深化させることができたと考えている。

こうして、室町幕府発足から連綿と続いてきた執事（管領）施行システムは、登場してから約一四〇年で消滅する。一五世紀半ば以降の守護による段銭の給与・免除を守護知行制構築の中に位置づけ、それが守護と国人の関係を一層緊密化させていくとの指摘がある。(56) 不入権も強固に残存し、それが完全に消滅するのは織田信長政権の登場を待たなければならなかった。(57)

こうした理解に無論異存はない、しかし、一五世紀前半のように段銭免除・守護不入化を将軍が守護の意志に反して強制的に命じるのと、守護が主体的に判断してその可否を決定するのとでは実効性や守護領国制の進展の度合いは大幅に相違したに違いなく、そこに段階差を認めるべきであろう。室町幕府は以後も約一世紀にわたって存続するが、それは以前の室町幕府とは異質の政権といえるのである。

(1) 小川信『足利一門守護発展史の研究』(吉川弘文館、一九八〇年) 七六一頁など。
(2) 今谷明「管領代奉書の成立」(同『守護領国支配機構の研究』法政大学出版局、一九八六年、初出一九七五年) 七四〜七八頁など。
(3) 「幕府―守護体制」については、川岡勉「中世後期の権力論研究をめぐって」(同『室町幕府と守護権力』吉川弘文館、二〇〇二年) などを参照されたい。
(4) 小林保夫「室町幕府における段銭制度の確立」(『日本史研究』一六七、一九七六年) 三四頁。
(5) 百瀬今朝雄「段銭考」(寶月圭吾先生還暦記念会編『日本社会経済史研究　中世編』吉川弘文館、一九六七年) 七〜一一頁。
(6) 案文、歴世古文書 (東京大学史料編纂所所蔵福岡県柏葉文庫蔵本写)。
(7) 註(4)所掲小林論文三四頁。
(8) 註(4)所掲小林論文三六頁。
(9) さしあたっては、高橋(旧姓市原)陽子「室町時代の段銭について(II)」(『歴史学研究』四〇五、一九七四年) 一五〜二二頁所掲「第4表　東寺領荘園の段銭催・免史料」を参照されたい。

(10) このタイプの免除については、高橋(旧姓市原)陽子「室町時代の段銭について(Ⅰ)」(『歴史学研究』四〇四、一九七四年)二頁で詳細に説明されている。

(11) 今谷明「室町幕府奉行人奉書の基礎的考察」(同『室町幕府解体過程の研究』岩波書店、一九八五年、初出一九八二年)一八七頁。

(12) 東寺文書五常之部信六(『相』八三三)。

(13) 応永二七年(一四二〇)四月一七日付将軍足利義持下知状正文、山城天竜寺文書(『天』三六一)など。

(14) 鳥居和之「嘉吉の乱後の管領政治」(『年報中世史研究』五、一九八〇年)二〇〜二二、二九頁。

(15) 『東寺廿一口方評定引付』永享六年(一四三四)四月二一日条、東寺百合文書ち函一〇など。

(16) 吉田賢司「足利義教期の管領奉書」(同『室町幕府軍制の構造と展開』吉川弘文館、二〇一〇年、初出二〇〇三年)二七五頁。

(17) 守護宛に出された催促停止の管領奉書にも「向後」という文言が付されるなど、実態として惣免除との区別が容易につけられないものが存在する。が、さしあたり本章では、当事者に宛てて諸役等の免除あるいは守護使入部停止を明記しているもの、またはそう推定できるものに限定して採録した。ただし、表1-6は二通作成され、当事者である円成寺長老と駿河半国守護今川了俊宛にそれぞれ出された事例である。また、表1-10にも「可二免許一之旨、被レ仰二守護人一畢」とあり、1-6の事例と同じく守護にも同様の命令が出されたことがうかがえる。

(18) 註(16)所掲吉田論文二七五頁。

(19) 以上、本書第四部第一章第二節、松園潤一朗「室町幕府「論人奉行」制の形成」(『日本歴史』七二六、二〇〇八年)二五〜二七頁など。

(20) 註(9)所掲高橋論文一五〜二二頁所掲「第4表　東寺領荘園の段銭催・免史料」。

(21) それぞれ正文、播磨松雲寺文書(『相』八三九)、同(『相』八四二)。太良荘においても、同年九月一四日に守護遵行状が発給されている(正文、東寺百合文書オ函一四〇)。このときの免除の一連の過程や手続に関しては、上島有「南北朝時代の申状について」(『日本古文書学論集7　中世Ⅲ』吉川弘文館、一九八六年、初出一九七六年)一七五〜一七六頁を参照されたい。

(22) 管領が自身の分国に将軍発給文書の執行文書を出す場合、通常の奉書形式ではなく、守護遵行状と同じ直状形式を採る。上島有氏はこれを施行状ではなく遵行状と見なす（同「室町幕府文書」（赤松俊秀編『日本古文書学講座4　中世編Ⅰ』雄山閣出版、一九八〇年）九九頁）。しかし、本書ではこれも施行状と見なして表2に収録した。

(23) 註(22)所掲上島古文書学解説書一〇一～一〇二頁。

(24) 施行状の書式と発給手続については、本書第二部第一章第二節を参照されたい。

(25) 本書第四部第一章所掲表2・表3の「書式」欄を参照されたい。

(26) 本書第二部第一章第一節。

(27) ただし、表2-91は、段銭以下諸役の免除と守護使不入地化とともに沙汰付も命令した事例である。これは先行する御判御教書正文、尾張妙興寺文書（『新編　一宮市史　資料編五』三九五号）に、「尾張国妙興寺領同国所々散在田畠、守護并諸給主押妨渡残等事、所㆓返付㆒也」とあり、以前に守護や給主たちが押妨し、妙興寺に打ち渡し残した寺領の返付命令も兼ねていたためである。なお、この御判御教書と同日付で幕府奉行人連署奉書正文、同文書（同三九六号）も沙汰付を命じている。

(28) 正文、山城長福寺文書乾八四〇号（石井進編『長福寺文書の研究』山川出版社、一九九二年）。

(29) いずれも正文、それぞれ東寺文書六芸之部書一二―二、八（『相』一〇五〇、一〇五三）。

(30) 註(22)所掲上島古文書学解説書九一～九二頁。

(31) ただし、不知行地の沙汰付を命じる管領施行状にも領有者明記方式が使用される場合があった。たとえば、嘉吉元年（一四四一）一二月二九日付管領細川持之施行状正文、東寺百合文書り函八一。これは、免除・不入の管領施行状における領有者明記方式の主流化が不知行地の施行状にも波及したためであろう。

(32) 管領施行状の命令内容に「沙汰付」型・所務保全型・当事者宛の三種類が存在することについては、本書第四部第一章第二節を参照されたい。

(33) 伊藤俊一「南北朝～室町時代の地域社会と荘園制」（同『室町期荘園制の研究』塙書房、二〇一〇年、初出一九九三年）四九～五四頁、高橋典幸「武家政権と本所一円地」（同『鎌倉幕府軍制と御家人制』吉川弘文館、二〇〇八年、初出一九九八年）二六八～二七三頁など。

(34) 本書第二部第一章・第二章所掲の各将軍下文施行状一覧を参照されたい。
(35) 富田正弘「中世公家政治文書の再検討」(同『中世公家政治文書論』吉川弘文館、二〇一二年、初出一九七八年)一四〇～一四一頁。
(36) 小林宏「室町時代の守護不入権について」(『北大史学』一一、一九六六年)四八頁。
(37) 百瀬今朝雄「応仁・文明の乱」(岩波講座『日本歴史7　中世3』、一九八二年、初出一九七六年)一八三頁。
(38) 東寺百合文書ワ函六二。
(39)『東寺廿一口方評定引付』永享七年(一四三五)八月二七日条、東寺百合文書く函一四。
(40) 松澤徹「播磨国矢野荘における段銭の賦課と免除」(『史観』一四八、二〇〇三年)四～五頁に掲載されている矢野荘における段銭の賦課・免除に関する関連史料の表も参照されたい。
(41) 註(40)所掲松澤論文三、一〇頁。
(42) 勝元下知状正文は東寺百合文書マ函八五、持国下知状正文は東寺文書六芸之部書一二―四(『相』九七〇)、義政御判御教書正文は註(29)所引史料(『相』一〇五三)。
(43) 正文、山城天竜寺文書(『天』四三〇)。
(44) 註(40)所掲松澤論文九頁。
(45) この件については、早島大祐「応仁の乱への道」(『中世都市研究』一四、二〇〇八年)一八一頁でも言及されている。
(46) 紙数の都合上、免除・不入以外の管領施行状の出典は省略した。安堵施行状は本書第四部第一章所掲表2・表3、義持・義教期の管領施行状は註(16)所掲吉田論文二九一～二九四頁、その他の管領施行状は主に『大』、吉田賢司報告レジュメ「室町幕府施行の変容」(二〇〇二年度日本古文書学会大会)所掲「管領施行状表(明徳四年～)」、本書第二部第一章・第二章所掲各表を参照した。
(47) 本書第四部第一章第二節、吉田賢司「室町幕府の戦功褒賞」(註(16)所掲同氏著書、初出二〇〇二年)一五七～一六四頁。
(48) 田沼睦「室町幕府・守護・国人」(註(37)所掲岩波講座)三三六頁など。

(49) 桜井英治『室町人の精神』(講談社、二〇〇九年、初出二〇〇一年)一五六~一五七頁など。
(50) 『康富記』同年閏六月二五日条。早島大祐「足利義政親政期の財政再建」(同『首都の経済と室町幕府』吉川弘文館、二〇〇六年、初出一九九九年)一四二~一四四頁。
(51) 吉田賢司「足利義政期の軍事決裁制度」(註(16)所掲同氏著書、初出二〇〇六年)三二六~三二八頁。
(52) 註(51)所掲吉田論文三三三~三三四頁。
(53) 註(14)所掲鳥居論文三二、四〇頁。
(54) 註(2)所掲今谷「管領代奉書の成立」七四~七八頁など。
(55) 川岡勉「室町幕府—守護体制の変質と地域権力」(註(3)所掲同氏著書、初出二〇〇一年)一〇三~一一二頁。
(56) 川岡勉「中世後期の守護と国人」(註(3)所掲同氏著書、初出一九八六年)一五八~一六五頁。
(57) 早島大祐「織田信長の畿内支配」(『日本史研究』五六五、二〇〇九年)四一頁。

・「書式」欄：存在しない。
・「下文発給年月日」欄：存在しない。
・「命令内容」欄：記号の意味は、以下のとおりである。
A：段銭・諸公事等の免除命令　B：守護使不入化命令

拝 領 者	命令内容	備　考	出　典
西山地蔵院長老	A	当事者宛 「任永和元年八月十三日官符・宣旨」	京都大学総合博物館所蔵地蔵院文書
竹生島衆徒中	B	当事者宛	近江竹生島文書
勧修寺政所	A	当事者宛 「任永暦官符并建武御教書等之旨」	山城勧修寺文書
西大寺長老	A	当事者宛	大和西大寺文書
越前国剣太神宮寺	A	宛所欠(当事者宛ヵ) 「任御院宣之旨」	越前剣神社文書
伊豆国北条円成寺長老	A	当事者宛＋守護宛	伊豆北条寺文書
永源寺住持	A	当事者宛	近江永源寺文書
本郷持泰	A	当事者宛	若狭本郷氏関係文書
鶴岡八幡宮々務僧都	A	当事者宛	相模鶴岡八幡宮文書
富士大宮司	A 社役対捍停止	当事者宛 「可免許之旨、被仰守護人畢」	静岡県立美術館所蔵富士文書

書である場合には、欄を一括して表示する。
・「御判御教書発給年月日」欄
「御判御教書発給者／命令内容」欄と同様、複数の免除・不入の管領施行状に先行して発給された惣免除の御判御教書が同一の文書である場合には、欄を一括して表示する。

免除・不入の管領施行状に先行して発給されたのが下知状である場合には、「※下知状形式」と記す。
・「備考」欄
施行文言が「任＝御判(之旨)－」でない場合、施行状に記されている先行将軍発給文書が呼ばれている文書名を記す。
・横太線
本章第1節で論じた、段銭免除システムが最終的に確立した画期と推定できる管領第2次畠山満家の就任時期(応永28年(1421))を示す。

書式	御判御教書発給者 命令内容	御判御教書発給 年月日	備　考	出　典
◇☆	前将軍義満 A(向後催促停止)	応永2.11.12		紀伊高野山宝簡集4

○表1の見方

※本書第2部第1章所掲「尊氏下文施行状一覧(観応の擾乱以前)」の見方と基本的に同じであるが、右の点で異なる。

表1　「惣免除」の管領奉書一覧

No.	発給年月日	状態	差　出	宛　所	所 領 名
1	永和2.5.24	案	管領細川頼之	西山地蔵院長老	西山地蔵院領
2	明徳2.6.1	正	管領細川頼元	竹生島衆徒中	近江国竹生島
3	明徳3.12.5	正	管領細川頼元	勧修寺政所	山城国宇治郡八幡宮田他
4	応永元.8.4	正	管領斯波義将	西大寺長老	丹後国志楽庄内春日部村
5	応永2.8.18	正	管領斯波義将	越前国剣太神宮寺ヵ	越前国剣太神宮寺領
6	応永3.3.3	正	管領斯波義将	円成寺長老 半国守護今川了俊	駿河国沢田郷
7	応永19.10.26	正	管領細川満元	永源寺住持	近江国山上永源寺領
8	応永21.12.15	正	管領細川満元	本郷持泰	若狭国知行分
9	応永25.5.10	正	管領細川満元	鶴岡八幡宮社務僧都	鶴岡八幡宮領関東御分国
10	応永25.8.27	正	管領細川満元	富士大宮司	駿河国富士上方以下所々

○表2の見方

※本書第2部第1章所掲「尊氏下文施行状一覧(観応の擾乱以前)」の見方と基本的に同じであるが、以下の点で異なる。

・「書式」欄
「◇」は領有者明記方式を表す。領有者明記式については本章第2節を参照されたい。

「☆」は施行文言を有しない管領施行状を表す。

・「御判御教書発給者／命令内容」欄
惣免除の御判御教書を発給した将軍(あるいは前将軍)の名を示す。管領が下知状で惣免除を行った事例では、管領の氏名を記す。

記号A・Bの意味は本章所載表1と同じである。

複数の免除・不入の管領施行状に先行して発給された惣免除の御判御教書が同一の文

表2　室町幕府免除・不入の管領施行状一覧

No.	発給年月日	状態	差　出	宛　所	所 領 名	拝 領 者
1	応永2.11.19	正	管領斯波義将	守護細川基之	備後国太田庄	高野山金剛峰寺大塔

書式	御判御教書発給者 命令内容	御判御教書発給 年月日	備　考	出　典
◇☆	前将軍義満 A（向後催促停止）	応永２.11.12		紀伊高野山宝簡集４
●	前将軍義満 A（其煩停止）	応永３.11.24	「御書」	山城三宝院文書
○	前将軍義満 B（一円知行）	応永５.２.29	当事者宛 「御書」	紀伊紀氏文書
◇	前将軍義満 A（向後催促停止）	応永４.５.２	直状形式 「御判御教書」	相州文書所収大住郡少林寺文書
◇	前将軍義満 A（催促停止）・B	応永３.７.23	直状形式 「御下知」	山城醍醐寺文書第１函
●	前将軍義満 B	応永７.12.26		宮内庁書陵部所蔵九条家文書
◇☆	前将軍義満 A（向後催促停止）	応永８.５.２		秋田藩家蔵文書５
◇	前将軍義満 A・B	応永８.11.14		佐々木寅介氏文書
◇	前将軍義満 A・B	応永９.10.２		佐々木寅介氏文書
◇	前将軍義満 A・B	応永９.２.23		山城臨川寺重書案文
◇	前将軍義満 A・B	応永10.閏10.28		山城南禅寺文書
◇	前将軍義満 A（催促停止）	応永２.５.26	「御書」	山城若王子神社文書
◇	前将軍義満 役夫工米催促停止	応永12.10.19	両使遵行 「御教書」	『大乗院寺社雑事記』長禄４年５月26日条
○	前将軍義満 A（催促停止）・B	？	拝領者の記載なし	東洋文庫所蔵広橋家記録
◇	前将軍義満 A（催促停止）	？		秋田藩家蔵文書５
◇	将軍義持 A・B	応永17.９.18	直状形式	山城醍醐寺文書第１函
◇				山城醍醐寺文書第４函
◇☆	将軍義持 役夫工米免除	応永17.10.15	直状形式	山城醍醐寺文書第１函
◇☆				山城醍醐寺文書第４函

No.	発給年月日	状態	差　出	宛　所	所 領 名	拝 領 者
2	応永 2 .11.19	正	管領斯波義将	守護細川頼長	備後国尾道・倉敷	高野山金剛峰寺大塔
3	応永 4 .10.29	正	管領斯波義将	守護山名氏之	伯耆国々延保	醍醐寺蓮蔵院
4	応永 5 . 3 .15	正	管領斯波義将	紀侍従	紀伊国日前・國懸両社領	紀俊長
5	応永 5 .12.17	正	管領畠山基国	守護代遊佐国長	越中国太田保内富山郷	東岩蔵寺
6	応永 7 . 3 .15	案	管領畠山基国	守護代遊佐助国	大伝法院領	大伝法院
7	応永 8 . 4 .22	正	管領畠山基国	守護細川満俊	淡路国都志郷	東福寺
8	応永 8 . 6 .14	正	管領畠山基国	守護土岐頼益	美濃国山口	佐竹常尚
9	応永 8 .11.27	案	管領畠山基国	守護細川満元	丹波国世木村	佐々木高光
10	応永 9 .10.26	案	管領畠山基国	守護一色詮範	参河国下和田郷	佐々木高光
11	応永10. 5 . 2	案	管領畠山基国	守護斯波義種	加賀国大野庄	臨川寺
12	応永10.11.12	正	管領畠山基国	守護斯波義種	加賀国得橋郷他	南禅寺
13	応永12. 9 . 5	正	管領斯波義教	守護細川満之	備中国万寿三ヶ庄所職幷名々	新熊野
14	応永12.11. 2	案	管領斯波義教	狩野新左衛門入道下野法眼	越前国坪江・河口両庄	春日社
15	応永13. 2 . 5	案	管領斯波義教	守護細川満元	丹波国宮田庄	近衛良嗣ヵ
16	応永13.閏 6 . 8	写	管領斯波義教	守護土岐頼益	美濃国武義郡内山口東西	佐竹常尚
17	応永17.10. 8	案	管領畠山満家	守護代遊佐家長	紀伊国所々	大伝法院
18	応永17.10. 8	案	管領畠山満家	上守護細川頼長 下守護細川基之	和泉国信達庄	大伝法院
19	応永17.10.26	案	管領畠山満家	守護代遊佐家長	紀伊国所々	大伝法院
20	応永17.10.26	案	管領畠山満家	上守護細川頼長 下守護細川基之	和泉国信達庄	大伝法院

書式	御判御教書発給者 命令内容	御判御教書発給 年月日	備　考	出　典
●☆	将軍義持 白山段米免除	同日		山城天竜寺文書
●	将軍義持 B	応永19．5．4 ※下知状形式	「御下知」 B	山城天竜寺文書
●	将軍義持 A・B	応永20．5．15		國學院大學所蔵久我家文書
◇	将軍義持 A・B	応永21．3．29		秋元興朝氏所蔵文書
◇				山城南禅寺文書
◇	将軍義持 押領停止・B	応永25．12．21	B	足利将軍家御内書并奉書留
◇	将軍義持 A	応永25．12．23	当事者宛 B	宮内庁書陵部所蔵九条家文書
◇	将軍義持 A・B	応永27．4．17 ※下知状形式	「御下知」	山城天竜寺文書
◇			「御下知」	山城天竜寺重書目録
◇			「御下知」	山城天竜寺重書目録
◇			「御下知」	山城天竜寺重書目録
◇			「御下知」	山城天竜寺文書
◇			直状形式 「御下知」	山城天竜寺重書目録
◇☆				山城天竜寺重書目録
◇			直状形式 両使遵行 「御下知」	山城天竜寺重書目録
◇			「御下知」	山城天竜寺重書目録
◇				山城天竜寺重書目録
◇			「御下知」	山城天竜寺重書目録

No.	発給年月日	状態	差　出	宛　所	所 領 名	拝 領 者
21	応永17.12.26	案	管領畠山満家	守護斯波満種	加賀国大野庄	臨川寺
22	応永19．5．12	正	管領細川満元	守護斯波満種	加賀国大野庄	臨川寺
23	応永20．8．9	案	管領細川満元	守護高師英	山城国久我本庄并久世庄	久我通宣
24	応永21．4．29	正	管領細川満元	守護斯波義教	尾張・遠江両国所々	南禅寺
25	応永21．4．29	正	管領細川満元	守護細川頼重	備中国三成庄	南禅寺
26	応永25.12.26	写	管領細川満元	守護今川範政	駿河国田尻郷内正税并久富名等	大草公範
27	応永26．5．9	正	管領細川満元	不断光院	山城国散在田畠屋地	不断光院
28	応永27．4．19	正	管領細川満元	守護富樫満春	加賀国大野庄	臨川寺
29	応永27．4．19	案	管領細川満元	守護富樫満春	加賀国横江庄	天竜寺
30	応永27．4．19	案	管領細川満元	守護細川満久	阿波国那賀山庄	天竜寺
31	応永27．4．19	案	管領細川満元	守護山名時熙	備後国岩成庄	天竜寺
32	応永27．4．19	案	管領細川満元	守護一色義貫	山城国物集女庄他	天竜寺
33	応永27．4．19	案	管領細川満元	守護代香西常連	丹波国六人部九ヶ村他	天竜寺
34	応永27．4．19	案	管領細川満元	守護斯波義淳	遠江国村櫛庄他	天竜寺
35	応永27．4．19	案	管領細川満元	香河下野守 安富安芸入道	讃岐国原并柞原	天竜寺
36	応永27．4．19	案	管領細川満元	守護赤松義則	播磨国的部南条郷他	天竜寺
37	応永27．4．19	案	管領細川満元	関東管領上杉憲実	相模国成田庄他	天竜寺
38	応永27．4．19	案	管領細川満元	守護上杉房方	越後国保倉保他	天竜寺

書式	御判御教書発給者 命令内容	御判御教書発給 年月日	備　考	出　典
◇	将軍義持 A・B	応永27. 4 .17 ※下知状形式	「御下知」	山城天竜寺重書目録
◇	将軍義持 A・B	応永27. 6 .12 ※下知状形式	「御下知」 B	山城南禅寺文書
◇	将軍義持 A・B	応永29. 6 .13		内閣文庫所蔵楓軒文書纂
◇	前将軍義持 A・B	応永30. 4 .11		三河総持尼寺文書
●	前将軍義持 A	?		宮内庁書陵部所蔵九条家文書
◇	前将軍義持 A	応永31. 6 .11		東寺百合文書い函22
◇	前将軍義持 B	応永33. 5 .24	諸本所使者入部停止を命じる同日守護宛管領施行状あり	近江永源寺文書
◇	前将軍義持 A・B	応永34. 3 .28		山城大徳寺文書
◇				山城大徳寺文書
◇	将軍義教 A・B	永享 3 . 9 .12		山城清和院文書
◇	将軍義教 B	永享 3 . 9 .27		摂津水無瀬神宮文書
◇	将軍義教 A・B	永享 3 .11.13		山城松尾大社文書
◇	将軍義教 A・B	永享 6 . 4 .16	B	山城天竜寺文書
◇	将軍義教 A・B	永享 6 . 3 .26		東寺文書六芸之部数10-3
◇				東寺百合文書せ函武家御教書并達72
●	将軍義教 A・B	永享 7 .12.17		國學院大學所蔵久我家文書
●	将軍義教 A・B	永享 8 . 4 .10		近江竹生島文書
◇	将軍義教 A・B	永享 8 . 4 .16	御判御教書の内容は当知行安堵	山城長福寺文書坤

No.	発給年月日	状態	差　出	宛　所	所領名	拝領者
39	応永27．4．19	案	管領細川満元	守護細川頼重	備中国成羽庄	天竜寺
40	応永27．6．25	正	管領細川満元	守護細川頼重	備中国三成庄	南禅寺
41	応永29．7．6	案	管領畠山満家	守護京極持光	飛騨国河上庄已下寺領分	白山長滝寺
42	応永30．9．28	正	管領畠山満家	守護一色義貫	参河国菅生・比志賀両郷	参河国総持寺
43	応永30．12．23	案	管領畠山満家	守護京極高数	山城国散在田畠・法性寺大路八町他	東福寺
44	応永31．9．24	正	管領畠山満家	守護京極持光	山城国久世上下庄并上野・植松庄	東寺八幡宮
45	応永33．9．3	正	管領畠山満家	守護六角満綱	末寺永安寺敷地・散在田畠等	近江国山上永源寺
46	応永34．6．15	正	管領畠山満家	守護斯波義淳	尾張国破田村	大徳寺塔頭如意庵
47	応永34．6．15	案	管領畠山満家	守護赤松義則	播磨国小宅三職方他	大徳寺
48	永享3．10．2	正	管領斯波義淳	守護畠山満家	山城国富坂庄	清和院
49	永享3．10．25	案	管領斯波義淳	守護細川持之	摂津国水成瀬庄他	後鳥羽院御影堂
50	永享4．4．27	案	管領斯波義淳	守護細川持之	丹波国雀部荘他	松尾社
51	永享6．5．12	案	管領細川持之	守護富樫教家	加賀国大野庄	臨川寺
52	永享6．7．2	正	管領細川持之	守護赤松満祐	矢野庄例名方	東寺
53	永享6．7．2	正	管領細川持之	守護一色義貫	若狭国太良庄	東寺
54	永享7．12．25	正	管領細川持之	守護一色義貫	丹後国倉橋郷地頭職	小野寺栄秀
55	永享8．5．9	正	管領細川持之	守護六角満綱	近江国散在名田畠	近江国竹生島
56	永享8．5．20	正	管領細川持之	守護一色義貫	丹後国河上庄	梅津長福寺

書式	御判御教書発給者 命令内容	御判御教書発給 年月日	備　考	出　典
◇	将軍義教 A・B	永享８．４．16	御判御教書の内容は当知行安堵	山城長福寺文書坤
◇	将軍義教 A・B	永享10．３．11		出雲鰐淵寺文書
●	将軍義教 A・B	永享10．４．４	直状形式	摂津水無瀬神宮文書
○	将軍義教 A・B	永享10．９．29	御判御教書に「当知行云々」とある	長門平賀家文書
●	将軍義教 B	永享11．11．７		『大乗院寺社雑事記』長禄２年４月21日条
◇	将軍義教 A・B	嘉吉元．３．４		山城東福寺文書
◇				山城東福寺文書
◇				宮内庁書陵部所蔵九条家文書
◇	将軍義教 A・B	永享12．10．27		和泉開口神社文書
◇			直状形式	和泉開口神社文書
◇	管領細川勝元 A・B	同日 ※下知状形式	直状形式 「下知状」	藻井泰忠氏所蔵崇禅寺支証目録
◇	管領細川勝元 A・B	文安４．８．23 ※下知状形式	「下知状」	山城天竜寺重書目録
◇			「下知状」	山城天竜寺文書
◇			「下知状」	山城天竜寺重書目録
◇			直状形式 「下知状」	山城天竜寺重書目録
◇			「下知状」	山城天竜寺重書目録
◇			「下知状」	山城天竜寺重書目録
◇			「下知状」	山城天竜寺重書目録
◇			「下知状」	山城天竜寺重書目録
◇	管領細川勝元 A・B	文安４．８．23 ※下知状形式	直状形式 「下知状」	山城天竜寺重書目録
◇			「下知状」	山城天竜寺重書目録

No.	発給年月日	状態	差　出	宛　所	所 領 名	拝 領 者
57	永享８．５．20	正	管領細川持之	守護山名持豊	備後国金丸名・同国上山地頭職	梅津長福寺・同蔵竜院
58	永享10．３．23	正	管領細川持之	守護京極持光	出雲国国富庄・漆沼郷等	出雲国鰐淵寺
59	永享10．４．７	正	管領細川持之	守護代長塩宗永	摂津国水無瀬庄	水無瀬季兼
60	永享10．10．４	案	管領細川持之	守護山名持豊	安芸国高屋保地頭職他	平賀頼宗
61	永享11．11．21	案	管領細川持之	守護斯波義健	越前国河口庄兵庫郷	興福寺大乗院
62	嘉吉元．３．12	正	管領細川持之	守護山名持豊	山城国散在田畠他	東福寺
63	嘉吉元．３．12	正	管領細川持之	守護細川氏久	備中国上原郷・同領家職	東福寺
64	嘉吉元．３．12	正	管領細川持之	守護細川満俊	淡路国都志郷	東福寺
65	嘉吉元．４．15	正	管領細川持之	上守護細川教春 下守護細川基之	念仏寺領散在田畠等	和泉国堺南庄念仏寺
66	嘉吉元．４．15	正	管領細川持之	守護代長塩宗永	摂津国堺北庄散在田畠	和泉国堺南庄念仏寺
67	文安４．６．６	案	管領細川勝元	守護代長塩宗永	摂津国所々	摂津国崇禅寺
68	文安４．12．24	案	管領細川勝元	守護斯波義健	尾張国海東賀守郷他	天竜寺
69	文安４．12．24	正	管領細川勝元	守護山名持豊	播磨国的部南条郷他	天竜寺
70	文安４．12．24	案	管領細川勝元	守護武田信賢	若狭国耳西郷幷岡安名	天竜寺
71	文安４．12．24	案	管領細川勝元	香川上野入道	讃岐国柞原郷	天竜寺
72	文安４．12．24	案	管領細川勝元	守護細川持常	阿波国吉井他	天竜寺
73	文安４．12．24	案	管領細川勝元	守護小笠原持長	信濃国四宮他	天竜寺
74	文安４．12．24	案	管領細川勝元	守護富樫成春	加賀国横江庄	天竜寺
75	文安４．12．24	案	管領細川勝元	守護細川氏久	備中国成羽庄	天竜寺
76	文安４．12．24	案	管領細川勝元	守護代内藤之貞	丹波国弓削庄上下村他	天竜寺幷雲居庵
77	文安４．12．24	案	管領細川勝元	守護上杉房朝	越後国富川保他	天竜寺幷雲居庵

書式	御判御教書発給者 命令内容	御判御教書発給 年月日	備　考	出　典
◇	管領細川勝元 A・B	文安4.8.23 ※下知状形式	直状形式 「下知状」	山城天竜寺重書目録
◇	? A・B	?	「度々御判」	山城天竜寺文書
●	管領畠山持国 A・B	同日 ※下知状形式	「下知状」	東寺文書六芸之部数11-1
●			「下知状」	東寺文書六芸之部数10-15
●			「下知状」	東寺百合文書マ函86
●			直状形式 「下知状」	東寺文書六芸之部射14-1
◇	将軍義政 A・B	康正2.10.9	当事者宛	山城天竜寺文書
◇	将軍義政 A・B	康正2.10.9		山城天竜寺文書
◇	将軍義政 A・B	?		尾張妙興寺文書
◇	将軍義政 A・B	長禄2.3.29	御判案日付「長禄二年二月廿九日」	山城大徳寺文書
●	将軍義政 A・B	長禄2.4.29	直状形式	摂津水無瀬神宮文書
◇	将軍義政 A・B	長禄2.8.12		山城南禅寺文書
◇				山城南禅寺文書
◇	将軍義政 A・B	長禄2.12.24	沙汰付命令も兼ねる	尾張妙興寺文書
◇	将軍義政 A・B	長禄3.4.11		尊経閣古文書纂所収東福寺文書
◇	将軍義政 A・B	長禄3.7.6		山城天竜寺文書
◇	将軍義政 役夫工米免除・B	長禄3.9.8		保阪潤治氏所蔵文書
◇	将軍義政 A・B	長禄4.7.4	直状形式	山城宝篋院重書
◇	将軍義政 A・B	長禄3.5.27		山城鹿王院文書

No.	発給年月日	状態	差　出	宛　所	所 領 名	拝 領 者
78	文安４.12.24	案	管領細川勝元	安富筑後入道	讃岐国原郷二宮	天竜寺弁雲居庵
79	文安４.12.24	正	管領細川勝元	守護富樫成春	加賀国大野庄	臨川寺
80	宝徳２.３.29	正	管領畠山持国	守護細川勝元	丹波国大山庄	東寺
81	宝徳２.３.29	正	管領畠山持国	守護山名持豊	播磨国矢野庄内例名方	東寺
82	宝徳２.３.29	正	管領畠山持国	守護武田信賢	若狭国太良庄	東寺
83	宝徳２.３.29	正	管領畠山持国	下五郡守護代遊佐助国	山城国久世上下庄他	東寺
84	康正３.３.６	案	管領細川勝元	本折道祖若	加賀国大野庄	臨川寺
85	康正３.３.６	正	管領細川勝元	臨川寺長老	臨川寺領諸国	臨川寺
86	長禄２.４.２	正	管領細川勝元	守護斯波義敏	尾張国散在田畠并妙興寺末寺領	尾張国妙興寺
87	長禄２.４.21	正	管領細川勝元	守護斯波義敏	尾張国破田村	大徳寺如意庵
88	長禄２.10.16	正	管領細川勝元	守護代長塩宗永	摂津国水無瀬両庄	水無瀬季兼
89	長禄２.12.23	正	管領細川勝元	守護細川氏久	備中国三成庄	南禅寺
90	長禄２.12.23	正	管領細川勝元	守護山名持豊	播磨国矢野庄・大塩庄	南禅寺
91	長禄３.４.11	正	管領細川勝元	守護斯波義敏	尾張国所々散在田畠	尾張国妙興寺
92	長禄３.４.14	正	管領細川勝元	守護大内教弘	周防国得地上下保他	東福寺
93	長禄３.７.28	案	管領細川勝元	守護六角政堯	近江国鯰江庄所職名田畠他	臨川寺
94	長禄４.６.３	正	管領細川勝元	守護山名持豊	播磨国安田領家職半済分	宝憧寺
95	長禄４.９.26	正	管領細川勝元	守護代長塩宗永	摂津国木工庄	嵯峨善入寺
96	長禄４.11.６	正	管領細川勝元	守護畠山政長	越中国小佐味庄打越分	相国寺大智院

書式	御判御教書発給者 命令内容	御判御教書発給 年月日	備　考	出　典
●	将軍義政 B	寛正２．４．７		『大乗院寺社雑事記』寛正２年７月２日条
◇	将軍義政 A・B	寛正２．５．12		『華頂要略門主伝』第22所収文書
◇	将軍義政 A・B	同日		能仁寺文書
◇	将軍義政 A・B	寛正３．５．２		京都大学所蔵影写本田代文書
◇	将軍義政 A・B	寛正３．３．30		國學院大學所蔵久我家文書
●	将軍義政 A・B	寛正３．７．22		内閣文庫所蔵謄写本曇華院文書
◇	将軍義政 A・B	長禄３．12．20		山城実相院文書
◇			宛所欠	前田家所蔵実相院文書
◇	将軍義政 A・B	康正２．10．９	84のA	山城天竜寺文書
◇	将軍義政 A・B	同日		宮内庁書陵部所蔵九条家文書
●	将軍義政 A・B	文正元．10．13	直状形式	徳大寺家文書
●	将軍義政 A・B	文明３．２．25		大阪城天守閣所蔵玉置家文書

No.	発給年月日	状態	差　出	宛　所	所 領 名	拝 領 者
97	寛正２．４．11	案	管領細川勝元	守護斯波義寛	越前国河口庄兵庫郷	大乗院家
98	寛正２．９．２	写	管領細川勝元	守護武田信賢	若狭国織田庄他	青蓮院門跡
99	寛正２．12．５	写	管領細川勝元	守護京極持清	出雲国雲樹寺領	出雲国雲樹寺
100	寛正３．５．26	案	管領細川勝元	上守護細川常有 下守護細川持久	和泉国大鳥庄内上条分	波多野元忠
101	寛正３．６．17	正	管領細川勝元	守護一色義直	丹後国倉橋郷地頭職	小野寺家道
102	寛正３．12．11	写	管領細川勝元	守護山名持豊	但馬国楽前北庄・同国栗尾村	大納言佐房
103	寛正５．９．12	正	管領細川勝元	守護土岐成頼	美濃国志津野四箇郷	実相院門跡
104	寛正５．９．12	正	管領細川勝元	守護畠山政長ヵ	越中国万見保	実相院門跡
105	寛正５．12．25	正	管領畠山政長	守護赤松政則	加賀国大野庄	臨川寺
106	文正元．９．５	正	管領畠山政長	守護山名持豊	播磨国田原庄本所分他	九条政基
107	文正元．10．17	案	管領畠山政長	礪波郡守護代遊佐長滋	越中国般若野庄	徳大寺
108	文明３．３．27	写	管領細川勝元	守護畠山政長	紀伊国所々	玉置継直

終章　本書の研究成果の概要

はじめに

本書は、応仁・文明の大乱以前の室町幕府における根幹の制度であり、将軍の主従制的支配権を強化・促進し、全国の武士・寺社本所に権益を与えることによって政権基盤の強化に大きな貢献を果たしたと評価できる管領施行システムの沿革を解明し、その歴史的意義を論じたものである。最後に本書の内容を要約して擱筆したい。

第一節　鎌倉幕府・建武政権の施行システム

室町幕府管領施行システムの前提として、鎌倉幕府と建武政権およびそれらの地方統治機関である鎮西探題と陸奥将軍府の施行制度を検討した。

鎌倉幕府においては、将軍あるいは執権が恩賞充行や所領安堵、所務沙汰裁許等の下文・下知状を発給したのちに、これらに基づく施行状が幕府の地方統治機関である六波羅探題や鎮西探題等から発給された。こうした鎌倉幕府の施行状は、ほとんどが事実上下文・下知状を拝領した当事者宛に発給され、その命令内容をただ伝達するにとどまるものであり、それ自体は沙汰付等の強制執行力を持たなかった。その点において、鎌倉幕府の施行状はのちの建武政権や室町幕府の施行状とは構造的に異なる存在であった。

ただし、鎌倉幕府の九州地方統治機関・鎮西探題においては、鎮西探題が鎮西下知状を発給したのち、探題自身が下知状の判決内容の実行を命じる執行命令を主に両使宛に御教書形式文書で多数発給した事実が知られる。そして鎌倉最末期には、鎮西下知状の施行状までわずかながら出現していた。九州に下知状の執行システムが発達したのは、鎮西五社領を優先的に保護する正和の神領興行法発布が契機となっていたと考えられる。神領興行法は、建武政権や室町幕府の恩賞充行政策と共通する要素を持っていた。この事実は、政治・社会情勢が動揺し、それにともなって政権に貢献する勢力の権益を積極的に保障する必要性が生じたときに施行システムが発達する条件が存在したことをうかがわせる。

元弘三年（一三三三）に鎌倉幕府を打倒して新たに発足した建武政権では、後醍醐天皇が綸旨を発給したのち、同政権の訴訟機関である雑訴決断所が牒形式の文書でその施行状を発した。この綸旨施行牒には、建武政権の地方統治機関である諸国の国司・守護に命じて綸旨拝領者に所領を打渡すことを命じる内容が記載されていた。こうした強制執行機能を有する点において、建武政権の綸旨施行状は構造的に鎌倉幕府の施行状とはまったく異なっており、のちの室町幕府執事施行状の先駆的存在であったと評価できるのである。

また、建武政権の東北地方統治機関・陸奥将軍府においても、中央の後醍醐政府とは別個に陸奥国司北畠顕家が恩賞充行を独自に行い、みずから施行状を発給した。これは、顕家が一時は足利尊氏を追い詰めるほど強大な勢力を誇った要因の一つであると考えられる。

第二節　室町幕府管領施行システムの形成

南北朝内乱に軍事的に勝利を収め、政権基盤を強化して覇権を確立するために、室町幕府の草創初期から初代将軍足利尊氏は、幕府方となり軍事的に貢献した武士や、祈禱等を行うことによって幕府支持を鮮明にした寺社本所に対し、みずからが保有する主従制的支配権を積極的に行使し、大量の袖判下文や寄進状を発給して恩賞充行や所領寄進を行った。

しかし、動乱によって社会情勢が非常に混乱している最中に大量の武士や寺社が恩賞・寄進を求めて幕府に殺到し、幕府もまた彼らの支持を急いで取りつけるために適正な調査を経ずに大量の下文・寄進状を発給したので、幕府方の寺院荘園を誤って闕所地と認定して恩賞として他の武士に充行ったり、複数の武士に同一所領を与えるなど問題をはらむ下文が大量に出現した。また、鎌倉期から行われていた自力救済だけでは恩賞地・寄進地を実効支配する旧主の力が強大すぎて、現地を実効支配できない武士・寺社が多数出現した。

その問題を解決するために、将軍の補佐役であった室町幕府初代執事高師直は、おそらく建武政権における綸旨施行システムも参考にしたと思われるが、前代鎌倉幕府にはほとんど存在しなかった下文施行状なる室町幕府独自の新型文書を開発した。

下文施行状は、下文を簡単に再調査し、適正でない下文は退け、適正であると認めたものに対しては、恩賞地が存在する国の守護に遵行を命じることによって、下文拝領者による恩賞地の当知行化を強力に推進する機能を有する文書であった。下文施行システムによって、武士・寺社に対する恩賞・寄進は相当程度貫徹された。また、守護にとっても任国を平定して国人層の求心力を高めることに大いに貢献したと推定される。

施行状の発給手続に関しては、初期にはまだ臨時の文書である側面が強く、下文拝領者が申状によって申請してから施行状が発給される申状方式が主流であった。しかし、下文の妥当性を判断することによって施行状発給者自身の権力を増強させる側面も有していたと考えられることもあって、やがて申状なしでも発給されると推定される簡易方式が主流となり、執事が発給する下文施行状、すなわち執事施行状の「制度」化が進行した。

要するに執事施行状は、将軍の主従制的支配権を補強・促進し発給者たる執事の権力を強化し、また遵行を担当する守護の領国支配も進展させたと評価できる。

執事施行状・執事奉書の発給機関は、暦応四年（一三四一）一〇月三日制定室町幕府追加法第七条などから仁政方であったと結論づけることができる。仁政方は、将軍の主従制的支配権を執事が貫徹させる政治体制を「仁政」と認識することによって命名されたと考えられる機関である。将軍管轄下にあって、執事が実質的に運営を取り仕切った。そして、南北朝期全般にわたって存続し、室町期以降の管領施行状・奉書を発給する場に継承されたと推定できる。

高師直は、執事施行状を大量に発給することによって己の権力を増強させたとおぼしい。しかし、尊氏の弟で幕府の統治権的支配権の行使者である足利直義が彼の専横を嫌ったために、下文の実現機能を仁政方から引付方に移管することを定める追加七条が制定されるなど、両者の間で執事施行状の可否をめぐる抗争が発生したと考えられる。これは、恩賞充行政策を遂行するにあたって、限定的な効力しか持たない引付（内談）頭人奉書を臨時に発給するにとどめる、つまり直義管下の評定―引付方組織を堅持して鎌倉幕府的体制を継承するのか、それとも相対的に強力な機能を有する施行状を「制度」化する、つまり執事の権限を強化し、守護に遵行を命じる制度を発展させて組織の中核に据えるのか（管領制度）という幕府内部における政策路線の対立でもあった。そして、観応の擾乱の大きな要因となったと推定できる。

従来、両者の対立に関しては、人格的にも問題があり、新興武士層の非合法な寺社本所領侵略を積極的に推奨する師直と、高潔な人格者で鎌倉幕府的秩序の維持を政策とし、寺社本所領の保全に全力を尽くした直義の対立といったイメージで語られることが多かった感がある。これに対し本書は、政治史的・訴訟制度史的により大きな歴史的視点から初期室町幕府の路線対立を位置づける成果をあげることができたと考えている。

観応の擾乱以降、尊氏派・直義派に分裂して弱体化した足利政権を建て直すために以前に増して恩賞充行・所領寄進を積極的に推進する政策を幕府が採用したために、師直路線＝下文施行推進路線が発展的に継承されることとなった。そして、観応三年（一三五二）九月一八日制定室町幕府追加法第六〇条によって、下文施行状は事実上「制度」化され、擾乱以前よりも多数の下文施行状が発給されたのである。

しかし、追加六〇条による下文施行状の確立は、直ちには施行状発給権を執事が独占することにはつながらなかった。南北朝中期の室町幕府では、引付頭人や将軍もまた下文施行状を発給した。特に擾乱直後の尊氏・義詮による東西分割統治期に、西国の義詮政権において引付頭人が大量の下文施行状を発給した事実は注目に値する。そして、二代将軍義詮の治世末期には執事制度も廃止され、将軍みずからが独自の様式の下文施行状を発給することによって将軍親裁権の強化を図った。このような現象が発生したのは、それだけ下文施行状が南北朝時代に適合して有効性を有しており、施行状発給が発給者の権力基盤の強化に直結した事実を反映していることを看過してはならない。

足利義満が三代将軍となり、細川頼之が管領に就任すると同時に執事施行状は復活し、以降は執事が発展した役職である管領が施行状を一元的に発給する体制となる。管領は引付頭人の権限も吸収し、管領施行状・管領奉書を発給して守護に遵行を命じるシステムが室町幕府の根幹の体制として確立する。

最終的に施行状を発給する権限が管領に帰着した理由は、下文・御判御教書といった将軍発給文書を再チェックして施行状発給の可否を決定するのはやはり将軍とは別人である管領が行うのが体制的に最も効率的で安定していたからであると推測される。施行状を発給する者に権力が過度に集中して専横が行われる施行状の欠点については、細川・斯波・畠山の三守護家が交代して管領を務める慣習が定着したことによって緩和されたと考えられる。

第三節　室町幕府地方統治機関の施行システム

南北朝時代には、室町幕府の地方統治機関も施行状を発給した。

東国の鎌倉府では、観応の擾乱直後、将軍尊氏が東国を統治した時期に下文施行状が大量に発給され、それを契機として施行システムが形成された。その後、鎌倉公方足利氏が御判御教書形式で発給した恩賞充行文書に関東管領上杉氏が施行状を付す体制が確立し、永享の乱で鎌倉府が一時滅亡するまで継続した。鎌倉府の施行システムは、基本的に室町幕府の管領施行システムをそのまま移植した制度であると考えられる。しかし、発給地域が武蔵国に偏り、最後まで恩賞充行の施行が主流であるなど独自性もうかがえる。

九州地方では、観応の擾乱以前に九州探題一色道猷が発給した恩賞充行の御教書に、道猷自身が同形式の御教書で施行状を付した。これは、前代の鎮西探題の下知状執行システムを踏襲した体制であると推定できる。また、足利直冬の権力機構においても施行システムの存在が確認できる。ただし、直冬が養父直義の政治思想の影響を受けていたこともあり、直冬勢力の施行状発給は低調であったと考えられる。

東北地方の奥州探題において恩賞充行とその施行がもっとも大規模に行われたのは、観応の擾乱直後の探題吉良貞家期である。この時期には恩賞充行や所領安堵の貞家奉書に将軍尊氏の袖判が据えられる場合があり、尊氏袖判のある貞家奉書は尊氏の袖判下文と同等の文書と見なされた。そして、貞家みずからや奥州探題奉行人が施行状を発給したのである。

観応の擾乱以降に恩賞充行と施行システムが発達し、中央の幕府の影響を強く受けている鎌倉府、逆に擾乱以前が最盛期で鎮西探題の影響が大きい九州探題、そして奉行人が施行状を発給するなど独自の方式を採用し、擾乱直後にもっとも栄えた奥州探題と、同じ幕府の地方統治機関でも、恩賞充行とその施行の体制はそれぞれの地域固有の事情を反映して多様性があり、個性的で異質な展開を遂げている。ともあれ、南北朝期に全国的に広範に展開した施行システムは、この時代の政治・社会情勢に適合する制度であったと結論づけられるのである。

第四節　室町幕府管領施行システムの展開

室町期に入ると内乱が終結し、政治的・社会的安定期に入ったために恩賞充行・所領寄進の機会が減少した。それにともなって管領施行状を発給する機会もまた減少し、戦時に即応する体制として強大化してきた管領権力が衰退する危機が到来した。

管領はその危機を克服して求心力を維持するために、従来は施行状がつかなかった所領安堵に対しても、南北朝末期から施行状を発給するようになった。将軍の安堵の御判御教書に付される管領施行状、すなわち安堵施行状は、所領荘園秩序を恒常的に維持し、幕府―守護体制を安定化させることに一定の貢献を果たしたと考えられる。しかし、特に当知行安堵施行状は、本来は守護が遵行する必要のない当知行所領に遵行を命じるという構造上決定的な矛盾を内包していた。そのため、不知行の所領であるのに当知行と偽って当知行安堵の御判御教書と施行状を獲得して悪用し、被安堵所領を実効支配しようと企む武士が出現するといった問題も発生した。

当知行安堵施行状は、従来の「沙汰付」型施行状から、義満治世末期には「沙汰付」文言が存在せず被安堵者の所務のまっとうを命じる所務保全型施行状に、次いで四代将軍義持治世中期には守護宛ではなく、被安堵者に直接宛てて発給される当事者宛施行状に、それぞれ管領の交代を契機として変化する。

これは、右の矛盾と、それに起因する施行状悪用の問題を解決するための制度改革であったと考えられる。しかし、施行状の中核的で最重要の機能であった「沙汰付」を外したことによって、当知行安堵施行状の必要性はますます低下した。そして発給頻度も下がっていき、応永二九年（一四二二）七月二九日制定追加法第一七七条によって当知行安堵施行状は廃止され、以降は不知行所領に限定して「沙汰付」型施行状が発給されることとなった。

ところで、安堵施行状の出現にともない、寄進状の管領施行状の施行文言が分化し、従来のように「任㆓御寄進状(之旨)㆒」となるタイプと、安堵施行状と同様「任㆓安堵(之旨)㆒」となるタイプの二種類が出現した。後者のタイプの管領施行状は、返付型寄進と追認型寄進に限定して見られる。安堵施行状の出現によって、幕府当局は法制上、寺社に対する恩賞充行といえる所領寄進にも所領安堵の要素を内包する寄進が存在することを『発見』した。施行文言の分化はその事実を示していると推定できるのである。

幕府法制定によって消滅した安堵施行状に代わって管領施行状の主流となったのは、守護に対して段銭等の免除や使者入部停止を命じる将軍御判御教書を執行する管領施行状である。段銭賦課・免除権は南北朝後期に幕府が北朝から段階的に接収しており、こうしたいわゆる免除・不入の管領施行状は応永二年（一三九五）の義満の出家を契機として出現した。これが、一五世紀中頃から応仁・文明の大乱にいたるまで管領施行状の大半を占めるのである。

免除・不入の管領施行状は、当知行を継続している寺社本所や一部の国人に対し、段銭や諸公事以下の守護役を免除し、同時に守護使の現地入部を停止することによって、拝領者の当知行所領に対する支配力を一層強化させ、幕府に対する支持を高めることを目的とした命令である。不知行所領・荘園の新たな給付である恩賞充行・所領寄進が衰退した室町中期における、新しいタイプの利益分配システムであると評価することができる。その意味では、将軍の主従制的支配権を強化する管領施行システムの伝統的かつ根本的な理念に沿った文書であるといえよう。

しかしながら、免除・不入の管領施行状が下文施行状・安堵施行状等の従来の施行状と構造的にもっとも相違しており、かつ決定的に断絶していた点は、守護使不入化を命じることによって守護の所領への関与を完全に否定し、排除する点であった。遵行を行い、所領に積極的に介入することによって拝領者の守護に対する求心力を高めたり、また遵行による拝領者の該所領当知行化の代償に、拝領者を守護の課役や軍役の対象とすることで守護の領国支配の発展にも寄与してきた従来の施行状とは、この点において完全に正反対の方向性を有していた。したがって、守護、さらには自身大守護である管領自身にとって、基本的に大きなデメリットとなる命令であったと考えられる。

南北朝初期には時代情勢に合致したシステムとしてきわめて有効に機能した施行システムは、室町中期においては時代の変化に対応できず、幕府と守護の関係に楔を打ち込む逆効果を生み出し、かえって幕府権力の弱体化を促進させるシステムに転落したと考えられる。免除・不入の管領施行状は守護の領国支配進展を阻害することを守護自身に強要するため、当然現実的効力にははなはだ乏しかったと考えられる。

さらにいえば、こうした寺社本所や一部の国人の権益しか保障しない命令は、施行状の発給者である管領の権力だけではなく、同時に先行の御判でかかる命令しか出さなくなった将軍権力の限界であり、守護層の将軍に対する求心力低下にともなう幕府衰退のメカニズムを示していると考えられることも看過できない。

そして、応仁・文明の大乱の勃発と同時に、遂に管領施行状・管領奉書、そして将軍の御判御教書は消滅した。無論これは、室町幕府発足以来約一四〇年にわたって存続してきた管領施行システムの崩壊を意味する。このの ち、室町幕府は戦国期幕府として新しい体制を構築することとなるのである。

おわりに

そもそも施行システムとは、政権の構想や理想を現実化するために産み出された制度であったといえるのではないだろうか。この政策は、内乱で政治や社会が混乱している中、諸勢力の支持を集め、戦争に勝利し、基盤を確立するために政権が創造した現実的で有効な対策の一つであった。そして執事施行状を創始した高師直は、卓越した真の改革派政治家として高く再評価できよう。その意味で、混迷の度合いを深めている現代の政治にも参考になる側面があるのではないかと考えている。

〔成稿一覧〕

（既発表論文は本書収録に際して補訂している）

序章　新稿

第一部

第一章　原題「鎌倉幕府施行システムの基礎的研究」（阿部猛編『中世政治史の研究』日本史史料研究会、二〇一〇年九月）

第二章　新稿

第三章　新稿

第四章　原題「陸奥将軍府恩賞充行システムの研究」（『兵庫大学論集』一六、二〇一一年三月）

第二部

第一章　原題「室町幕府執事施行状の形成と展開――下文施行システムを中心として――」（『史林』八六―三、二〇〇三年五月）※本論文第三章の内容は、第二部第二章第一節・第二節に含めた。

第二章第一節・第二節　原題「観応の擾乱以降の下文施行システム――尊氏・義詮下文施行状を中心として――」（東寺文書研究会編『東寺文書と中世の諸相』思文閣出版、二〇一一年五月）

第二章第三節　新稿

第三章　原題同じ（『史林』八九―四、二〇〇六年七月）

第三部

第一章　原題「鎌倉府施行システムの形成と展開」（『ヒストリア』二一四、二〇〇九年三月）

第二章　原題「南北朝前期九州地方施行システムの研究」（『東北亜文化研究』一八、二〇〇九年三月）

第三章　新稿

第四部

第一章　原題同じ（『日本史研究』五二〇、二〇〇五年一二月）

第二章　原題「康暦の政変後における室町幕府管領施行状の施行文言の分化――寄進状の施行状の分析を中心として――」（『東北亜文化研究』二九、二〇一一年一二月）

第三章　新稿

終章　新稿

あとがき

　生来のアレルギー体質により物心ついた頃から鼻炎や喘息などに苦しめられた虚弱児で、人付き合いが苦手で家に引きこもることが多かった私にとって、伝記で読み知ったガリレオやケプラーといった過去の偉大な研究者たちはあこがれの対象であった。大人になったら誰もなし得なかった新しい発明や発見をする職業につきたいとはずっと考えていた。

　しかし、高校に入学してから数学や特に化学が極端な苦手科目となり、能力的に理系の道は断念せざるを得なくなった。大学に入学してからは哲学専攻を考えた時期もあったが、本書の内容からあきらかなように私は抽象的思考がとにかく駄目なのでこれもあきらめた。

　結局選択したのは、これも幼い頃から読み親しんでいた歴史の学問であった。その中でも室町幕府を選んだのは、当初は鎌倉幕府・江戸幕府に比べて弱小の印象しかなく、教科書の扱いも小さめのこの政権が何となく気になっていたというごく素朴な理由に過ぎない。初代将軍足利尊氏の複雑な人間性も、多感な十代の人間にとっては何ともいえないある種の魅力を醸し出していた。

　しかし、鎌倉幕府が幕末に一瞬にして滅亡し、鎌倉を滅ぼした建武政権も三年足らずで挫折したのに対し、室町幕府は内乱を長期化させたとはいえ曲がりなりにも戦争に勝利し、二世紀以上にわたって存続した。鎌倉幕府・建武政権と室町幕府の政策には、その違いを産み出した決定的な何かがあるのではないだろうか。換言すれば、政治権力が長期的に安定するためには、具体的にいかなる政策を断行するべきなのであろうか。政権安定化の法則が存在するとすれば、いかなるものなのだろうか。一言でいえば、「政権担当能力」を解明したい。大学入学直後に自民党の長期単独政権が崩壊し、流動的になり始めた現代日本の政治・社会情勢も相俟って、私の問題意識はその方面に向かっていった。また、マキャヴェリの『君主論』に影響された側面も大きい。

本書は、その疑問に対するささやかな解答である。執事施行状とは、将軍尊氏の恩賞充行を現実化するために室町幕府が創造した改新的政策であった。いわば、政権の「理想」を「現実」化するための装置である。政治権力は、否、個々の人間にとっても、口先だけで実態のない浮ついた理想を唱えるだけで終わるのではなく、その理想を実現するために具体的な行動を実際に行うべきである。施行状から我々は、そうした人間の教訓を得ることができるのではないだろうか。はなはだ大げさにいえば、私はそのように考えている。

それはさておいても、一つの制度の盛衰を解明し、体系的に一冊の書物にまとめることができたのは自分でも評価していいのではないかと考えている。もちろん、これで複雑な政治や社会の変化をすべて説明できたとは毛頭思っていない。今後もひき続きこの問題を考え続けていきたい。

多くの南北朝時代史研究者やこの時代の歴史愛好者たちと同様、私も当初は足利直義が好きであった。しかし、研究を通じて、精神的に足利尊氏―高師直党に転じたようである。さらにいえば、後醍醐天皇も室町幕府の先駆者として高く再評価するべきであるとも考えるようになった。この変化には自分でも驚いている。

本書は、二〇〇六年三月に京都大学に提出した学位論文「室町幕府施行制度の研究」とその後の研究成果をもとに執筆したものである。また、平成一七年度～平成一九年度の文部科学省科学研究費補助金「特別研究員奨励費」による研究成果でもある。刊行にあたっては、独立行政法人日本学術振興会平成二四年度科学研究費助成事業（科学研究費補助金（研究成果公開促進費））の交付を受けている。

ここにいたるまでの研究生活において多くの方々から種々のご指導を賜った。京都大学国史研究室に所属した当初、指導教官としてご指導いただいたのは、故鎌田元一先生、大山喬平先生、藤井譲治先生、故高橋秀直先生であった。その後、吉川真司先生、勝山清次先生にも指導教官としてお教えをいただいた。勝山、藤井、吉川の三先生には本書のもとになった博士論文を審査していただき、貴重なご助言を賜った。

先輩の渕原智幸氏には投稿論文の草稿を読んでいただいたりして、有益なアドバイスを多数いただいた。よくいっしょにお酒を飲む仲でもある。氏の専門分野である古代東北地方の史跡を見学するため、吉川先生と氏とご一緒に、秋田にある私の実家の自家用車で青森・秋田・岩手の北東北三県をドライブしたことも楽しい思い出である。

また、東京大学の呉座勇一氏とはインターネットで知り合った。普段は遠く東京に住んでおられる氏とはインターネットを通じて頻繁に議論し、多くのご教示を賜り、本書の内容も大きな影響を与えられた。たとえば、第三部第一章第三節第二項で言及した『鎌倉持氏記』の存在を教えてくださったのも呉座氏である。私はインターネットを最大限有効に活用している研究者の一人でもあると自負している。

その他、芳名をすべてあげることはできないがご指導・ご助言をいただいた方は数知れない。学恩に対し心よりお礼を申し上げる次第である。

そして、本書刊行をお勧め下さり、編集・出版上のさまざまな実務を処理していただいた思文閣出版に対し、厚くお礼を申し上げる。取締役部長の原宏一氏、編集担当者としてお世話いただいた田中峰人氏にはとりわけ感謝申し上げる。

最後に、私事にわたるが、遠く秋田の地より見守ってくれている家族にも心からの感謝を捧げたい。

二〇一三年二月　　　　亀田俊和

◎著者略歴◎

亀田　俊和（かめだ・としたか）

1973年　秋田県生.
2003年　京都大学大学院文学研究科博士後期課程研究指導認定退学.
京都大学博士（文学）.
日本学術振興会特別研究員を経て，現在，京都大学文学部非常勤講師，兵庫大学兼任教育職員.

室町幕府管領施行《むろまちばくふかんれいしぎょう》システムの研究《けんきゅう》

2013（平成25）年2月28日発行

定価：本体9,800円（税別）

著　者　亀田俊和
発行者　田中　大
発行所　株式会社　思文閣出版
〒605-0089 京都市東山区元町355
電話 075-751-1781（代表）

印刷
製本　株式会社 図書印刷 同朋舎

 ISBN978-4-7842-1675-8　C3021

索　　引

あ

安威(入道)　175,176
青山由樹　8
赤橋英時　31,69,78
赤松氏　479
赤松満祐　474
足利氏　121,136,138,180,266
足利氏満　291,295～304,306,334
足利成氏　305
足利尊氏　33,80,113,121,141,142,144,145,147,165,167～169,171,173,177,180,200～204,206～210,214,215,217,247,249,250,253,259,262,263,266,267,288,290,291,294,329,331,333,334,338,339,342,343,359,361,363～370,398,400,441,444,452,481
足利直冬　33,82,84,215,266,329,338～345
足利直義　80,165,171,201～203,207,213,247,249,250,252,253,261,263,265～267,288,290,338,339,344,345,365～367,397～401
足利満兼　299,301～304,306
足利持氏　301～305,308
足利基氏　290～295,297,299,306,334
足利義詮　175,177,200,201,203～207,209～211,213～219,249,254,259,288～290,293～297,359,360,366,371～373,442,445,481
足利義量　473
足利義勝　471
足利義材(義稙)　449
足利義澄　449
足利義輝　449
足利義教　305,407,470,471,479,482,484
足利義晴　449
足利義政　302,449,471,474,476,479,483,484
足利義満　169,175,217,218,220,221,248,251,254,268,296,297,307,371,401～403,438～444,446～450,469,472,474,475,477,478,481,482
足利義持　307,403,405,407,412,471～475,482
足利荘　291,301
阿曽随時　69,73,74
阿部哲人　285,300
天野遠景　28,30

い

家永遵嗣　4,161,247,249,250,261
石井良助　247
石塔氏　361,362,364,366,372
石塔義房　359,361～363,371
石塔義元(義憲)　359,361,363,371
石橋氏　372,373
石橋和義　212～214,372
石橋棟義　372,373
市沢哲　98,100
市村高男　285
一色氏　330,331,334～339,341
一色詮範　449
一色道猷(範氏)　206,329～334,336～338,368,397
一色直氏　167,329,331,334,337,400
一色義貫　474
一方的裁許　260
伊藤喜良　99,100,118,122,144,145,285,337

犬懸上杉氏　303
井上聡　81
飯尾円耀　258
飯尾貞兼　365
飯尾為永　258
今川国泰　219
今川直貞　340
今川仲秋　450
今川範国　215,450
今川頼貞　452
今川了俊　172
今谷明　8,470
岩崎学　285
岩元修一　5,161,205,206,211,212,247,249～251,254,260,396
院宣　100～102,115,119,170,263

う

上島有　6,107,140,164,173,177,221,396,476
上杉氏　296,304,306
上杉左近将監　293～295
上杉重能　266,267,365,398,399
上杉禅秀　302,303
上杉禅秀の乱　303
上杉朝定　262,263
上杉朝房　171,298,373
上杉憲顕　202,288,292～297,301,361,373
上杉憲方　298～300
上杉憲実　303,304,308
上杉憲基　303
上杉能憲　297,298,373
羽州探題　373
雅楽　258
宇都宮氏　33,302
宇都宮冬綱　332,333,339,342
宇都宮蓮智(貞泰)　212,213
漆原徹　5

え

永享の乱　305
『園太暦』　212
遠藤巌　358～364
『延徳二年将軍宣下記』　449

お

奥州小幕府構想　144
奥州探題　206,338,359,360～373
応仁・文明の乱　305,484
大内義弘　302
大崎氏　372
大高重成　210,212,213
太田順三　8
大友氏　33,334
大友氏泰　255,332～335
大友貞宗　76
大友能直　33
小笠原成明　447
小川信　5,6,161,200,207,209,215,245,247,251,254,255,259,286,358,359,365～369,372
隠岐氏　33
小国浩寿　285
越訴(方)　248,256
小俣道剰　331
小山氏　298,302
小山義政　298
尾張弾正左衛門尉　141

か

海津一朗　81
『花営三代記』　174
嘉吉の乱　407,471,475,479,482
笠松宏至　5,7,396
加治五郎太郎　141
椙野一裕　6
金沢貞顕　31,37,38
金沢実政　31,68,69,71
金沢種時　69
金沢政顕　36,69,70
鎌倉将軍府　139,144,145
鎌倉幕府追加法第558条　174
鎌倉府奉行　304
鎌倉府政所執事　295,299,304,305

鎌倉府政所料所　299
『鎌倉持氏記』　304
川岡勉　7,8,396,485
河尻幸俊　340,342
川添昭二　81,84,329,334,335
簡易方式　79,121,142,171,173,174,176～178,181,214,264,299,335,398,402,475
関東『管領』　292～295,297
関東管領　289,293,295～306,308
関東執事　202,207,213,288,289,291～294,300,359～361,373
関東八屋形　302
関東御教書　24,180
関東申次　100,119
観応の擾乱　143,147,165,169,179～181,200～202,207,209,210,213,256,257,259,260～262,265～267,288,290,291,329,334,335,337～339,343,359,365,371,372,398,401,408,409,442,477
『管領』　294,295
管領一列伺事　175,258

き

『祇園社家記録』　175
規矩高政　76
菊池武敏　329,333
北畠顕家　135～148,359
北畠顕信　146～148,365
北畠親房　144,146～148,265
吉川経秋　343
紀良子　449
九州探題　172,173,206,329～341,344,345,362～364,368,397
九州探題御教書　330～332,336～338,341,368
京極高詮　219
京極高秀　175
挙状　69,83,172～174,176,177,206,363～365,368
吉良氏　371～373
吉良貞家　206,338,359,363～371,373
吉良貞経　371
吉良治家　371～373
吉良満家　371,372
吉良満貞　216

く

『空華日用工夫略集』　294,295,297
九条公明　107
九条頼嗣　32
国奉行　109,116
賦(方)　247,261
公方専制体制　303
熊谷隆之　22,24
黒嶋敏　149,374
桑山浩然　7

け

外題　24,25,35,39
下知違背の咎　38,39,76～78,80,84,119,179
闕所地型寄進　439,446,448～452
元寇　68,82
元弘の戦乱　120
元弘没収地返付令　398
検断(沙汰)　24,77,106
建武新政の法第14条の5　105,108,109,116～118
権利の付与　37,101,102,105,110,120,342

こ

高坂氏重　292
降参半分法　399
「甲与乙相論」型　25,71,72,75
高一族　213
高重茂　167,211～214
高師詮　213
高師有　292,294,300
高師直　120,121,163,164,166,168,177,178,180,181,201～204,207,213,214,251,254,255,259～261,263～267,288,291,331,333,338,339,342～344,363～365,397,398,408,452

高師冬　213,288,289,361,373
河野通盛　343
項目列挙型　27,28,30
康暦の政変
218,401,439,440,448,451,452,456
国衙　103,105,139,144
国司　101～103,111,112,115,117,119,120,139
国宣　100,103,104,113,119
『後愚昧記』　216
御前(直義親裁機関)　250
御前沙汰　203,247,254,259
後醍醐天皇　75,101,103～107,113～115,118,119,121,135,139,143～145,180,259,329
御内書　165,202,207～209,217,294
小林保夫　285,469
『御評定着座次第』　257
五味文彦　7
小要博　4,201,209,214,285,396
御料所　291,444～446
惟康親王　23
近藤成一　25,71

さ

斎藤玄観　258
斎藤慎一　170
「逆手」論　145
桜井英治　259
佐々木氏　33
佐々木道誉　202,295
佐々木泰清　33
佐竹貞義　288
沙汰居　107,113
「沙汰付」型　36,37,79,81,83,102,119,120,307,402～407,411,448,476
沙汰渡　77
雑訴決断所
83,100～108,110,111,113～121
雑訴決断所下文　106
雑訴決断所牒　75,100～121,143,177,259
薩摩刑部左衛門入道　137
雑務沙汰　77,106
佐藤進一　3,4,6,7,9,77,98,145,161,222,245,247～249,286,334,335,395,396,457
佐藤博信　285
侍所　137,138,331
侍所頭人　219,293
30日規定　117

し

塩松氏　372
志佐有　343
寺社本所一円領・武家領体制　82,83,477
四条畷の戦い　266,267
設楽薫　7
標葉平次　141
斯波氏　216,294,371～373
斯波詮持　372,373
斯波家兼　371,372
斯波家長　359～361
斯波兼頼　373
斯波高経　293～295
斯波直持　371～373
斯波義高　293
斯波義種　293
斯波義教　403
斯波義将　210,215,216,220,254,293,294,402,409,438,440～442
渋川義行　442
島津道鑑　265
守護所下文　30,33
守護所牒　30
主従制(的支配権)　21,22,99,161,162,181,206,222,244,287,306,309,328,337,457,468
承久の乱　23,32
将軍権力の二元論　457
少弐氏　29,30,34
少弐頼尚　107,339,342
正平一統　366,367
所付方　246,247
所務沙汰　25,27,35,77,82,85,102～107,

110,112,114,119,121,215,256,260,299,302,304,305,333,336,344,365,472
所務保全型　307,403～406,411
白河結城氏　139
自力救済　39,81,112,117,179,205,211,252
仁政方　246～261,264
仁政沙汰　175,251,255,256,258,260
仁政内談　249,250,260
『神皇正統記』　144
神野潔　444
神領興行下知状　81,83

す

杉原光房　339,342,344
諏訪円忠　174

せ

征西将軍宮懐良親王　329,338
正和の神領興行法　69,81～84
禅律方　249～251,260
禅律頭人奉書　288

そ

訴状・具書　112
訴状具書如レ此　71,75,79,164,264
袖判下文　135～138,140～142,146,147
袖判御教書　147
袖判陸奥国宣　136～143,147

た

詫磨宗直　342
大宰府守護所　23,28～34,39
田代誠　5
多々良浜の戦い　329
田中淳子　7,445
田中誠　5
単使　76,77

ち

中国探題　215
注進状　167,174
鎮守大将軍　138
鎮守府将軍　141,146
鎮西探題　23,31～34,36,39,68,69,71,73,74,76～80,82,83,119,201,290,330,332,334～336,338～341,343
鎮西奉行　28,30,33,34
鎮西御教書　32,38,69,70,84,119,330,332,335

つ

追認型寄進　440,443,444,446,448～454

て

庭中(方)　216,248,263
寺尾憲清　308

と

当事者宛　30,36～38,178,307,373,405,406,411,474
『東寺鎮守八幡宮供僧方引付』　478
統治権的支配権　161,222,457
特別訴訟手続　260
外岡慎一郎　6,68,76～78
鳥居和之　7,256

な

内奏方　248
永井英治　6,170
中井裕子　100～102
中先代の乱　113,137,138,142
長門探題　266
中原親能　28
名越氏　33
名越時章　32,33
名越時家　68
名越朝時　33
南朝　143,146,149,207,329,332,338,341,365～368,399
南部政長　136,138,147
南部師行　140,141

に

新田孫五郎 141
二階堂 258
二階堂行譚(時綱) 212,213
二階堂成藤 294
二階堂行春 295,296
二月騒動 33
仁木義氏 291
仁木義尹 219
仁木頼章 204,206,207,209,214,215,259,291,292,368
仁科盛宗 342
新田一郎 5,6,11,396,397

は

羽下徳彦 4,5
幕府一守護体制 396,413,485
畠山国氏 359,363～366,373
畠山国清 207,291,292,294
畠山直顕 342
畠山満家 403,405,406,472,473,482
畠山持国 479
畠山基国 401,402,447,449,450
波多野 258
服部英雄 334,335
「可令早」型 25
早島大祐 7
判始 175,217,220,449

ひ

引付(内談)方 33,72,176,203,211～216,220,247～251,254,256,260～266,339,344,365
引付(内談)頭人 33,101,165,167,180,205,210～216,219,220,247,254,255,263,266,267,288,293,294,297,365,397～399,408,452
引付(内談)頭人奉書 70,75,80,110,164,167,169,170,173,177,212,248,251,253,256,260,262～266,288,331,336,339,342,344,477
肥前国 331～335,337,340,342
評定(始) 175,205,216,250
評定衆 256,258,260,339
兵部大輔某 372
広瀬川の合戦 365,366

ふ

武家執奏 101
『武家補任』 297
古澤直人 22
文永の役 31
文正の政変 302,484

へ

返付型寄進 440,443,444,446,448～454

ほ

奉公衆 303,306
北条氏 33,68,136～138,144,178
北条得宗家 33,68,82,136,137,178
北条兼時 23,27,68
北条貞時 28,82
北条重時 26
北条高時 31,38,137,441
北条時氏 26
北条時国 25,26
北条時茂 25,26
北条時輔 25,26
北条時仲 33
北条時房 23,26,29
北条時宗 25,33,68
北条時村 23,25～27
北条時盛 26
北条時行 137
北条長時 26,33
北条業時 28
北条熙時 33,36,37
北条政村 25,33
北条師時 82
北条泰家 441
北条泰時 23,26,29,345
北条義時 33,345

北条義宗　26
北朝　101,263,341
細川勝元　479,484
細川清氏　210,215,254,259,292,293
細川政元　177,449
細川満元　401,405,471,472
細川持元　480
細川持之　177,305,473,481
細川義之　401
細川頼元　220,402,440,444～447
細川頼之　168～170,175,215,217～220,254,256,258,295～297,302,401,408,409,452
堀口貞義　104

ま

町野浄善　300
町野満康　304
松井輝昭　6
松園潤一朗　5,6,407,454
松本一夫　285
『満済准后日記』　480

み

水野智之　6
南宗継　207,259
源頼朝　33

む

武蔵野合戦　207
武蔵国　291,298～300,304～306,334
陸奥国司　135,136,139,140,145～147
陸奥将軍府　138～146,148,149,302
武藤(少弐)氏　29
武藤資時　333
武藤資頼　28,29
村井章介　81,82
村尾元忠　6
室町幕府追加法第６条　249～251,263
室町幕府追加法第７条　179,249～253,255,260～265
室町幕府追加法第27条　404,411
室町幕府追加法第59条　206
室町幕府追加法第60条　204～206,209,211,214,299,370
室町幕府追加法第61条　206
室町幕府追加法第177条　406,407,410,412,450,451,454,456

も

蒙古襲来　82,84
申状方式　72,111,112,116,121,141,142,171,176～178,214,264,299,335,398,475
百瀬今朝雄　7
森茂暁　6,99,200,259,396
護良親王　144
問注所　258

や

山内上杉氏　301,303
山口隼正　334,335
山田邦明　285,306
山田徹　5
山名氏　479
山名氏冬　219,452
山名時氏　167,442
山名時義　441,442
山家浩樹　4,161,211,244～247,249～252,254,258

ゆ

結城親朝　144,148
結城親光　139
湯山学　285

よ

『吉田家日次記』　255
吉田賢司　7,8,267,396,397,400,402,403,410
吉田俊右　396,437,454,455
吉田德夫　396

り

両使　36,70,76,77,167,288,298,299,303,306,331,333,334,340,342,343,345,362,369,405,474
領有者明記方式　475,476
綸旨万能主義　98,99,122

ろ

六波羅探題　23,26,27,30～32,34,39,79,174,201,290,330,332
六波羅御教書　38,70,75,119,330,332,333
論人奉行制　472

わ

和与　27,35,74,75